U0643778

境内外专家研究成果与案例
企业资本运营实战操作指南

第二版
2nd Edition

【企业资本运营实务系列丛书】

兼并与收购

MERGERS AND ACQUISITIONS

马瑞清
［澳］安迪·莫（Andy Mo）◎编著
［澳］珍妮丝·马（Janice Ma）

中国金融出版社

责任编辑：王效端
责任校对：孙　蕊
责任印制：张也男

图书在版编目（CIP）数据

兼并与收购（Jianbing yu Shougou）/马瑞清，　［澳］安迪·莫（Andy Mo），
［澳］珍妮丝·马（Janice Ma）编著 . —2 版 . —北京：中国金融出版社，2017. 11
ISBN 978 - 7 - 5049 - 9247 - 5

Ⅰ. ①兼…　　Ⅱ. ①马…②安…③珍…　　Ⅲ. ①企业兼并—教材　　Ⅳ. ①F271. 4

中国版本图书馆 CIP 数据核字（2017）第 247961 号

出版
发行　中国金融出版社

社址　北京市丰台区益泽路 2 号
市场开发部　（010）63266347，63805472，63439533（传真）
网 上 书 店　http://www. chinafph. com
　　　　　　（010）63286832，63365686（传真）
读者服务部　（010）66070833，62568380
邮编　100071
经销　新华书店
印刷　保利达印务有限公司
尺寸　185 毫米 ×260 毫米
印张　22
字数　456 千
版次　2011 年 5 月第 1 版　2017 年 11 月第 2 版
印次　2017 年 11 月第 1 次印刷
定价　69. 00 元
ISBN 978 - 7 - 5049 - 9247 - 5
如出现印装错误本社负责调换　联系电话（010）63263947

寄 言

谨以此丛书献给：

——中国企业家。在改革开放 40 年里，他们创业发展，通过不断的技术创新及模式创新，把科技成果转化为产品和服务，为社会创造了巨大的物质财富和宝贵的精神财富，对中国的经济发展作出了突出贡献。

——企业融投资管理人员和中介机构从业人员。他们通过超常的工作和卓越的努力，为企业实现资本增值，在资本市场不断创造财富的神话，当企业发展壮大和上市的时候，他们却依然默默无闻。

——企业管理人员。他们为企业的运营和投资发展辛勤耕耘，日夜奔忙，以迅速成长的业绩为企业跨越资本市场的大门创造了基础条件。

——有志于将来进入投融资界的年轻人。他们刻苦攻读，满怀志向，有朝一日他们会登上资本市场的舞台大显身手。

——资本市场的投资者。如果没有他们在企业成长周期的各个阶段向企业投资，或在二级市场参与股票投资操作，资本市场就不会发展壮大到今天。

第二版说明

本书是"企业资本运营实务系列丛书"中《企业兼并与收购》一书的第二版。本书第一版于 2011 年 5 月出版发行并广受读者好评。自第一版发行 6 年多来，资本市场及并购领域都有了新的变化和发展，在全球第六次并购浪潮及中国并购历程第四阶段中，中国已经成为全球最大的并购市场，收购、反收购、海外收购、外资并购、反向收购、买壳上市的成功与失败案例层出不穷。2015 年，中国并购市场交易数量和规模均达到最高峰，当年共发生交易 5 271 宗，交易金额达到 2. 18 万亿元人民币。在如此庞大和复杂的并购市场中，可谓高手如林、魔鬼闪现、危机四伏、充满陷阱，《企业兼并与收购》第一版内容和案例的涵盖范围及深度已经无法满足广大读者的需求，这就是第二版修订的时代要求和现实背景。

历史总是这样巧合，本书出版时间恰逢中国恢复高考 40 周年。1977 年 12 月，中国 570 万名考生满怀激动的心情走进了期盼多年的高考殿堂，去争夺那 27. 3 万仅仅不到 5% 的录取名额。这是共和国历史上唯一的一次冬季高考，但对于 570 万考生来说，那个冬日的阳光特别灿烂！

在纪念恢复高考 40 周年的日子里，笔者应中国金融出版社和读者的要求修订本书。借此机会，带着感慨和感恩的心情，用我自己的心血、积累和亲身经历修订本书，力争写出一流的著作，并以本书作为对恢复高考 40 年和改革开放 40 年的一份献礼，以此感念中国改革开放的推行者和在经济发展中做出贡献的人们。

第二版修订的出发点和指导思想是：本书作为运作最复杂、操作风险最大的资本运营——企业并购的实战操作指南，应当以更系统的知识、更丰富的内容、更深入的分析、更完整的系列案例将并购领域的发展动态和具体操作方法展现给读者。基于此，第二版在保持第一版总体结构和风格的基础上，进行了部分章节内容的修订，并更新补充了一批典型案例。

内容修订包括：第一章增加了并购的市场背景与状况，作为第一节；增加了并购的融资工具，作为第六节；增加了反向收购与买壳上市，作为第七节；原有各节内容均有不同程度的更新修改，并补充了恶意收购、反收购、涉及上市公司的重大资产重组等内容。第二章增加了并购失败案例及败局密码，作为第三节。第三章第三节补充了并购尽职调查风险控制关键点内容及相关案例介绍；第六章第三节对资产基础法做了修改补充，并增加了评估方法的选用和并购中的业绩承诺与补偿等内容。第七章第一节增加了交易结构及其风险控制；第三节做了简要修改。第八章有少量修改。

案例修订包括：本书第一版共有八个案例，其中保留五个，删除三个；第二版共有十二个案例，其中新增七个。第一章删除了原有的两个案例，编写了两个新案例，一个是史上最凶残的英国电信公司沃达丰跨境恶意并购案，李嘉诚为大赢家；另一个是万科股权争夺战，王石和姚振华均遭惨败的案例。第二章新增两个案例，一个是并购终止案例的十大失败原因解析；另一个是新兴产业公司国轩高科买壳上市暨上市公司东源电器重大资产重组案例。第六章增加了建发国际增发新股收购升平煤矿对价股份的定价方法案例。第七章增加了升平煤矿境外买壳上市的主要运作过程、阶段成果及潜在问题案例。第八章增加了曾轰动国际资本市场的升平煤矿境外买壳上市案及其结局，揭露了其中鲜为人知的运作内幕与事实真相，曝光了其中闪现的魔鬼。本书第三章至第八章的八个案例构成反向收购上市系列案例。本书案例篇幅比例近45%，调整补充的案例尽量与新修订的章节内容紧密衔接，让读者更深入、更系统地了解企业并购的全过程和实战操作方法。

在补充完善的基础上，本书不但保证了正文内容和每个案例的独立性，同时也更好地兼顾了相关案例与系列案例的连续性和完整性。

本书第二版内容丰富，信息量巨大，希望能够满足广大读者的要求，以更好地达到本书的写作目的——介绍更多企业并购领域的新知识和新情况，指导读者进行专业化的系统性实务操作。

本次修订全部由马瑞清执笔并定稿。

由于作者水平有限，书中难免有不妥之处，恳请读者批评指正。

马瑞清

二〇一七年十月

第一版前言

　　融资与投资是资本运营两大基本功能，兼并与收购是资本运营的核心任务，企业上市则是资本运营的最高形式，融资、投资、并购和上市成为企业资本运作的四大基本任务。资本市场为企业提供了多种融资渠道，促成了许多伟大的投资，也造就了世界企业巨人和亿万富翁。然而，企业融资的发展道路到底应该怎么走，如何运作才能插上资本的翅膀，实现企业的高速成长，这是许多企业面临的实际问题。时代在变迁，规则在改变，市场博弈更激烈，运营理念要超前。对于拟开展融资的企业来说，不懂资本运营，就会被资本市场拒之门外；不按规则运作，就可能走弯路、误入歧途甚至上当受骗。资本市场永远为懂得市场规则和进行专业化操作的企业敞开融资的大门。

　　为满足资本运营实务操作的需要，笔者邀请世界著名投资银行高盛集团澳大利亚公司的安迪·莫（Andy Mo）和澳大利亚联邦银行的珍妮丝·马（Janice Ma）共同编著《企业资本运营实务系列丛书》。有人说，单靠几本书就能做资本运营是不现实的；也有人说，不读几本操作指南的书就盲目进行资本运营是很难成功的。这两种观点都没错，之所以说单靠几本书就进行运作不现实，那是由于市面上还没有企业实战派与国际投行专家合著的操作指南读本。企业界人士极少有时间写作，笔者从1989年出版第一本专业图书到编写本丛书，间隔超过20年。

　　2008—2009年，资本市场接连发生升平煤矿和苏州大方买壳上市经济纠纷案乃至刑事案，以及中国铝业海外收购力拓股份失败案。前两例中企业陷入困境，境内外投资者遭受重大损失，后者的股权并购投资损失惨重。这些爆炸性事件引起国内外资本市场和新闻媒体的广泛聚焦，业内人士对此深感震惊并为企业缺乏资本运营的操作技能而担忧。2009年初，笔者起草了本丛书编写大纲并在几个大型民企集团及中小企业征求意见。从企业人士反馈的情况看，他们在实际运作中经常无法与境内外中介机构和投资机构对接，造成很多无效工作和重复劳动。他们读了一些书，也听到中介机构来企业时口若悬河的演讲，甚至鼓噪他们推动企业巨额融资和上市，从而实现一夜暴富。但是，开始运作一段时间后，才发现事与愿违，轻则运作失败，重则上当受骗，造成巨大损失。他们反映，市面上一些同类书籍虽然也有一定的可读性，但还缺乏操作实用性，主要表现为"三多三少"：讲常识和案例结果的多，讲企业实际运作过程的少；讲市场规则和总体程序的多，讲企业层面系统性操作细节的少；讲成功经验的多，讲失败教训的少。他们迫切希望能有一套最适合企业的书以便指导其资本运营操作。资本市场的重大事件和企业的操作技能需求强烈地激发和驱动了笔者的写作热情。根据企业反馈的信息，结合多年的知识积累和实战经验，总结多种特殊事例并归纳分析后，作者以全新的方式编写了本丛书，目的是指导企业进行专业化的系统性操作，帮助企业将美好愿望变成现实，提高运作成功率。

《企业资本运营实务系列丛书》包括四本书。

第一本书为《企业融资与投资》。该书对资本运营、债务融资、租赁融资和股权融资作了概要介绍，详细阐述了私募股权融资与风险投资、股票定价与企业估值、项目融资、项目财务评价与投资决策等公司金融实务知识、运作流程及操作方法，并以真实故事为素材编写成专业操作案例和综合案例。

第二本书为《企业兼并与收购》。该书详细阐述了企业兼并与收购的方式、律师尽职调查、财务审慎调查、审计、评估、独立技术审查、买壳上市、商务报批及财税处理的实务知识、运作流程和操作方法，并以真实故事为素材，将并购整体事件的运作过程、成功经验和失败教训编写成专业操作案例和综合案例。

第三本书为《中国企业境外上市指引》。该书详细阐述了中国企业赴境外上市的筹备与基本操作，重点介绍中国香港、美国、加拿大、英国、澳大利亚和新加坡等六个国家和地区的上市条件、上市方式、上市程序和操作方法，并以真实故事为素材编写了经典案例和戏剧性的惊险案例。

第四本书为《中国企业境内上市指引》。该书详细阐述了企业在中国境内的上市条件、上市程序、保荐机制、公司治理、尽职调查、审计评估、申报核准、定价发行与上市的实务知识、法律法规、运作流程和操作方法，并精选编写了中小板、创业板、A＋H股两地上市的经典案例。

本系列丛书具有以下特点。

● 系统性与完整性

本丛书以企业融资、投资实务知识及运作流程、操作方法和最新市场规则为基本框架，涵盖企业债务融资、股权融资、项目融资、项目投资、风险投资、兼并收购、中国企业赴境外上市、企业在中国境内上市各方面，体现出整体结构的逻辑性和内容的完整性。例如，本丛书将融资与投资写在一本书中，使之连贯接续，浑然一体，增强了本丛书的实用性，这是因为融资与投资本来就是并存的，企业的融资行为就是投资机构的投资行为，两者的操作程序和方法是安全对应的。再如，并购是买壳上市的前提和手段，并购和私募融资与企业上市也密不可分，本丛书采用实务知识加系列操作案例的模式阐述其运作全过程。

● 总体方案与操作细节并重

"战略决定生死，细节决定成败"，这句话充分说明了细节的力量，因此成为当今经济社会中的经典名言。在西方谚语中也有两句类似的话，一句是"魔鬼在细节中"，另一句是"天使在细节中"，这两句话看似矛盾，但在实践中却是辩证统一的。一位投资大师说过："你把真实数据全部装到方案里才猛然发现，原来完美的方案已经彻底崩溃了。"在资本运营中，把专业做到极致才能成功，本书用易理解的语言、图形、表格和具体实例指导读者用理性和思维制订含有企业实际数据的实施方案和可行的操作细节，以便通过一系列的专业化运作，并用专业手段控制关键环节，解决关键问题。这样，美丽的天使就会降临到你的身边，可行的方案才能最终变为现实。否则，即使正确的方向已经确定，总体方案也可能会变成导致灾难的"魔鬼"。在本丛书的案例中，读者将会看到资本运营中不时闪现的"魔鬼"。

- 经验与教训并存

有些经验和教训，没有阅历的人是无论如何也体会不了的；有些风险，没有阅历的人是无论如何也想象不到的。企业资本运营是庞大的多专业、跨学科的系统工程，是企业运营的最高境界，其中也充满风险。许多企业资本运作失败或遭受重大损失的原因往往并不是企业自身条件不够，而是由于缺乏经验和教训，在运作过程以及操作细节上出了问题。资本市场的神秘莫测和动用大量资金运作失败的结果，足以让很多企业家望而却步。本丛书提供了大量的成功经验与失败教训案例，以供读者参考。企业相关人员和中介机构的专业人士应当以史为鉴，真正掌握资本运营的技能和本领，永远不要与法律法规、市场规则和资本高手比智商、碰运气、做赌博，否则会输得很惨。

- 专业操作案例与综合案例配套衔接

本丛书以真实事件和第一手资料为素材，沿着企业融资发展的轨迹，将整体事件的运作过程、成功经验或失败教训编写成各专业操作案例和综合案例，并从投资者、中介机构和管理层等多方角度对案例进行评析，以此揭示资本运营的全过程。本丛书共有45个案例，其中有的案例包括十几个甚至更多的"案中案"。这些案例除了再现案例的运作过程和结果外，还披露了一些鲜为人知的资本运营内幕，很值得一读。例如，《企业融资与投资》第六章的案例一、《企业兼并与收购》第三章至第七章的五个案例、《中国企业境外上市指引》第一章的案例一、案例二及第三章的案例二，共九个案例，组成了境内企业通过反向收购进行境外上市的系列案例，这些案例都是笔者亲身经历和目睹的真情实景。其中前七个案例属于运作过程中的专业操作案例，在案例中读者将了解境外买壳上市的操作过程和方法，并看到中介机构完成的原版法律意见书、会计师报告、资产评估报告和独立技术审查报告及并购协议主要条款，这些成果文件大多保留了原版内容及其"原汁原味"风险。后两个案例是境外买壳上市的案例结果和当事各方的股权争夺战。这九个案例不仅重现了整个买壳上市的全过程，而且每个案例事件紧密相连，事件的发展风云变幻，非常富有戏剧性。再如，《中国企业境内上市指引》第六章、第七章和第十章的三个案例，是创业板公司上市过程中的专业过程案例。本丛书还特意介绍了境内上市首次冲关折戟和二审上会过关的多个案例。书中案例大多采用近年的最新事件，通过收集整理证券交易所及公司披露的招股说明书、法律意见书、财务报告、年度报告和公告等信息资料，并参考专业人士的案例分析和媒体报道，结合各章节内容，经作者分析、加工，重新编写而成。这些案例能让读者看到企业精英与资本大鳄的成功合作，也可目睹企业家与资本骇客的惨烈对决。

这些特点使本丛书具有很强的专业性、可读性和实用性。

● 针对性与广泛的适用性

本丛书是专为从事企业融资、PE 投资、并购和上市工作的人士而写的，适合企业家、公司高管人员、融资管理人员和财务人员在实务中使用和参考，对证券公司、律师事务所、会计师事务所等中介机构和境内外投资机构的专业人士有很好的参考价值，也适合高等院校金融、投资及财经专业研究生和高年级本科生阅读。

本书是丛书中的《企业兼并与收购》，其中第一、第二、第三、第五、第七、第八章由马瑞清编写，第四章由珍妮丝·马（Janice Ma）编写，第六章由安迪·莫（Andy Mo）编写，全书由马瑞清总纂和定稿。

由于作者水平有限，书中难免会有不妥之处，恳请读者批评指正。

马瑞清

二〇一一年三月

目　录

第一章
兼并与收购概述

○并购的市场背景与状况

○并购的形式

○并购目的和参与各方

○并购的方式

○并购的条件和资本运营策略

○并购的融资工具

○反向收购与买壳上市

第一节　并购的市场背景与状况

一、全球历史上的五次并购浪潮

在近一百多年的世界经济历史中，曾发生过六次并购浪潮，最早的企业并购和规模最大、频次最多的并购都发生在美国。中国只有三十几年的并购历史，中国企业的并购是在世界经济全球化和中国经济全面改革开放的进程中逐步兴起的。

近年来，行业洗牌、产业升级和全球化布局促使并购投资成为企业发展的最主要战略。并购产生的根本原因是经济环境和追求发展的需要，而每次并购浪潮又反过来促成了经济结构的重大改变，并把世界经济与金融推向了一个新的历史阶段。回顾西方近百余年经济史中的六次并购浪潮和中国的并购历程，并在此基础上分析总结企业收购、兼并和重组操作的实务知识、运作流程、操作方法、实用工具、典型案例与解决方案，将有助于为中国企业的并购运作提供经验和借鉴。

（一）第一次并购浪潮（1895—1904 年）——横向并购

第一次并购浪潮发生在 1893 年美国经济大萧条之后。为了刺激经济，老牌资本主义国家弱化反托拉斯法并逐渐放宽公司法，使西方各国的公司在获得资本、持有其他公司股票、扩大商业运作范围等方面的可操作性更强，融资更为容易，这为第一次并购潮的兴起及繁荣创造了良好的条件。尤其是美国横跨大陆的铁路网铺设使得交通运输系统大力发展，全国市场初步形成，有利于更广泛的市场渗透和管理，这是促成第一次并购浪潮形成与发展的主要因素。

这次并购浪潮几乎影响了所有的制造行业和采矿业，金属、食品、石化产品、化工、交通设备、金属制产品、机械、煤炭这八个行业并购最活跃，其合计并购数量约占该时期所有并购量的 2/3。第一次并购潮主要发生在经济发展较充分的美国、英国、德国等老牌资本主义国家，尤以美国最为突出。

这一时期的并购以横向并购为主，横向并购和行业之间的合作非常活跃，结果形成了垄断的市场结构。例如美国 300 多次主要的并购覆盖了大多数行业领域，控制了 40% 的国家制造业资本。同时，并购也造成 3 000 多家公司消失，并购案例也以"产业大垄断商"著称。例如第一例超过 10 亿美元的巨额并购交易就发生在这一阶段——J. P. 摩根创建的美国钢铁公司通过收购卡内基钢铁公司等几百家独立竞争对手公司，最后形成了钢铁巨人——美国钢铁集团。它的产量曾一度占美国钢铁行业生产总量的 75%。此外，这一阶段诞生的产业巨头还包括杜邦、标准石油、通用电气、柯达公司、美国烟草公司以及航星国际公司等。

1904 年美国股票市场崩溃，在随后的几年中，许多美国银行倒闭，英国和德国也受到波及，资本市场崩盘和脆弱的银行体系造成全球并购的融资来源严重缺乏，最终导致了第一次并购浪潮的结束。

（二）第二次并购浪潮（1919—1929 年）——纵向并购

第二次并购浪潮始于 1922 年商业活动的上升阶段。一战之后经济重整与生产力扩张推动老牌资本主义国家在新兴产业如铁路、公路、化工、电气、飞机和舰船制造等领域有了长足发展。火车、汽车数量的日益增多，使产品市场的销售范围大大扩宽，许多地区市场逐渐扩张为全国市场；广播的发明、广播公司的出现以及广告的普及都促进了企业扩大生产规模，以满足市场的需要，占据更大的市场份额，获得更丰厚的利润。经济持续增长和市场繁荣是第二次并购浪潮兴起的主要原因，而交通运输的发展和广告的普及成为并购的催化剂。

这次并购浪潮主要涉及公用事业、采矿业、银行、汽车及工业制造业，这些领域合计并购数量约占该时期所有并购量的 60% 以上。第二次并购潮主要发生在经济比较繁荣的美国，欧洲经济发达国家也是主要影响区域。

第二次并购浪潮的并购特点主要是以纵向并购为主。在这段时期，由于反垄断法的不断完善，对行业垄断的约束和监管更加严格，限制了企业以扩大公司规模为主要目的的横向并购，使得更多的兼并活动发生在其上下游产业链企业间的整合和并购，即纵向并购。因此，如果说第一次并购浪潮是导致行业垄断巨头的并购，那么第二次并购浪潮更多产生的是占据很大市场份额的产业链寡头公司。美国有许多至今活跃的著名大公司就是在此期间通过并购形成的，美国通用汽车公司就是一个典型例子。1918 年通用汽车自成为美国最大的汽车公司后，连续进行多次并购，整合与汽车相关的多项业务。直至 1929 年间又采取了许多并购行动，收购那些为通用公司提供零部件的公司。自此，通用公司真正成为一家实力超群的巨人企业。相对应的是，这段时期在美国因兼并收购导致企业数量减少了 12 000 多家。

在第二次并购浪潮中投资银行起了主导作用。因为很多并购是通过融资实现的，而融资往往需要通过投资银行作中介，因此少数大型投资银行主导了并购事件。对符合它们意愿的并购，它们就鼎力相助，否则就通过拒绝融资来阻碍并购。另一个主要特征是在交易中大量使用公司债券对交易进行融资。公司在资本结构中使用大量的债务，这给投资者提供了获得高额回报的机会。当然，债务融资是把双刃剑，如果经济出现严重的衰退也会给企业和资本市场带来极大的风险。

在这次并购浪潮中，美国金字塔式的控股公司逐渐涌现，即一家控股公司控制第一层子公司，第一层子公司又控制第二层子公司，第二层控制第三层，以此类推，有的母公司控制达六层之多。控股公司的特点是每一层子公司都是上市公司，至少是股份公司，所有子公司都由上一层母公司控股。控股公司的出现既是纵向并购的结果，也大大促进了并购活动，因为通过这种模式，控股公司用较少的资金即可控制较多或较大的公司。

1929 年 10 月，华尔街股市崩盘，第二次并购浪潮到此结束。股票市场危机导致企业和投资者信心急剧下降，生产活动和消费支出进一步缩减，经济衰退更为恶化。这次危机之后，公司并购数量大幅减少，公司不再关注扩张，而是力求在市场需求全面下降的情况下维持债务的偿付能力。

（三）第三次并购浪潮（1960—1969年）——混合并购

第三次并购浪潮发生在第二次世界大战之后的60年代。二战时期发明的国防技术得到推广，各国经济在20世纪40年代末和50年代逐步恢复。二战以后，以电子计算机、激光、宇航、核能、合成材料和生物制药为代表的高科技新兴工业部门的兴起对生产力的发展起到了极大的推动作用。美国经济在60年代经历了最长的一次经济大繁荣，迎来战后经济发展的"黄金时期"。其他重要的推动因素还包括美元固定汇率制度、关税与贸易总协定下的各成员国减让关税的安排以及长期1美元/桶的低位石油价格。科技的推动和经济的发展极大促进了公司的并购意愿，第三次并购浪潮悄然兴起。

这次并购浪潮涉及的行业和领域更加广泛和深入，几乎波及经济社会中的所有行业。值得一提的是，由于保险公司和尚未产生较高利润的高端制造公司的许多资产价值被低估，使得这类公司成为大公司的收购目标。随着第三次科技革命的兴起，生产力迅猛发展，此次浪潮的并购活动较前两次持续时间长、规模大。据统计，1960—1970年间美国共发生25 598起并购事件，造成25 000多家公司消失，其中较大的并购有6 000多次。

第三次并购浪潮与前两次不同，混合并购即跨行业并购、多元产业发展代替了单纯的横向并购和纵向并购，占到并购交易总量的80%，成为本次并购潮的主导方式。混合并购后行业集中度以及不同行业间的竞争程度并没有增加，但形成了许多综合性企业。例如，善于兼并的J. J. 林执掌的公司于1960年兼并特姆科飞机制造公司，1961年兼并沃特飞机和导弹公司，形成了林—特姆科—沃特公司（LTV）。还有哈罗德·吉宁（Harold Geneen）执掌的电话交换设备和电信服务公司从1960年到1977年收购了350多家公司，包括许多著名的企业，如喜来登连锁酒店集团、Avis Rent－a－Car连锁汽车租赁集团、Hartford保险公司，使得该公司从一家年营业额7.6亿美元的中型企业壮大为170亿美元的跨国集团，更成为现代化大型国际联合集团样板——ITT工业集团。形成跨行业并购特征的主要原因之一是20世纪60年代企业管理学科得到了巨大发展，人们普遍认为最杰出、最优秀的管理人才无所不能，可以实现跨行业管理和运营。

股票牛市繁荣在第三次并购浪潮的许多并购融资中起到了重要的作用。在这段时期里，公司开始在资本市场玩市盈率游戏，热衷成长性股票。道琼斯工业股票指数从1960年至1968年持续震荡上涨50%，随着股票价格的上涨，成长性股票受到资金追捧。收购方很快发现，通过发行股票融资实施收购是提高收益的理想方法，因为通过股票进行换股并购的交易不需要纳税，发行股票收购企业要优于现金收购，因为现金收购不仅需要纳税，而且现金来源也远没有发行股票容易。

第三次并购潮中"蛇吞象"案例逐渐出现，并购水平愈加高超，这次并购浪潮也以创历史性的高水平并购活动而闻名。被称为混合并购时代的这个时期，较小的公司收购大公司不是稀罕的事情，而在前两次并购浪潮中，大多数的目标公司要远远小于收购公司。

敌意收购也在第三次并购浪潮末期兴起。如著名的美国国际镍业公司（INCO）收购位于费城的世界最大的电池制造商 ESB。1974 年 7 月 18 日 INCO 宣布以每股 28 美元的价格收购 ESB 所有发行在外的股份。这次并购开启了敌意收购的先例，该案例也成为后来 20 世纪 80 年代第四次并购浪潮期间知名公司进行敌意收购的典型教材。

20 世纪 60 年代末，美国先后通过的几部法案结束了第三次并购浪潮，其中威廉姆斯法对股权收购和敌意收购设定了限制，税制改革法案禁止使用低利率的可转换债券为并购提供融资。随着 1969 年股市的回落，市盈率游戏也不再盛行，当证券价值远远超过其所代表的经济基础价值时，崩溃迟早都会发生。上述这一切的发生为第三次并购浪潮画上了句号。

（四）第四次并购浪潮（1981—1989 年）——杠杆并购

第四次并购潮的背景是 20 世纪 70 年代中东两次石油危机造成的西方国家普遍的经济衰退。金融及能源危机导致宏观经济环境恶化，原有经济模式迫切需要转型。在此情况下，美国推出了刺激经济的产业政策及融资工具组合拳，由此引发美国历史上第四次并购浪潮。这次并购浪潮延续了整个 20 世纪 80 年代，并于 1985 年前后达到最高峰。

这次并购浪潮波及的国家及行业范围比前几次更加广泛，几乎涉及所有的西方发达国家及各行业领域，而且收购方式创新，交易规模空前。并购公司与被并购公司的规模等级差距巨大，跨国并购和敌意收购案例也开始增加。

这次并购浪潮的显著特点是以金融杠杆并购为主。金融界为并购提供了便利，投资银行等金融中介机构的大力推动导致了杠杆并购数量迅速飙升。企业通过融资进行杠杆并购，出现了超强并购的现象，某些国家最大的公司变成被并购的目标。在这一时期，公司并购给投资银行带来了巨额的风险咨询费，这些费用达到了史无前例的水平。投资银行和律师事务所的并购专家们设计出许多主动并购或防御并购的创新技术和策略，深受潜在目标公司和收购方欢迎，这直接导致了这一时期杠杆收购的盛行。

敌意收购成为第四次并购浪潮的一个重要特征。作为高盈利的投资行为，收购方通过场内或场外袭击目标公司以取得控制地位，这种敌意收购在 1988 年已经成为公司扩张的主要形式之一。在此次并购浪潮中敌意收购的绝对数量虽然不是很高，但金额在整个并购价值中却占有较大的比例。

跨国并购案例成为第四次并购浪潮中的第二个重要特征。随着国际化进程的推进，既有美国公司收购外国公司，也有外国公司收购美国公司的跨国并购事件。1987 年英国石油公司以 78 亿美元收购美国标准石油公司就是一个经典的案例。

"象吞象"是第四次并购浪潮的第三个重要特征。相比其他三次并购浪潮，这次的不同之处还在于目标公司的规模和知名度有时候远大于收购公司。20 世纪 80 年代有一些最大型的公司成了收购目标，并购浪潮逐渐演变成为一场史无前例的超级并购狂潮。

随着 20 世纪 80 年代持续经济扩张时期的结束，1990 年经济进入了短暂的相对萧条时期，第四次并购浪潮也在1989年结束，第四次并购浪潮中的许多高收益杠杆交易因为经济下滑而被迫终止。除了经济的全面衰退，为许多杠杆收购提供了融资支持的债券市场的崩溃也是导致并购浪潮结束的重要原因。

（五）第五次并购浪潮（1993—2000年）——全球跨国战略并购

第五次并购浪潮处在信息技术发展、全球竞争加剧、贸易与投资自由化、经济全球化和一体化进程不断推进的背景中。跨国并购作为对外直接投资（FDI）的方式之一成为第五次并购浪潮的主要特征。

这一阶段跨国并购的行业主要集中在电信、金融、汽车、化工、石油天然气、医药、传媒及互联网行业，新兴行业与传统行业的融合也是本轮并购的亮点之一。AOL对传统传媒巨子时代华纳的并购、盈动数码收购香港电讯等案例则充分体现了这一特点。在此期间美国一共发生了52 045起并购案。无论是总量还是年平均量都大大超过了此前任何一次并购潮。

第五次并购潮的一个特征是90%的跨国并购集中在发达国家之间。但此后，针对发展中国家的并购快速增长，而发展中国家的企业作为并购买方的跨国并购也开始出现和增长。

第五次并购潮的另一个特征是并购个案金额巨大，战略（横向）并购成为跨国并购的主要方式，强强联合此起彼伏。震惊世界的并购消息不时传出，数百亿、上千亿美元的并购案例时有发生，各行业巨型航母之间的整合成为趋势。巨额的并购事件对行业原有的市场结构和竞争格局产生了巨大冲击，行业重新洗牌和市场势力再分配为更大规模的并购创造了更多机会。以并购集中的汽车行业为例，戴姆勒—奔驰并购克莱斯勒、戴姆勒—奔驰并购三菱、福特并购沃尔沃、雷诺收购日产、通用并购菲亚特、通用收购大宇等重大并购事件，带动了汽车业的全球重组，致使全球汽车业的市场集中度大幅提高，1999年世界前10大汽车制造商的市场份额达到了全球的80%。

第五次并购潮的并购主角不局限于仅为规模扩张而并购，并购动机更加全方位，包括寻求新市场，提高市场进入效率和控制力，增强协同效应，便利融资，拓展所有权优势，战略跟随等。其中，对战略资源的掌控和提升全球创新能力成为跨国并购的主要动因。

第五次并购浪潮进一步深化了全球经济一体化，巨型企业之间的并购整合也加速了弱小竞争者被淘汰出局。在这场大竞赛中，发达国家凭借其雄厚的资本实力攻城掠地，发展中国家面临更大的压力，处于劣势地位。

随着2001年互联网泡沫的破灭，互联网无往不胜的神话被终结。股市的暴跌直接导致融资出现困难，经济危机造成经济不景气，市场需求减少造成企业并购扩张动因的下降。这两方面因素为本次并购浪潮画上了句号。

二、中国走过的并购历程

中国的企业并购随着工业化进程而发展。中国的工业化进程自改革开放以来大致分为四个阶段：（1）1978—1991年，农业、轻工业和乡镇企业高速发展阶段；（2）1992—1999年，制造业、出口和交通运输快速增长，计划经济区域市场消亡，全国市场形成阶段；（3）2000—2008年，进入重化工阶段或基本实现工业化阶段；（4）2011年至今，进入工业化中后期，传统产业升级、工业技术进步、"互联网＋"普及、新兴产业迅速扩张阶段。

在整个工业化进程中，中国企业从不知道并购为何物，到如今境内外并购活跃发展，共经历了三十多年。此间，世界并购历史为中国企业的并购之路提供了丰富的学习材料和经验教训。如今，以提高行业战略地位、扩大市场份额、增强企业竞争力为目的，跨行业扩张发展的企业兼并与收购已经成为企业资本运作的核心任务之一。而上市公司通过收购和反向收购实现借壳上市成为证券市场最为重要的新生力量。并购已经成为中国市场经济资源配置的重要手段。

（一）启蒙和探索阶段（1984—1991年）

这是中国企业并购历程的第一阶段。随着改革开放的进程，中国的企业并购应运而生。1984年7月，保定机械厂以承担债务的方式兼并了连年亏损、濒临停产的保定针织器械厂，成为改革开放后中国企业承债并购模式的第一案；同时，武汉市也促成了几家优势企业以货币支付方式对劣势企业的并购。在保定模式和武汉模式的企业并购效应示范下，到1986年，北京、南京、重庆、沈阳、无锡等城市也开始出现企业并购活动。1988年，王健林以一名区政府办公室主任的身份，以零价格承债式接管了西岗区政府所属的一个有600万元贷款的烂摊子房地产开发企业，创立了大连万达，开创了中国自然人承债式收购国企并成功运作发展的先河。从此，王健林转为一名改革大潮中的勇敢创业者，后来成为福布斯中国首富（见笔者编著的《企业融资与投资（第二版）》第三章案例四）。

这一时期的并购有以下几个特点：（1）并购范围主要是同一城市或地区相关经营业务之间的并购；（2）并购类型主要是以出资购买式、承债式和无偿划转式为主；（3）并购主要在国有企业（含集体企业）间进行，并购活动带有明显的计划经济色彩——政府主导或积极参与国有企业间的并购，政府的动机代替了企业的动机。中国企业并购历程的第一阶段在中国改革开放迷失方向时结束。

（二）快速兴起阶段（1992—1998年）

中国并购历程的第二阶段是在邓小平南方谈话和中共十四大确立经济体制改革目标——建立社会主义市场经济体制的背景下开始的，这是中国并购历程的里程碑。20世纪90年代初，上海证交所和深圳证交所相继成立，证券市场迅速成长，上市公司数量和交易量急剧增加，企业并购由第一阶段的被动行为向第二阶段的主动行为转化。1993年，深宝安通过上海证交所大量收购延中实业的股票并成为后者的第一大股东，拉开了中国涉及上市公司并购的序幕。1994年，珠海恒通置业收购上海凌光1 200万股，成为后者第一大股东，这是首例以协议收购国有股方式收购上市公司的并购。1995年，上交所上市公司东方集团的母公司东方集团实业股份有限公司以市场化方式收购锦州港，并于1998年成功运作锦州港上市，成为民营企业主动收购国有企业并成功上市的经典案例（见笔者编著的《企业融资与投资（第二版）》第一章案例）。

这一阶段的并购有如下特点：（1）并购的范围和规模相比于第一次有很大提升，出现了国有股转让、法人股协议转让、外资并购等多种形式的资本并购模式。（2）民营企业广泛参与国企重组和改制，通过并购，民营企业数量和规模迅速扩大。（3）民营企业、国有企业和上市公司一起在并购舞台上扮演重要角色。

中国并购历程的第二阶段在1997年亚洲金融风暴后结束。

（三）规范发展和强化管制阶段（2000—2008年）

中国并购历程的第三阶段是在中国经济承受住亚洲金融危机考验之后。2000年，国民经济止跌回稳，当年GDP增长超过8%，中国经济步入重化工时期，迫切需要提高产业集中度以提高企业的竞争能力，从此中国真正进入了建立在市场基础上的并购时代。2000年，在香港上市的中国移动以328.4亿美元（2560亿港元）收购中国四省三市的移动电话网络，其中101.7亿美元以现金支付，另配售226.7亿美元的新股支付给出售方，一跃成为全球第二大移动电话运营商。2005年5月，联想集团斥资12.5亿美元完成对美国巨人IBM的全部PC（个人电脑）业务、资产和研发机构的收购，占全球PC市场份额第九位的联想一跃升至第三位，年收入超过百亿美元，仅次于戴尔和惠普。2005年6月，美国石油公司优尼科收到中海油185亿美元的收购要约，后因美国以并购威胁国家安全等原因，中海油退出并购。2005年，世界最大的钢铁企业米塔尔公司以3.38亿美元成功收购中国上市公司华菱管线36.67%的股权，外资不控股为华菱管线提供一系列高端产品的专业技术及管理。2007年，海通证券采用反向收购方式，通过都市股份以换股并购的方式实现买壳上市（见《中国企业境内上市指引》第一章案例）。

为规范并购行为，2002年证监会发布《上市企业收购管理办法》及相关信息披露法规，对我国上市企业并购制定了严格的规范，与《证券法》和《公司法》一起形成了中国上市企业并购法律框架。2003年国务院发布《企业国有资产监督管理暂行条例》，2005年国资委发布《企业国有产权向管理层转让暂行规定》，2006年商务部发布《关于外国投资者并购境内企业的规定》。在此并购发展阶段，中国政府通过制定和完善相关经济法律法规来指导并购活动，以此建立健全规范的并购市场，完善企业并购交易的市场机制。

这一阶段的并购的主要特点可以简要归结为以下几点：并购行为市场化，并购手段证券化，并购范围国际化，并购操作规范化，并购动机成熟化，交易主体多元化，支付方式多样化。中国并购历程的第三阶段在2008年金融危机中结束。

三、进行中的第六次并购浪潮及其新特点

全球第六次并购浪潮始于2004年，一直发展至今，中国并购历程的第四阶段——境内外扩张发展阶段则始于2011年并一直延续至今。

（一）并购的市场背景

全球第六次并购浪潮是随着移动物联网技术和新能源技术发展、并购融资的多渠道便利、反垄断环境趋于宽松、全球化不断深入而产生的，并在金融危机过后和技术进步升级后一些优质企业被大幅低估情况下达到并购高潮。

全球金融危机后，宏观经济恢复发展、产业结构调整转型、传统产业升级、工业技术进步、"互联网＋"普及、新兴产业迅速扩张，大力助推了全球第六次并购浪潮。2011年之后，发展中国家，尤其是中国追随世界经济的发展脚步，兴起了大型海内外跨境并购浪潮，中国并购历程从此进入了第四阶段，备受世界瞩目。

（二）并购的范围与规模

全球第六次并购浪潮主要是用中国资本重新调整和配置中国的全球产业布局。并购行为是发展中国家产业与发达国家产业之间、市场之间、产业链和价值链关系之间复杂的并购整合交易。这次浪潮是由新兴发展中国家尤其是中国，向发达国家发起的逆向并购浪潮，这在世界金融史和经济史上从未出现过。

金融危机过后，从2011年开始中国企业境内外并购活动再次复苏，尤其是2013年之后，中国企业全球并购浪潮呈现井喷状态，中国企业成为这股热潮的中流砥柱，海外并购交易金额占近年海外并购交易总额之首。根据北京交通大学中国企业兼并重组研究中心《2015年中国并购市场报告》数据，2015年中国并购市场共发生交易5 271宗，与2014年相比增长48.64%，交易金额达到2.18万亿元人民币，其中制造业并购数量占45.42%。根据投中资本《2016年并购市场报告》数据，2016年中国跨境并购交易545起，合计披露交易金额高达2 095亿美元，超过2015全年交易总额的100%。中国已经超越美国成为全球最大的国外资产收购者。

（三）并购浪潮的结构状况

根据Wind数据库统计，近十年横向并购在整个并购中占比高达60%以上，其他为纵向并购和综合并购。由于中国处于产业结构升级、加速融入全球一体化进程的阶段，上下游整合的纵向并购、跨行业的混合并购，以及跨国并购数量日趋增多，占比也逐步增大。中国房地产业、文化娱乐、电子商务和"互联网＋"领域以及制造业早已风生水起，不断泛起波澜，上演着一幕幕并购大戏。

1. 房地产行业的并购。2014年，碧桂园以100亿澳元收购澳大利亚美利通（Meriton）地产集团，并于2016年在马来西亚控股收购公司和土地，在与新加坡紧密毗邻的马来西亚依斯干达特区建造集大成之作的森林城市。该项目总投资2 500亿元，将被打造成外企驻地、金融特区、创新天堂、旅游胜地、教育名城、养生乐园、会展中心、电商基地等八大产业聚集地，是可容纳几十万人口的科技创业之城，相当于半个澳门大小。2016年，融创中国以137.8亿元收购联想旗下41家目标公司地产业务。2016年9月，恒大地产反向并购深交所上市公司深深房，拟回归A股实现买壳上市。截至2017年7月，深深房已停牌10个月，买壳仍在进行中，该并购规模超过300亿元。

2017年7月10日，融创中国和富力集团收购万达出售的旗下76家酒店和13个文化旅游城，其中包括北京万达嘉华酒店和哈尔滨万达乐园，总金额为 631 亿元。2017 年 4 月，中信信托收购盐城万达广场、大同万达广场、四川崇州万达广场全部股权；7 月，珠江人寿保险公司接盘南昌西湖、柳南、枣庄及焦作等 4 个万达广场。至此，万达地产已出售 7 个万达广场。上述资产总价值近千亿元。

收购与兼并是企业发展需要，而出售资产同样是企业的经营策略或发展战略。万达地产出售千亿元资产，构成了有史以来中国最大的地产业并购案。但详查资料发现，其中部分万达广场是用别人的钱投资建设的，只由万达输出品牌管理。

王健林出售上述资产是急于偿还巨额债务。在笔者编著的《企业融资与投资（第二版）》第三章对万达地产的案例分析中已阐述其经营面临的问题：低租金、高负债、以售养租、靠销售赚钱、债务负担沉重、再融资需求迫切等。2014 年底，万达地产的负债总额为 1 809.69 亿元。而短短两年后的 2017 年 3 月 31 日，由于任性扩张，其负债总额已高达 5 446.03 亿元，总资产为 7 712.64 亿元，资产负债率为 70.61%，每年到期的债务本金和利息已远超过千亿元。

2017 年起，受有史以来最严厉的房价调控政策影响，全国房产销售量和房价双双急降，最严重地区房价下跌 20%。万达地产受到重创，资产大幅缩水。7 月 17 日《福布斯》最新财富榜出炉，王健林已被双马超越，马云、李嘉诚、马化腾排在华人前三。随着销售量和房价下跌，万达的经营收入将无法偿还巨额债务本金和当期利息，如果房价继续下跌，万达将资不抵债，王健林可能从首富变成"首负"。倘若中国房价在现在基础上继续下跌 25%～30%，全国房企将资不抵债全部破产，银行不良资产普遍爆仓，还没发生过的中国金融危机随时可能爆发。

2. 互联网媒介和"互联网＋"领域的并购。2015 年以来，在"互联网＋"浪潮推动下，国内相关并购市场大事件层出不穷。例如 58 入股赶集网，美团换股点评，滴滴与快的合并，滴滴与 Uber 换股并购互相持股合作等。

阿里巴巴于 2014 年 9 月 19 日赴美国上市之前就已控股收购高德导航、虾米网和文化中国，投资创维和华谊兄弟；马云还与史玉柱、谢世煌发起设立云溪投资基金进而入股华数传媒。自上市到 2015 年 12 月的 16 个月里，阿里总共进行了近 70 次收购投资，包括光线传媒、第一财经、魅族手机、魔漫相机、圆通速递、恒生电子、优酷土豆等，还通过收购得到了被称为"东南亚版亚马逊"的东南亚电商平台 Lazada 的控股权。阿里股票市值为几千亿美元，而上述并购交易总规模已达到上千亿美元。此阶段，阿里还与苏宁电器互相投资参股，投资苏宁云商以实现优势互补，共同打通电商、物流、售后服务、营销、大数据等线上线下体系。阿里还收购了新浪微博部分股份，并在用户账户互通、数据交换、在线支付、网络营销等领域与之进行深入合作，使电子商务在构筑微博开放平台的生态系统方面跟上互联网走向移动化和社交化的步伐，创造更多个性化人性化的产品和服务。

腾讯于 2016 年 6 月宣布收购日本软银集团以及部分员工所持的最多约 84.3% 的芬兰移动游戏开发商 Supercell 股权，总对价为 86 亿美元。收购完成后，按营业收入衡量，腾讯已经成为全球最大的游戏发行商。这是中国互联网公司最大规模的收购案之一，也是近年来全球手机游戏行业最大金额的并购案。

纵观当今世界财富格局，世界首富比尔·盖茨、中国首富马云，他们都以互联网为中心展开一系列的相关产业。可想而知，在高速发展的互联网应用时代，只有科技和互联网才能推动产业真正长久不衰地发展壮大。

3. 传统加工制造业的并购浪潮。2011 年，青岛海尔在日本收购了三洋。2015 年，创维正式收购德国老牌电视机制造商美兹的 TV 业务；同一年海信收购夏普墨西哥彩电工厂和夏普电视美洲地区（除巴西）五年品牌使用权。2016 年，美的集团以 4.73 亿美元收购日本东芝家电业务的主体"东芝生活电器株式会社"80.1% 的股权、以数亿欧元收购意大利著名的中央空调企业 Clivet80% 的股权；富士康以 35 亿美元收购夏普66% 的股份；海尔花费 54 亿美元收购美国通用电气（GE）家电业务相关资产；珠海艾派克公司以 39 亿美元收购美国最大的激光打印厂商美国利盟（Lexmark）100% 股权，此次交易被称为第六次并购浪潮中典型的"蛇吞象"。2017 年，中化集团以每股465 美元的价格、总额 430 亿美元现金收购全球最大农药公司瑞士先正达公司，这是目前中国企业最大的境外收购案。

4. 高端制造业也是中国资本关注的一个重要领域，近年来中国企业赴美并购高端制造业的步伐不断加快。例如，美的集团以 45 亿欧元收购全球机器人领域老大——德国库卡集团 85.69% 的股权；大连机床集团全资收购了美国机床制造业知名公司英格索尔生产系统公司；陕西秦川集团在美国密歇根州收购了一家美国拉床生产企业及其子公司；万向集团收购美国特拉华州的菲斯克公司，经改造、升级组建了卡玛电动车公司，进军美国高端电动车市场等。

（四）并购浪潮的总体推动因素

纵观以上全球六次并购浪潮和中国走过的并购四阶段历程可以看出，推动并购浪潮有三大因素：（1）技术进步是并购浪潮的重要推手——新技术的出现为大规模的企业并购提供了动力、题材和手段；（2）宏观经济状况和原有经济模式需要转型的背景是引发并购浪潮背后的重要基础；（3）产业政策变化及新融资工具的推行是促成并购浪潮大规模扩张的外在刺激因素。

（五）第六次并购浪潮的特点

全球进入第六次并购浪潮后，以横向并购、纵向并购、综合性并购、发展中国家企业的跨国并购为主要特征。中国已经取代美国，成为全球跨国并购金额最大的国家。由中国资本掀起的第六次浪潮更类似于 20 世纪 80 年代之后美国的并购浪潮，并购已经开启了金融资本推动中国产业发展的资本大时代。

当今，全球并购、中国整合这一商业模式正在形成，成与败的案例同在，机会与风险同在，不同国度的法规与东西方文化的碰撞同在，并购途中的困难和挑战同在。谋求并购发展的企业应当审慎谋划、规范运作，才能在成功路上走得更远。

四、世界巨头的并购扩张趋势

著名经济学家斯蒂格勒在评价世界企业的成长路径时说，没有一个大公司不是通过某种程度、某种形式的兼并与收购而成长起来的，几乎没有一家大公司是主要靠内部扩张成长起来的。事实的确如此。

例如，位居世界 500 强前列的微软（Microsoft）自 1990 年以来仅在研发方面就花掉了 400 多亿美元，超过世界其他五大软件公司研发费用的总和，但其并购和战略投资却远远超过上千亿美元。微软在纳斯达克上市 30 年来，不断融资、投资和并购扩张，才发展到现在这样庞大——2017 年 1 月市值超过 5 000 亿美元。近几年微软仍然没有停止并购：2011 年收购 Hotmail；2013 年收购诺基亚手机业务；2014 年收购瑞典游戏开发商 Mojang；2015 年完成对移动端邮箱应用 Acompli 的收购，现在 Acompli 已经成为 iPhone 和 Android 手机版的 Outlook；2016 年又以 262 亿美元收购全球职业社交网站领英（Linked In），成为微软史上最大的并购交易。

为了扩大市场份额、实现企业扩张，截至 2016 年底，微软进行过 200 多次收购兼并。其并购的类型主要有四种：（1）通过并购获取更多的技术、人才以及知识产权，并将新技术迅速投向市场，微软大约 60% 的并购属于这种类型；（2）收购新的自成一系的产品和服务；（3）通过并购以加快微软进入新业务领域的步伐；（4）通过并购获得供应及销售渠道。

Facebook 于 2014 年 2 月宣布，以 190 亿美元收购 WhatsApp。假如没有 WhatsApp，Facebook 的国际地位将非常危险。Facebook 是美国的社交网络服务网站，于 2004 年 2 月 4 日上线，2015 年 Facebook 的西方用户超过 10 亿。WhatsApp 是一款非常受欢迎的跨平台应用程序，用于智能手机之间的通信。如果 Facebook 的对手谷歌收购了 WhatsApp，对于 Facebook 那将是灾难性的。值得一提的是，红杉资本因这次天价收购再次成为 Facebook 最大受益的风险投资机构。不到五年时间里，红杉资本从 WhatsApp 上获得了 30 亿美元回报，他们当初的投入是 6 000 万美元。

戴尔于 2015 年 10 月以 670 亿美元的价格收购 EMC，从而成为全球科技市场最大规模的并购交易。戴尔也从 PC 和网络服务器领域扩展到数据储存与大数据处理行业。EMC 创建于 1979 年，是一家美国信息存储资讯科技公司，提供云计算、大数据、安全 IT 解决方案等服务。

阿里巴巴（Alibaba）是目前全球最大的网上交易市场和商务交流社区平台之一，是全球企业间（B2B）电子商务著名品牌，本属于电子商务行业。以往阿里的并购与投资大多围绕阿里本身的电商生态来布局，从未逾越自己的护城河。但是随着移动互联网时代的到来，有价值的应用入口几乎都被蚕食。面对这样的流量可能被吸附接入对手手中的危局，与其继续寻找所谓的入口，还不如在围城外边再建一座新城。十几年的网络平台大战结束之后，未来是什么，是内容为王、是网络与实体全面融合的时代。因此，马云几年前就通过大规模并购向纵深的广阔领域布局阿里的未来。阿里现在已经是国内外当之无愧的互联网行业巨无霸。

布局之一：并购和投资相关企业，打造传媒娱乐帝国。在前述第六次并购浪潮中，阿里在上市前后（2014—2016年）一系列的并购已经表明，马云正在下一盘很大的棋，就是要建立一个娱乐传媒产业的大产业链：阿里已涉足数字音乐领域、影视剧制作、电视运营及服务、移动传媒及游戏、在线娱乐、在线视频、在线读书及数字出版等业务。阿里最终完成了从投资、制作、发行到渠道、终端、硬件、网上应用等整条生态链的建设。阿里之所以要通过并购去构建整个传媒娱乐产业帝国，是因为马云的文化与传媒产业梦。阿里通过音乐、文学、游戏、媒体等数字内容，依靠优酷土豆这样的数字内容分发平台，把大量用户导入到这些可以被长期吸附的内容平台上。用户因为内容平台而长期被吸附，这样的大数据才是真正的大数据。文化传媒产业本来就是最有"钱景"的产业，其本身不像其他视频业务单纯只是烧钱的业务，而是本身就能赚钱，优酷土豆这样的注意力工具同样能担负起阿里流量的护城河使命。阿里通过投资视频，整条产业链的协同节点已经打通。在移动互联网时代，由于"贴身"手机的永恒在线特质，其内容才有真正的价值，好的产品才能站稳市场，用户活跃在线才能永久赚钱。

布局之二：收购实体店股权，布局"新零售"产业。2017年5月26日，阿里巴巴向易果生鲜收购联华超市18%的股权，成为联华超市第二大股东，继续打造"新零售"业态。此前阿里已经收购了苏宁、银泰、百联、三江、日日顺等数十个企业的部分股权，布局业态涵盖电器、百货、商超等。联华超市是上海百联的直属公司，拥有大型综合超市、超级市场及便利店三大主要零售业态，旗下品牌包括"世纪联华""联华超市""华联超市""快客便利店"。截至2016年末，联华门店已经达到3 618家，在中国快速消费品连锁零售行业保持领先地位。

本次收购将使阿里和联华这两大线上线下全业态巨头之间开展新零售融合，它将整合、优化全网订单、库存及物流配送系统，共同建设以线下门店为中心的到家服务，通过大数据提高商业运作效率，打通线上线下，形成一体化商品、支付、物流、会员等新商业生态体系。

2017年7月8日，马云在杭州的第一家无人超市开业了，整个超市竟然没有一个售货员和收银员。购货步骤：第一步：手机扫码进店；第二步，选购商品；第三步：直接出门走人。无论你把商品放在包里还是塑料袋里，都无须再扫描商品、无须再扫码支付，系统会在门口自动识别你的商品，自动从支付宝扣款。

马云近期还与娃哈哈集团董事长宗庆后联手宣布：未来几年，将在全国开展10万家无人超市。紧接着京东商城CEO刘强东也宣布：要在全国开设50万家京东便利店以及大量京东无人超市。

阿里拥有强大的互联网、物流、大数据和在线支付能力，能帮助商家完成商业重构，让线上线下得到完美互补，实现消费者随时随地多场景新消费体验。

不管是支付宝体系的马云，还是微信支付体系的刘强东，他们都拥有着巨大的财力资本，以及强大的、无与伦比的无线支付技术。已经垄断网上购物市场的这两家巨无霸，正在把目光瞄准到收购线下实体店。首先，24 小时无人便利店的普及将不可阻挡；随后，中小型超市"消灭收银员、消灭导购员、消灭服务员"的革命，将浩浩荡荡地开始。2017 年 7 月，将是重要的转折点。

更恐怖的是，他们将能对自己的店铺和客人产生前所未有的了解。客人逛超市最喜欢走哪条路线，哪个货架客流最密集，哪个货架客人停留的时间最长，甚至每个客人的购物记录、消费规律和消费习惯等全部掌握手中。

无人超市的到来，将让大数据行业继续爆发。未来几年内，实体店、百货店、超市或将面临前所未有的冲击，一场波及全中国零售行业的大风暴已经到来。

五、未来并购投资的机会与挑战

从前面介绍的世界巨头并购方向和投资趋势不难看出，他们近几年的并购投资几乎都与技术创新和互联网有关。现在，就连杭州的乞丐都已经在前面放一个二维码，开始用微信钱包和支付宝乞讨了。而未来二三十年的世界一定会从"互联网技术不断发展"进入到"互联网全面应用"的时代。

2013 年 4 月，德国首次提出了工业 4.0 战略，即运用高度集成化与互联网技术，使工厂的各个生产模块智能化，从而使工厂变为具备自律分散系统的智能化工厂——制造智能化。工业 4.0 战略的三大主题是智能工厂系统及装备、智能生产制造和智能物流。实际上，工业 4.0 生产和技术模式就是生产中心借助智能工厂实现混线生产，在大数据下激活所有的制造模块，按照客户的个性化需求订单，在一条生产线上自动加工组合制造多种规格型号的产品，并实现智能物流配送的过程。从 1760 年至 1870 年，人类通过蒸汽机和水力动力的驱动实现了用机器生产——工厂机械化，即工业 1.0；1870 年到 1945 年，内燃机和发电机的发明使得工厂通过电力驱动实现大规模生产——工厂电气化，即工业 2.0；1950 年尤其是 1970 年至 2014 年，电子信息技术的应用使制造过程实现了多种技术融合生产——生产自动化，即工业 3.0。整个历史进程经过了 250 多年。

2014 年 4 月，美国提出了一个新概念叫"工业互联网"，比德国的工业 4.0 更宏伟。以通用、AT&T、IBM、英特尔、思科五家制造业巨头联手组建了工业互联网联盟（IIC），旨在推进和引领全球工业化进程。工业互联网是全球工业系统与高级计算、分析、感应技术及互联网连接并互相高度融合的结果。工业互联网将超越制造过程及制造业本身，涵盖交通、能源、电力、医疗和制造业工厂等五大领域。工业互联网联盟的发展蓝图是将人、数据和机器连接起来，结合软件和大数据分析，重构全球工业。工业互联网将使各个厂商设备之间可以实现数据共享，成为高科技尤其是智能制造的推手和载体。

2015 年 5 月，中国发布了《中国制造 2025》行动纲领，其开头第一句指出：制造业是国民经济的主体，是立国之本、兴国之器、强国之基。从 2016 年起，"中国制造

2025"步入实质性推进阶段，并计划十年内进入制造强国之列。

过去，在没有"互联网＋"模式下，制造业产业链包括研发设计、产品制造、订单处理、原料采购、仓储运输、批发、零售——即"6＋1"产业链，中国制造企业一直处于产业链中的低附加值环节，被困在制造行业价值链"微笑曲线"的最底部，靠消耗资源、破坏环境甚至靠"血汗工厂"来赚取微薄的利润。

如今，美的、海尔、联想、富士康等中国企业借机金融危机后的经济低迷和英国脱欧，通过抄底并购国际大牌的方式顺利实现产业链升级，并在传统工业制造业、计算机通信和其他电子设备制造业等多领域开展并购，获取专利技术、品牌、营销渠道。美的和海尔也已经开始尝试模块化制造家电，在全面提升我国制造业发展能力的同时，推进了中国这个世界最大制造业基地与全球产业体系的融合，可喜可贺。当然，同时我们也应该反过来看到，美国通用电气、AT&T、IBM 和日本东芝、夏普等世界巨头已经剥离其非核心业务，抛下传统制造业的包袱，开始领跑工业互联网和大数据的工业4.0，而中国绝大部分企业还处在工业 2.0 与 3.0 之间，需要奋起直追，迎头赶上时代的步伐。

回顾全球每一次技术革命的五十年，其中前二十年都是技术公司发展时期，后面三十年都是技术应用时期。20 世纪 90 年代中期开始的互联网技术发展时期已经走过二十年，今后三十年将会进入互联网应用时代。未来三十年任何一个企业如果不与互联网挂钩，不利用互联网去发展自己的业务，将会像没有电一样可怕。未来二三十年里，这个世界的变化会超出所有人的想象，而且绝大部分故步自封的人可能前景堪忧。未来三十年的世界并不属于互联网公司，而是属于用好互联网的公司。新零售、新制造、新金融、新技术、新能源将给各行各业带来冲击，对很多企业甚至是灾难性的。比如出现了云计算、大数据后的智能制造工厂以后，巨大的变革对中国制造业的冲击将远远超过零售业。在未来淘汰落后生产力的同时，也会创造出更多的新实体经济——新生产制造和新流通，而互联网的职责就是创造更多的新实体。中国一度把互联网视为虚拟经济①，并且把实体与虚拟对立起来。而实际上，两者不应该对立起来，两者的完美结合才是未来。

从"人工智能围棋对弈"的 AlphaGo、挑战 6 亿只耳朵预测电视总决赛歌王的小Ai，到迪拜的机器警察上路、刘强东用机器人送货、李彦宏坐无人驾驶汽车上了北京五环、马云的无人超市落地杭州，这发生的一切都标志着什么？那就是未来真的来了，一个新的物联网时代真的已经开始了。

现在，云计算、大数据、人工智能已经不是先前的科学幻想和虚拟的技术概念，服务领域的创新经营模式也随着物联网以及无线支付技术的发展而不断出现。因此投资和并购不仅要立足当下，更重要的是面向未来，而未来的实现需要企业家根据自己的梦想而审慎谋划、果断行动、规范操作、不断创造。

---

① 西方则将其视为金融中介。

针对中国企业在境内外并购过程中遇到的种种问题，以及并购双方团队和参与各方实战运作的需要，本书将在以后的章节中以最具实战性的内容讲述并购形式、程序和方法，以及并购中的关键风险控制要点、常见问题及应对措施，并深入剖析国内外并购案例的成功经验和失败教训，帮助企业提高并购投资的成功率。

第二节　并购的形式

一、企业合并

合并（Merger）和收购（Acquisition）通常简称为 M&A，翻译为并购。企业并购是企业合并与收购的总称。并购发出企业被称为并购企业，被并购企业则被称为目标企业。并购是企业发展扩张的手段和途径，也是企业境内外间接上市的必经之路。企业并购主要包括公司合并、资产收购、股权收购三种基本形式。《公司法》对企业吸收合并及新设合并均有明确的法律规定。

（一）吸收合并

一个公司吸收其他公司称为吸收合并，被吸收的公司解散。按此理解，吸收合并是指一个企业采取各种形式有偿受让其他企业的产权，使出让产权的企业丧失法人资格或改变法人实体的经济行为，用公式表示为：A + B = A。即合并后被吸收企业的法人地位消失（称为被合并公司），吸收的企业则存续（称为合并公司）。吸收合并也常被称为兼并。[①]

（二）新设合并

两个以上公司合并设立一个新的公司称为新设合并，合并各方解散。按此理解，新设合并是指两家或两家以上企业依据法律规定的程序合并，原来各公司在结合后全部不存在，而在原来企业资产基础上创立一家新企业的经济行为，用公式表示为：A + B = C。新设合并也被称为创新合并。

（三）公司法规定外的合并形式

1. 剥离存续合并。两个或两个以上公司各自分出一部分资产，合并在一起，成立一个新公司，而原来出资的各公司仍然存续，称为剥离存续合并。

2. 互相参股并购。甲公司与乙公司双方按照一定的价格比值交换股份，甲公司成为乙公司的股东，乙公司同时成为甲公司的股东，原来的两个公司依然存续，形成相互渗透、相互制约、相互持股的利益共同体，称为互相参股并购。

---

① 实践中大量存在的是兼并，所以，除非有严格的法律意义，书中都以兼并来表述。

二、企业收购

（一）企业收购概述

企业收购是指一家企业通过主动购买方式获取其他企业的全部或部分股权或资产，或通过股权与证券交换方式获取其他公司股权的行为。收购目的是获得该企业全部或部分所有权，取得对被收购企业的控制权，而收购后双方企业都仍然存续，用公式表示为：A + B = A + B，但 A 收购 B 后 A 和 B 往往都受同一控制人控制。

按照收购股权比例的大小，企业收购分为完全收购、控股收购、参股收购三种形式。完全收购是指收购目标公司全部股权的行为。控股收购是指收购目标公司 51% 以上的股权（而非全部股权）的行为，取得控股地位也就掌握了经营控制权和决策权；有时通过收购虽然没有达到 50% 以上绝对控股地位，但实际上已成为公司的第一大股东，且与其他主要股东持股比例相差悬殊，这种收购通常被称为相对控股收购。参股收购是指收购目标公司部分股权，且不成为第一大股东的收购行为，有时也称为投资参股、投资入股。

（二）直接收购与间接收购

1. 直接收购。直接收购就是由收购方直接向目标公司或其股东提出所有权要求，双方通过一定的程序进行磋商，共同商定完成收购的各项条件，在协议的条件下达到收购的目标。按照收购双方最终谁取得控制权，直接收购又可分为前向（Forward）与反向（Reverse）两类。

（1）前向收购。前向收购也有两个类型：一种是买方公司 A 收购目标公司 B 完成后，公司 A 为存续公司，目标公司 B 被吸收合并后其独立法人地位不复存在，其资产和负债均由公司 A 承担；另一种是买方公司 A 收购目标公司 B 的股权，A、B 公司都依然存续，但 A 公司完全控制了 B 公司。如果 A 公司收购 B 公司 50% 以上的股权，则被称为 A 公司控股收购 B 公司。

（2）反向收购。反向收购通常是指买方公司 A 收购目标公司 B 完成后，B 公司完全控制了 A 公司，而 A 公司和 B 公司同时存续。例如 A 公司收购 B 公司 50% 以上的股权，A 公司支付给 B 公司原股东的股权转让对价超过 A 公司总股本 50% 以上的股份，收购完成后 A 公司控股了 B 公司，而 B 公司的原股东实际上反向控股收购了 A 公司。反向收购方式是非上市公司买壳上市的重要手段。

收购双方究竟谁存续，谁消失，或者都存续，主要由收购目的所决定。

2. 间接收购。间接收购通常由收购方 A 公司首先设立一个子公司或控股的 B 公司，其设立目的不是为了经营 B 公司，而是为了通过 B 公司收购 C 公司。B 公司实际上是空壳公司，只是一个间接收购的运作平台，因此也叫过渡公司。

与直接收购相对应，间接收购也有正向收购和反向收购两种形式。正向间接收购如上所述。而反向间接收购则是 C 公司的股东首先设立一个子公司或控股公司 B，然后由 B 公司收购 C 公司的股权，最后由 A 公司收购 B 公司的股权，并以 A 公司的股份向 B 公司的原股东（实际就是 C 公司的原股东）支付转让对价，最终结果是 C 公司的原股东取得了 A 公司的控股权，A 公司通过收购 B 公司获得 C 公司的控股权。反向间接收购操作复杂，难度和风险都较大，而反向间接收购上市公司（即买壳上市）属于资本运作中技术含量最高的运作，通常聘请投资银行及其他中介机构协助进行收购交易。

（三）企业并购的主要类型

在当今中国的并购市场中，主要有七种类型的并购：（1）上市公司收购非上市公司；（2）非上市公司反向收购上市公司实现买壳上市；（3）困难上市公司的并购重组；（4）国企并购重组及国企混合所有制改革（混改）；（5）非上市公司之间的普通并购；（6）中国企业海外并购；（7）境外投资者并购境内企业。

三、合并与收购的异同

（一）共同点

1. 它们都是企业产权交易的形式，其交易都是以企业这一商品为对象的。

2. 它们都是企业产权的有偿转让，都是企业之间的买卖，所不同的只是买卖的方式不同而已。

3. 它们都是企业在谋求自身发展中所采取的外部扩张战略，通过这种外部扩张战略，能加强企业的竞争能力，扩充经济实力，提高经济效益。

（二）特点和差别

1. 新设合并中参与合并的企业法人资格都随着合并而消失，它通过另外组建一个新企业取得法人资格。吸收合并中无论承担债务式、购买式还是吸收股份式，被合并企业均放弃法人资格并转让产权，由合并方接收产权、义务和责任。可见，被合并企业将丧失原有的法人资格。而收购中，被收购企业作为经济实体仍然存在，被收购企业仍具有法人资格，只是其股东易主，收购方通过控股、参股掌握该公司的全部或部分所有权和经营决策权。

2. 新设合并中新组建的企业形成后，原有企业的债务一并归于合并后的企业。在承担债务式合并中，合并企业将被合并企业的债务及整体产权一并吸收，表现为以承担被合并企业的债务来实现合并。在购买式合并中，合并方在完成合并的同时，需对其债务进行清偿。在这两种形式中，原所有者将原资产、债权、债务一并转移，合并方成为企业资产的新所有者及债务承担者。而在企业收购中，收购企业作为被收购企业的新股东，对被收购企业的原债务不直接承担债务责任，其风险责任仅以其对被收购企业控股出资的股本金为限。

3. 收购与合并时债权人新担负的义务不同。企业合并有保护债权人的程序和义务，依据有关规定的程序，股东会的决议和资产负债的结算必须征询债权人的同意，如债权人在一定期限内没有提出异议，即为承认此合并方案，也就是如果采取合并的方式取得某家企业的经营权，必须先取得该公司股东会议同意后才能达到目的。而如果收购方想通过收购而取得经营权，只要收购目标公司股东持有一定比例的股权就可以达到目的，即在程序上只要取得控股优势，再进行董事会改组即可。

4. 在收购股权及资产方面，签订合约的对象虽然分别是股东和公司，都只需计算被收购企业或资产的价值，即可进行收购交易。但在合并中，并购参与者若为股份公司，则通过股权交易，使原公司股东改持存续公司或新设立公司的股票。合并或互相参股并购都需要先计算出各自的价值，经双方认同再计算出股权交换比率，然后才能进行合并或换股并购交易。

四、企业改制与资产重组

（一）资产重组

在企业内部所讲的资产重组通常是指为了整合企业内部的经营业务、优化资产结构、改善财务状况，对企业的资产进行分立、剥离、置换、出售、转让，或对企业集团内部的企业进行合并、收购、兼并的行为，以实现资本结构或债务结构的改善，从而实现资本运营的根本目标。

在企业界谈及资产重组时，往往采用狭义的资产重组概念，这样容易区分涉及企业或企业集团内部的资产重组与涉及企业外部的资本运营。广义的资产重组涉及引进新的股东、债权转股权乃至变更企业所有制性质等运作，往往将这种广义的资产重组称为企业重组或企业改制重组。

（二）公司分立与剥离转让

1. 解散分立。一个公司分解为两个以上独立的法人公司，原总公司母体消亡，取消法人资格。最著名的分立案例是美国电话电报公司（AT&T）分解成七个独立的法人公司，原来的母公司 AT&T 不复存在。

2. 存续分立。一个总公司下面的某个部分从母公司分离，带走总公司的部分资产，新设立一个以上的独立新公司，但原总公司仍然存续。例如联想集团分立出神州数码，但联想集团依旧存在。

3. 剥离转让。从总公司剥离出某个分部或某一部分资产，有偿或无偿出售给其他公司，或通过合法手续划拨给总公司的下属公司，而总公司依然存在。例如东方集团收购锦州港时将非港口生产营运的第三产业资产、后勤服务类资产剥离给第二大股东锦州港务局，而锦州港不但依然存在，并且优化了资产结构，突出主业，提高了净资产收益率和每股净收益，为实现 A、B 股上市奠定了基础。

4. 股权回购。股份公司回购股东的股份，从而缩小公司的总股本，并改变股权结构。例如 2003 年 8 月，腾讯创业团队将 IDG 所持剩余 7.2% 股权悉数购回，并从 MIH 手中回购少量股权，完成了上市前 MIH 与创业团队分别持股 50% 的股权结构调整。

（三）企业改制重组方式

新《公司法》颁布后，许多企业实行整体改制或部分改制，将企业由单一投资主体变为多元投资主体。这种投资主体的多元化既可以通过存量资产的处置来实现，也可以通过新增资本的投入来实现，这都属于企业重组范畴。企业改制过程中资产重组主要有以下几种方式（这几种重组方式既可单独运用，也可组合运用，企业可根据自身情况和条件选择）。

1. 增量吸补。企业的存量资产全部投入改制后企业，作为改制后企业的部分资本，其他的注册资本依靠吸收新股东的增量资金投入。这种重组方式适合原资产清晰，投资主体单一，企业发展较好，资金短缺的企业。

2. 转让净资产（或注册资本）。企业资产评估完成后将净资产作为改制企业的注册资本，并出让部分净资产给其他企业、个人或本企业职工。这时，企业存量资产数额未变，但部分注册资本持有人易主，企业股东由单一变为多元。

3. 零资产或负资产出售。经评估，企业的净资产为零或负数，原资产持有者可将企业连同负债采取零价值方式转让给新的股东，新股东在取得企业资产所有权的同时，也相应地承继企业的负债。新股东购买企业后，需再行出资投入到新购买的企业，其出资之和作为改制后企业的注册资本。

4. 撤资改制。原有企业的资产评估确认后由原投资人将全部有形资产收回，并经债权人同意承担原有企业债权、债务，而将商誉、字号、商标等无形资产有偿转让给新股东使用，新股东需对企业投资入股，投资之和作为注册资本，完成企业的改制登记注册。

5. 股权投资。股东将其在另一企业的股权作价投入改制企业。这种方式属于新增资本投入的股权投资，多见于增资扩股或企业被并购增资。

6. 债权转股权。企业改制时，在征得其他股东和债权人同意的基础上，债权人可将其债权转为对企业的投资，债权人变为企业的股东。但银行等金融机构，以及验资、评估等中介机构不具备投资主体资格的债权人不能债转股。

五、涉及上市公司的重大资产重组及买壳上市

（一）重大资产重组

2016年新修订的《上市公司重大资产重组管理办法》规定，重大资产重组是指上市公司及其控股或者控制的公司在日常经营活动之外购买、出售资产或者通过其他方式进行资产交易达到规定的比例，导致上市公司的主营业务、资产、收入发生重大变化的资产交易行为。

上市公司及其控股或者控制的公司购买、出售资产，达到下列标准之一的，构成重大资产重组：（1）购买、出售的资产总额占上市公司最近一个会计年度经审计的合并财务会计报告期末资产总额的比例达到50%以上；（2）购买、出售的资产在最近一个会计年度所产生的营业收入占上市公司同期经审计的合并财务会计报告营业收入的比例达到50%以上；（3）购买、出售的资产净额占上市公司最近一个会计年度经审计的合并财务会计报告期末净资产额的比例达到50%以上，且超过5 000万元人民币。

（二）买壳上市

2016年新修订的《上市公司重大资产重组管理办法》详细规定了买壳上市的标

准、原则和交易操作程序。第十三条规定，上市公司自控制权发生变更之日起60个月内，向收购人及其关联人购买资产，导致上市公司发生以下五种根本变化情形之一的，构成买壳上市类的重大资产重组，应当按照规定报经中国证监会核准：（1）购买的资产总额占上市公司控制权发生变更的前一个会计年度经审计的合并财务会计报告期末资产总额的比例达到100%以上；（2）购买的资产在最近一个会计年度所产生的营业收入占上市公司控制权发生变更的前一个会计年度经审计的合并财务会计报告营业收入的比例达到100%以上；（3）购买的资产在最近一个会计年度所产生的净利润占上市公司控制权发生变更的前一个会计年度经审计的合并财务会计报告净利润的比例达到100%以上；（4）购买的资产净额占上市公司控制权发生变更的前一个会计年度经审计的合并财务会计报告期末净资产额的比例达到100%以上；（5）为购买资产发行的股份占上市公司首次向收购人及其关联人购买资产的董事会决议前一个交易日的股份的比例达到100%以上。同时规定，上市公司购买的资产对应的经营实体应当是股份有限公司或者是有限责任公司，且符合《首次公开发行股票并上市管理办法》规定的发行条件。例如上市公司购买的资产，即买壳公司最近3个会计年度净利润均为正数且累计超过人民币3 000万元，而2014年前两年为2 000万元。

六、企业的跨国并购

企业的跨国并购是指一国企业为了某种目的，通过一定方式和支付手段，收购另一国企业一定份额的股权直至收购整个企业或其全部资产的行为。这里所说的方式，包括并购企业直接向目标企业投资收购，或通过目标国所在地的子公司进行并购两种形式；这里所指的支付手段，包括现金支付、从金融机构贷款支付、以股换股支付、发行债券支付以及混合支付等形式。收购人可以自身主体名义去境外直接收购，也可以通过在第三国尤其是在离岸法域（如英属维尔京群岛、开曼群岛等）设立离岸公司（特殊目的公司）进行间接收购，以此规避法律限制和隔离投资风险。因此，国际并购往往涉及两个或两个以上国家的企业、市场和政策法规。

在中国，外资并购是指由国外投资者对中国企业的直接投资行为，外商独资企业在获得批准情况下对内资企业的投资也属于外资并购行为。中国商务部、工商总局、外汇管理局、证监会、国资委、发改委六部门2006年发布并施行《外国投资者并购境内企业的规定》（下称"10号文件"），该文件限定被并购的境内企业为非外商投资企业，而外国投资者投资后的企业则成为外商投资企业。

2016年，中国企业在海外市场上频频出手，出人意料地巨额收购外国企业。

美的集团斥资45亿美元收购德国工业机器人制造商库卡公司（Kuka AG）。库卡公司是该国市场上领先的专注于工业制造流程数字化的企业之一。库卡的机器人目前已被用来装配奥迪轿车和空中客车的飞机。

腾讯以86亿美元的总价，牵头收购芬兰手机游戏开发商Supercell Oy。Supercell Oy是《部落冲突》和《皇室战争》等流行手游的开发商。

科瑞集团以 12 亿美元收购英国的人血血浆产品生产商 Bio Products Laboratory Ltd.。Bio Products Laboratory Ltd. 目前每年生产超过 650 吨血浆，并向全球超过 45 个国际市场提供该公司的产品。

海航集团旗下的 Avolon Holdings 斥资 100 亿美元收购 CIT Group 的飞机租赁业务。该交易将采用多种融资方式，包括 Avolon 提供的现金、海航控股的渤海租赁给出的新股权，以及 85 亿美元的债务融资。合并后的实体将拥有 910 架飞机，借此打造全球第三大飞机租赁公司。

万达集团以 25 亿美元收购了好莱坞电影制片公司传奇娱乐（Legendary Entertainment），以 10 亿美元收购了第二家好莱坞公司 Dick Clark Productions。Dick Clark Productions 制作了众多颁奖典礼，包括全美音乐奖、金球奖以及好莱坞电影奖。

洛阳钼业以 26.5 亿美元收购美国矿业巨头自由港集团（Freeport - McMoRan Inc）位于刚果（金）的 Tenke 铜钴矿 56% 的股权。

第三节　并购目的和参与各方

一、并购的目的与作用

不同的企业在不同时期和不同市场状况下，往往根据自身条件和内在需要而产生并购动机，同时选择不同的并购方向，达到相应的并购目的和效果。

（一）扩大产品生产规模和市场份额，避免市场竞争

通过并购，将几个规模相对小的公司组合成更大型公司，或将市场竞争对手或潜在的竞争者收归旗下，用大规模生产方式降低单位产品的成本。同时减少恶性价格竞争，达到双赢的目的。并购可实现规模经济效应，扩大市场控制能力，包括对价格、生产技术、资金筹集、客户行为等各方面的控制能力，例如联想收购 IBM 笔记本电脑、张裕 A 收购智利贝斯酒庄下属部分公司的股权等。

（二）整合区域资源，形成区域垄断

在产品销售区域或服务经济腹地范围内，将产业资源有效整合，贯彻科学发展观，避免浪费国家资源和避免低水平重复建设，减少同业不良竞争，提高全行业整体经济效益。例如大连港投资入股锦州港，金鸿能源收购张家口国储管道天然气有限公司 100% 股权、收购苏州天泓燃气股份有限公司 80% 股权、收购承德宽清新型燃气有限公司 67% 股权。其实，这也是区域外延式收购。

（三）跨入新的行业，实现多元化发展战略

通过并购和参股不同行业的优秀公司，扩充自身的技术力量与实力，获得市场资源，从而增强新产品研发能力或运营能力、解决跨行业产品生产制造或运行的关键技术和工艺，实现生产力的大幅提高或实现多元化发展。例如东方集团收购锦州港、出

资认购股权并组建新华人寿保险公司、参股民生银行、入股海通证券和民族证券，锦州港收购吉通通讯，参股新华人寿保险公司；深圳地铁收购宝能集团持有的万科股权；腾讯通过旗下黄河投资以 17.78 亿美元收购了特斯拉 5% 的股权，成为特斯拉第五大股东，间接进入了电动汽车和无人驾驶领域。

（四）外延并购上下游形成产业链条，或保证供销或服务客户稳定

向上游并购可以取得充足廉价的生产原料和劳动力，向下游并购可以保证产品销路，还可以对原来的产品进行深加工，提高附加值，且在价格波动的不同行业中能够保持经营利润的稳定性，而且可以降低产品交易成本。

例如锦州石化和锦西炼化投资入股锦州港，并将原油和成品油管线接入几十公里外的锦州港，保证了储运渠道畅通；而锦州港作为储运服务商则通过上市前的资本运营，吸引客户作为股东入股，使港口营运收入持续稳定增长。

大唐华银电力作为火电企业向上游收购内蒙古海神煤炭集团锡东能源公司 100% 股权，拥有了额吉煤矿资源开发经营权，获得了燃料来源，完善了产业链。

三七互娱以发行新股及支付现金方式购买上海墨鹍数码科技 68.43% 的股权以及江苏智铭网络 49.00% 的股权，成功涉猎音乐制作与发行、影视投资与制作、动漫开发、VR、H5 游戏研发等方向。

完美世界旗下并购基金以 5 亿元收购了嘉行传媒 10% 的股份，从而完善了自身在影视制作和艺人培养等领域的实力。

广汇能源向下游投资收购焦化厂等煤化工企业，并投资年产 120 万吨煤基甲醇/80 万吨煤基二甲醚项目。该煤化工项目不仅可充分利用其拥有的煤炭资源优势，还能在扩大原有天然气产能的基础上，丰富公司清洁能源的产品结构，更加突出清洁能源产业的发展方向，从而构建公司的核心竞争力。如能再投资建设焦炉煤气发电、煤矸石发电项目，并将井下采矿疏干水提供给甲醇厂及电厂，就形成了符合节能环保、发展循环经济政策的产业链。

（五）盘活沉淀资产，形成新的生产能力

有时两个企业的沉淀资产单独存在就是废物，而组合在一起就有了价值。例如电厂的灰渣是环保负担，如果兼并一个濒临倒闭的水泥厂或无烧结建筑材料厂，用灰渣作原料，生产出建筑材料，不但盘活了自己的废弃物，还盘活了另一个企业的资产。

（六）绕开准入壁垒，进入门槛较高的特殊行业

特种行业如涉及国家资源、高危行业或技术资质要求高即市场准入门槛高的行业，都需要具备相当的资质，报请国家和地方管理部门审批，取得行业技术资质证书、经营许可证、销售许可证、采矿证、生产许可证、安全许可证等，手续繁杂，难度很大。如果通过该行业公司的股权收购即可避免上述审批，只要收购后变更股东注册登记，就可以迈进该行业的大门，以后只要通过年检就可以了。

（七）增加商业信誉，打造融资平台

通过并购扩大企业规模，则可用于抵押的资产增加，银行的信用也随之增加。同

时，规模扩大后，扩大再生产的项目规模也较大。投资机构给项目公司的融资额度底线一般都很大，因小项目同样需要审计费、律师费、监管费等成本，所有程序是一样的，因此它们更愿意给大企业和大项目融资。

（八）整合升值后，通过转让赚取差价

在并购选择对象上，往往选择那些净资产较高，或有运作空间和发展潜力，但目前刚刚起步，或经营不善、业绩不佳的企业。收购后对其进行投入运作、整顿和技术改造后，自己经营或增值后二次转手。例如前几年一些浙商收购仅有探矿权的山西煤矿，经过勘察，探明储量，与国土资源部门签订合同，分期缴纳采矿权价款，办理采矿许可证。之后既可以自己投资建矿生产，也可以用高于收购成本几倍甚至十几倍以上的价格转让出去。

（九）优化资产结构，实现企业上市

通过并购重组等一系列的资本运作，非上市公司可以在上市前剥离不良资产，降低资产负债率，提高每股收益，使公司达到上市条件。上市后还可以收购大股东的优良资产，实现集团整体上市。非上市公司也可以通过反向收购、换股并购的方式实现上市。

二、恶意收购

（一）恶意收购的含义

历时两年的万科股权之争于2017年6月刚刚了局。"宝万大战"的故事将"恶意收购"这个商业贬义词再次带入人们的视野，很多国人是第一次见识到恶意收购有多惨烈，上市公司更是深刻意识到需要防范"门口的野蛮人"。本书第一版已经简要阐述过恶意收购，但近年来国内外资本市场的恶意收购事件层出不穷，因此本书将详细介绍恶意收购，并通过典型案例将恶意收购战事展现给读者。

收购按照被收购方当事人主观意愿可分为善意收购和恶意收购。恶意收购（Hostile Take Over）又称敌意收购，是指收购方在未经目标公司董事会允许、不管对方是否同意的情况下所进行的收购活动。恶意收购往往发生在二级市场，对上市公司的收购往往是通过收购上市公司第一大股东持有的上市公司股权来获得上市公司的控制权，或在二级市场不断购买上市公司具有表决权的普通股票，当达到一定的持股比例后掌握目标公司的控制权。上述收购行为如果是双方都自愿的就是善意收购，比较容易取得成功。但如果收购不是双方的共同意愿，当收购方要取得目标公司大股东地位及董事会的控制席位，强行完成对整个目标公司的收购时，通常会遭到目标公司原有股东或董事会成员的激烈对抗或反对，这种情况下收购方的收购行为就是恶意收购。进行敌意收购的收购公司在西方一般被称作"黑衣骑士"，现在也常被资本市场称为门外的"野蛮人"。

除非目标公司的股票流通量很高，容易在市场上吸纳，否则敌意收购很困难。反过来，敌意收购也可能引起被收购方的反击偷袭，目标公司也可能动用一切力量和办法来抵制收购，这种激烈的收购与反收购大战会造成社会资源的巨大浪费。

典型的非上市公司恶意收购失败案之一就是吉粮集团收购案。吉粮集团主要从事粮食贸易、粮食精深加工和粮食期货业务，其粮食年收储能力 300 万吨，内销能力 400 万吨，年粮食加工能力 200 万吨，年销售收入 100 亿元以上。但由于效益低下甚至连年亏损，吉林省政府拟对其进行改制，出让股权，并由省国资委和吉粮集团寻找投资者。2012 年 12 月，笔者的团队作为一家大型民营企业聘请的财务顾问，负责吉粮集团的尽职调查工作。为此，我的团队作了大量的行业分析研究，然后去吉林省考察了吉粮集团的几家企业，听取了吉粮集团及其下属企业的介绍。在收集查阅了几天资料后的一天晚上，收购方的大股东王某从外地赶来，吉粮集团董事长宴请大家，寒暄几句后主人给大家敬酒。席间，王某感到吉粮集团的财务总监没给他敬酒，于是就请这位财务总监陪他喝酒。财务总监说不能喝酒，自己不喝也不给王某敬酒，抵触情绪显露无遗。这时，收购方的傲慢强势也一触即发，王某与财务总监由开始的僵持转为口水战，财务总监甚至说："我不敬你酒有错吗？我知道被你们收购以后，我这个财务总监就走人了，我无所谓！"而坐在一旁的吉粮集团董事长却并不劝阻其属下，表现出对其下属人员抵制情绪的某种认可。为了避免就此散席，造成大家难堪，笔者只好站出来协调双方，总算解了僵局。但后来的结果不言而喻——收购失败了，其原因是遇到了反收购抵抗。吉粮集团的董事会和管理层从内心深处不愿意被别人收购，由其他企业收购吉粮集团只是省政府和买方的一厢情愿——我们的收购变成了恶意收购。吉粮集团至今还是一家国企。

（二）运行机制

敌意收购者往往用高价购买目标公司股票，然后重组公司高管人员，甚至改变公司经营方针，解雇大批员工。由于目标公司的原有股东可以高价将股票卖给收购者，他们往往同意"野蛮人"的计划。尽管恶意收购可能给大股东带来暴利，但却可能损害公司的其他"利益相关者"，公司董事会和管理层人员有可能面临被解雇。另外，一个企业在发展中，已经建立起一系列的经营模式、人力资本、供销网络、债务关系等，这些安排如果任意被收购者打断，必将影响到企业的长远发展。由于上述原因，一些企业高管人员极力反对被别人收购。

（三）与善意收购的操作区别

敌意收购一般先要以现金迅速收购足以取得控制权比例的股票，所以敌意收购者应当事先准备足够的现金，以现金出价也会使收购人支付很大的收购成本。而善意收购者不需要准备大量的现金，通常是双方协商通过换股并购的方式来达到此目的。但是上市公司发行股票用以购买目标公司的股票时，应当编制和发布关于发行股份购买资产的交易报告书。上市公司一旦进行信息披露，会造成股价上涨，这对于敌意收购者来说是相当不利的。

（四）成功的经典案例

在美国证券史上，此类恶意收购不胜枚举，甲骨文恶意收购仁科案就是一例。

2004 年 12 月 13 日上午，两家公司同时发布公告称，仁科同意以每股 26.50 美元现金、合总额 103 亿美元的价格被甲骨文收购。由于仁科方面反对被收购，从甲骨文正式决定到收购完成，甲骨文先后对收购价格进行了 5 次调整，从最初的 50 多亿美元调整至 63 亿美元，再调整至 73 亿美元、94 亿美元、77 亿美元，而最后以 103 亿美元成交，前后历时 18 个月。

欧洲证券史上，2012 年保时捷集团完成收购大众汽车事件堪称恶意商业收购的经典案例。2008 年 6 月，拥有大众集团 31% 股份的保时捷宣布将收购大众 50% 的股份，原最大股东惊慌增持以保证其股东地位。与此同时，保时捷 SE 通过期权而不是购买现货的隐秘方式继续增持大众股份。2008 年 10 月 26 日，保时捷集团宣布：已持有 42.6% 的大众股份，并已购买了 31.5% 的股份期权。这意味着保时捷有望在未来对大众持股 75%。2008 年 10 月 27 日，大众股票疯涨 147%，这导致不少前期做空大众的证券投资基金瞬间爆仓破产。随后几天，保时捷集团放出 5% 大众股份以平抑股价波动，大众股票跌 48%，疯涨告一段落。谁料，突如其来的金融危机彻底打乱了保时捷的美梦，其 90 亿欧元低息长期贷款到期，在金融危机的影响下无力偿还。面对内忧外患，保时捷对大众的增持计划止步于 50.7%。大众汽车终于由被动转向反击，其引入了中东的卡塔尔主权财富基金这个战友。2009 年 8 月，保时捷集团同意向大众出售旗下公司保时捷汽车 49% 的股权，以缓解公司资金压力。大众汽车集团在 2012 年 8 月 1 日宣布，已经以 44.6 亿欧元（约合 55.8 亿美元）的代价，换取了保时捷 50.1% 的股权，保时捷汽车彻底成为大众旗下品牌，而保时捷集团则持有大众 50.7% 的股份。于是，此次盛大的恶意并购案以互相参股合并而落下帷幕。

2008 年 7 月 12 日早晨，澳大利亚中西部公司（Midwest）挂出大股东中钢集团的声明，截至当年 7 月 10 日，中钢集团持有 Midwest 股份已达到 213 840 550 股，持股比例达到 50.97%，获得了 Midwest 的控股权。这是中国国有企业的第三次海外敌意收购尝试，也是第一宗成功的敌意收购案例，已无须澳洲官方再行审批。此案例对于鼓舞中国企业开展海外并购产生了积极影响。

在中国内地证券史上，2015 年 7 月至 2017 年 6 月，举世瞩目的万科股权争夺战是中国最大的一起恶意收购案例，其间股权争斗的跌宕起伏和惊心动魄，以及两大阵营主帅或遭撤职或退隐江湖的结局，至今让人感叹"野蛮人"的凶险。

三、并购的参与各方

随着并购市场的发展和企业领导决策观念的变化，企业并购活动已由收购方和被收购方这两个行为主体之间的操作变成了多方参与的运作过程。那些站在企业并购前沿的企业领导者，大都渴望获得国内外关于并购事务方面的最新经验和可靠信息。咨询机构凭借自己收集、加工、整理、分析的并购信息，加上其经济、法律、会计乃至行业研究人才的操作经验和并购策划能力，足可代理或协助企业完成并购中的各项具体专业操作。

在 2000 年以前，并购业务尤其是尽职调查往往由收购方自己来完成，例如在作者编著的《企业融资与投资（第二版）》第一章案例中东方集团收购锦州港的全过程就是由东方集团内部的资深专业人员组建的收购团队来运作的，甚至审计、评估都是由这个团队自己完成的。而当今，要做一项并购业务，往往要组成包括强大的中介机构在内的收购团队，并动用公司内外各方面的力量，才能顺利地完成对一家公司的收购。

2016 年，中国证监会上市公司并购重组委共完成并购重组项目审核 275 单，剔除 4 单二次过会的项目，共计 271 单。其中 247 单聘请了 1 家独立财务顾问，22 单聘请了 2 家独立财务顾问，1 单聘请了 3 家独立财务顾问，1 单聘请了 4 家独立财务顾问；其中 267 单聘请了 1 家律师事务所，4 单聘请了 2 家律师事务所；其中 211 单聘请了 1 家会计师事务所，57 单聘请了 2 家会计师事务所，3 单聘请了 3 家会计师事务所；其中 249 单聘请了 1 家评估机构，16 单聘请了 2 家评估机构，1 单聘请了 3 家评估机构，1 单聘请了 4 家评估机构。

从上述情况可以看出，企业并购咨询机构众多，其作用常能与投资银行、投资公司并驾齐驱。并购业务的中介机构主要包括独立财务顾问、律师事务所、会计师事务所、资产评估机构及涉及行业的专门咨询机构等。企业并购咨询机构的任务是利用自身强大的经济、法律、会计、行业研究人才优势，为企业并购提供咨询服务，帮助企业选择并购对象，开展尽职调查、财务审计、资产评估、策划并购技巧、协助并购谈判等。根据《上市公司收购管理办法》规定，上市公司对其他企业的收购，或者收购人对上市公司的收购，应当聘请在中国注册的具有从事财务顾问业务资格的专业机构——证券公司担任并购财务顾问、牵头主办收购业务，并负责行业方面的商业尽职调查，侧重标的企业经营情况和市场前景的尽职调查等。非上市公司之间的收购可自己选择中介机构担任咨询工作。

除了收购双方、咨询中介机构外，企业并购通常还涉及企业大股东、创始人、董事会、经营层、重大债权人等，甚至地方政府、行业主管部门、商务审批部门、证券监管部门也直接或间接参与审核。企业并购参与各方在操作过程中履行不同的职责、发挥不同的作用，这些将在以后的章节和案例中详细介绍。

第四节　并购的方式

一、股权收购与资产收购

（一）股权收购与资产收购的区别

按照收购交易的标的不同，企业收购的方式可划分为股权收购和资产收购。股权收购是一个公司收购另一公司的部分或全部股权以达到控制该公司的目的，资产收购是一个公司收购另一公司的部分或全部资产以达到控制该公司的目的。

外资收购也用收购交易的标的来划分收购方式。外资股权收购是指外国投资者购买境内非外商投资企业（称为境内公司）股东的股权或认购境内公司增资，使该境内公司变更设立为外商投资企业。外资资产收购是指外国投资者设立外商投资企业，并通过该企业协议购买境内公司资产且运营该资产，或外国投资者协议购买境内公司资产，并以该资产投资设立外商投资企业运营该资产。

（二）股权式收购与资产式收购的不同特点

1. 收购交易的标的不同。股权式收购的交易标的是目标企业股权或类似权利，包括股权、股份等；资产式收购的交易标的是目标企业的资产或财产，包括设备、厂房、土地使用权、知识产权、资源类无形资产等。

2. 收购交易的对方当事人不同。股权式收购的交易对方当事人是目标企业的股东，收购方是从被收购企业的股东手中购买股权或认购目标公司的增资扩股；资产式收购的交易对方当事人是目标企业，收购方是从目标企业手中购买该企业的财产或资产。

3. 目标企业的法律地位变化不同。股权式外资收购中的外国投资者直接进入目标企业，而目标企业性质随之变更为外商投资企业；资产式外资收购中，目标企业的法律地位不发生变化，外国投资者另行设立一个外商投资企业，所购买的资产由该外商投资企业所有并运营管理。

4. 收购方承担的责任不同。股权式收购中，目标企业的或然债务和不确定的负担由收购方入股后的新变更登记目标公司负责；资产式收购中由收购方公司运营所购买的资产，目标公司的任何债务和负担都与收购方的新公司无关。

5. 企业相关证照所有权的差异。在资产式收购的情况下，受让方通常无法直接获得目标公司的资质、证照。而在股权收购中，收购方能够自然取得目标公司的原有资质、经营权和证照。

二、横向并购、纵向并购和混合并购

按照并购涉的行业以及企业之间的竞争和业务关系可以将并购划分为横向并购、纵向并购和混合并购。

（一）横向并购

横向并购是指两个或两个以上经营领域相同或生产和销售相同/相似实物产品（或服务产品）且具有竞争关系的公司之间的并购行为。

横向并购的优点是能够获取自己不具备的优势资产，削减成本，扩大生产规模，增加市场份额，进入相同产品的新市场领域；壮大规模，增强实力，发挥经营管理上的协同效应，便于在更大的范围内进行专业分工，采用先进的技术，形成集约化经营，产生规模效益；通过输出优势资源，带动整个行业总体水平提高。缺点是容易破坏自由竞争，形成高度垄断的局面。

（二）纵向并购

纵向并购是指产业链上下游企业之间或生产经营同一产品相继的不同生产阶段，

在工艺上具有投入产出关系公司之间的并购行为。生产过程或经营环节相互衔接、密切联系的企业之间，或者具有纵向协作关系的专业化企业之间的并购都属于纵向并购。纵向并购企业之间不是竞争而是供应商和需求商之间的关系。

纵向并购的优点是将产品或服务的市场交易行为转化为企业内部的供求行为，并购后可以控制原料资源及其价格，或采用内部结算交易方法，实现内部市场化；有助于减少市场风险，节省销售费用，乃至合理避税；易于设置上下游进入壁垒并形成完整的产业链。缺点是企业生存发展受市场经济周期性因素影响较大，经济进入低谷期时容易出现全行业上下游现金流危机；容易导致"小而全，大而全"的重复建设。

（三）混合并购

混合并购又称为复合并购、混合兼并，是指分属不同产业领域，既无工艺上的关联关系，产品也完全不相同的企业间的并购。并购的目的通常是为了进行多元化经营。混合并购不属于产业链上下游企业之间的并购，而是发生在不同行业的企业之间。

混合并购的基本目的在于扩大经营范围而不是同业规模，减少和分散长期在一个行业里经营所带来的风险，以增强企业应对不同市场的能力，寻求的不是规模经济，而是范围经济。混合并购能够实现资源互补、优化组合、扩大市场活动范围、分散企业经营风险。混合并购是实现企业多元化发展，应对行业周期低谷背景下激烈竞争的重要方法。

混合并购的优点是降低企业进入新经营领域的困难，增加进入新行业的成功率，为企业进入其他行业提供了有力、便捷、低风险的途径；有助于扩大产业自身的产业结构和技术结构，进入更具增长潜力和利润率较高的领域，降低经营风险；可以有效突破产业壁垒限制；有助于实行战略转移。缺点是涉足不熟悉的或全新的领域，一旦经营不善，容易由多元化导致多元恶化；如果并购后的资产流动性整体降低，企业经营风险加大。

有数据显示，横向并购在中国并购活动中的比重在50%左右，纵向并购有增长趋势，混合并购在一定程度上也有所发展，主要发生在实力较强的企业中，如中国平安保险收购深圳发展银行的股份。纵向并购多数都在矿山、钢铁、焦化、煤炭等能源与基础工业行业，这些行业的原料成本对行业效益有很大影响。因此，纵向并购成为企业强化业务、拓展产业链的有效途径。

三、恶意收购的方式与方法

善意收购通常采取协议收购方式；而恶意收购主要采取以下手法：

（一）狗熊式拥抱

狗熊式拥抱，一般是指主动的、公开的要约收购方式。收购方允诺以高价收购目标公司的股票，董事会出于义务必须把该要约向全体股东公布，而部分股东往往为其利益所吸引而向董事会施压要求其接受要约报价。有时候，在善意的协议收购失败后，狗熊式拥抱的方法往往也会被收购方采用。一个CEO可以轻而易举地回绝收购公司的私下要约，但是狗熊式拥抱的公开要约迫使公司董事会对此进行权衡，因为董事有义务给股东最丰厚的回报，这是股东利益最大化所要求的。所以，狗熊式拥抱虽然是一种恶意收购，但它可以作为一种股东利益的保障并能有效促成该收购行为。当然，股东接受恶意收购也不排除其短期利益行为的可能性，其意志很可能与公司的长期发展相违背。目标公司在发展中，其既得的盈利模式、人力资源、供销系统以及信用能力等在正常轨道上的运营一旦为股东短期获利动机所打破，企业的业绩势必会受到影响。

（二）狙击式公开购买

狙击式公开购买，一般是指在股市下跌情况下或目标公司经营不善而出现问题时，收购方与目标公司既不做事先沟通，也没有警示，而直接在二级市场上展开收购行为。一般来说，采用这种手段针对的是股权相对分散或股价被明显低估的目标公司。狙击式公开购买最初通常是潜伏或隐蔽的，在获得一定比例的股票数额并准备充分后才开始向目标公司发难。狙击式公开购买的形式包括标购、股票收购及投票委托书收购。（1）标购就是指收购方不直接向目标公司董事会发出收购要约，而是以高于该股票市价的报价，直接向目标公司股东进行招标的收购行为。（2）股票收购则指收购方先购买目标公司一定额度内的股票（通常是在国家监管部门要求的公开披露信息的起点内，中国举牌线为总股本的5%），然后再考虑是否继续收购。（3）投票委托书收购是指购目标公司中小股东的投票委托书，当收购方获得足够多的投票委托书，使其投票表决权超过目标公司的管理层时，那么就可以设法改组目标公司的董事会，以此获得公司的控制权并完成收购。

四、并购的支付方式——现金支付、股份支付与综合支付

（一）基本支付方式

1. 现金支付。现金支付按照收购对象不同又可细分为现金购买资产和现金购买股份。现金购买资产是指并购公司使用现款购买目标公司绝大部分资产或全部资产，以实现对目标公司的控制。现金购买股份是指并购公司以现金购买目标公司的大部分或全部股份，以实现对目标公司的控制。现金收购的优点是交割时间短、手续简单，多半受到卖方欢迎。但现金筹集量太大，收购方的压力较大；卖方接受大量现金需缴纳所得税，转让净收益将比协议收购对价减少。

近年来新发展起来一种杠杆收购（LBO），即通过银行借债，或寻找过桥贷款或发行高风险高利率债券筹集并购资金，并用将来的现金收入偿还债务或以目标公司的资产为清偿债务担保的并购支付方式。由于买方只用较少的自有资金完成收购，因此被称为杠杆收购。中国目前已经允许商业银行提供并购融资，各大银行的并购信贷细则也陆续出台，这为收购方提供了新的并购融资渠道。

2. 股份支付。股份支付按照并购交易的标的不同，又可细分为以股份购买资产和以股份购买股份。以股份购买资产是指并购公司向目标公司发行并购公司自己的股票以交换目标公司的大部分或全部资产。以股份购买股份即换股并购，一般是并购公司

直接向目标公司的股东发行股票以交换目标公司的大部分或全部股份，通常要达到控股的股数。通过这种形式并购上市公司，可以实现买壳上市。

3. 综合支付。综合支付是指收购方支付的对价不是单一的，而是包括了现金、股票、认股权证（购买期权）、可换股债券等混合支付方式，这种方式按照支付品种和比例不同还可以演变成多种具体组合支付方式，往往发生在非上市公司买壳上市或上市公司收购其他公司的运作过程中（见本书第七章案例）。

（二）其他方式

交易双方根据不同条件，还可以有其他支付方式：

1. 债权转股权式并购。债权转股权式企业并购，是指最大债权人在企业无力归还债务时，将债权转为投资，从而取得企业的控制权或成为企业的主要股东之一。中国四大国有资产管理公司掌握的企业股份大部分是债转股而来，资产管理公司进行阶段性持股，并最终将持有的股权转让变现。

例如锦州港被东方集团收购后，通过协商与辽宁省投资集团（以下简称辽投）签订债转股协议，将辽投拥有的债权转为锦州港的股权。由此，在锦州港未还债、债权人也没提起诉讼的情况下，实现了债务纠纷的庭外解决。2009 年 3 月大连港投资入股锦州港时，辽投仍是锦州港的第五大股东，如果按原始股价 1 元、二级市场股价 6 元计算，可获得 8 倍收益（已经 10 送 5，则 $1 \times 1.5 \times 6 - 1 = 8$）。

2. 承债式零价格（或低价格）并购。承债式并购是指并购企业以承担目标企业全部债务的方式获得目标企业控制权。此类目标企业多为负债沉重甚至资不抵债，并购企业收购后，注入流动资产或优质资产，可以使企业维持运行或扭亏为盈。但是，这种并购必须在财务尽职调查中核清债务，一旦遗漏重大或有负债，其结果往往是收购后由于巨额债务，使企业长期陷入艰难境地。

3. 无偿划拨。无偿划拨是指地方政府或企业主管部门作为国有股的持股单位直接将国有股在其国有投资主体之间进行划拨的行为。划拨资产整合有助于减少企业内部竞争，形成具有国际竞争力的大企业集团。

第五节　并购的条件和资本运营策略

一、并购的基本条件和外部条件

企业所有者和经营管理者在努力完成当年生产经营计划和利润业绩的同时，都在考虑企业的发展战略，而企业并购正是实现企业发展的主要手段之一。对于有一定优势的企业来说，通过并购实现企业扩张是最快捷的方法。然而，要真正实现并购，必须客观评价企业自身所具备的条件，在此基础上分析研究应当采取的资本运营策略。

（一）基本条件

1. 企业自身条件。并购企业的自身条件包括：

（1）企业具有资本运营的自主决策权、授权经营班子的操作权；

（2）具有追求自身资本增值和资本价值最大化的内在要求；

（3）具备实施并购的资金实力或拥有市值较高且流动性较好的股份；

（4）具有一批优秀而稳定的经营管理者和必要的资本运作专业人员，并能具体实施横向、纵向及混合并购的能力；

（5）对并购目标企业的投资具备实施有效控制和使用的能力；

（6）经过治理整合后具有借助目标企业融资平台或扩大原有企业融资平台进行再融资的能力。

2. 并购成本与效益条件。考虑并购需要的交易成本、并购运作的组织费用、并购资金的筹资费用、目标企业治理及磨合成本等成本费用是否大于目标企业所能带来的经济效益。

3. 风险控制机制条件。并购企业自身是否具有内在的资本运营风险规避机制；是否具备对经营风险、管理风险、财务风险、信息风险、反收购风险进行防范和化解的能力，并提出相应的对策和必要的内部控制约束机制。

（二）外部宏观经济环境和市场条件

企业并购需要考虑研究国家宏观经济政策、产业规划和产业技术经济政策、行业相关法规有何鼓励或限制政策等，目标公司所处的产品市场价格、市场走势、发展状况、全行业盈利状况和投资收益率、行业景气周期等。同时，还要考虑经济体制风险、股市风险、汇率风险、国际经济形势风险等资本运营的外在风险。

二、企业的资本运营策略

企业在实施并购前，首先要明确为什么并购，然后再根据并购目的和并购的预期效果，结合企业自身的资产状况和经营情况考虑不同的并购策略。

（一）优势企业的资本运营策略

优势企业一般是指科技水平在国内处于领先地位，市场占有率较高，经营效益可观，规模在全国同行业或至少在省区内达到前几名的企业。这类企业应当在成长期和扩张期采取吸收合并、控股收购、投资参股等方式实施并购，迅速扩大生产经营规模。

1. 兼并或控股收购。采用吸收式合并、控股式收购和承担债务方式并购其他企业，发展新产品或扩大同行业产品规模。控股式收购通过购买具有优质资产、销售渠道和市场发展潜力企业的若干股权，形成控股子公司。控股式收购与整体的吸收合并相比，其优势在于运用较少的资本就能支配和控制一家企业。

2. 投资参股。收购目标公司的部分股权或认购增发的部分新股，常常是收购方在进入新市场或市场新区域、整合资源避免不合理竞争、进入某个产业环节或风险较高行业的一种策略选择。收购方通常的考虑是参与并影响目标公司的决策、阻止目标方与竞争对手结盟等，或者投资进入资产流动性好的领域，追求资本变现率和稳定的投资回报。

投资参股由于动用资金比控股或兼并相对要少些，比较容易解决并购资金问题，一般不会受到目标公司股东和管理者抵制，也有利于适时扩大参股规模，同时从取得投资收益角度调整自身资产的存量结构。但是，投资参股往往不能取得目标公司的控制权，只有达到一定股本比例后，才能取得董事席位，参与决策。

3. 跨国投资经营。优势企业可采用跨国并购、合资经营、独立经营乃至通过并购实现海外上市等国际化经营的高级形式，在海外投资办厂、设立公司，充分利用国外的资本和生产要素，从资本经营的高度运营国际资本，提高企业在国际市场的竞争力。

（二）优而无势企业的资本运营策略

这类企业虽达不到前述优势企业的条件，但其产品市场稳定、适销对路，技术设备较好，企业存在的弱势主要是规模较小、负担较重、债务很多、资本缺乏。这类企业宜采用增资扩股、引进外资、产权转让、无形资产资本化等形式，把企业规模做大。

1. 增资扩股合资经营。在企业的种子期和成长初期，引进合作伙伴或风险投资、战略投资者，共同出资参股，组建有限责任公司，或者是在企业内部实行劳动合作与资本合作的有机组合，成立股份合作制企业。

2. 利用外资改造扩建。吸引外资组建中外合资企业，让对方认购企业新增股份，通过这种形式既可以利用国外资本对企业主要产品项目实施改扩建，迅速扩大生产规模和实现产品升级换代，提高市场占有率，又可引入先进的技术和管理方法，淘汰落后工艺和技术，走企业发展的捷径。

3. 资本市场募集股权资本。优而无势企业一时不具备直接上市的条件，但可通过买"壳"上市，或者通过场外自动报价交易系统募集资本，实现初步规模扩张。

4. 无形资产资本化。除优势企业利用品牌、技术、商标、专有技术等进行资本扩张外，优而无势的企业也可以通过盘活无形资产、无形资产评估增值融资、无形资产参股入股等方式筹措产业资本。

（三）劣势企业资本运营策略

这类企业资产状况不良，生产经营勉强维持，难以持续发展，企业基本处于休眠期，把劣势企业充当资本运营的主体是非常困难的。但是，也可通过资本运营方法解决产品生产经营中无法解决的难题，寻找企业的最佳经营模式。对这类企业需采取适合其资本运营的特定方法和手段，如采用租赁、托管、投靠联合、债务重组、转让闲置厂房和设备、房地产置换等形式，在一定程度上摆脱困境。

1. 租赁。租赁是租赁人出租企业部分或全部资产时，承租人不得转变所租企业的主要资产及其实物形态的经营模式。弱势企业如果拥有土地、厂房、设备和人员，拥有某种行业资质、产品销售许可证，自己无力购买原材料或经营不善，可以租赁给其他企业，充分利用其他企业的经营优势、灵活多变的经营机制，盘活不良资产，当租赁期满企业运转进入良性循环状态后再自己经营。

2. 托管。在不改变产权归属的前提下，以资产保值、增值为目的，通过订立委托运营合同，将企业资产委托给提供一定财产抵押或担保的企业法人或自然人经营，或者委托给具有资金实力和市场渠道的同行业内管理能力较强的公司经营的一种资产管理形式。实践中可具体采取整体托管、部分托管、单项业务托管三种形式。实际上，委托经营往往成为企业并购的一种过渡形式。

3. 被吸收合并或被控股收购。出让部分产权或全部产权投靠大企业，换取大规模的资本投放，由其他企业控制管理，原来企业的所有者在大企业里留有少部分股份，或直接转让股权变现。

4. 债务重组。债务重组有两层含义：一是冲销无法归还的债务，改善资产负债结构比例；二是改变债权债务关系，更换债权人，或是债权转股权。前些年国有银行将不良资产剥离给国有资产管理公司后，债转股的成功率很高。

例如，2006 年花旗银行重组广东发展银行时将 495 亿元不良资产划给广东省粤财投资有限公司（以下简称广东粤财）。其中有 5.4 亿元债权是大连天植商城建设时由广东发展银行提供信贷资金形成的，本息一直没有偿还，变成了不良资产。经与大连天植商城原股东两年多的充分协商，通过资产评估和经营预测、下一步项目安排等，广东粤财将其持有的大连天植商城 5.4 亿元的债权转变为股权，经过债权变股权的重组后，广东粤财持有大连天植商城 70% 的股权，成为第一大股东，原有股东则由持有 100% 股权变成持有 30% 股权，经营权和决策权归属广东粤财，原股东参与决策。

5. 房地产置换与转让。房地产是一种特殊资源或资产。许多工业企业由于历史原因背上沉重的债务包袱，设备陈旧不能及时更新改造、产品落后不能适应市场需求，导致经营不善、效益下降，甚至无法运转，企业停工，员工下岗，形成恶性循环，前些年东北老工业基地的工业企业尤其突出。但其中不少企业占据较为优越的地理位置、厂址处在黄金地段，企业可以挖掘所处黄金地段土地使用权资源带来的资本潜力，采取土地有偿转让的运营方式，实施厂址置换，将黄金地段的土地以高价转让，另在郊区土地低廉的区域选址重新建厂，用土地差价更新设备、改造生产线，生产全新的产品，让企业彻底脱胎换骨。

例如沈阳市铁西区的老工业基地工业企业大多采取这种方式迁出铁西，在郊区用出让土地价款重新建厂，使铁西区的许多老国有企业获得了新生。

（四）扭亏无望、严重资不抵债企业的资本运营策略

这类企业已经无法继续生产经营，继续留有会加重企业包袱或股东的负担，拥有一个徒有虚名没有收益的企业毫无意义，可以采用拍卖出售、折价变现、破产重组、零价格转让等方式出手。

对长期亏损、人员较多、缺乏发展创造能力的企业，可以通过拍卖，将企业整体出售或折价变现出售。对严重资不抵债、扭亏无望的企业，可依据《破产法》实施破产处理。

从上述资本运营形式来看，并购不一定就是去收购别人，也可以是别人收购自己，被收购或被投资参股也属于资本运营，都是运用并购的程序和方法来进行的，所不同的只不过是自己变成了并购的另一方而已。所以，并购归纳起来有正反两方面：一是去收购，即凭借自己的优势筹集资本，把现有的资本最有效地利用起来，向外并购，

提高资本运营的效益；二是被收购，别人收购你现在的股权、土地或资产，你用转让股权、土地或资产的资金实施资产重置（购置设备、搬迁改造、易地重建），实行资本的空间转换，使呆滞资本盘活并增值。企业应根据自身情况和特点，研究、制定和采用这些策略及其他组合方式，实施资本运作。

三、企业的反收购策略

反收购是指目标公司管理层或董事会为了防止公司控制权转移而采取的预防或挫败恶意收购者收购本公司的行为。反收购具有以下特征：反收购的主体是目标公司；反收购的核心在于防止公司控制权的转移。目标公司反收购措施分为两大类：一是预防收购者收购的措施；二是阻止收购者收购成功的措施。

（一）预防性策略

1. 一致行动人计划。中国证监会 2014 年修订的《上市公司收购管理办法》规定，一致行动人是指通过协议、合作、关联方关系等合法途径扩大其对一个上市公司股份的控制比例，或者巩固其对上市公司的控制地位，在行使上市公司表决权时采取相同意思表示的两个以上的自然人、法人或者其他组织。2017 年 5 月 19 日，TCL 集团股东李东生与东兴华瑞、九天联成两家股权投资合伙企业签署一致行动人协议，三名股东合计持股比例为 12.28%。三方中李东生为公司董事长，东兴华瑞是公司核心员工持股平台，九天联成是公司高管人员持股平台。三方此举有利于李东生成为公司较稳定的第一大股东，降低公司被恶意收购的风险。在 2017 年 3 月 31 日之前，李东升仅持有 TCL 集团 5.23% 的股份。像 TCL 集团这种股权分散、无实际控制人及控股股东，而且大股东持股太少的上市公司，很容易遭到恶意收购。"宝万事件"发生后，许多股权分散的上市公司采取了此类措施。

2. 股权结构安排。（1）合理控制持股比例：理论上持股低于 51% 就可能发生恶意收购，但实际上在当今全流通时代一般持股 25% 左右就可以控制公司，因此找到一个合适的持股比例就会避免出现因控股比例过低而被恶意收购的现象。万科之所以成为宝能的收购目标，很重要的一个原因就是万科股权过于分散。（2）环形持股：为了防止上市公司的股权过于分散，可采取交叉持股的股权分布形式，即关联公司、友好关系公司之间相互持有部分股权。一旦其中一家公司遭收购，相互持股公司间易形成"连环船"效果，从而大大增强反收购能力。

3. 员工持股计划。公司可鼓励员工持有公司股份，而员工为自己的工作及前途考虑，不会轻易出让自己手中持有的本公司股票。如果员工持股数额庞大，则目标公司的反收购防线就比较牢固。

4. 驱鲨剂条款。即在公司章程中设计一些条款，给收购者制造障碍，增加控制权转移的难度。包括：（1）部分董事改选制条款：章程规定，只能分期分批改选董事、限制董事的资格，两年之内收购方不能更换董事会、无法取得控制权等。（2）公平价格条款：章程规定，当公司被收购、合并时，收购方必须以公平的、相同的价格要约收购该公司股东的股份。该价格通常都被限制在公司股票交易的历史水平上，即过去3~5年的平均价格水平。（3）特别多数条款：章程规定，公司控制权的变更必须取得绝对多数股东同意，对该条款的修改也需要绝对多数的股东同意才能生效。不过，绝对多数条款是一柄双刃剑，在增加收购者接管、改组公司的难度和成本的同时，也会限制公司控股股东对公司的控制力。（4）提前偿债条款：章程规定，当公司面临收购时可迅速偿还各种债务，包括提前偿还未到期的债务，以此给收购者在收购成功后造成巨额的财务危机。

5. 金降落伞。指目标公司董事会通过决议，由董事及高层管理者与公司签订金降落伞协议，该协议规定：当公司被并购接管，其董事及高层管理者被解职的时候，可一次性领到巨额的退休金（解职费）、低价股票选择权收入和额外津贴。目标公司可借此方式增加收购方的负担与成本，阻止外来收购。与此类似的还有灰降落伞和锡降落伞。灰降落伞是目标公司被并购后向中层管理人员支付高额补偿金；锡降落伞是对目标公司在两年内被解职的员工支付高额遣散费。中国对目标公司被恶意并购后的人事安排和待遇无明文规定，但引入金降可能导致变相瓜分公司资产或国资，损害中小投资者利益；也可能导致管理者从自身的后顾之忧出发，阻碍有利于公司和股东利益的合理并购。故金降落伞协议在中国引起许多争论和疑问，不被广泛提倡。

6. 毒丸计划。指目标公司向股东或友好公司发售购股权证或债券，当公司遇到恶意收购，尤其是收购方占有的股份已经达到控制权转移的时候，即触发毒丸执行条件并立即生效。2005年，新浪面对被盛大收购时就是采用了毒丸计划，最终盛大只能放弃收购新浪。毒丸术类似于埋地雷或下毒药，无人来进犯，自然都平安；一旦发生收购战事，袭击者就要踏雷、服毒，收购者吞下"毒丸"会自食其果，不得好报，因此"毒丸"让收购者望而生畏。其典型做法有三种：

（1）购股权证和优先股。这种权证或优先股授权公司股东可以按照事前约定的公司股票市价两倍到五倍的折价认购公司的股票（中性毒丸），也可用同样的折价倍数认购收购方的股票（烈性的毒丸）。举例来说，A公司股票目前市价20美元，其毒丸权证的执行价格被定为股票市价的1/4即5美元，每一股认购权证可按5美元价格购买公司股票，或每一股优先股直接换成4股普通股。这样，总股本增加，收购者被排斥在认购新股的范围之外，有效稀释了袭击者持有的股份。

（2）合理价格权证。当公司遭受收购袭击时，只要董事会看来是"合理"的价格，权证持有人就可以按照该价格向公司出售其手中持股，换取现金、短期优先票据或其他证券。通常这种定价很高，而公司必须执行。

（3）兑换毒债。即公司在发行债券或金融机构惜贷时订立"毒药条款"，依据该条款，在公司遭到并购接收时，债权人有权要求提前赎回债券、清偿债务或将债券以很大的折价转换成股票。如此可耗竭公司现金，造成财务困难，直至拖累收购者自身。

必须注意的是，运用毒丸术及后面介绍的焦土术的同时，目标公司往往也会元气大伤，资产质量和财务状况恶化。毒丸术在美国合法，在英国则不合法。中国证监会发布的《上市公司收购管理办法》第三十三条规定："被收购公司董事会不得通过处置公司资产、对外投资、调整公司主要业务、担保、贷款等方式，对公司的资产、负债、权益或者经营成果造成重大影响。"因此，中国法规明文禁止损害股东尤其是中小投资者利益的毒丸术类反收购措施。

（二）反击型策略

反击型策略发生在敌意收购已成事实之时，目标公司以各种方式直接对抗和阻碍收购行为的顺利进行。具体包括以下几种：

1. 白衣骑士。指在恶意并购发生时目标公司自己寻找友好公司，友好公司作为第三方（白衣骑士）出面解救目标公司，由此造成白衣骑士与恶意收购者共同争购上市公司股权的局面。轮番竞价的情况会造成收购价格的上涨，直至逼迫收购者放弃收购。通过白衣骑士策略，目标公司不仅可以使买方提高并购价格，甚至可以"锁住期权"给予"白衣骑士"优惠购买其资产和股票的条件。当白衣骑士和攻击方属同一行业时，白衣骑士出于对市场竞争的担忧，往往乐于参与竞价，发起溢价收购，并购较易成功。

2. 白衣护卫。这是与白衣骑士很类似的反收购措施，但并不是将公司的控股权完全出售给友好公司，而是将公司很大比例的股票以优惠价格（如锁住期权价格）增发或转让给友好公司，友好公司与公司大股东签订一致行动人协议，共同取得公司控制权，从而造成恶意收购方因需要太多的持股比例而放弃收购计划。

3. 股份回购。即大规模买回本公司发行在外的股份来改变资本结构的防御方法。目标公司通过现金或可用的公积金换回股东所持的股票，或者通过发售公司债券，用募得的款项来购回公司的股票。股票一旦被大量购回，流通股减少，股价会上升，收购者不得不提高收购价格，导致收购难度增加。但中国《公司法》规定，公司不得收购本公司的股票。显然，我国目前还不具备上市公司回购股票的条件，但有实力的大股东可以收购流通股。

4. 帕克曼防御。即被收购方以攻为守，对收购方发动进攻——收购对方的股份，变被动为主动；或以出让本公司的部分利益，包括出让部分股权为条件，策动友好公司去收购袭击者，迫使袭击者返回保护自己的阵地，从而起到"围魏救赵"的作用。帕克曼防御适用于那些实力雄厚、融资渠道广泛、具备收购袭击者条件的公司。我国的法规并不禁止上市公司采用帕克曼防御措施。

5. 法律诉讼或举报。通过调查、侦探甚至谍战的办法发现收购方在收购过程中存在的法律缺陷及证据，提出司法诉讼或向监管部门举报，是反收购战的常用方式。提起诉讼的理由主要有反垄断、信息披露不充分、违反收购要约规定、收购资金来源违法、欺诈犯罪等。通过诉讼和举报，迫使收购方罢手或延缓收购时间，以便另寻"白衣骑士"。

6. 增发新股。目标公司可通过定向增发新股或按比例给老股东低价配股这两种方式来增加股票的总量，稀释袭击者手中的股份比率，使之难以达到控股的目的。

7. 刺激股价涨升。公司股价偏低是诱发收购袭击的最重要因素。提高股价可以消除或弱化收购诱因，稳定原有股东持股的信心；同时可加大收购成本，迫使收购者出于成本—收益法则考虑，放弃收购企图。刺激股价涨升的主要方法有：（1）发布盈利预测，表明公司未来盈利好转。（2）资产重新评估，增加每股净资产。（3）增加股利分配。（4）发表保密状态下的开发研究成果。（5）促成多家并购者竞价争购，哄抬股价。

8. 焦土术。常用做法主要有两种：（1）售卖"冠珠"。在并购领域里，人们习惯性地把目标公司富于吸引力和具有收购价值的部分称为冠珠。它可能是某个子公司、分公司、某个部门、某项资产，也可能是一种营业许可、业务、技术秘密、专利权或关键人才，更可能是这些项目的组合。如果将冠珠售卖或抵押出去，可以消除收购的诱因，打消收购者收购的初衷。（2）虚胖战术。其做法包括购置大量与经营无关或盈利能力差的资产，令公司财务状况恶化，经营风险加大；或者是故作一些长时间才能见效的投资，使公司在短时间内资产收益率大减。收购之后，买方将不堪其负累，追求者只好望而却步。

9. 绿色勒索的停止协议。指绿色勒索者或收购狙击手佯攻以逼迫目标公司溢价回购自身股份，此时目标公司同意以高于市价或袭击者当初的买入价买回袭击者持有的目标公司股票，袭击者因此而获得价差收益。同时，袭击者签署承诺，保证与关联公司在一定期间内不再收购目标公司，即所谓的"停止协议"。

总之，企业的反收购策略是多种多样的，可以采取一切不违反法律的行动阻止恶意收购。但值得注意的是，目标公司在制订反收购计划时，一定要遵从相关法规，履行法定的程序和步骤。中国法规规定，目标公司管理层在安排反收购措施时，必须充分保护股东（尤其是中小股东）的合法权益不受侵犯。

第六节　并购的融资工具

一、杠杆融资

从第四次并购浪潮开始，杠杆并购及股权并购基金（Buyout Fund）首次出现，这两个刺激手段推动了并购进程的加速。这一时期涌现出一批活跃的产业基金，其中包括大名鼎鼎的 KKR、安盈投资（AEA Investors）等。他们在 20 多年的运作过程中完善发展了杠杆收购方式，这是 80 年代以后美国产业基金繁荣的主要原因之一。

杠杆收购又称融资并购，是指公司或个体利用收购目标的资产作为债务抵押，以此完成对目标公司的收购行为。举债收购本身是一种企业金融手段。

杠杆收购中的主体公司收购目标企业的目的是以合适的价钱买下公司，通过经营使公司增值，并通过财务杠杆增加投资收益。通常收购公司只出小部分的钱，资金大部分来自银行抵押借款、机构借款、资产管理计划、融资融券、发行垃圾债券（高利率高风险债券），由被收购公司的资产和未来现金流量及收益作担保并用来还本付息等。如果收购成功并取得预期效益，贷款者不能分享公司资产升值所带来的收益（除非有债转股协议）。在操作过程中可能要先安排过桥贷款（Bridge Loan）作为短期融资，然后通过举债（借债或借钱）完成收购。

在中国，由于垃圾债券尚未兴起，收购者大都是用被收购公司的股权作质押向银行借贷来完成收购，而境内上市公司则多是用发行的股票来完成收购。本章案例二中将介绍民营企业集团采用杠杆融资收购中国上市公司的操作方法。

二、并购基金

（一）并购基金概述

并购基金（Buyout Fund）是私募股权基金的一种，用于并购企业并获得标的企业的控制权，也就是说利用并购基金收购通常能控制目标公司董事会的主要席位，对公司发展战略有绝对的影响力。同时，并购基金能够把一家业绩不好的上市企业通过重组、改善、提升等方式，装入优良资产，使其在停牌后重新翻牌上市，或将其出售给其他更适合管理和运营的企业，最终使投资者获得丰厚的财务收益。这几年，上市公司并购频率和规模都在大幅增长，天价并购层出不穷，而企业内部资金又有限，所以上市公司对于外部融资的依赖性很大，成立并购基金、定向增发等成了上市公司再融资的主要渠道。并购基金一般以有限合伙制的形式设立，许多银行参与并购基金，并作为主要出资方以优先级LP的角色参与基金运作，通过债权性融资、股权性融资或夹层融资等多种形式与PE/VC开展合作。

（二）并购基金的功能

1. PE投资功能：对非上市公司股权投资，对有融资需求的拟上市公司提供财务支持。

2. 控股权并购：对控股权公司转让股权投资，获得公司控股权的价值投资。

3. 交易过桥融资：为收购方（受让方）提供企业收购或股权收购的过桥融资。

（三）并购基金的具体运作方式

在美国，并购基金的资金来源中，约60%的优先级债务通过目标并购企业以资产质押或未来现金流作为还付利息途径来获得银行贷款，美国历年案例中最高可由此途径获得并购所需70%的资金。夹层债务是美国杠杆并购模式成功的关键，其利用从金融机构获得的过桥贷款来进行对目标公司的股权收购并以此作为质押，之后通过发行高收益债券获得其余并购资金。最后10%的自有资本由并购基金或并购基金与收购团队共同建立的壳公司自筹。

（四）并购基金的获利方式

并购基金的获利须通过被并购企业股份的转让才能实现，其中包括上市、被收购、资产分拆转让等形式。经过了多年发展，并购基金已成为成熟资本市场私募股权基金的主流基金之一。根据专注于中国市场VC/PE投资项目的GCC资本集团的数据，并购基金占全部私募股权基金的比例大约为40%。

三、并购债券

杠杆收购中的并购债券也被称为夹层债券或美国垃圾债券。美国市场是垃圾债券的主要市场，英国市场和欧洲市场近年来也有所发展。在国际市场上，垃圾债通常由信用等级较低或盈利记录较差的公司发行。其发行主体通常又有两种：一种是曾经享有投资级评级的公司，由于盈利能力等资质下降，其债券沦为垃圾等级；另一种是处于创业期的公司，其评级尚未反映其未来的发展潜力。此类债券通常由于公司的资产负债率较高，并且是以未来收入或者资产作为担保，其信用等级不高，故这种夹层债也被称为垃圾债券。由于信用等级差，发行利率高，此类债券具有风险较高、同时收益也可能较高的特征。

在杠杆收购的实际操作中，一般是先成立一家专门用于收购的"壳公司"，再由投资银行等向并购企业提供一笔"过桥贷款"用于购买目标企业股权，取得股权后，以这家"壳公司"的名义举债和发行债券，然后设法使两者合并，将"壳公司"因并购的负债转移到目标公司名下，再通过经营目标公司偿债和获利。中国目前还没有并购债券发行，相信在不久的将来，合规合法的并购债券也会诞生。

杠杆收购及发行垃圾债券融资的经典案例就是美国雷诺兹－纳贝斯克公司（RJR Nabisco）的收购争夺战。这笔被称为"世纪大收购"的交易曾以250亿美元的收购价震动世界，成为历史上规模最大的一笔杠杆收购。这场收购战争主要在RJR纳贝斯克公司的高级治理人员和以收购闻名的KKR（Kohlberg Kravis Roberts & Co.）公司之间展开。由于它的规模巨大，其中不乏有像摩根士丹利、第一波士顿等著名投资银行和金融机构的直接或间接参与。"战争"的发起方是以罗斯·约翰逊为首的RJR纳贝斯克公司高层治理者，他们认为公司当时的股价被严重低估。1988年10月，管理层向董事局提出由管理层收购公司股权的建议，收购价为每股75美元，总计170亿美元。虽然约翰逊的出价高于当时公司股票53美元/股的市值，但公司股东对此却并不满足。不久，华尔街的"收购之王"KKR公司加入这次争夺，经过6个星期的激战，最后KKR胜出，收购价是每股109美元，总金额为250亿美元。KKR本身动用的资金仅为1 500万美元，而其余99.94%的资金都是靠垃圾债券大王迈克尔·米尔肯（Michael Milken）为KKR收购RJR Nabisco而专门发行的垃圾债券所筹得。

四、并购过桥贷款

过桥贷款（Bridge Loan）又称搭桥贷款、过桥融资，过桥贷款资金被称为过桥资金。过桥贷款是一种过渡性短期贷款，允许借款人用其偿还目前的债务、为长期融资提供担保、解决某一历史遗留问题，或实现资本运营中某一过渡期的特殊目的。过桥贷款作为短期融资，预期今后可以用长期贷款或其他融资而得以较快回收。过桥贷款期限较短，一般最长不超过一年，贷款利率往往高出同期银行贷款几倍，并以股权、房地产或有价证券作抵押。回收快和过渡性质是过桥贷款的最大特点。

并购过桥贷款可以弥补借款人所需融资的时间缺口。公司金融中将过桥贷款称为缺口融资，用它弥补目前运作急需用款与正式资本融资这两者之间的时间缺口。此时过桥贷款就是一种资本运营的过渡贷款，适用于以下不同的情况：

1. 用于某一轮股权融资之前；

2. 用于并购交易搭桥期，例如企业实施某项并购，且已选定目标公司，但并购资金几个月后才能到位，此时可使用过桥贷款，在并购资金到位后偿还。

五、增发或配售

定向增发新股或向全体老股东按一定比例配股是上市公司进行收购或反收购的最直接、最基本的融资工具。只要董事会和股东大会授权，经营班子即可操作。但是，在国内核准制下，增发和配售都需要较长的时间操作并经证监会核准。

目前，并购融资和重组融资在中国并购市场还不发达，并购融资的手段和工具也远远无法与发达国家相提并论。为了促进企业实现有效的并购，2014 年国务院办公厅发布了《关于进一步优化企业兼并重组市场环境的意见》，旨在推进中国企业在第六次并购浪潮中发展壮大。相信随着国家金融管制从管产品向管风险方向的迈进，随着市场的发展与成熟，未来并购融资的手段将会更加丰富，并购融资也将迎来新的发展。

2016 年珠海艾派克"蛇吞象"并购美国打印机巨头利盟国际（Lermark），通过四大融资手段解决了 260 亿元人民币的资金，包括合作伙伴出资、大股东借款、并购贷款、私募 EB（可换股债券），其中主要是合作伙伴出资和银行并购贷款。

第七节　反向收购与买壳上市

一、反向收购的含义

反向收购（Reverse Take Over，RTO，或 Reverse Merger）是指一家非上市公司通过与一家上市公司并购，该公司反向并入上市公司，而上市公司成为一个全新的实体。被反向收购的上市公司称为壳公司，反向收购完成后，收购公司或其股东完全控制壳公司。通过反向收购方式上市，俗称买壳上市或借壳上市，是一种简化快捷的上市方式。与 IPO 相比，反向收购上市具有成本低、所需时间少以及成功率高等优势，一旦成为上市公司，发展前景可观。目前国际资本市场和中国内地主板及中小板均允许买壳上市。

近年来，我国企业境内买壳上市呈增长态势。自 2011 年之后，随着中国股市全流通的实现，限售股的解禁为上市公司大股东转让股权创造了条件，增加了买壳上市的可行性和可操作性。业绩连续亏损的上市公司成长性难以维持甚至业绩变脸，资产重组早已势在必行，为避免 ST 甚至摘牌退市风险，其大股东甘愿主动退出或当小股东。由此导致具备壳公司条件的上市公司会逐年增多，由此会形成更多的壳资源群体。

2014 年之后，类似东源电器（国轩高科买壳）和深深房（中国恒大买壳）业绩稳定但成长性差的上市公司也在寻求资产重组，壳公司不断增多。因此，预计通过买壳上市的公司总量以及成功率在中国内地股市都将有较大增长。2016 年监管部门关于上市公司史上最严的重大重组管理办法出台后，炒壳得到遏制，由此导致收购成本降低，这也将使买壳方增强买壳意愿。

二、买壳与装壳的方法

正因为有了股权支付方式、混合支付方式和过桥贷款等并购融资工具，才使得买壳上市成为可能。实现买壳上市除了企业自身应当满足上市地的相关条件外，直接面对的就是买壳与装壳的问题。按照境内和境外不同，解决的办法如下：

（一）境内买壳上市

直接利用股权支付方式。壳公司按照拟上市公司股东的原有持股比例，向拟上市企业股东发行新股，作为收购拟上市公司的转让价款。拟上市公司股东将公司股权卖给壳公司的同时，获得壳公司股权，通过这样的反向收购实现买壳上市。关于境内买壳上市及其支付方式和解决方案详见第二章案例二。

（二）境外买壳上市

1. 利用混合支付方式。壳公司增发股票，其中一部分用于境外募集资金，作为收购境内企业股权的转让价款；另一部分发行代价股份，支付给境内企业股东作为另一部分价款。这种操作方法同时具有如下效果：（1）解决了收购境内企业股权的外汇资金问题；（2）有效规避了我国商务部 10 号文件关于境外投资者不能用股权收购境内企业的限制问题；（3）境内公司股东通过其设立的离岸公司持有壳公司新发行的股份，进而控制了境外上市公司。此方法关键在于壳公司能否发行新股成功。关于境外买壳上市混合支付操作请见第六章和第七章案例。

2. 利用过桥贷款。境外中介机构或投资机构给离岸公司过桥贷款，用该贷款收购境内企业股权。此方法关键在于中介机构是否愿意并有能力解决过桥贷款。

3. 利用付款时间差分期付款。按照中国法规，壳公司收购境内公司的资金并不要求一次性付清，可在 6 个月到一年的时间内付清，只要付了首期款取得了境内公司的股权，就可以通过股权质押贷款以及利润分配等途径获得外汇资金，用于支付收购境内公司的尾款。此方法关键在于解决首付资金。

总之，无论境内或境外买壳上市，无论采用哪种方法，企业都必须与中介机构共同研究制定反向收购方案及股权转让价款支付方式。选择可操作的方法，签订严密的境内、境外股权转让协议等配套文件并严格履行，买壳上市方能成功。

当然，买壳上市也有自身的缺点。与 IPO 相比，买壳上市无法立即获得大量融资；由于壳公司已上市，境内公司原股东在壳公司中不得不被稀释部分股权。然而，对于创业期或发展期企业而言，买壳上市无疑是短期内挂牌上市的捷径。在规避风险情况下，通过买壳上市已成为那些不便于直接 IPO 企业的现实选择。

三、壳公司应当具备的条件

（一）壳公司的定义

壳公司（Shell Company）也称壳资源，是指那些具有上市资格（仍在交易或者停牌未退市），但经营状况较差、无成长性或已没有实质业务，准备成为其他非上市公司收购对象，需要资产重组注入优良资产的上市公司。美国证监会（SEC）在 2005 年 7 月将壳公司定义为"没有或只有名义上的经营业务，没有或只有名义上的资产，或资产唯一地由现金或现金等价物组成的公司"。中国证监会没有给壳公司直接定义，但由于买壳事件剧增，非上市公司反向收购上市公司行为已经明确纳入 2016 年 9 月 8 日修订的《上市公司重大资产重组管理办法》，并由该法规管辖。中国企业买壳上市必须遵从该"重组办法"。目前实行全流通的中国股市可供选择的壳公司越来越多，通过反向收购实现买壳上市已经成为非上市公司进入资本市场融资的重要途径之一。

（二）壳公司的分类

壳公司通常分为实壳公司、空壳公司和净壳公司。

1. 实壳公司指保持上市资格、业务规模较小、业绩一般或不佳，但股票仍在正常交易的上市公司。

2. 空壳公司指业务严重萎缩或遭受过重大损害、连续亏损或停业、业务无发展前景、股票尚在流通但交易量和股价持续下跌至很低，或已经停牌终止交易，甚至面临退市的上市公司。但空壳不是没有资产和业务。其特征有：（1）产品周期处于衰退晚期且无法换代；（2）产业属于夕阳产业又无法转型；（3）新产品开发和市场导向严重失误，经营失败；（4）公司生产成本太高，竞争无力；（5）资源开采型公司因资源枯竭或矿藏品位下降、开采成本上升、失去开采价值、公司停止营业等转变为空壳公司。

3. 净壳公司指无负债、无法律纠纷、无违反上市交易规则、无遗留资产的空壳公司。净壳公司来源主要有两方面：（1）空壳公司大股东在公司重整无望情况下，解散员工、出售资产、清理债务、解决法律纠纷，进行一系列清理工作，最终只维持空壳公司的上市资格，以备重新发展或并购新业务时使用；或待价而沽，卖给意欲买壳上市的买主及投资银行或专业的财务顾问机构。（2）一些擅长经营买壳上市业务的投资银行或专业投资财务顾问机构通过详尽调查，专门搜寻空壳公司，与空壳公司的主要股东洽谈并购，对空壳公司进行"净壳"处理后得来。净壳公司主要出现在美国资本市场，甚至还有专门造壳的公司。

（三）壳公司应当具备的条件

1. 股本规模较小，股本扩张能力强，发行新股容易。

2. 股价低或处于合理水平，收购成本低或换股并购代价低。

3. 壳公司原大股东愿意出让股权或实施重大资产重组，愿意退出其控股地位，且主管部门能够批准或核准。

4. 没有重大债务和诉讼风险，没有巨额亏损的不良资产或可以在买壳时同步剥离置出资产。壳公司干净与否，须律师和财务顾问尽职调查后出具证明清白的法律意见书和审计报告，在此基础上才谈得上资产评估和协议谈判。

5. 股权相对集中，易于协议转让。最好50%以上的股权属于少数几个股东，只跟一家谈判肯定比同时跟好几家谈容易。但这一点在中国 A 股市场似乎并不重要，因为只要上市公司业绩不佳，且大股东积极重组引进好企业来买壳，中小股东都愿意在股东大会上投票赞成。

6. 壳公司符合采用非公开方式向特定对象（买壳公司的股东）发行股票的条件，即符合中国证监会非公开发行股票和重大资产重组的相关规定。

7. 壳公司规模要与买壳公司相匹配。买壳上市需同时具备下述两项标准：一是壳公司发生控制权变更；二是壳公司发行股份所购买的（或者说买壳方注入壳公司的）资产总额、营业收入、净利润、资产净额、发行股份数量五个量化指标中的任何一项与壳公司相比超过100%。按照2016年中国证监会修改的重组新规，在上市公司发生控制权变更后的60个月之内，只要以上任何一项指标达到或超过100%，即构成重组上市。

四、买壳上市应注意的问题

1. 审慎选择中介机构。在中国，必须选择拥有上市公司重大资产重组业务资质的证券公司作为买壳上市的财务顾问，这类似于 IPO 的上市保荐人；选择律师、会计师、资产评估机构也必须是取得重大资产重组业务资质的中介机构。在香港和美国，鱼目混珠的中介机构屡见不鲜。有些中介打着投资银行、融资公司、财务顾问公司、国际服务公司的幌子，甚至证券公司的招牌，但实际上根本没有投行的实力和境外买壳上市的能力，更没有境外融资的渠道、经验和成功业绩。有些中介机构拿了中介费没能力做上市或融资，最后却以企业自身存在问题、找不到合适的壳公司等种种理由逃避责任，拿了钱溜之大吉，甚至对企业实施诈骗。

笔者就遇到过这样的中介机构，明明某企业根本不具备 IPO 上市的条件，竟对该企业的老板讲："你的公司应该 IPO，怎么买壳上市呢？这里面一定有问题！"从而贬低其他中介机构和公司内部上市团队人员，以便排挤对自己不利的企业人员。更有甚者，中介机构受境内公司委托担任上市财务顾问，与企业签订了财务顾问协议和融资协议，承诺帮助企业在香港反向收购上市。结果该中介机构根本不站在委托方的立场上维护委托方的合法权益，在境外买壳过程中没有落实好中方股东应得到的壳公司对价股份，导致中方股东无法控制上市公司，致使相关各方产生股权纠纷，诉诸法庭。上市失败，给境内企业造成巨大损失（见第七章和第八章案例）。

2. 严格审慎挑选壳公司。壳公司种类繁多且非常复杂，可能债务缠身，甚至内含财务陷阱，其各种因素对上市速度、买壳后风险、上市后能否再融资等方面会产生重大影响。因此，收购时必须经过审慎调查后再选壳，同时也应该获得壳公司尽可能多和广泛的陈述及书面保证。

3. 自身恪守诚信不要造假。笔者见过境内企业为了上市而包装造假，最后不但使投资者蒙受损失，企业也是咎由自取的结果。企业造假的结果一般有三种：（1）企业欺骗中介机构，提供虚假财务报表和法律文件，隐瞒重大债务和诉讼事件。运作到中途，经律师和注册会计师审计后真相大白，上市终止，浪费了时间和金钱——劳民伤财。（2）公司侥幸上市，但由于上市后装入的资产无法支撑公司业绩，未来赢利预测虚假，企业难以保证年利润持续增长，公司股价难以维持。开盘后公司股价一路下跌，甚至到几美分，根本无法融资，可能就连上市公司挂牌的维持费用都支付不起，最后只能销声匿迹。（3）个别中介机构为了利益竟然帮助和指导企业进行不合理的财务处理或所谓的公司重组，试图欺骗境外投资者，这不但违反了会计准则与法律，更给企业带来了无穷的后患，极有可能在美国被追究刑责（在美国和香港上市过程中由于欺诈行为公司董事和相关高管可判 10 年有期徒刑并处 100 万美元以上的罚金）。

五、境外买壳上市的重大风险控制

（一）买壳过程中的重大风险控制

无论境内还是境外，对买壳的风险需要认真加以对待。例如：（1）有业务壳的危险在于过去的经营历史中可能存在着潜在负债、不良资产或者法律纠纷。如果没有经过足够的谨慎调查就买下，只能自咽苦果。（2）如果原来的股东分散，小股东可能跳出来反对并购，或者起诉公司及高管，给上市带来麻烦。

规避办法就是在买壳之前展开对壳上市的法规、财务和业务方面的谨慎调查，重点在如下方面：上市地法规体系、资产负债表和损益表、潜在负债、原有业务和资产情况、证监会和证交所有关要求、股东构成、公司章程等。买方还可以与仍有业务的卖方达成资产置换协议，剥离壳公司的不良资产。

（二）境外买壳具体操作过程中应注意的问题

1. 选壳过程：为避免壳公司出现未披露的或有负债陷阱，通常应在财务顾问、律师和审计师的协助下完成选壳。

2. 买壳过程：在境内，买壳可以采用换股并购或现金购买的方式。但如果涉及境内外并购，由于外汇管制，人民币不能自由兑换成外汇。2006 年商务部发布了 10 号文件，规定境内企业不能用境内股权与壳公司直接换股并购。所以，采取直接换股方式在境外买壳目前还缺乏可操作性。境内企业本来就需要资金，不可能用现金去境外买壳。

3. 装壳过程：将境内资产装入境外壳公司的过程，实际上是利用外资收购境内企业股权，并成立外商投资企业的过程。在利用外资方面，中国法规规定必须有直接的外汇投入或来自境外的其他生产要素的投入。商务部 10 号文件限制境内外直接换股并购，境外公司很难直接用股权收购境内公司，装壳的资金（即外资并购境内企业股权的资金）成了境外买壳上市的最大问题。

4. 买壳上市的相关并购协议及上市后持有的股份权益，这个问题尤为重要。苏州大方和升平煤矿赴境外买壳发生法律纠纷，其中主要原因之一就是在重大协议条款上出了问题（见本书第八章案例）。因此，相关协议必须由可靠的律师把关才行。

（三）股本结构设计必须合理

总股本数量必须与盈利预测的净利润相结合，满足上市后的每股净收益要求。可按照同行业规模相近的上市公司市盈率水平，让股价维持在挂牌标准之上，而且在买壳上市初期，要尽量保持至少相对控股地位。这就是股本结构设计的基本原则，绝不是股本越大越好，如果股本太大，不利于今后再融资。关于股本设计的原理和方法见作者编著的《企业融资与投资（第二版）》第三章内容。

案例一　虎狼争跨境恶意并购案
渔翁利华人终成大赢家

【案例简介】

收购主体公司：英国沃达丰公司

目标公司：德国曼内斯曼公司

收购时间：1999 年 11 月至 2000 年 2 月

收购资金：1 760 亿欧元

收购方式：恶意收购——狗熊式拥抱

所属行业：移动电信

公司地址：英国纽伯里，德国杜塞尔多夫

案例亮点：无论是投资还是并购，资本市场里的种种经验教训，都能在欧美国家找到前鉴。但我们通常只注意到复制他们的成功，却忽略了如何避免他们的失败。沃达丰与曼内斯曼的公司收购争夺战，是号称世界经济史上虎狼之争最凶猛、资金规模最大的一场恶意收购案，它的影响力不仅名震朝野，轰动两国国家元首，甚至还加速了后来的英国脱欧。整个事件跌宕起伏，充满变数，而并购背后的最大获益者是一名中国人。

【案例故事】

一、英国 Vodafone VS 德国 Mannesmann

2000 年 2 月 3 日，英国沃达丰公司（以下简称沃达丰）与德国曼内斯曼公司（以下简称曼内斯曼）宣布合并。这起 1 850 亿美元的收购堪称人类商业史上最大的并购案。这起并购案从开始到最终达成协议历时 3 个半月，时间虽不算太长，但一波三折，其中的很多细节颇耐人回味。

出国到西方国家住过几天的人都知道，有一个移动电信运营商名叫沃达丰

（Vodafone），在国外它与中国移动、中国电信和中国联通一样家喻户晓。

　　沃达丰 1984 年创建于英国，前身是英国拉考尔电子公司专营移动电话的一个部门，1985 年才单独成立为沃达丰电信公司，现在总部位于英国纽伯里。Vodafone 的名称结合了 Voice（语音）、Data（数据）和 Phone（电话）三个意思。现在沃达丰集团已经分别于伦敦证券交易所（代号 VOD. L）及纽约证券交易所（代号 VOD）上市。沃达丰是当今全球第二大移动网络运营商，仅次于中国移动，而中国联通排在第十位；同时，沃达丰还是全球第四大电信运营商，第一到第三名分别是中国移动、美国 Verizon 和美国 AT&T，而中国电信则排在第十位。

　　沃达丰作为跨国性的移动电话运营商，拥有世界上最完备的企业信息管理系统和客户服务系统，在增加客户、提供服务、创造价值上拥有较强的优势。沃达丰的全球策略是涵盖语音、数据、互联网接入服务，并且提供客户满意的服务。沃达丰在全球 30 多个国家有投资项目，在这些国家直接拥有移动通信网络并开展通信服务；还与另外 14 个国家当地的移动电话营运商合作，联营移动电话网络，业务遍及美洲、欧洲、澳洲和亚洲部分国家。沃达丰集团在全球拥有近 4 亿用户，拥有员工 10 万余人。2015 年营业额 616.9 亿美元，2016 年位居世界五百强第 133 位。沃达丰在全球多个国家的扩张，主要是通过收购兼并的方式进行，其扩张速度之快，可谓商业史上的奇迹。

　　沃达丰曾于 1985 年建立英国第一个无线模拟信号网络。三年后的 1988 年，沃达丰已被公认为是欧洲最大的移动通信公司，但也遇到了业务发展和客户新增的瓶颈问题。为改变这一局面，沃达丰做出了最简单直接的选择：收购英国第三大电信运营商——橙子移动电话公司（Orange）。

　　谁料到在竞购途中杀出一家德国公司——曼内斯曼（Mannesmann），该公司以 328 亿欧元的价格力压沃达丰，把 Orange 买走了。

　　曼内斯曼虽然当时名气不太大，却是个德国百年老店，世界财富 500 强公司。曼内斯曼公司的历史可以追溯到 110 多年以前，从无缝电子管的制造开始。之后，公司将业务扩展到冶金、液压装备、无缝钢管、工程技术和自动化等多个领域，并具有一流的工业技术实力。1990 年，曼内斯曼走进了电信市场。到 1995 年，通信运营已转为其主业，公司业务彻底变化，并不断加速发展。1998 年，曼内斯曼跨到英国本土买下了 Orange 移动电话公司，此举被认为是防止自身被收购的行为。到 1999 年，曼内斯曼营业收入达到了 248.16 亿美元。

　　由于曼内斯曼的杀入，沃达丰收购不成，自身业务还受到威胁。一不做二不休，你动我的蛋糕，我就动你的奶酪，甚至连你也一起抢了。于是在 1999 年，沃达丰索性决定收购曼内斯曼。

　　其实，到 1999 年，沃达丰经过 10 多年的扩张，已经在世界很多国家确立了自己的势力版图，包括美国、加拿大、澳大利亚和印度，但唯独欧洲大陆难以突破。欧洲大陆是世界经济最发达地区，消费能力在全球举足轻重，不能进入欧洲大陆，是沃达丰的心病。而德国地处欧洲腹地，经济地位在欧洲首屈一指，加上对曼内斯曼收购Orange

耿耿于怀，沃达丰选中位于德国工业重镇杜塞尔多夫的曼内斯曼公司作为并购的目标也就顺理成章了。

二、收购初期引起被收购方强烈反应

当沃达丰抛出收购曼内斯曼的意愿时，引起了曼内斯曼高层的强烈抵制。曼内斯曼高层视这种行为是带有挑衅性质的恶意收购。在短短一个月内，曼内斯曼两次断然拒绝了沃达丰的并购报价，整个曼内斯曼公司团结一致，坚决反对被他人收购，甚至员工也在公司大楼前挂出横幅——"非卖品"，以示抗议。

为什么曼内斯曼公司会视这一收购为敌意行为呢？这要归结为德国民众过于厚重的民族情结，他们不能容忍一个外国公司收购一个实力强大的民族企业。况且曼内斯曼是一个百年老店，怎么能被一个刚成立10多年的外国新企业这么轻易吃掉呢，这显然对拥有强烈民族自豪感的德国民众在心理上造成巨大冲击，就连德国政府对这次商业行为也态度微妙。德国总理施罗德直称这是"破坏德企文化"，而英国首相布莱尔闻听后则公开支持这项并购。

三、成功收购后遭遇反垄断阻击

在商场上光打口水战没有用，沃达丰请来了世界著名投资银行高盛，曼内斯曼则请来了摩根士丹利，并购双方加上两大投行开始斗法。曼内斯曼主打感情牌：作为德国百年工业骄傲，百年老店岂能毁在我们手里，绝不能卖给外人，同时拉拢德意志银行等长久合作的大股东。而沃达丰的打法就一个，那就是"加钱"：（1）开出的收购价远高于当时的股价；（2）给予曼内斯曼总裁和其他高管高额补偿费；（3）许诺给德国以外的股东大量的新公司股份。

1999年12月23日，沃达丰准备出资1 380亿欧元拿下曼内斯曼公司，正式提出并购报价方案。但曼内斯曼也不甘示弱，一再提高条件，阻止对方收购。经过多次讨价还价，沃达丰公司一再让步，不仅提高曼内斯曼公司股票价格，还暂时保留了曼内斯曼总裁埃瑟尔在新公司的权利。经过一系列的争夺较量，沃达丰最终将收购价款提高到1 760亿欧元，才完成收购。

2000年2月3日，英国沃达丰总裁根特和德国曼内斯曼公司总裁埃瑟尔联合宣布，他们已经达成两个公司的合并协议，涉及金额近4 000亿德国马克，相当于2 000亿美元。这样，双方结束了长达3个半月的讨价还价，沃达丰以增加380亿欧元的代价完成了迄今为止涉及金额最大的公司并购。

曼内斯曼被收购后很快惨遭肢解：毕竟沃达丰只想要电信部门，用以继续扩大其主营业务，而对于沃达丰来说业务并不熟悉的曼内斯曼原有工业部门就被卖给了博世等几家公司，其中工程技术和自动化方面的业务部门在2000年被西门子公司购买，被肢解收购的业务部门现金还都仍然被冠以曼内斯曼的公司名头。

正处于胜利喜悦中的沃达丰万万没有想到的是，刚刚完成的并购却遭到欧盟的阻

击——欧盟委员会不同意！不是不同意收购曼内斯曼，而是不同意合并 Orange，因为此举会导致行业垄断。

无可奈何的沃达丰买来 Orange 才两个月，又不得不在欧盟的强迫下把它卖给法国电信。好在之后通过换股并购获得了法国电信的部分股权，也算间接持有了 Orange。没办法天长地久，也就只能通过婚姻间接拥有 Orange 了。

四、并购背后的中国大赢家

在这场争斗中，有一位中国大赢家，他就是李嘉诚。Orange 其实是他在 1993 年通过旗下香港上市公司和记黄埔以 84 亿港元重组创建的，因此这个 Orange 其实是个"李家橙"。经过几轮融资扩张发展后 Orange 迅速壮大，和记黄埔持有的股权也逐渐稀释，但是在 1998 年曼内斯曼收购 Orange 时，李嘉诚的和记黄埔仍然持有 Orange 公司 44.8% 的股份并为第一大股东。这部分股份卖出了 1 180 亿港元的高价，这也就是后人津津乐道的"千亿卖橙"。

在转让价款 1 180 亿港元中，480 亿是现金，其余 700 亿港元变成和记黄埔持有曼内斯曼 10.2% 的股份。所以，沃达丰收购曼内斯曼时拼命讨好李嘉诚。收购完成后，和记黄埔持有的曼内斯曼股权转化成 5% 沃达丰的股权，其价值达 1 300 亿港元。此时距李嘉诚向曼内斯曼"千亿卖橙"仅仅只有半年的时间，可李嘉诚持有的沃达丰股权却增值了 600 亿港元。Orange 从设立到卖给法国电信的并购历程，也就是沃达丰恶意收购曼内斯曼的运作历程，见图 1-1。

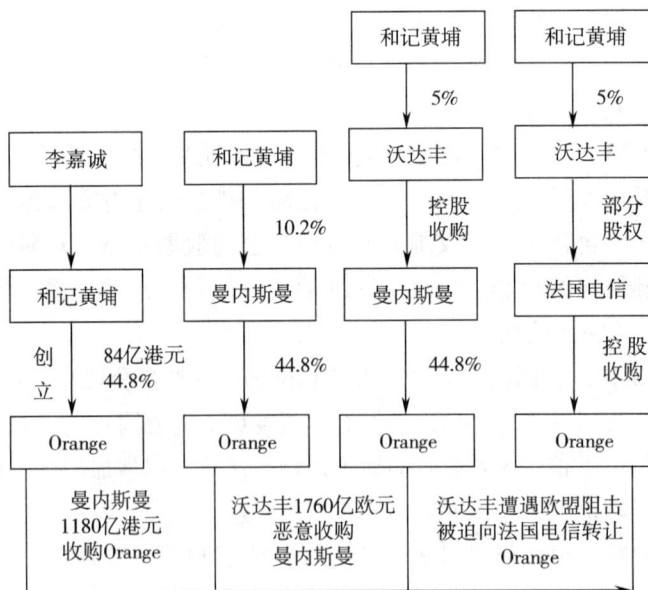

图 1-1　欧洲企业对 Orange 的并购历程

五、李嘉诚再度出手要成为英国电信老大

故事到这里还没有结束。就在沃达丰被迫卖出 Orange 的同时，李嘉诚以 44 亿英镑竞标得到了英国最大宽带的 3G 运营 A 牌牌照。随后，李嘉诚又拍得意大利、奥地利、瑞典、丹麦、爱尔兰的 3G 牌照。2002 年李嘉诚在欧洲推出了 3G 通信品牌 Three。然而，当时 3G 的发展并不如李嘉诚设想的那么乐观，并且从 2002 年起 3G 的亏损逐年增大。为了将风险降到最低，李嘉诚于 2004 年把其旗下的电信资产分拆上市，把 3G 亏损的影响孤立起来，不向外扩散，此举把 3G 的困扰彻底解决了。到 2015 年，李嘉诚又从西班牙公司手里买来了英国第三大电信运营商 O2。他的计划是合并 Three 和 O2，从而成为英国电信业的一哥。

此时李嘉诚麾下的长江实业与和记黄埔已经拥有八大产业：港口、地产、电信、铁路、电力、天然气、自来水和商铺——这才是资本运作，这才是产业布局！

2015 年 6 月，上市 37 年的和记黄埔正式摘牌，并入长江和记实业有限公司（以下简称长江实业），而分拆上市的长江实业地产有限公司（以下简称长实地产）也正式挂牌，接手长江实业与和记黄埔的全部房地产业务。这个"世纪大重组"的完成，意味着李嘉诚旗下地产巨无霸正式启航。根据李嘉诚的重组计划，长江实业、和记黄埔将进行业务合并及股份互换，成为两家新公司：长江实业和长实地产。其中，长江实业接手两集团所有的非房地产业务，而长实地产持有长实、和黄的全部房地产业务。从前，长江实业与和记黄埔合计市值超过 6 600 亿港元，两家公司也分别以"0001"和"0013"的股票代码占据香港股市恒生指数成分股的龙头地位。在李嘉诚看来，分拆后的两家公司业务界定清晰，有助于投资者对集团相关业务作出更准确的投资分析。

也就在这时，英国媒体惊呼："这个人要买下整个英国！"于是，欧盟委员会对合并 Three 和 O2 又不同意了，理由还是一样——会导致行业垄断。2016 年 5 月，欧盟委员会对合并提出否决，长江实业当即表示会考虑各种对策。然而，在 2016 年 6 月，由于英国民众不满于被欧盟控制，全民公决脱欧，欧盟似乎以后管不着长江实业收购英国电信的事情了。现在，李嘉诚在欧洲的故事还在继续，究竟李嘉诚在英国乃至欧洲的产业布局能否最后成功，仍然有待观察。

【案例评析】

一、资本的力量让收购峰回路转

沃达丰收购曼内斯曼的计划公布后的两个多月，曼内斯曼公司的股价奇迹般地从 140 欧元攀升到 239 欧元，这说明二级股票市场的投资者普遍看好并购后新公司的发展前景。社会股东的认可，为这次收购的成功打下了伏笔。

另外，这次收购成功还有一个主要推手。超过半数的曼内斯曼股东为个人，其中很多还是外国人，这就决定了曼内斯曼高层难以左右市场行为。只要多数股东认为这

一商业行为有利可图，他们就会投票支持这个行动。

接下来的问题自然是讨价还价了。只要能卖个好价格，只要能获利，没有人会阻拦这次收购。根据沃达丰妥协后的协议，收购价格比最初报价高出 380 亿欧元，曼内斯曼公司将占有新公司 49.5% 的股份，曼内斯曼每股可换沃达丰新公司 58.96 股。由此可见，沃达丰为完成这次收购做了巨大让步，甚至付出了血本。经过双方 3 个半月的讨价还价，沃达丰总裁根特和曼内斯曼公司总裁埃瑟尔宣布，他们已经达成两个公司的合并协议。双方均认为，这是一个双赢的结果。

二、不断地收购与扩展

在西方发达市场并购。沃达丰在成功合并曼内斯曼之后的十余年里继续大举收购。例如收购一家日本电信公司的大量股权，吞并一家爱尔兰无线通信运营商，以 28.5 亿美元买进 SwisscomAG（SCM）移动电话子公司 25% 的股权，再投资 3 000 亿美元将自己的实力范围扩张到全球 28 个国家，其中包括以 115 亿美元的价格收购日本 Japan Telecom Holdings Inc。沃达丰还在瑞典和葡萄牙收购多家分公司的股份，还收购了美国电信运营商 Verizon 45% 的股份，但不能控股令沃达丰感到不便，因此其又收购美国电话电报无线公司部分股权。2013 年 6 月，沃达丰又计划收购德国有线电视运营商 Kabel Deutschland Holding，并给出了 77 亿欧元（合 101 亿美元）的报价，该交易达成后，沃达丰可获得 Kabel 在德国 13 个省的 850 余万用户。

在南欧市场扩张。迫于监管机构对移动业务营收的压力，以及南欧的经济危机和市场震荡，2013 年 3 月，沃达丰与法国电信的 Orange 宣布，投资 10 亿欧元在西班牙打造光纤电缆的宽带网络。这也是这家英国公司在南欧的第一大投资。

在中国谋求市场和采购。沃达丰同意以 25 亿美元购买中国移动 2.2% 的股权，并于 2007 年在北京成立中国采购中心（CSC），现今沃达丰在中国的采购额已经达到 10 亿欧元。

三、沃达丰收购曼内斯曼和 Orange 成败的其他因素

第一，看准移动通信是最具发展前景的行业。那个时期，没有人会怀疑移动通信的盈利能力。而沃达丰在 90 年代末就已奠定自己在全球移动通信产业的王者地位，明确了市场定位——无论在欧洲，还是在北美，沃达丰已经圈定了最富裕的国家作为自己的市场，行业的高成长性加上自身的行业地位，成为沃达丰的一张王牌。因此，当沃达丰向曼内斯曼伸出橄榄枝的时候，曼内斯曼的原有股东们预感到自己又面临一次暴富的机会，最后使得沃达丰收购曼内斯曼成功。

第二，难以应对的欧美国家的产业政策。自 90 年代初起，欧美国家一直倡导自由经济。他们认为，鼓励竞争是在国际化浪潮中提升国家竞争力的巨大原动力，任何阻碍自由竞争的行为都是自取灭亡。在电信行业，固定电话具有天然的地域垄断性，这是技术决定的，难以改变。而新兴的移动通信并不具备天然垄断性。随后，欧美各国

的通信产业政策要求各国在移动通信市场中破除垄断，并出台了大量反垄断举措。比如，一个公司不可以在一国市场独占鳌头，必须引入新竞争者。正是在这个背景下，曼内斯曼收购了位于英国的 Orange 移动电信公司，而沃达丰也顺理成章地收购曼内斯曼进入德国市场。但是在沃达丰收购曼内斯曼后，因事先已经在英国拥有广大移动电话市场，涉嫌在英国产生新垄断，遂被迫把 Orange 移动电信公司转售给法国电信公司经营。

第三，独到的国际化扩张策略。在全球化市场整合中，沃达丰是一个绕不开的经典案例，沃达丰在全球扩张中，最主要的手段是海外收购兼并。

四、沃达丰并购的手法与规律

沃达丰疯狂的扩张速度和娴熟的扩张手法令人叹为观止。在研究沃达丰收购和兼并的案例中，发现以下规律：（1）瞄准处于业绩低潮但内质良好的电信公司。例如，在欧洲电信市场低潮时，沃达丰陆续收购了瑞典、荷兰、葡萄牙等国拥有 3G 牌照的公司。（2）制定出巧妙的收购线路图。沃达丰一般先选英联邦国家，再选择有市场潜力的国家，最后啃那些硬骨头市场。曼内斯曼就是一个硬骨头。在世界 20 多个发达国家拥有稳固地位后，再杀向欧洲腹地。（3）先合作，后收购。例如，曼内斯曼曾经是沃达丰在德国的合作伙伴，后来成为被收购的目标。在世界很多国家，沃达丰在市场不明的情况下，先与当地企业建立合资公司，借力当地企业开展业务经营，待运作成熟时，果断将其收购。

上述这些并购运作与投资活动，奠定了沃达丰全球第二大移动电信运营商的地位。而沃达丰敏锐的市场嗅觉、准确的市场定位，以及在收购过程中老谋深算的扩张手法都值得中国企业在境内并购和海外并购中参考和借鉴。

案例二　野蛮人恶意购万科　股权战主帅黯离场

【案例简介】

目标公司名称：万科企业股份有限公司
目标公司地址：广东省深圳市盐田区大梅沙环梅路 33 号万科中心
目标公司所属行业：房地产业
收购方名称：深圳市宝能投资集团有限公司
收购方地址：深圳市罗湖区笋岗街道宝安北路 2088 号深业物流大厦 10 楼
收购方所属行业：商业服务业及多元化资本投资
股权大战时间：2015 年 7 月—2017 年 6 月
收购方式：偷袭＋狙击式公开购买

收购方投资规模：445 亿元人民币

案例亮点：这是一场金融资本围堵产业资本的大戏。在两年的混战中，刀光剑影、危机四伏、扑朔迷离、充满悬念，宝万大战也因此成为中国经济史上收购规模最大、消耗时间最长、参与各方最多、监管出拳最重、利益关系最复杂、近身肉搏最激烈的恶意收购案。宝能为何收购万科股份，采取了什么收购手段，万科采取了怎样的反收购策略，恒大和安邦参与收购意在何为，收购方的资金从哪里来，收购方主帅最后变成了 Winner 还是 Loser，万科创始人输在哪里，宝万大战有何借鉴意义？本案例都将给出答案。

【案例故事】

一、阵营——交战相关各方

1. 万科。万科企业股份有限公司（以下简称万科）成立于 1984 年，创始人为王石。万科于 1988 年开始进入房地产业，经过近三十年的发展，成为国内领先的房地产公司。截至 2016 年底，万科已经进入中国内地 65 个城市。2016 年，万科首次跻身《财富》世界 500 强，位列第 356 位，全年实现合约销售额 3 647.7 亿元，销售面积 2 765.4 万平方米，营业收入 2 407.77 万元，净利润超过 210.23 亿元，总资产 8 306.74 亿元。2016 年销售额被中国恒大超越，屈居全国第二。

2. 华润集团。华润（集团）有限公司（以下简称华润集团、华润）是一家在香港注册和运营的企业，90% 的经营业务在中国内地。1952 年华润隶属中央贸易部（现商务部）；1983 年，在香港重新改组成立华润集团；2003 年归属国资委。华润旗下共有 20 家一级利润中心，在香港拥有 6 家上市公司：华润燃气、华润啤酒、华润电力、华润置地、华润水泥、华润医药。华润集团总资产 1.1 万亿元人民币，据 2016 年《财富》杂志发布的世界 500 强排行榜，华润名列第 91 位。

3. 宝能系及宝能集团。宝能系是指以深圳市宝能投资集团有限公司为中心的资本集团。宝能集团成立于 2000 年，旗下包括综合物业开发、金融、现代物流、文化旅游、民生产业等五大板块。与本案例相关的主要公司有：深圳市钜盛华股份有限公司（以下简称钜盛华）、前海人寿保险股份有限公司（以下简称前海人寿）。其中姚振华持有宝能集团 100% 的股权，宝能集团持有钜盛华 67.4% 的股权，钜盛华持有前海人寿 51% 的股权。钜盛华注册资本 163 亿元；前海人寿 2012 年成立，2015 年资产规模达到 1 260 亿元，不到 4 年时间就接近完成了宝能系 20 年的资本累积；宝能系 2016 年总资产规模超过 4 000 亿元。

4. 中国恒大。中国恒大集团（以下简称中国恒大、恒大）是中国最大的房地产企业，在中国 120 多个主要城市拥有大型住宅项目，2016 年总部从广州迁往深圳。其前身是 1994 年由许家印创建的鹏达房地产公司，1996 年成为恒大地产集团，2009 年在香港联交所主板上市，2016 年更名为中国恒大集团。2016 年中国恒大实现合约销售额

3 733.7亿元，销售面积4 469万平方米，营业收入2 114.4亿元，年度利润176.17亿元，总资产1.35万亿元，无论销售额还是资产均稳坐中国地产一哥位置。中国恒大如今是集地产、金融、健康、旅游及体育为一体的企业集团，并与万科、美的同在2016年首次入围《财富》世界500强企业。

5. 安邦系及安邦保险。安邦保险集团股份有限公司（以下简称安邦保险）是一家大型保险公司，总资产超过1万亿元。安邦保险业务范围涵盖财产险、人寿险、健康险、资产管理、保险销售、保险经纪等多项业务。其几大类型的保险资金账户被称为安邦系。恒大系、宝能系、安邦系、生命系四大资本帝国经常在中国股票市场翻云覆雨，被一些业内人士称为恶意并购的四大"野蛮人"。

6. 深圳地铁集团。深圳市地铁集团有限公司（以下简称深圳地铁、深铁）是隶属于深圳市国资委的国有独资大型企业，总资产2 958亿元，前身为深圳市地铁有限公司，成立于1998年7月31日，2009年更名为深圳市地铁集团有限公司，主业是深圳市城市轨道交通投融资、建设、运营、资源经营与物业开发。

二、偷袭——"宝万之争"开战

2015年7月2日，中国指数研究院发布了《2015上半年房企销售业绩排行榜》，万科再次率先跨越千亿，以1 099亿元的销售业绩排名第一，第一序列房企中的恒大、绿地、保利、中海、碧桂园、万达也整体表现出强者恒强的发展态势。正当万科管理层沉浸在重回老大地位的喜悦中时，偷袭者已经站在门口。

2015年7月11日，以姚振华为董事长的前海人寿第一次举牌，公告披露称已在二级市场竞价买入万科A股5.52亿股股份，占总股本的5%。若以披露的中间价14.375元/股粗略估算，前海人寿投资约79.41亿元。

2015年7月24日，前海人寿第二次举牌，集中竞价买入万科0.93%的股份，若以披露的中间价14.375元/股粗略估算，前海人寿投资约14.77亿元。

2015年8月26日，前海人寿第三次举牌，竞价交易买入万科0.73%股份，若以披露的中间价13.25元/股粗略计算，前海人寿投资约10.69亿元。至此，前海人寿分三次阻击，共持有万科总股本6.66%的股票，耗费资金约105亿元。

与此同时，截至2015年7月26日，宝能系旗下钜盛华通过深交所不断潜伏偷袭买入万科4.5亿股，占万科总股本的4.07%，买入中间价在14.635元/股，耗资约65.81亿元。钜盛华与前海人寿是一致行动人，前者持有前海人寿20%的股权。至此，前海人寿和钜盛华总共拿下万科总股本的10.73%。

2015年8月26日，钜盛华公开举牌，再次买入万科4.76亿股，占万科总股本的4.31%，买入中间价在13.25元/股，耗资约63.10亿元。钜盛华两次累计买入9.26亿股，占万科总股本的8.38%。

通过上述连续举牌，宝能系一致行动人持有万科的股份猛增至15.04%，超过了华润集团的股权占比，夺取了万科第一大股东地位，下一步可能改组董事会。

　　宝能第二次举牌后，王石与姚振华在冯仑的办公室从晚上 10 点谈到凌晨 2 点，结果不欢而散。那一次应该是宝能对王石的劝降，但双方没有达成共识，那次见面对双方来说都是一段不愉快的回忆。姚振华在谈话中暗示宝能系成为万科大股东后，"王石还是万科旗手，还会维护王石这面旗帜"，但王石对此并不相信，也不买账。王石后来在一次内部讲话中提到："当时我的主要意思是，你在那个时间点上选择万科、增持万科的股票是万科的荣幸，但是你想成为第一大股东，我是不欢迎的。"

　　就在一年多以前，2014 年 3 月的万科春季例会上，总裁郁亮手持《站在门口的野蛮人》一书，宣布了万科的事业合伙人制度，并旧话重提："如果不是当年因为我们找到了君安的一个破绽，万科可能早就被这些野蛮人拆分了。"

　　2014 年之前，万科管理层推出了员工持股计划：1 320 名万科员工组成的盈安合伙通过"国信金鹏分级 1 号集合资产管理计划"持有万科 4.14% 的股权。这实际上是在股权分散情况下应对野蛮人敲门的措施之一，但其力量微弱。

　　自 1991 年股票上市以来，万科一直都是一家股权高度分散的公众公司。实际决策者和管理者是以董事会主席王石及总裁郁亮为首的一批职业经理人。自 2000 年 8 月以来，万科第一大股东一直为华润集团，其持股 14.97%，仅出任万科 11 人董事会中的 3 位董事，实际上相当于不干涉管理的"财务投资者"。

　　在中国股市还没有"开板儿"的 1987 年，万科以每股 1 元的价格发行原始股，一下子就彻底稀释了万科创始人的股权，近乎于"卖掉万科"来融资，王石也自然从融资一开始就失去了控股地位。1991 年万科股票上市不是采用现在的 IPO 方式，而是万科此前的旧股在深交所挂牌上市，就像现在的新三板挂牌一样。

　　1995—1996 年间，在东方集团收购万科持有的锦州港股权时，笔者曾与万科高层及下属公司高管打过多次交道，那时万科主要以房地产为主业。王石给我的印象是有胸怀、有远见、有魄力、有胆识、有韬略，而且非常务实，具有合作精神。正因为如此，万科才有了蓬勃发展的房地产事业和几千亿市值的伟大征程。

　　我们那一次是东方集团和万科双方自愿收购和转让万科控制的一家公司，是善意收购，虽然其间也有许多不同意见甚至争执，但最后都友好协商解决了，万科的一名下属公司高管还被东方集团留在锦州港任职。收购完成后，笔者也被留在锦州港任高管职务，经常关注万科的发展动向，因为当时刚刚发生过"君万之争"。

　　不幸但却在意料之中的是，万科股权之争再次发生了。在当今资本市场迅速崛起的新经济格局下，面对手握千万亿元的资本大鳄，即使是拥有 2 000 亿元市值的万科董事会及王石本人也是那样地不堪一击，在资本大战中风雨飘摇。笔者对王石这位万科创始人和中国房地产领军人物不能不关注和同情，对万科这面大旗会否倒下感到担忧。这种担忧不是没有依据，因为科龙、健力宝、红塔山等公司，其大股东与公司创始人发生剧烈冲突后，创业的企业家往往命运悲惨，而公司也由辉煌走向黯淡，甚至烟消云散。

　　面对野蛮人恶意收购万科股权，华润怎会轻易让别人夺走大股东地位，万科董事会怎能无动于衷，王石岂能善罢甘休。万科若由此乱了营，甚至大旗倒下，深圳市府又岂能坐视不管？而宝能系既然已经开战，那就一定有备而来，势在必得。所以，大战还在后面。

三、往事——20 年前的"君万之争"

2015 年开战的"宝万之争"已经不是万科第一次面对"野蛮人"，早在 1994 年的"君万之争"中，万科和君安证券就曾有过一次惊心动魄的较量。

1994 年 3 月 30 日上午，君安证券总经理张国庆走进王石办公室，开门见山地告诉王石，君安准备给万科提些意见，建议其改组董事会。当天下午，君安召开新闻发布会，其委托四家公司发起的《告万科全体股东书》被当场宣读，并在 3 月 31 日的《深圳特区报》上刊登。这份精心策划和准备的一万字宣言多处指责万科存在的问题，"君万之争"战幕就此拉开。当时君万系四家公司共持有万科总股份的 10.73%，其中深圳新一代企业有限公司持有 6.2%、海南证券公司持有 1.1%、香港俊山投资有限公司和创益投资有限公司共持有 3.43%。

3 月 30 日下午，王石在深圳阳光酒店参加了君安新闻发布会。"给万科提意见为什么不让万科的董事长发言呢？"在记者的强烈要求和纷纷提问下，王石才获得发言的机会："明天下午 2 时，万科将召开新闻发布会，发表对《告万科全体股东书》的正式回应。"王石当时表面显得镇静，回答问题也能控制住节奏，但内心深处却对万科所处的险境深感不安。

3 月 30 日晚上，王石连夜约见新一代老总张西普，争取将其拉到万科阵营。

3 月 31 日，万科向深交所申请停牌。王石想通过停牌赢得时间来寻找对策。

4 月 1 日，新一代召开新闻发布会，反过来支持万科。王石又去其他三家公司极力斡旋，还向持有 2% 国有股的深圳市政府投资管理公司求助并获得支持。

4 月 4 日，经多方努力下，深交所派出副总经理柯伟祥约见"君万之争"两位主角，在其协调下张国庆、王石握手言和。一周后，中国证监会市场监管部主任张资平来深圳，受命严格查处"3·30 事件"，王石给出一句"与人为善"，君万之争就此落下帷幕。张国庆和王石也从此渐行渐远，没有交集。1999 年，张国庆因君安证券内部事情东窗事发而被检察机关羁押。

王石后来在《道路与梦想》一书里回忆说："君安的动机非常明显：通过告股东万言书，争取万科多数股东的支持，达到改组万科董事会、从而操纵股票走势的目的。"君安系的四公司联盟遭到瓦解的原因主要是内部利益关系不牢固，四家公司也不属于同一控制人，容易被各个击破。

而在 20 年后的 2015 年，以王石为首的董事会再次面临野蛮人的敲门，万科又会如何反击？万科股权争夺战将走向何方？

四、反击——华润夺回万科大股东地位

股权争夺战中，知己知彼方能博得更大胜算。一直未亮底牌但举牌凶悍的宝能系

正在逼迫对手出招。宝能系耗资逾 233.78 亿元，在短短两个月时间内连续三次举牌，一举成为万科的第一大股东，逼迫原有万科第一大股东华润集团出战。

早在 2000 年 8 月 10 日，王石与万科管理层"卖掉"第一大股东，迎接华润入主。当时华润集团受让了深圳经济特区发展公司持有的万科总股本 8.11% 的股权，并通过定向发行由华润北京置地持有万科 2.71% 的股份，华润总持股比例达到 10.82%。此后 15 年华润集团一直是万科的第一大股东。

2015 年 8 月 31 日和 9 月 1 日，华润集团终于出手了，两次在二级市场增持万科股票，分别以每股均价 13.37 元增持约 752.15 万股、每股均价 13.34 元增持约 2 974.3 万股。增持完成后，华润共计持有万科股份约 16.89 亿股，占万科总股本的 15.29%。华润这两次增持共耗资约 4.97 亿元，以不到 0.50% 的微弱优势力压宝能系，重新夺回万科第一大股东地位。

五、围猎——资本大鳄围剿产业资本

（一）恒大耗资 362 亿元收购万科 14.07% 的股份

2015 年 8 月 4 日 13 时 13 分，有媒体报道称"恒大建仓万科或达 2%"，万科当日封死涨停板。当日傍晚，深交所向万科企业股份有限公司发出关注函。当日晚间，恒大和万科均披露公告称，截至当日，恒大通过 7 家关联附属公司收购 5.16 亿万科 A 股，耗资 91.1 亿元，占万科总股本的 4.68%。

8 月 8 日晚间万科发布公告称，与恒大一致行动人的广州市昱博投资有限公司增持后持有万科 A 股股份 5%，触发恒大对万科的第一次举牌。第一次举牌的均价为 18.06 元/股，共 551 959 870 股，耗资约 99.68 亿元。

11 月 22 日，恒大第二次举牌，通过 10 个公司增持了万科 A 的股份，较第一次举牌价格高出很多，均价为 25.44 元/股，共 551 955 456 股，耗资约 140.42 亿元。

至此，恒大耗资约 240.1 亿元，持有万科 1 103 915 326 股，占万科总股本的 10%，成本均价为 21.75 元/股。从第一次举牌到第二次举牌，成本单价上升了 7.38 元/股，增长了 40%。恒大对万科的执著可见一斑。

11 月 29 日晚间，恒大发布公告称，自 11 月 18 日至 29 日，其透过附属公司以竞价和大宗交易增持万科，连同之前收购，恒大共计斥资约 362.73 亿元人民币，共计持有约 15.5 亿股万科 A 股，占万科总股本的 14.07%，距离万科第一大股东华润持有的 15.24% 仅差约 1.17%。

恒大第一次买入万科的时间节点是 2015 年 8 月。彼时，"宝万之争"正酣，宝能系提出罢免万科董事、监事，万科举报宝能资管计划存在违法违规，现在半路又杀出一个"程咬金"，是友是敌，一时难辨。随着入局者越来越多，万科未来的走势也愈发扑朔迷离。

由于许家印的中国恒大意外搅局，掀起了万科管理权争夺战的一个新高潮。网上随后不久有传闻称，万科股权之争即将尘埃落定：马云持股 26%、许家印持股 25%，

两位挚友合计持股51%控股万科；马云任万科名誉董事长，许家印任万科董事长，王石任万科首席顾问。这种传言无疑再次掀起了公众对于万科股权之争结果的揣测。而万科的官方微信公众号《万科周刊》对马云控股万科则发布澄清公告："不信谣不传谣，吃瓜群众可以散去了。"

（二）安邦保险动用95亿元收购万科5%的股份

2015年12月7日，万科公告称，截至本日安邦保险的四个公司5个保险账户合计持有万科5.53亿股，占万科总股本的5.0%，构成第一次举牌。其中寿险公司购买万科A股份2.58%；财险公司购买万科A股份1.38%；健康险公司购买万科A股份0.80%；养老险公司购买万科A股份0.24%。安邦买入万科股票的价格在14.28～19.75元/股之间，按此计算，安邦保险为持有这些股票耗费了约90.33～100.84亿元；按照成交中间价计算，资本支出约为95.6亿元。

对于此次举牌，安邦保险集团表示，出于对万科未来发展前景的看好，其在未来12个月内将根据证券市场整体状况，并结合万科的发展及其股票价格情况等因素，决定何时增持万科的股份及具体增持比例——还要增持！

安邦保险在万科争夺战中扮演着关键角色。安邦保险与宝能系有微妙的股权关系。资料显示，钜盛华的四大股东之一宝能创赢投资企业（有限合伙）持有钜盛华1.92%股份，民生加银基金持有宝能创赢投资99.9%的股份，民生加银的控股股东是民生银行，而安邦保险又持有民生银行12.11%股份，是民生银行第二大股东。难道又出现了新的野蛮人，或也是宝能系一致行动人？

安邦举牌或左右战事格局。安邦突然介入，无疑使万科原本复杂的股权争夺局势变得更加扑朔迷离。在目前万科的格局中，其握有5%股权，可谓分量不轻。安邦举牌时点巧妙，支持哪一方，哪一方胜算就很大。支持宝能则王石败矣！

宝能进来，万科的震荡是颠覆性的；恒大进来，万科的震荡是缓慢性的。也许短期内管理层不动荡，但是万科最后终究要受别人的控制，这是不容置疑的。

二十多年来，王石创立并领导着一家优秀的地产公司，为了长远发展，他"卖掉万科股权"，让出控股权地位，也没有相对控股权，其本人早已不是公司的所有者。当企业市值达到2 000多亿元的今天，面对手握千亿元的资本大鳄，即使是华润这样拥有上万亿元资产的国家央企都难以在短期内筹集足够的产业资本与之抗衡，眼看着自己的第一大股东地位一次次被别人夺走。而资本大鳄在资本市场上兴风作浪：左手举牌控制公司，右手操作赚取暴利。

六、总攻——宝能二次稳夺万科大股东地位

事隔三个月的2015年12月4日，宝能系的钜盛华第四次举牌，其在11月27日至12月4日通过7个资管计划购入万科4.97%的股份，按中间价17.085估算，耗资约93.84亿元。此次增持后，宝能系一致行动人持股比例达到20.01%，二次成为万科第一大股东。万科股票在11月30日至12月3日，连续四个交易日大涨，其中12月1

日、2 日两日连续涨停，12 月 4 日收盘价每股 18.98 元。

12 月 10 日，钜盛华继续买入万科 A 股 1.91 亿股，每股均价 19.33 元，涉及资金 36.92 亿元；12 月 11 日再次买入万科 A 股 7 864 万股，每股均价 19.728 元，涉及资金 15.51 亿元。两天增持合计耗资 52.43 亿元。至此钜盛华及前海人寿合计持有万科 24.81 亿股，占万科总股本的 22.45%。12 月 18 日，万科再发公告，钜盛华继续增持万科 81 963 006 股，每股均价 23.304 元。

12 月 24 日，深交所就宝能系连续增持万科数据不一等事发给万科《关注函》。

12 月 25 日，万科就《关注函》发布公告，答复并披露了宝能系收购万科股票的情况：截至 2015 年 12 月 24 日，钜盛华持有万科 1 945 518 279 股，占万科总股本的 17.605%；前海人寿持有 735 877 445 股，占比 6.659%。钜盛华与前海人寿合计持股万科 24.26%，稳坐第一大股东交椅。

七、转机——迎来"白衣骑士"而不用"毒丸"？

万科管理层与宝能系的股权之争仍在继续。在表态拒绝"野蛮人"后，万科又一改强硬态度，采用了新的战法。2015 年 12 月 23 日白天，王石在拜访瑞士信贷时表示出某种让步：（1）宝能万科都是一家人，不应该内斗；（2）万科不会实行"毒丸计划"，会以"焦土策略"来应对恶意收购。

2015 年 12 月 23 日晚 12 点，剧情反转，万科似乎迎来了"白衣骑士"。万科官网发布声明称，欢迎安邦保险成为万科重要股东。紧随其后安邦保险也发布了一份和万科"如出一辙"的简短声明，称其看好万科发展前景，会积极支持万科发展，希望万科管理层和经营风格保持稳定，继续为所有股东创造更大的价值。在"宝万"之争中扮演重要角色的安邦集团做出上述重要表态，站队于万科。

安邦的站台尤为重要。港交所信息显示，12 月 17 日安邦以 21.808 元/股的成交均价买入万科 1.05 亿股，12 月 18 日上午再以 23.551 元/股的价格买入 0.23 亿股，累计耗资约 28.32 亿元。继 12 月 7 日增持达到 5% 举牌万科后，安邦持股比例提升至 7.01%。随后，到 2015 年 12 月 31 日，安邦减持到 6.18%。

据了解，万科方面与安邦曾就"万宝之争"进行了多频次的频繁沟通，最终双方达成"共识"，并相约同时发布公开声明。安邦毫无疑问暂时站到了万科一边。但是，并不甘心的宝能仍在暗中争取安邦的反戈加盟。

八、较量——双方阵营的楚河汉界

经过多次交锋，宝能系已经持股万科 24.26%，那么王石的阵营呢？

万科董事会主席王石及 1 320 位事业合伙人组成的深圳盈安财务顾问企业（有限合伙）（以下简称盈安合伙）发起的"金鹏计划"由国信金鹏分级 1 号集合资产管理计划和国信金鹏分级 2 号集合资产管理计划组成，由国信证券—工商银行操作。该计划的劣后资金来源由盈安合伙提供，资金来源是万科的利润奖金账户和向万科事业合伙人募集，而优先资金是公众理财资金。

　　与万科管理层有着密不可分关系的另一个"德赢计划"由德赢 1 号专项资产管理计划和德赢 2 号专项资产管理计划组成，由招商财富—招商银行操作。在"德赢计划"中承担连带补足义务的主体正是盈安合伙。

　　安邦的态度至关重要。根据公开信息，盈安合伙持股 4.14%、德赢计划持股 2.98%、万科工会持股 0.61%、个人股东刘元生持股 1.21%、万科管理层实际控制的持股为 8.94%。若加上华润持股 15.29%、安邦保险持股 6.18%，两大股东与万科管理层共同形成一致行动人的话，合计股份为 30.4%，将超过宝能系。但是，若安邦站队于宝能，则宝能系持股 30.44%。这个数字非常巧妙，不仅比万科管理层多出 0.04%，还直接触发 30% 的要约收购条件，宝能系即可通过"狗熊式拥抱"最后占有万科。

表 1 - 1　　　　　　　　　　　　截至 2015 年 12 月 31 日万科股本结构

排名	股东名称	持股数量（股）	持股比例（%）
1	宝能系	2 681 395 724	24.26
2	华润系	1 689 599 817	15.29
3	恒大系	1 554 961 851	14.07
4	万科管理层	987 485 454	8.94
5	安邦系	682 583 814	6.18
6	H 股和 A 股公众股东	3 455 585 640	31.27
	合计	11 051 612 300	100.00

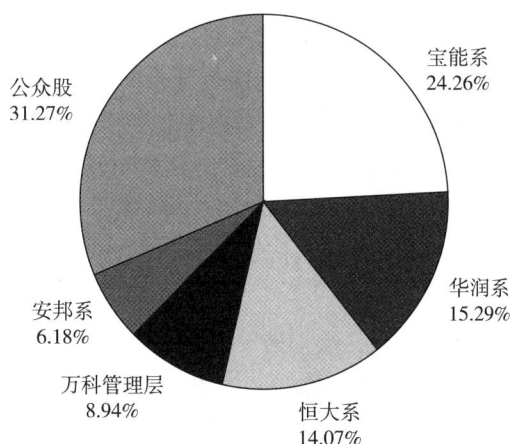

图 1 - 2　截至 2015 年 12 月 31 日万科股本结构图

九、激战——宝万股权大战关键节点

宝能想占有和控制万科并不容易。截至 2015 年 12 月，宝能系已经分九批买入、四次举牌共持有万科 24.26% 的股权，成功拿下万科第一大股东地位，但控制权还暂时不会发生变化。万科反收购的公司章程规定，连续 18 个月持股 3% 的股东才可以进入董事会。所以，宝能系要想控制万科，需要在董事会层面获得多数席位，控制万科还为时尚早。但是，宝能系可以继续增持，拿下 30% 的红线，即可要约收购万科；或可按照每年不超过 2% 的比例继续自由买入，万科将面临"被狗熊抱走"的巨大危机。从此，收购与反收购双方的激战进入到了高潮阶段。

2015 年 12 月 17 日，在北京万科的内部会议讲话中，王石对宝能系提出诸多质疑，并明确表态"不欢迎宝能"。其表示最重要的理由在于，"宝能系信用不够，会毁掉万科"。而万科总裁郁亮更是明确将对方视为门外野蛮人。

第二天一早，宝能集团在其官网发布声明，回应王石的"指责"。宝能集团表示："集团恪守法律，相信市场力量。"万科和宝能系由此开始正面资本对决。

第二天中午，万科以有重大资产重组及收购资产为由令其 A 股和 H 股全部停牌，并宣布将推进重组和增发，以抵制恶意收购。

同日，证监会新闻发言人张晓军针对媒体对宝能系杠杆收购万科股权一事表示关切。他说，市场主体之间收购、被收购和反收购属于市场化行为，只要符合相关法律法规的要求，监管部门不会干涉。

当晚，万科继续发出公开信，表示欢迎其他所有投资者购买万科股票，但不欢迎宝能系收购公司、控制公司，因为其文化、经营风格与万科不相容。"如果万科的文化被改变，那么万科将不再是万科，万科可能失去它最宝贵的东西"。

此前，从收购战一开始，宝能系和万科管理层的沟通就不坦率透明，万科管理层对宝能系的真实意图并不掌握。在宝能系二次举牌万科、持股达到 10% 之后，万科王石就曾与宝能系姚振华在冯仑那里会谈，但最终不欢而散。

随后，万科制定了反收购策略：利用盈安合伙人（金鹏资管）加杠杆买入股票，万科再定向发行新股，争取最晚在 2016 年第一季度完成，那时万科合伙人及万科资管计划合计持股将超过 15%。但万科这一计划很快被泄露，并遭到华润、恒大和宝能的后续攻击。

至此，混战各方大佬隔空喊话，深交所、证监会、保监会也频频出镜。

2016 年 3 月 13 日，万科发布公告称，已经找到了重组方案。而华润却毅然翻脸：都没跟我商量，I'm angry！

2016 年 6 月 17 日，王石再用一招，引入深圳地铁重组。万科毅然公布重组预案：董事会通过以每股不及 16 元的价格增发新股引入深圳地铁重组预案。此预案董事会最终以 7 票同意、3 票反对、1 票回避表决通过。增发后，深圳地铁将获得万科 20.65% 的股权，成为第一大股东，华润、宝能系的股权都将被大幅稀释。对此，华润在万科

的三名董事投了反对票。由于对万科董事会决议不满，华润就此事向万科发送了律师函，称引入深圳地铁重组方案的投票结果无效。

6月23日深夜，宝能系猛然出手，发布公告坚决反对万科重组预案，华润随后也正式公开发布声明附和，将万科管理层逼到了墙角。

6月26日一早，身处风波中的王石深深感到：以前无条件支持自己的华润，突然不跟自己站在一起了。于是他在朋友圈发出一条微信：当你曾经依靠、信任的央企华润毫无遮掩地公开和狙击你的恶意收购者联手，彻底否认万科管理层时，遮羞布全撕去了。好吧，天要下雨、娘要改嫁。还能说什么？

6月26日，宝能系在当了一年的大股东后，却拿不到万科一个董事会席位、无法控制万科，终于恼羞成怒。于是，钜盛华与前海人寿正式提出议案，要求万科立即召开临时股东大会。其指出，万科董事会和管理层为公司内部控制人，拿取千万薪酬，却不规范地管理公司；并逐一点名要求罢免王石、郁亮等全部七名董事，三名独立董事以及包括监事会主席在内的两名监事职务。

6月27日，万科召开年度例行的股东大会，在监事会报告中首次披露针对宝能的反收购措施：监事会对万科在100亿元以内回购股份的决策程序和回购实施情况进行了监督，认为有关操作规范合法，没有侵害股东利益的情况——万科已不顾及中国公司法规不得回购公司股份的规定，坚决采取反收购措施。

6月30日，因宝能系提出召开临时股东大会也涉及罢免华润出任的三名董事，华润发布公告：（1）对于公告中罢免所有万科董事、监事的提案，华润有异议；（2）华润会从有利于公司发展的角度，考虑未来董事会、监事会的改组。华润的意见让人一看就明白：反对罢免华润派出的董事，但同时想罢免其他董事。

7月3日，万科董事会以11票赞成，0票反对，0票弃权通过了否决宝能关于召开临时股东大会的议案。华润派出的三名董事和三名独立董事在这一问题上和万科管理层站在了一条战线上。

几天后，宝能给出的回应是：按照公司法，作为持股超过10%的第一大股东，宝能系仍然有权自行组织召开临时股东大会，就罢免提案进行表决。

在这段时间里，王石几乎叫天天不应，叫地地不灵，万科董事会势单力孤，风雨飘摇，王石地位岌岌可危，随时可能被自己创立的公司踢出大门。

十、拼杀——逼近30%要约收购警戒线

深交所和证监会的关注及安邦的表态并未"击退"宝能对万科的占有决心。

2016年7月5日，连续两日跌停后，钜盛华于2016年7月5日、7月6日、7月19日共动用资金23.26亿元，通过资产管理计划在二级市场增持万科股份1.232亿股。至此，钜盛华及其一致行动人前海人寿合计持有万科28.039亿股，占总股份的25.4%，构成第五次举牌。宝能系历次收购万科股份情况见表1-2。

表 1-2   2015—2016 年宝能系收购万科股份情况统计表

收购方	截止日期	股数（亿股）	占股比（%）	中间价（元/股）	投资额（亿元）	总股本（亿股）
前海人寿	2015 年 7 月 11 日	5.524	5	14.375	79.41	
	2015 年 7 月 24 日	1.028	0.93	14.375	14.77	
	2015 年 8 月 26 日	0.807	0.73	13.25	10.69	
	小计	7.359	6.66	14.252	104.87	110.488
钜盛华	2015 年 7 月 26 日	4.497	4.07	14.635	65.81	
	2015 年 8 月 26 日	4.762	4.31	13.25	63.1	
	小计	9.259	8.38	13.923	128.91	110.488
截至 2015 年 8 月 26 日累计		16.617	15.04	14.068	233.78	110.488
钜盛华	2015 年 12 月 4 日	5.493	4.97	17.085	93.84	
	2015 年 12 月 11 日	2.697	2.44	19.443	52.43	
	2015 年 12 月 15 日	1.183	1.07	19.728	23.33	
	2015 年 12 月 18 日	0.818	0.74	23.32	19.07	
	小计	10.19	9.22	18.516	188.67	110.516
截至 2015 年 12 月 24 日累计		26.807	24.26	15.759	422.45	110.516
钜盛华	2016 年 7 月 19 日	1.232	1.12	18.878	23.26	110.391
截至 2016 年 7 月 19 日累计		28.039	25.4	15.896	445.71	110.391

十一、肉搏——万科使出撒手锏

7 月 19 日，"宝万大战"进入白热化的"肉搏"时刻：万科举报宝能资管计划违规。万科发布了一份近万字的报告——《关于提请查处钜盛华及其控制的相关资管计划违法违规行为的报告》，并正式向中国保监会、中国证券投资基金业协会、深交所、中国证监会、证监会深圳监管局提交。

6 月下旬至 7 月，多家财经媒体和财经知名人士呼吁：（1）监管部门要规范举牌，以法治终结万科股权之争；（2）华润给宝能壮胆或致国资流失，国资委应给予严惩；（3）监管部门必须公开宝能收购万科股份的资金来源；（4）若罢免全部董事，万科会在一年内彻底垮掉，万科大旗即将倒下。

6 月 29 日，新华社刊登题为《万科战争折射资本市场三重焦虑》的文章。文中称，万科股权大战正在演变成为一场关于资本市场的"全民论战"。各方意见、观点正在激烈交锋。

6 月 30 日，万科员工成立"保卫万科职工大联盟"，大批员工打出横幅到深圳市委、市政府集体请愿。请愿书中明确表示："无缘无故罢免董监事会，就是全面否定万科，否定全体万科人的工作，彻底搞垮万科的体系和文化，把万科推向深渊。万科危急！万科全体职工危急！如果任由资本血洗万科，公司未来在哪里？万科员工不想在资本大鳄的血盆大口下坐以待毙，希望市委、市政府出面主持公道，查处宝能的非法行为，帮助深圳优秀企业抵御恶意资本的入侵！"

凤凰网就此向万科求证，万科回应称：这是员工自发行为，并非公司组织；公司非常理解员工的心情和担忧，会尽量维持公司正常运营。

十二、转折——深圳地铁重兵出战

宝万之争柳暗花明，王石的春天来了。

2016 年 12 月 13 日，中国保监会召开专题会议，保监会主席明确指出：保险资金要做长期资金提供者，而不是短期资金炒作者；要成为中国制造的助推器，要做善意的财务投资者，不做敌意的收购控制者；将实行险资举牌备案制，对于股权收购禁止使用杠杆资金。保监会警示某些保险公司，约谈十次不如停业一次，不行还可以吊销保险公司牌照。这说明保监会绝不能让保险公司成为众皆侧目的野蛮人，也不能让保险资金成为资本市场的"泥石流"——宝能系该收敛了。

2017 年 1 月 12 日，万科公告称，深圳地铁将以每股 22 元的价格收购华润所持15. 31% 的万科股权，转让价款 371. 71 亿元。万科 1 月 20 日晚间公告，国务院国资委已批复华润将所持万科股份转让给深圳地铁。深圳地铁入局万科也获地方政府部门批准，1 月 22 日已向华润支付 112 亿元，后续款项将于 20 个交易日内支付完毕。万科2017 年第一季度报告显示，华润持有万科的 168 959. 98 万股已经过户到深圳地铁名下，深圳地铁已经取代华润成为万科第二大股东。

万科在公告中表示，深圳地铁成为重要股东将对公司发展起到积极作用，今后将和深圳地铁一道努力实践"轨道＋物业"发展模式，在巩固和发展既有业务的同时，加快向"城市配套服务商"转型。

到目前为止万科局面依然复杂。如果万科的两个资管计划与万科工会均与深圳地铁签署一致行动人协议，再加上王石多年老友刘元生个人持股，万科管理层阵营合计持股比例将与宝能基本相当。所以，万科股权之争的解决现在可以说看到了一个方向，但仍存变数，最终解决还有待其他重要股东的站队表态。

在华润退出，深铁入驻后，恒大这边表态：并没有夺取万科控股权的意图，愿意听从市委、市政府统一部署，全力支持各种万科重组方案。一系列的操作动向和态度表明，现在恒大已经跟深圳地铁站在同一战线上。

宝能尽管表态欢迎深铁投资万科，并首次正式声明其"财务投资者"定位，但已深陷困境，此时关心的恐怕是怎样保证投资不受损、拿出善后退出方案。

十三、结局——姚振华遭恶报，王石退隐江湖

自发出举报信后七个月，万科的绝地反击终于等来了预期的结果。2017 年 2 月 24日，中国保监会发布消息称，在对前海人寿进行现场检查时发现其存在编制提供虚假材料、违规运用保险资金等违法事实，决定给予时任董事长姚振华撤销任职资格并禁止进入保险业 10 年的处罚。保监会认为，前海人寿编制提供虚假资料的行为，事实清

楚，情节严重，应当依法予以处罚。对直接责任人姚振华给予撤销任职资格和行业禁入处罚的决定，符合保险法的有关规定，且相关责任人没有依法从轻、减轻或者免予处罚的情形。姚振华从此在保险领域下课。

保监会的这一处罚对宝能系收购万科行动的打击是致命性的，宝能系已经在保监会的严格监管之下，无法再次肆无忌惮地滥用和筹集资金用于收购万科了。

恒大转让股权。2017 年 3 月 16 日，恒大旗下广州欣盛与深圳地铁签署协议，约定一年内广州欣盛将持有的 526 389 569 股占万科总股本 4.77% 的表决权、提案权及参加股东大会的权利不可撤销地委托给深铁集团。恒大果然信守向深圳市政府的承诺，举起大旗站到万科阵营了。至此，宝万之争已无悬念。

在随后的 6 月 9 日晚间，中国恒大在香港联交所发布公告称，公司以 292 亿元将手中持有万科 A 1 553 210 974 股转让给深圳地铁，总对价约为人民币 292 亿元，每股转让价格 18.80 元，出售事项产生投资亏损约为 70.7 亿元。

万科董事会于 6 月 13 日在深圳证交所发布公告称，深圳地铁与中国恒大下属企业恒大地产等 9 家公司签署了《万科股份转让协议》，恒大下属企业将所持有的 1 553 210 974 股万科 A 股股份（占万科总股本的 14.07%）协议转让给深圳地铁，并获得深圳市国资委批准。完成过户后，深圳地铁持有万科近 32.5 亿股 A 股股份，占公司总股本的 29.38%，成为万科第一大股东。深圳地铁收购恒大系持有的万科股份，坐稳了万科大股东位置。

2017 年 3 月 27 日，万科公告推迟第十七届董事会届满换届，王石依然是董事长，暂时安稳无忧。不过，经过这场大战，王石已经身心疲惫，心灰意冷。

在金庸先生的小说里，最绝代的英雄总是要在最辉煌的时刻金盆洗手，退隐江湖。没有及时退隐的英雄，最后的下场都很悲惨。杨过和小龙女击败了金轮法王之后，隐居终南山，留下了一段"神雕侠侣"的佳话。

2017 年 6 月 21 日一大早，66 岁的王石通过微信朋友圈宣布，决定退出万科，将接力棒交给郁亮。他说："万科公告了新一届董事会成员候选名单。我在酝酿董事会换届时，已决定不再作为万科董事被提名。从当年我们放弃 40% 股权的那一刻起，万科就走上了混合所有制道路，成为一个集体的作品，成为我们共同的骄傲。今天，我把接力棒交给郁亮带领下的团队，我相信这是最好的时候。他们更年轻，但已充分成熟。我对他们完全放心，也充满期待。人生就是一个不断行走的过程。今后，我将一如既往做对万科、对社会有益的事。"

事实上，王石、郁亮等核心管理层，当年就是奔着中国改革开放的前沿——深圳特区而来的，他们和特区一起成长，从青春到成熟，从青年创业者到全国著名企业家，他们见证并参与创造了深圳的光荣和梦想。现在，王石决定离去了。

6 月 30 日，万科股东大会通过了董事会换届提案，选举产生了第十八届董事会。新的董事会选举郁亮为董事会主席，深圳地铁董事长林茂德为副主席，深圳地铁总经理肖民和财务总监陈贤军也进入董事会。新董事会委任王石为董事会名誉主席，不参与管理。据了解，换届董事人选是由深铁及国资委方面首先提出的，第二和第三大股东均未参与，宝能、安邦也没获得董事席位。这是因为两股东似都涉嫌违规违法被查处，并正按监管要求整改，表态做善意的财务投资人。此种情况下他们自己放弃了对万科的治理权利，当然自有其利害权衡考虑或难言苦衷。

至此，"宝万大战"的双方主帅一个被撤职，另一个隐退，持续两年的"宝万大战"终于尘埃落定了。

【案例评析】

一、目的——宝能收购万科是让王石担忧的事

万科是中国最优秀的房地产上市企业之一，多年来，股权相对分散、股价不高、业绩良好、现金充足，因此成为绝佳的收购标的。这是万科自身的因素。

2016年6月27日，在谈到宝能收购万科的目的时，王石对新华社记者说："宝能明显是想控制公司，做一些想做的事。"正如王石所讲，宝能要做自己的事：控制万科，通过万科发行新股收购宝能地产，装进万科的宝能地产全部使用万科品牌，从此完成横向并购，发展宝能系的房地产业。万一收购万科不成功，那就用巨额资本操纵万科股票，在二级市场大赚一把。鱼和熊掌或可兼得。

同一天，在万科举办的例行年度股东大会上，王石就"野蛮人"言论向宝能道歉。就在三天前，宝能要求召开临时股东大会，罢免王石等万科董事会全部成员，改组董事会，这是继2015年12月之后，宝能第二次提出改组万科董事会。宝能再次要求改组万科董事会，让外界再次疑问："宝能到底想干什么？"在宝能举牌万科之始，这一问题就一直存在。王石之所以对宝能"想做的事"十分担忧，这要起源于姚振华的发家史。

宝能集团前身为深圳市新保康实业发展有限公司，新保康的前身则是设立于1997年的深圳市新保康蔬菜实业有限公司，姚振华因此被外界报道为"卖蔬菜"起家。但王石担忧的是姚振华起家过程中对深业物流的操作，是否会再次出现在万科身上。2003年，宝能出资4 019万元，获得深圳国企深业物流25%股权。三年后，深业物流被姚振华拆分，"通过一拆、一分，让原深业物流集团的土地和房屋资产、业务及物流品牌成了自己的囊中之物。这就是姚振华的发家史。"——在2015年12月发表的不欢迎宝能成为万科第一大股东内部信函中，王石如此表述。

作为同样位于深圳，经营地产业务的企业家，姚振华完全知晓万科在地产界的地位及价值。外界普遍认为，宝能不遗余力举牌万科是要复制其在深业物流上的操作，在控制万科后，将旗下宝能地产的业务装入万科，或使用万科品牌，开发姚氏家族自有的房地产业务。对于这一目的，恐怕已是昭然若揭了。

二、谋划——成功的底气有多大

商场如战场，当战事开启，你才发现敌人已蓄谋已久。来自广东潮汕的宝能系实际控制人姚振华，同潮汕商帮获得的外界评价一样，隐忍、果断，并把这种风格融入

了其执掌下的宝能。在一年多时间里，宝能对外界未有过多的解释，只是不断举牌，步步紧逼，目标只有一个——拿下万科。那么宝能自己有几成胜算呢？

机会大于风险。（1）万科股权分散，最大股东华润仅仅持有15%，管理层持股5%。只要持股超过20%即可控制万科；（2）万科盘子大，总股本110亿股，已经全流通，收集筹码容易；（3）钜盛华和前海人寿拥有雄厚的金融资本，资金来源包括自有资金、保险资金和杠杆融资；（4）杠杆融资的宽松政策可以让宝能通过资管计划利益互换将自有资金放大数倍，投入兵力可达400亿~500亿元；（5）钜盛华和前海人寿具有丰富的二级市场股票操作经验，笼络了来自多家金融投资机构的操盘高手团队；（6）机会总是留给有准备的人，2015年6月，中国股市暴跌，万科股票从20元跌到13元，一场股灾给宝能提供了最好的买入时机。

三、演习——举牌前曾多次短线买卖万科

作为宝能系核心子公司之一的前海人寿，在保险资金投资蓝筹股政策放宽下，已经是A股市场的"常客"。成立于2012年的前海人寿，在举牌万科前的2015年上半年，已经实现保费规模332.69亿元，接近2014年全年水平。2014年以来，以前海人寿为主力，宝能通过举牌或参与定增入股的方式，"袭击"了包括华侨城、中炬高新、韶能股份、明星电力、南宁百货、合肥百货、南玻等7家上市公司，而且收益颇丰。

"袭击"万科前，宝能也首先派出了前海人寿作为先锋，进行了为期半年的"演习"。查看万科季报，前海人寿在2014年最多曾持有近5%的万科股份，到2014年底减持到2%。万科披露的宝能举牌公告显示，2015年1月，前海人寿竞价买入了136万股万科A，每股成交价在13.13~13.60元之间，随后不久在12.98~13.2元间卖出64.2万股；2月，前海人寿再以11.89元抛售114万股，这一卖出价几乎是当月万科股价最低点。而两次卖出万科股份总数，超出1月买入数额42.2万股。在大量卖出手上持有的万科股票后，2015年3月，前海人寿再次买入3 050万股万科A，并在4月清仓；6月，前海人寿以14.74元买入2.05万股万科A，并在当月以13.16元卖出8 700股，高买低卖，账面浮亏。

两度清仓性"演习"半年后，2015年7月11日前，前海人寿买入5.53亿股万科A股，直接达到前述的5%举牌线。

四、集结——动用一切可能的并购融资工具

宝能系在半年内调动了21家金融机构。先头部队前海人寿进军万科后，主力部队钜盛华开始登场。而想要拿下市值超过2 000亿元的万科，对2014年末总资产不过283.13亿元，营收4.41亿元的钜盛华来说，难度很大。

整理公开信息发现，为拿下万科，在宝能5次举牌万科A过程中，钜盛华用了融资融券、收益互换、股票质押、基金、资管计划、银行融资、公私募债等多种金融工具。这些金融工具的运用，涉及6家银行、9家券商、6家基金或基金子公司等共计21

家金融机构，自有资金加上用各类加杠杆的方式筹集的资金总共超过 440 亿元。而前海人寿则主要使用万能险这一低成本保险金融工具。

2015 年 7 月 11 日第一次举牌，前海人寿共动用 79.41 亿元保险资金购买万科股票 5.524 亿股，其中包括万能险账户保费资金和传统保费资金。

2015 年 7 月 24 日第二次举牌，前海人寿及钜盛华合计持股达到万科 10% 的股份。此次举牌宝能动用总资金 80.58 亿元，其中前海人寿险资 14.77 亿元，以自有资金约 22 亿元，以 1:2 的杠杆撬动券商资金约 43.8 亿元，其余股份由钜盛华缴纳部分现金作为履约保障品，由银河证券和华泰证券公司按比例给予配资后买入股票。通过券商收益互换，钜盛华享有这部分股份收益权。

2015 年 8 月 26 日第三次举牌，宝能系持股达 15.04%，其中前海人寿 6.66%，钜盛华 8.38%。这一阶段动用资金 73.78 亿元，其中前海人寿花费险资约 10.69 亿元，钜盛华以自有资金约 21 亿元，以 1:2 的杠杆撬动券商资金约 63.1 亿元，主要通过与中信、国信、银河、华泰等券商开展融资融券和券商收益互换实现。

钜盛华通过券商收益互换形式享有的万科收益权，合约期限均在 1 年。所以进入 2015 年 10 月后，宝能开始引入银行理财资金，置换前期券商收益互换撬动的券商资金。2015 年 10 月 19 日到 11 月 19 日，钜盛华分 10 笔通过鹏华资管的定向资管计划向深圳市建行办理了股票质押，由此获得总计 78 亿多元的银行理财资金，用于置换大部分券商收益互换购买的股票。

此外，2015 年 11 月，宝能出资 67 亿元作为劣后，浙商银行出资 132.9 亿元作为优先，通过华福证券、浙商宝能资本构建有限合伙基金，规模最终达 200 亿元。这笔资金通过增资、股东借款、收购前海人寿老股东股权等形式进入钜盛华。

2015 年 11 月底 12 月初，钜盛华用合伙基金中约 77 亿元资金作为劣后，杠杆比例 1:2，通过证券公司和基金公司，撬动广发、平安、民生、浦发等银行出资 155 亿元作为优先，密集设立 9 个资产管理计划，继续增持万科。

至此，宝能动用了 9 个资管计划资金总规模约 233 亿元中的 207.7 亿元，剩余了近 30 亿元资金。剩余资金基本集中在宝能隐藏了半年的广钜 2 号、东兴 7 号两个资管计划中。宝能系动用并购融资工具的能量和手段都是中国资本市场之最。

优先劣后是指在信托理财或分级基金中，受益权结构设置优先和劣后分级处理的安排。在同时吸收社会公众资金、机构或高风险偏好者资金的情况下，如遇资金遭到风险，劣后资金优先偿付风险；在获得收益时，劣后资金的收益将会在优先级的收益之后支付。在同一款产品中，劣后受益人承担高风险、获得高收益。

五、博弈——举牌资金杠杆倍数成谜

在举牌万科过程中，前海人寿将万能险资金的运用最大化，钜盛华则将各类金融杠杆工具运用到了极致。繁杂的通道设计、综合系统化的资金调度、复杂的股权设计安排，让钜盛华举牌资金的实际杠杆倍数成谜。

姚振华在接受新华社专访时表示，宝能系资金实际杠杆倍数为1.7，最高不超过2，完全处于安全范围以内。但来自监管部门聘请专业机构所做的核查报告显示，截至万科2015年12月18日停牌，宝能通过自有资金62亿元，杠杆撬动资金262亿元，杠杆倍数为4.19，总耗资约430亿元，取得了万科24.26%股份。加上复牌后动用的资金，宝能举牌万科累计耗资440多亿元。即使按照宝能公布的最高不超过2倍杠杆计算，在万科股价复牌五天下跌23.25%压力下，钜盛华动用的9个资管计划，已有部分面临爆仓的风险。

根据公开信息统计，9个资管计划的持仓成本在15.31～22.06元之间，平仓线在12.25～17.65元之间。而2016年7月20日万科盘中每股最低跌到16.74元，7月中下旬基本都在17～18元之间运行，若继续下跌将随时触发其平仓线。

南方资本管理的广钜2号，共买入6346.59万股万科A，耗资约14亿元，是持股成本最高的资管计划，平仓线约在17.65元。若万科A股在2016年7月7日后再跌5.87%，宝能必须补仓，否则将面临平仓。

泰信基金管理的泰信1号，已经耗资32亿元买入了1.57亿股万科A，接近满仓，其平仓线在16.31元附近。万科A如果在2016年7月7日后再下跌超过13%，也将触发其平仓线。此外，西部利得管理的宝裕1号、宝禄1号，也都接近满仓运作，平仓线分别在15.92元、15.37元附近，已经触及平仓线陷入亏损。

在接受新华社专访时姚振华似乎并不担心宝能系面临的资金风险："我们内部也进行了严格的压力测试，测试结果显示即便在最不利的情形下我们的现金流和盈利能力依然保持良好水平。"老姚玩杠杆博弈，有钱任性，财大气粗啊。

六、反攻——万科反收购的绝地大反击策略

尽管在宝能的成功集结和总攻之下失去25.5%的阵地，万科董事会及管理层也一刻没停止战斗，采取了多种反收购措施，包括：员工持股资管计划、工会股权安排、章程中董事门槛条款、公司回购股份措施、增发新股引进深圳地铁重组、白衣骑士等，最后撒手锏是直接举报宝能系，但没有采用毒丸计划和焦土措施。

2016年7月19日，在做了大量的、精准的侦查并获取情报之后，万科管理层绝地大反攻，由阵地保卫战转为战略性反攻。万科一份《关于提请查处钜盛华及其控制的相关资管计划违法违规行为的报告》以七宗罪状和四项违规直击宝能要害，从而掀起轩然大波，足以将宝万之争剧情推向最高潮。

不仅如此，作为万科工会已经决定向深圳市罗湖区人民法院起诉钜盛华及其一致行动人在举牌过程中存在违法行为的利害相关第三人，万科有义务将以上资料在诉讼时提交给法院，直接向法院起诉。重磅炸弹直指宝能及多家金融机构。

（一）万科管理层开宗明义提出了宝能系七宗罪状

1. 钜盛华及其一致行动人单方面宣称成为万科第一大股东，其一致行动人的合法性存疑。

2. 在缺乏必要调查了解和依据的情况下，强硬声明反对万科发行股份引入深圳地

铁预案。

3. 在缺乏必要调查了解和依据的情况下，贸然罢免万科全部董事、非职工监事。

4. 在缺乏必要调查了解和依据的情况下，否决万科2015年度董事会报告、监事会报告和年度报告。

5. 对万科的正常经营、业务发展造成非常重大不利影响。客户开始观望甚至退房，合作伙伴提出解约，猎头公司开始挖角，国际评级机构拟调低信用评级，投行纷纷下调目标股价。

6. 万科A股股价自2016年7月4日复牌以来累计下跌26%。

7. 截至7月16日，9个高杠杆的资管计划已有6个出现浮亏，一个接近平仓线，资管计划平均持股成本18.89元，如按7%的利率加计融资成本，持仓成本约为19.83元。中小股东、媒体、社会公众对于钜盛华的高杠杆资金链能否持续，可能会引发万科A股股价断崖式下跌，可能会再现2015年股灾期间二级市场系统性踩踏风险。

（二）万科管理层举报金融机构及宝能四项违规

四项违规主要将矛头对准了九个资管计划，并细数了违反信息披露、业务法律法规、表决权让渡和损害中小股东权益的详细违规事实和依据，分别为：

1. 九个资管信息披露违规。主要是九个资管计划披露的合同条款存在预警、补仓、平仓机制，投资限制或禁止条款等重大遗漏，使得投资者无法判断九个资管计划买入万科A股的目的、无法判断九个资管计划是否可以配合钜盛华举牌万科、无法判断其是否与钜盛华构成所谓一致行动人关系。万科请求监管部门对钜盛华和九个资管计划之资产管理人的上述行为进行核查，对查实问题责令改正。在改正之前，不得行使表决权。

2. 九个资管违反业务法律法规。主要是（1）九个资管合同属于违规的钜盛华控制下的一对多"通道"业务；（2）钜盛华涉嫌非法利用九个资管账户交易，违反《证券法》第八十条有关强制性规定，属于无效合同；（3）九个资管计划涉嫌非法从事股票融资业务。

3. 九个资管让渡表决权给钜盛华缺乏法律依据。主要是（1）九个资管计划既不是法人，也不是自然人，不符合《公司法》关于股东的条件，不符合上市公司收购人的条件，不能参与"举牌"并构建一致行动人关系；（2）钜盛华签订补充协议让渡资管计划持股全部表决权没有法律依据；（3）九个资管计划的商业银行如果作为优先级委托人拥有万科股票的表决权，违反《商业银行法》第四十三条，即不得向非自用不动产投资或者向非银行金融机构和企业投资的规定。万科恳请监管部门要求资产管理人拒绝履行钜盛华的指令。

4. 钜盛华和九个资管计划涉嫌损害中小股东权益。万科管理层认为，万科中小股东流通盘面不到A股的20%，易被人为操纵。基于此，万科管理层列举了钜盛华和九个资管计划涉嫌的三条罪状：（1）钜盛华涉嫌利用信息优势、资金优势，借助其掌握的多个账户影响股价；（2）钜盛华涉嫌利用九个资产管理计划拉高股价，为前海人寿输送利益；（3）钜盛华和九个资管计划未提示举牌导致的股票锁定风险，可能导致公众优先级理财委托人受损；（4）详细列举了许多交易日几点几分出现的大量几千手和上万手买单申报的 IP 地址以及卖单申报的 IP 地址，供证监会调查；（5）明确指明六个资管计划已经出现浮亏，一个资管计划已接近平仓线；（6）同时警示：钜盛华及其所谓一致行动人每增持一笔万科股票，九个资管计划持有的万科 A 股均需相应延长锁定 12 个月，九个资管计划可能面临到期后万科股票仍处于锁定期、无法出售变现和无法减仓平仓导致优先级理财投资人受损的巨大风险。

上述举报信和向法院的起诉是万科反击宝能系的一次关键行动，是对宝能系后方指挥所及 21 个前沿资金阵地的大规模"轰炸"。

实际上，这份 9 000 字的举报信有三个目的：一是主动放出重大利空打压股价，目标就是让姚振华的宝能系爆仓；二是让监管层直接介入，查处宝能系违规行为，迫使宝能系退出；三是更为深远的目标：彻底打击宝能系这个金融大鳄。

七、战果——宝能、恒大、安邦、深铁和政府之间的输赢胜败

（一）投资收益方面

1. 宝能系。宝能系收购万科总的投资成本价为 18.896 元（未计融资成本和交易佣金，下同），从实际盘面上看，若宝能持股到 2017 年万科最低点 5 月 8～10 日的 18.47、18.63、18.66 元，收盘均价为 18.5867 元，则宝能系买入的 28.039 亿股平均亏损 1.6 元/股，亏损 44.86 亿元。其中 2015 年 12 月 11 日至 2016 年 7 月 19 日以成本价 19.92 元/股买入的 5.929 亿股将全面爆仓，其每股亏损 1.33 元，直接亏损 7.88 亿元。而此前的 2017 年 1 月 19 日，万科收盘价为 20.60 元，这是宝能系于第五次举牌半年后限售期的最后一天，此后可以卖出。但万科股价从此一直在 20 元左右徘徊，最高价是 3 月 17 日的 22.28 元，且并没有多大成交量放出，这说明派发困难，所以宝能系的万科股票整体应该处于微亏—微盈状态。

2. 恒大系。恒大系先后收购万科 15.5496 亿股，总成本约 362.73 亿元（详见表 1－3）。其最近一次增持万科是在 2016 年 11 月 29 日，按举牌半年限售期计，恒大系须到 2017 年 5 月 29 日方能减持。2017 年 6 月 9 日，恒大系以 292 亿元转让其所持万科 14.07% 的股份，每股转让价格约 18.80 元，投资亏损约 70.73 亿元。不过，恒大会从另一个收购动机中得到适当的补偿。

表 1－3　　　　　　　　　恒大系收购万科股权的投资情况表

收购次序	截止日期	持股数量（股）	出股比例（%）	投资额（亿元）	均价（元/股）
1	2015 年 8 月 8 日	551 959 870	4.99	99.68	18.0593
2	2015 年 11 月 22 日	551 955 456	4.99	140.42	25.4405
3	2015 年 11 月 29 日	451 046 525	4.08	122.63	27.1879
	合计	1 554 961 851	14.07	362.73	23.3273
	万科总股本	11 051 612 300			

3. 安邦系。安邦系第一次举牌是在 2015 年 12 月 7 日，合计持有万科 5.53 亿股，占万科总股本的 5.0%，资本支出约为 95.6 亿元，平均价约 17.28 元。安邦在 2014 年最高持股达到近 5%，到年底降到 2%；2015 年最高持股超过 7%，年末持股 6.18%；2016 年末持股 6.73%。安邦系三年内持股波动，高抛低吸，赚取差价，说明是典型的二级市场财务投资者行为。2015 年买入 5% 的万科股票，到 2017 年 3 月 31 日基本未动，当日万科收盘价 20.58 元，安邦这 5.53 亿股的优质筹码每股盈利 3.3 元，账面浮盈约 18.25 亿元；超过 5% 的那部分持股主要靠波段操作盈利，两者加在一起浮盈超过 20 亿元。

（二）收购动机和发展战略方面

1. 深圳市政府为何支持深圳地铁收购万科股权？实际上，万科也并不是没娘的孩子，万科有自己的妈妈，那就是深圳。万科诞生于深圳，万科、华为、腾讯、大疆、华大都是深圳的名片，象征着深圳的光荣。万科是深圳的万科，深圳市政府绝不会让万科乱掉或走向衰败。深圳政府支持深铁收购华润持有的万科股权可一举五得：（1）保护在深圳树立的万科大旗不倒；（2）整合深圳市地方资源，发挥地铁与房企的协同效应，1 + 1 > 2；（3）改善深铁的财务结构和经营状况，向全国拓展业务；（4）央企华润和民企恒大从万科获得的利润均通过深铁转入深圳市国资委，增加地方经济总量和财政收入；（5）顺应潮流，借势推进深圳地铁的国企混改。这些也正是深圳市政府支持万科的原因，政府的上述目的都达到了。

2. 深圳地铁为何收购万科股权？一方面，深圳地铁集团表示，支持万科管理团队按照既定战略目标实施运营和管理，入股万科有利于双方在发挥各自优势的同时，形成更加有效的战略协同。深圳地铁董事长林茂德早在 2016 年 9 月 8 日国家发改委组织召开城市轨道交通投融资机制创新研讨会上介绍深圳地铁运营经验时就公布了准备做的三件事情：一是继续探索"轨道 + 物业"模式，继续在四期规划建设当中储备土地资源、开发土地资源；二是一定要多拿两条线搞标准的 PPP 建设，引进社会资本，打造 PPP 建设的模型；三是要让深圳地铁的上盖物业资产证券化。而万科显然是深圳地铁上述战略规划的最好合作伙伴。另一方面，近两年深圳地铁一直处于亏损状态，截至 2015 年 12 月，深圳地铁集团总资产约 2 411 亿元，净资产约 1 504 亿元，资产负债率约为 37.62%，但经营效益较差。与万科联手开发，将大大改善深圳地铁的经营状况。可惜的是深圳地铁入股价格 22 元，比 2016 年 6 月万科董事会审议通过的增发新股定价 15.88 元高出 39%。这归因于宝能和华润当时一直不同意万科董事会的增发新股方案。

3. 万科为何欢迎深铁？深铁入股万科不仅可彻底解决宝万之争，深铁成为万科股东后，将在本地和外地拿大量土地跟万科合作，可以 PPP 模式承建地铁之类的基建项目，并获得大量土地，同步开发物业。"万科 + 深铁"这种 1 + 1 远大于 2 的效果非常可期，所以万科董事会和管理层对万科未来发展自然是充满信心。

4. 华润为何退出万科？作为入股十几年的大股东，华润从来不干预万科管理，更像是一个财务投资者，但对万科管理层也有一些不满，或想更换董事会。宝万大战白热化以后，华润曾受到来自国资监管层面的压力，国务院国资委就此作出"央企不与地方争利"的明确表态，要求华润配合深圳市政府妥善解决问题。华润已经有六家上市公司，不差万科一个，由此决定从万科离场。2016 年 12 月，万科、华润和深圳市政府达成了有关股权转让的相关协议。在此之前，深圳市政府协调华润与深铁进行过多次磋商，但由于股价高企，收购价格一直没有谈拢。

华润集团 2017 年 1 月 12 日发布声明称，转让万科股权是自身发展战略和产业布局的需要，也是国有资产保值增值的需要。此次股权转让有利于万科健康稳定发展，有利于地方企业资源整合协同，是一个多方共赢的方式。

5. 恒大买入万科想得到什么？恒大希望与万科地产合并起来，打造全球第一大房企。第一，许老板如果拿下了万科，那么，未来合并后名称无论是叫万科还是叫恒大，在中国房地产市场占有率都将会处于无人撼动的绝对龙头老大位置。第二，恒大财务结构风险太大，负债率过高，运营成本也高；而万科拥有稳健的财务结构，有全行业最好的信用，如果恒大拿下万科，对于提升恒大的股东回报、提升恒大的股价，都将有非常重要而且明显的作用。根据恒大的地产规模来看，估计恒大不会与宝能联手，而是在做自己的事情。

中国的房地产市场每年的住宅销售额大约 10 万亿元左右，2015 年为 8.7 万亿元，万科和恒大的市占率各约 3% 左右。第一序列房企中的万科、恒大、绿地、保利、中海、碧桂园、万达这 7 家加在一起的市占率不到 15%。试想，恒大和万科合并后，一家市场份额就是 6% 了，而且很快就能迈向 10%，可以超过其他几家之和。

恒大系虽然赔钱卖掉了所持有的万科股份，但其自 2016 年 9 月至 2017 年 9 月的一年间，通过反向收购深圳国资委下属企业深深房实现买壳上市一直都在进行中。恒大与深深房的重组前提，便是将其手中的万科股权转让给深圳地铁。恒大在 2016 年 12 月 17 日就已向深圳市政府递交书面报告做出五点表态：不再增持万科；不控股万科；愿将所持股份转让给深圳地铁；愿听从深圳市委、市政府安排暂时持有万科股份；后续坚决听从市委、市政府统一部署，全力支持各种万科重组方案。

所以，恒大最后以亏损 70 亿元的代价出售万科股权，但可从深圳国资委那里获得 A 股地产公司最好的"壳资源"深深房的所有权。从 2016 年开始，恒大就开始将总部注册地址从广州迁出，办理落户深圳手续，而恒大从香港联交所回归 A 股的方案就是借壳深深房。恒大还从深圳方面获得更多的订单，并已经在深圳储备了 21 个旧改项目。旧改项目也是恒大在深圳土地储备的绝对主力，预计销售金额将达到惊人的 4 025 亿元，比如深圳罗湖建设集团城市更新项目、蔡屋围项目、福田华强北项目等。更值得关注的是，2017 年 6 月 1 日，深圳市国资委旗下深圳投资控股有限公司挂牌出让 5 个项目，恒大地产集团即以 54.25 亿元人民币获得了其中 4 个，分别为：三水地产、三水投资、三水酒店及鹏基资产管理公司。显然，恒大虽然以巨亏方式退出万科，但作为交换条件，深圳方面给予了其丰厚的回馈。

中国恒大接了这么多订单和土地储备，在中国的房产业务也跃居行业第一，其香港股价从 2017 年 3 月开始一路暴涨，从 5 块多涨到 16 块多。这使得许家印成为仅次于马云、王健林、马化腾之后的中国第四位富豪。

6. 宝能得到了什么？宝能收购万科从策划、潜伏、演习、偷袭、总攻、预备队再到突袭拼杀，一年多来从不表明真正意图，其调集总兵力 445 亿元，最后攻上万科股价的顶峰 29 元/股。真是进可攻，拿下万科董事会；退可守，卖出股票赚取收益。无论哪个结果，宝能都设想自己一定会成为大赢家，但最后事与愿违。

深圳地铁协议受让恒大和华润手中的万科股权，以 29.38% 的持股比例超越宝能系，如愿坐上万科大股东的席位，且并不触发 30% 的要约收购警戒线，是巧妙还是巧合？如此结果，在这场万科股权争夺战中，恒大、安邦、万科、深圳市政府都得到了自己想要的，而宝能这个拿着金融牌照、用大众的钱在二级市场上兴风作浪的野蛮人，其手里那只煮熟的鸭子很快就飞走了。

（三）万科管理团队方面

如果有因果，那么 40% 股份的支持，就是万科管理层所应得到的。

在两年的股权大战中，万科管理层及王石好像是没有母亲的孩子，在资本大鳄和央企面前毫无还手之力，任凭他人摆布和宰割。

现在，万科管理层及支持者持股总数已近 40%，这就是"深圳地铁 + 万科管理层"所能控制的股份。40% 这个数字很有意思，似乎冥冥之中自有因果。

1987 年万科改制时，王石及其管理层放弃了获得 40% 股份的权利，当时买下这些发行股份只需要 500 万元左右。从当初放弃 40%，到两次股权之争心力交瘁，到现在又因为 40% 的股份，重新获得主导权，这好像是命运中注定的一个轮回。

八、败由——姚振华和王石输在哪里

一场宝万大战，两军主帅都成了输家！

宝能系拿着保险公司牌照，滥用高倍数杠杆融资，在运用保险资金和理财产品方面违规违法；利用公众资金在资本市场上呼风唤雨、兴风作浪，造成社会资源的严重浪费；其恶意收购行为严重影响了上市公司正常经营；利用资金优势操纵股价，对中小投资者构成伤害；有钱就任性，扰乱金融市场秩序。姚振华在资本市场上起到了负面的"带头大哥"作用。

最后保监会对宝能系出重拳——行政机关放出的妖怪最后被行政力量收伏。结果是：收购到手的万科股权握不住，万科董事会席位拿不到，二级市场投资收益赚不着，前海人寿董事长位置也没了，还十年禁入，这就是急功近利的结果。

与作者编著的《企业融资与投资（第二版）》第一章案例中的关国亮相比，姚振华可谓是有过之而无不及。关国亮作为新华人寿保险公司第一大股东东方集团委派的董事长，因私挪用保险资金，那只是损害一家保险公司的局部利益，不影响资本市场，不影响其他公司尤其是上市公司的正常经营，不损害广大中小投资者利益，即便如此，关国亮也被判刑入狱 6 年。

将姚振华撤职和禁入十年，对于姚振华来说已经是很宽容的了。如果中国保监会也像 2007 年逼迫东方集团和锦州港卖出新华人寿保险公司股权那样，强制钜盛华以低价转让其所持有的前海人寿 51% 股权，把前海人寿的大股东换掉而进行重组，并强制处理宝能系持有的万科股份，那面对姚振华的将是满盘皆输，甚至是灭顶之灾，多年来的努力可能付之一炬，化为泡影。姚老板的宝能系在监管之下何去何从、最终会否走向没落，要看历史车轮的走向。

纵观许多知名企业的成长历史，高管人员的命运与资本博弈总是如影随形，高管的人生轨迹也随着大股东的意愿而跌宕起伏。每一波的股权变动必然伴随着代表资本权力的人事纠葛；每一次的股东排序，都带来高管的洗牌。表面平静的企业管理层，也经常因身后的权力之争而暗流涌动，伴随着硝烟的味道。

在本人编著的《企业融资与投资（第二版）》第三章案例中已经讲述，世界上最遥远的距离不是生与死，而是创始人被自己所创立的公司踢出大门，瞬间变成了失业人士，这应该是最惨的事情了：雅虎的杨致远、土豆网的王微、赶集网的杨浩涌、大众点评的张涛、新浪网的王志东、滴滴快的的吕传伟、去哪儿网的庄辰超、1 号店的于刚和刘峻岭、俏江南的张兰、蒙牛乳业的牛根生，现在又有万科的王石。乔布斯也在 1985—1997 年间被伟大的苹果公司踢掉 12 年。上述著名企业的创始人虽然精彩纷呈，甚至充满传奇，却都因其在资本大战中遭受失败而被迫离开自己创立的公司，这就是资本博弈的人事力量。

九、结语——征战虽了，回味无穷

姚振华被逐出保险领域，王石退隐江湖，宝万之争终于落幕了。

在本案例中，收购从发起到结束有多方参与，民营、国企、公司创始人、大股东、高管团队、上市公司、保险公司之间经过多对一的围攻，最后分成两大阵营。交战双方采用了多种收购与反收购措施，甚至无所不用其极。政府、券商、银行、证交所、监管部门也直接参与，在两大阵营及最后的决胜中发挥着不小的作用。

这场宝万之争没有赢家，姚振华及宝能系、华润、王石都是输家。在中国资本市场上，宝万之争是榜样还是教训，政府监管部门和垄断行业牌照发放部门应该怎样去控制民间资本的滥用，这些都值得深入品味。王石和姚振华的输赢固然重要，但他们均由此走进了历史，宝万事件注定会作为一个经典案例而被载入史册。由此我们要感谢姚振华，感谢王石，感谢许家印，感谢宝万之争出场的所有人，这些大师们上演了一场资本市场的大戏，在中国资本市场历史上留下了浓墨重彩的一笔，给我们上了具有重要意义的一堂课！

参考文献

[1] 任映国、徐洪才：《投资银行学》，北京，经济科学出版社，2005。

〔2〕MBA 核心课程解读编译组：《MBA 核心课程解读——资本运营》，北京，中国档案出版社，2003。

〔3〕李开孟：《企业并购的类型及操作要点》，中国投资——金融界网，http：//www. jrj. com. cn/news/2008 - 01 - 09/000003156031. html，2008 - 01 - 09。

〔4〕佚名：《企业资本运营策略研究》，中国论文引擎网，http：//www. penwo. com/caiwufenxi，2008 - 08 - 02。

〔5〕孟唯：《企业资产重组方式》，企业并购网，http：//www. qiyebinggou. com/4chongzu/002. htm，2009 - 06 - 10。

〔6〕张耀寰：《虎狼之争—回顾史上最大的并购案》，天财评论网，http：//finance. supergenius. cn，2014 - 07 - 14。

〔7〕李春平：《宝能系耗资 440 亿举牌万科浮盈 230 亿 操盘团队惊艳资本圈》，新京报，2016 - 07 - 11。

〔8〕万科：《股权变动的历次公告》，深圳证交所，2014 - 07 ~ 2017 - 06。

〔9〕万科：《2015 年第三季度报告》，深圳证交所，2015 - 10。

〔10〕万科：《2015 年第四季度报告》，深圳证交所，2016 - 01。

〔11〕万科：《2015 年年度报告》，深圳证交所，2016 - 04。

〔12〕万科：《关于提请查处钜盛华及其控制的相关资管计划违法违规行为的报告》，深圳证交所，2016 - 07 - 19。

〔13〕万科：《2016 年第三季度报告》，深圳证交所，2016 - 10。

〔14〕万科：《2016 年年度报告》，深圳证交所，2017 - 03。

〔15〕万科：《2017 年第一季度报告》，深圳证交所，2017 - 05。

第二章
并购的程序与业务流程

○并购的主要程序

○业务分工流程和并购重组方案

○并购失败案例及败局密码

第一节　并购的主要程序

一、程序与方法的重要性

掌握程序和方法比了解概念更重要。概念是反映和描述思维对象本质属性和范围的思维形式，如什么是资本运营、什么是股权融资之类的表述定义。程序是实现预期目的而进行运作的一系列环节、步骤、过程及其先后顺序；怎样做或必须怎样做来完成各道程序乃至整个过程，则属于具体操作规程或操作方法。

企业资本运营是庞大的多专业、跨学科的系统工程，其运作过程非常复杂、烦琐，专业性又非常强。因此，资本运营也需要"五 W 一 H"方法，即要解决为什么（Why）、做什么（What）、何地做（Where）、何时做（When）、何人做（Who）、怎么做（How）的问题。

本章所要讲述的内容是研究和总结分析并购的程序和方法，并应用并购实务知识、运作程序、操作方法及资本运营本质理念，一点一滴地从细节和现实做起、从国内外资本市场规则和身边的经验教训出发，在一个一个的程序中，进行专业、合规、高效的运作，做好每一个操作细节，从而让企业的美好愿望最终变成现实。

企业兼并与收购是企业资本运营的核心内容，掌握了企业兼并与收购的程序和方法也就掌握了企业间接上市和买壳上市的最基本程序和常用方法。

二、企业并购的程序和步骤

一般情况下，从刚开始有并购意向到成功地完成并购，需经历以下主要程序和实施步骤。

（一）前期准备及初选目标公司

企业根据自身发展战略的需要制定并购策略，企业股东会或董事会对企业进行并购形成一致意见，作出初步决议，并授权经营班子和有关部门寻找并购对象。初步勾画出拟并购的目标企业的轮廓，制定出对目标企业的预期标准，例如所属的行业、所在的地区、规模大小、市场占有率等。据此通过产权交易市场和其他各种渠道寻找并购对象，发布并购意向，征集企业出售方，再对各个目标企业进行初步考察比较，筛选出一个或几个候选目标，并开始意向面谈。

（二）初步调查及制订并购的初步方案

达成并购意向后，在对方同意进场情况下开始初步调查。根据初步调查所得到的第一手资料形成初步调查报告，并研究并购策略，制订并购的初步方案。同时，向目标公司的所有人和有关主管部门咨询对该目标企业实施并购的可行性。

（三）深入尽职调查及审计、评估

并购运作团队和中介机构进场，对目标企业从法律、财务、经营等重大方面进行深入尽职调查（法规程序需要或必要时应增加独立技术审查）。包括对目标企业的企业法人证明文件、历史沿革法律文件和证照，产品与市场、经营状况、财务及资产负债、税务、生产技术、管理和人员等信息进行详细调查，逐一审核。

对企业资产进行审计并进行全面的清产核资，清理债权债务，再用适合的方法评估资产价值，是企业并购成功的关键之一。并购企业应聘请具有相应资质的会计师事务所和资产评估机构对目标企业进行审计和评估，作为确定资产或股权转让底价的依据。此步骤完成的成果报告有：法律意见书、审计报告、评估报告、独立技术审查报告、未来三至五年盈利预测报告（包括有无投资项目）。

（四）确定并购成交价格及并购的具体方案

根据上述尽职调查成果报告，进一步进行可行性论证，在此基础上提出具体的并购方案。同时，作为收购方应以评估价格为基础，研究确定收购底价及谈判价格区间。如作为出让方，也可通过产权交易市场公开挂牌，或以协议、拍卖或招标的方式，确定出让的市场价格。

（五）并购的法律文件制作

由律师起草、并购团队审核（或由并购团队起草、律师审核），形成并购转让协议和并购后的公司章程初稿，连同并购方案报经收购方内部权力机构初审后，作为正式谈判的基础法律文件。

（六）协商谈判并签署协议

双方就并购价格和并购方式等核心内容展开协商与谈判，就并购的主要事宜充分协商并达成一致意见后正式签订并购协议。然后，按照所有者权限，由并购双方各自报经所有者审批。

（七）报请主管部门审批及相关方通过

国有企业被并购或涉及并购国有资产或国有股权，应由具有管辖权的国有资产管理部门批准。并购国有企业还须经职工代表大会审议通过；并购集体所有制企业，并购前须经过所有者讨论，职工代表会议同意，报有关部门备案；并购股份制企业或收购其主要股东的股份，按照其公司章程规定的程序履行相关行政和法律手续。某些特殊行业可能还需要办理工商登记变更前的准入前置审批。

（八）支付转让价款及办理工商登记变更

经履行法律审批手续后，并购双方按照协议支付转让价款，同时办理产权变更登记、并购后企业法人的工商登记或变更登记。这里应注意的是，外资收购境内企业应先到有权限的省级或以上政府商务部门办理外商投资批准证书，再办理工商登记变更、外汇登记证明，然后外商据此支付收购价款，外资外汇结汇登记证明作为外商投资到位的验资文件。

（九）交割和整合

双方办理移交手续，经过交接验收、造册，双方签证后，会计据此入账。目标企业的债权、债务，按协议进行清理和承接，并据此调整账户，办理更换合同债据等手续。

产权交割后，收购方在业务、人员、技术、管理等方面对企业进行全面整合，整合时要充分考虑原目标企业的组织文化和适应性。整合是并购程序的最后环节，也是决定并购能否最终成功的关键环节。

（十）发布并购公告

并购完成后，将并购的事实公诸社会，可以在公开报刊上刊登，也可由有关机构发布，使与企业相关的各方知道并购事实，并调整与之相关的业务。

涉及企业并购的流程如图 2 - 1 所示。

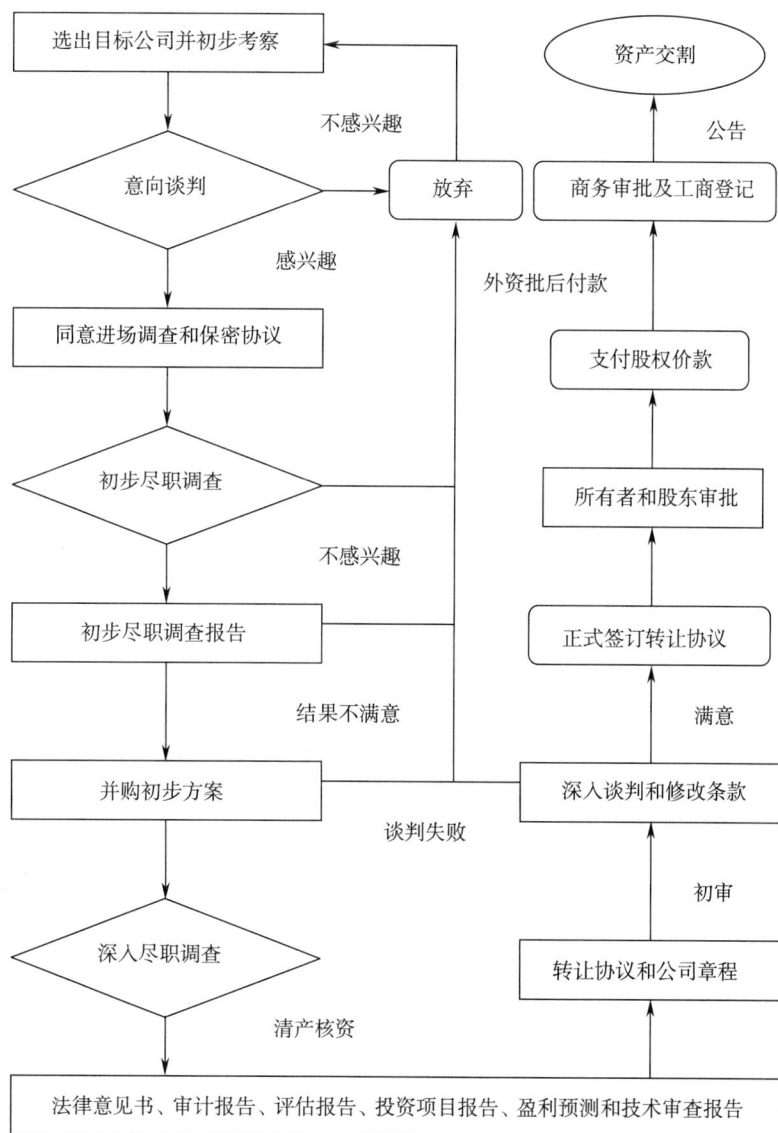

图 2 - 1 企业收购或投资入股流程图

上述程序适用于一般的非上市公司，如果被并购的目标公司是境内或境外上市公司，除遵循本书阐述的基本程序和方法外，还应当依据目标公司所属国家和地区资本市场相关规则进行并购操作。例如中国上市公司收购和出售资产受到《证券法》《上市公司收购管理办法》等较为严格的法规管制，其并购程序和信息披露方面也更加复杂一些。

三、反向收购的操作程序和步骤

（一）国际资本市场通行的反向收购基本流程

1. 企业聘请上市财务顾问公司（下称财务顾问），并向其提供初步信息，包括企业概要材料、运营计划、财务报告（过去两年资产负债表，过去三年损益表及现金流量表）等。

2. 财务顾问进行初步调查，对企业提供的书面文件进行核审认可后，与企业签订财务顾问服务协议，策划上市路径及排期。

3. 财务顾问组织理账会计师按国际会计准则进行理账。前三步大约需要 15～30 天。

4. 财务顾问向企业推荐境外会计师事务所和律师事务所，企业确定后开始尽职调查和审计评估。律师对买壳公司进行法律事务尽职调查，出具中国法律意见书；境外会计师、估值师进场对企业进行审计、评估。

5. 财务顾问选择推荐适合企业的壳公司；境外律师进行上市资格评估并设计操作方案，与企业商谈操作条件并签订委托律师协议；境外律师和会计师对壳公司审慎调查并出具"壳公司干净"的法律意见；财务顾问提供壳公司的简要信息，并协助企业与壳公司签订意向书并向壳公司支付定金（如需要）。前述两步可同步交叉进行，时间约 45～60 天。

6. 提前在中国香港、开曼群岛、维尔京群岛等地设立离岸公司。然后，由离岸公司与境内企业签订股权转让协议，收购境内公司股权，获取境内商务部门审批和工商登记，将境内企业变更为外资企业，境内资产和业务也装入离岸公司。

7. 企业确定境外公司董事会成员，提供详细尽职调查信息；财务顾问审阅企业提供的尽职调查信息，并向企业提供壳公司的尽职调查信息。以上两步可交叉进行，时间约 15～30 天。

8. 企业起草意向新闻简报及信息披露公告，由财务顾问向壳公司报送，并公布并购意愿。

9. 上市顾问和律师起草离岸公司与壳公司的换股并购协议（反向收购协议），反向兼并新闻简报及信息披露公告。

10. 企业审阅壳公司尽职调查信息和换股并购协议，由离岸公司与壳公司签署换股并购协议书，向交易所报送相关文件并完成新闻发布。

11. 财务顾问协助企业向证监会报送壳公司控制权变更文件，说明公司控制权已变更情况如新股东、新董事会成员、新审计师，报送已将境内资产注入后的财务报表。

12. 上市交易前的准备。财务顾问协助企业向交易所报送更改后的壳公司名称并获得新的交易代码，通告股东。

13. 挂牌上市交易，护盘—卖出股票—募集资金。公司上市后，应每季申报 10 - Q 表，每年申报 10 - K 表并附审计后的财务报表。第 8～13 步时间约 30～45 天。

按上述程序上市后，境内企业已改组了壳公司董事会，控制了壳公司，实现了反向收购上市。新的壳公司可发行新股继续融资，用于境内公司迅速发展。

值得注意的是，在境外上市后必须及时并适当地披露重大事项，包括公司控制权变更、更换外部会计师、破产清算、董事辞职、财政年度划分变动、重大协议的终止、证交所的退市通知、重新调整的财务报表、董事及管理人员的辞职和任命、公司章程变更以及财政年度调整等信息内容。

（二）中国境内反向收购的主要程序与步骤

关于在中国境内通过反向收购实现买壳上市及融资的运作路径、具体步骤和方法在笔者编著的《企业融资与投资（第二版）》第三章第四节第四部分和第五部分已经详细介绍，买壳上市最后还需经中国证监会核准。本章案例二就是境内买壳上市的典型案例，其具体步骤、方法将精彩展现。

第二节　业务分工流程和并购重组方案

一、并购的准备工作、职责分工与业务流程

企业要想成功完成并购工作，在企业并购活动开始前，必须抓好三落实：组织落实——组建企业并购团队或工作组作为专项机构；人员落实——安排一名熟悉资本运作的高管人员作为总协调人，抽调公司相关部门的专业人员，与原来的日常业务脱钩，集中办公；资金落实——安排落实并购工作经费和并购资金。

在并购准备工作中还有一项重要的工作，就是制定企业内部的并购工作制度和规程，明确并购团队、相关部门、企业管理层和决策层的职责分工和业务流程，以保证并购运作的顺利进行，具体操作请参见本章《企业并购工作指引》实例。

二、企业并购及改制重组方案的内容

（一）企业并购方案的内容

企业并购方案一般包括以下内容：目标企业基本情况、并购形式、操作方式、并购价格估算、并购后投资规划、并购与项目筹资安排、价款支付方式、财税处理、人员安置、治理整合、预期收益预测、并购进程时间表、高管人员派遣、相关事务

安排。在制订方案时，作为收购方应以评估价格为基础，研究确定收购底价及谈判价格区间。

（二）企业改制重组方案的内容

无论兼并与收购，或是运作企业上市，都可能涉及企业改制重组。在改制重组前须制订方案报企业决策机构和政府部门批准。国有企业的改制重组方案还须经职代会讨论通过。企业改制重组方案内容如下：

1. 改制重组企业基本情况。

（1）企业简况。包括：①企业名称；②企业住所；③法定代表人；④经营范围；⑤注册资金；⑥现有股东及投资额。

（2）企业的财务状况与经营业绩。包括资产总额、负债总额、净资产、产能与产销量、市场份额、主营业务收入、利润总额及税后利润。

（3）职工情况。包括现有职工人数、年龄及知识层次构成。

2. 企业改制重组的必要性和可行性。

（1）必要性。业务发展情况及阻碍企业进一步发展的障碍和问题。

（2）可行性。结合企业情况和改制方向详细阐明企业改制所具备的条件，改制将给企业带来的正面效应。

3. 企业重组方案。

（1）业务重组方案。根据企业生产经营业务实际情况，并结合企业改制目标，采取合并、分立、转产等方式对原业务范围进行重新整合。

（2）人员重组方案。含企业在改制过程中企业职工的安置情况，包括职工的分流、离退人员的管理等。

（3）资产重组方案。根据改制企业产权界定结果及资产评估确认额，确定股本设计的基本原则，包括企业净资产的归属、处置，是否需增量资产投入、增量资产投资者情况等。

（4）股东结构和出资方式。包括改制后企业的各股东名称、出资比例、出资额和出资方式。

（5）股东简况。包括法人股东、自然人股东的基本情况，如有职工持股等其他形式的股东，要详细说明其具体构成、人数、出资额、出资方式等。

（6）拟改制方向及法人治理结构方案。选择哪种企业形式（有限责任公司、股份有限公司或其他形式）。法人治理结构方案包括改制后企业的组织机构及其职权，如最高权力机构，是设立董事会和监事会，还是设执行董事、监事，经营管理层的设置等。

（7）下属企业处置方案。包括下属企业的数量、具体名单、经济性质和登记形式（附法人代表及工商营业执照登记资料）。如下属企业有两层以上结构，即下属一级企业还下设一级或若干层次企业，要详细列出层次、结构。

一般来说，企业改制，其下属企业资产列入改制范围的应一并办理改制登记。

①拟改制企业全资设立的法人、非法人及与他人共同设立的联营企业都要一并参加改制工作,其改制方案可以参照上述企业改制方案予以制订。②拟改制企业控股、参股的企业,列入改制范围的,需待企业改制登记完成后办理控股、参股企业的股东名称的变更登记;若其资产不进入改制范围的应先行办理股权变更登记,出让其股份。③不列入改制范围的下属企业(包括联营企业),要先行办理隶属关系的变更划转手续,并办理变更登记。

4. 资产或股权重组方式。在企业改制重组中,应根据自身情况和条件选择资产重组方式,既可单独运用一种方式,也可同时运用本书第一章介绍的几种方式对企业进行改制重组。

5. 出资认购股权或股权转让对价。确定资产评估或企业商业价值评估方式,初步测算投资入股价格或股权出资价款,初步确定支付方式,列明企业改制重组需要履行的审批程序和审批部门。

6. 改制重组工作进程及时间安排。

第三节　并购失败案例及败局密码

一、不成功的并购案例

基于并购双方的动因,并购成功,皆大欢喜;但遗憾的是,在少数企业鲸吞全球巨头欢呼雀跃之时,少数成功案例却无法掩盖并购市场多数失败案例这个事实。来自麦肯锡的一份权威调查报告表明,绝大多数并购无法做到正常运作。在成熟市场,企业并购的成功率仅有30%~40%,并购失败以及并购后艰难维持运转的占60%~70%;在新兴市场,跨国企业并购失败率竟然高达80%。

业内专家的分析数据显示,在中国近十年的所有并购案例中,失败的概率大概在50%~80%之间,中位数为65%。这意味着,相比最初制定的收购预期目标,绝大多数并购都属于失败的项目。即使是截至交易完成且成功交割,不考虑并购后是否经营成功,在中途停止交易并宣告失败的案例也多达50%以上(交易完成率低于50%)。

在当今的并购市场中,超过半数以上的并购在各种谈判、尽职调查以及各种往来之后几个月就悄无声息了。另外一种是交易真的达成了,完成交割但经过一段时间以后经营失败了。境内并购交割后运营成功率超过60%;而海外并购则相反,成功率不到40%。

联想收购IBM个人电脑、TCL收购汤姆逊电视机业务、明基收购西门子手机业务、吉利收购沃尔沃、中国铝业收购力拓矿业,这五大天王的收购案例没有一个是真正成功的。

1. 联想收购IBM PC业务虽然完成了业务整合,但IBM品牌溢价能力的下降和客户的流失导致其在美国和中国两个市场的份额同步下降。

2. TCL 所收购的汤姆逊产品业务呈现下滑的趋势，其主要原因是忽视了彩电市场核心技术趋势正向等离子电视和液晶（LED）电视过渡的事实。欧洲市场平板电视已由 30% 的市场份额跃升到 80%，主要竞争对手像三星、LG、飞利浦、夏普等都掌控着产业链上游的平板核心技术或合资面板生产线，TCL 丧失了市场的优势地位，陷入巨大的经营压力中。

3. 明基对西门子手机业务收购后陷入巨额亏损，研发新产品业务跟不上市场需要，被国际移动通信巨头沃达丰（Vodafone）取消巨额订单，最后以失败告终。

4. 沃尔沃在被吉利收购后的七年间仍然以老式汽车为主导，市场份额增速缓慢。

5. 中国铝业在收购力拓过程中直接损失 88 亿美元，收购后也难以控制公司，连亏数年，收益低下。正所谓几家欢乐几家愁。

在企业并购中，目标公司有很多是困难公司，正因为陷入困境才转让，其实是经营市场出了大问题，又或者是管理出了大问题，又或者是出现了诉讼法律风险或财务危机。既然出现困难，并购重组最难的往往不是技术与生产经营问题，而是困难公司实际控制人的问题。成功的公司有不同的经验和不同的路径，但出问题的公司一定有很多共性的东西，那就是实际控制人或管理层有很多问题。

1. 东方集团收购五常大豆加工企业失败案。同样是作者所在的企业，成功收购锦州港后不断融资扩展，使其从一个名不见经传的地方小港变为当今的亿吨大港，并成为投资收购和运作上市的经典案例。而就在同期，东方集团用 1.5 亿元收购五常大豆蛋白加工厂却惨遭失败，血本无归。究其原因是：（1）派出的并购人员尽职调查不缜密，对企业的技术水平和质量标准不清楚，产品质量达不到出口标准，售价达不到预期，导致收购后经营亏损。（2）没有派出精兵强将，既不是大豆加工专业的，也不懂资本运作，企业管理能力也一般。（3）派出的高管人员实力不够，工厂沿用国有体制下的原任总经理，其人又非常强势，导致经营班子不和，内耗太大，最后公司被原来的当地人所控制。结果是推行现代企业制度困难，实施技术改造乏力，产品市场萎缩，最后关门倒闭。

2. 佳木斯煤化工并购后经营失败案。这是民营企业并购国企后经营失败的实质性破产案。北方集团收购佳木斯煤化工时，正值煤化工市场低谷，城市煤气供应价格也受政府物价部门的严格限制，致使收购后佳木斯煤化工连续六年亏损，累计达到 9 901 万元；同时又被迫偿还了陈欠债务 4 077 万元，总资产也在收购当初 52 557 万元的基础上减值 1 亿多元。第 6 年又发生重大经营变故，导致企业关闭停产，随即资产被拍卖抵债和偿还职工安置费，全部资产由他人经营，北方集团投入的 6 200 万元化为乌有。究其经营失败的根本原因：（1）收购时根本没有请行业专家开展尽职调查和技术审查，对未来没有进行经营预测和财务盈利审核，盲目并购；（2）收购时机不对，正值行业周期及产品市场向低谷阶段运行；（3）收购后没有经过有效的整合治理，经营管理不善，尤其是实际控制人未变更，续聘的董事长和管理层几乎全部为原有国企的经营班子，且总经理为个人私利严重损害企业利益，导致无法挽回的后果，其本人后来也被判刑 7 年；（4）北方集团投资的 6 200 万元大部分被用于偿还陈年旧债，根本没投入到技术更新和经营中去。

二、并购后的败局密码

并购交易完成后出现经营败局主要有以下十大原因：

1. 没有明确的并购发展战略而盲目做大做强；

2. 错误判断企业战略的匹配度；

3. 缺乏企业并购的实战经验和专业技能导致出现重大风险；

4. 对市场趋势和目标企业调查研究不到位；

5. 遇到有严重缺陷甚至存在重大隐患、财务陷阱的企业而并未发现和判定；

6. 被收购资产权属不清晰造成技术专利或知识产权纠纷；

7. 对新行业缺乏管理能力；

8. 并购交易结构设计与融资能力不足；

9. 研发人力和财力无法适应并购扩张需要；

10. 不做人力、技术、管理和销售方面的整合或整合与控制失败。

并购过程中交易终止的失败案也有十大原因，主要是：

1. 资产评估价值存分歧导致双方价格谈判破裂；

2. 调查中发现并购双方信息不对称且财务状况不合要求；

3. 盈利前景存在较大不确定性；

4. 受阻于产业政策或监管法规限制；

5. 政府主管部门或证监会审批不畅使变数增加；

6. 涉嫌违法稽查或重大诉讼立案；

7. 高溢价收购和盈利能力存疑；

8. 公司自身战略定位混乱；

9. 被并购企业解约；

10. 交易一方突发情况。

关于并购终止案例的十大失败原因解析详见本章案例一。

针对中国企业在境内外并购过程中遇到的种种问题，以及并购团队和参与各方实战运作的需要，本书将在以后的内容中以最具实战性的内容讲述并购方式、程序和方法，以及并购中的关键要点、常见问题及应对措施，并深入剖析海内外并购案例的成功经验和失败教训，帮助企业提高并购成功率。

实例资料　《企业并购工作指引》

【案例简介】

本案例是笔者为北方集团和大连信融控股投资有限公司实施企业收购及运作所属

企业赴境外买壳上市而专门制定的《企业并购工作指引》（以下简称《指引》），供读者参考。《指引》经补充修改后可以作为企业首次公开发行股票并上市的内部工作指引。

【案例文本】

企业并购工作指引

第一节　总　则

第一条　为规范企业并购行为，指导本公司内部机构和人员做好并购过程中的各项工作，规范运作行为，制定本《指引》。

第二条　本《指引》适用于本公司实施并购、控股收购、投资参股外部企业的各项运作活动；当本公司所属企业通过反向收购运作境内外上市，或所属企业作为被并购的目标公司，或增资扩股、私募股权融资时，参照本《指引》执行。

第三条　并购的工作内容及方法主要由初选环节、尽职调查环节、收购环节、报批环节等部分组成。在具体工作中，应根据目标公司的具体情况，遵循本《指引》的条款内容指导并购工作，规范并购行为。如有必要，可根据本《指引》制定各专业工作细则，经运作项目总协调人批准后施行。

第二节　并购工作组织机构和岗位职责

第四条　并购工作由公司组成专项业务机构或工作团队，抽调公司内部投资发展、生产运营、财务、审计、法律事务、行政方面具有丰富业务经验的人员，组成专项并购工作团队集中办公，统一行动，在一段时间内专职开展并购工作。

第五条　总协调人职责

（一）投资发展副总裁作为资本运营的总协调人，负责组织资本运作的全面工作，包括但不限于企业收购、控股收购、投资参股、股权转让、股权融资、合资合作、企业上市；

（二）负责组织制定、修订资本运作、投资管理方面的业务流程、工作指引、规章制度；

（三）负责对目标公司和运作项目筛选，意向谈判、拟订运作方案；

（四）具体组织企业内部团队和委托中介机构实施对目标公司的尽职调查和资产估值，协调各中介机构和公司内部各方面的关系，解答并处理各专业方面的重大疑难问题；

（五）审核尽职调查中形成的公司内部各专业成果报告；

（六）组织审核中介机构提交的运作方案、法律意见书、审计报告、评估报告、专业技术报告等尽职调查成果报告、转让协议和公司章程；

（七）将运作方案和并购协议作为提案，上报公司经营班子和董事会，股东会通过决议或授权操作后，组织协议谈判，正式签订协议；

（八）组织测算或审查目标公司三年以上预测指标，审查并提交目标公司治理方案或建议。

第六条　投资发展部

投资发展部作为资本运营的职能部门负责并购业务的日常工作。投资发展部设总经理1人，副总经理1人，行业专家或项目经理2人，财务主管1~2人，翻译兼文员1人。

第七条　拟派出的高管人员

引进或内部调用具备相当阅历的技术人员和管理人员参加并购工作，以便收购成功后派往目标公司担任高级管理人员，预选人员安排在投资发展部工作。

第八条　投资发展部总经理的工作职责

（一）负责组织资本运营日常业务和专项并购工作，包括企业并购、资产重组、股权融资、增发配股、债券发行、证券交易及证券抵押融资；

（二）项目筛选、立项，并初步拟订运作方案；

（三）具体组织对目标公司尽职调查工作，组织审计、评估，全面审核法律文件；

（四）组织编制及审核考察报告、尽职调查报告、商业计划书、融资协议、并购协议、公司章程、路演文件等；

（五）负责对外联络，与资本市场的中介机构和国内外基金对接；

（六）结合投资项目和企业管理现状，会同本公司有关部门编制目标公司三年经营预测报告指标及公司治理方案。

第九条　投资发展部副总经理的工作职责

（一）配合总经理工作，参加对目标公司尽职调查，对目标公司证照的合法存续及有效性进行审查，起草商业计划书、融资协议、并购协议，并负责组织人员对法律、财务、生产经营、内控制度的资料收集整理和编目工作；

（二）编制考察报告，初步审查专业技术报告，审查投资项目设计文件及批文，参与审计、评估，并对审计、评估报告初步审查；

（三）参加在建工程的清理与审核；

（四）负责组织宏观经济政策分析和行业市场分析、竞争对手分析；

（五）编制投资计划、融资计划或募股资金使用计划，收购后组织实施；

（六）分析项目投资收益，提供技术经济和财务评价报告；

（七）项目建成投产后企业未来总体经营预测分析；

（八）编制和准备向行业主管部门报批、外商投资审批和工商登记备案或报批所需的相关文件。

第十条　投资发展部行业技术专家的工作职责

（一）负责对目标公司的技术审查、技术评估，编制技术考察报告或审核专业技术咨询机构的专业技术报告；

（二）对目标公司项目批文、土地批件、产品质量证书及检验标准、生产技术标准、生产工艺流程、生产系统装置和设备状况进行考察和盘点；

（三）组织专家组对目标公司的生产、经营、销售、市场、客户、管理、运输条件、水电供应、环保情况进行评估；

（四）对矿产资源类目标公司还要进行地质条件、资源储量、开采工艺、安全生产、历史开采情况考察评估，对采矿边界、土地边界和面积进行审核，对采、掘、机、运、通系统及外部运销系统的生产设施进行全面技术考察和评估；

（五）会同资产管理部门对在建工程全面核查，给出在建工程完成情况汇总表、单位工程完成明细表、设备清单，对已完的和在建的生产线主体建设工程量、土建工程量、设备安装工程量和工程形成的固定资产进行全面盘点，给出已完工程和在建工程详细清单；

（六）完成被并购企业现状生产条件下的技术经济分析评价报告或现状盈利预测表、在建或拟建项目建成后的盈利预测表；

（七）并购矿产资源类公司时，参与办理营业执照之前的行业部门各项前置审批、协助办理营业执照变更后的后续证照登记变更。

第十一条 投资发展部注册会计师的工作职责

（一）负责目标公司财务尽职调查，出具财务调查报告；

（二）负责详细核查资产、负债、财务成本和经营损益，查清账外负债和或然负债、涉及职工的欠款、各种保险费缴纳及拖欠情况等；

（三）会同采矿专家和审计机构完成在建工程清理，对每项工程合同及勘察设计合同、已付工程款项、工程欠款、工程进度、设备到货等情况进行详细核查，完成投资项目情况进度明细表和工程完成情况汇总表、固定资产清单；

（四）组织配合中介机构的审计、评估，完成审计报告、资产评估报告；

（五）会同资产管理部门、财务部门对资产进行全面盘点；

（六）编制并提供对目标公司的财务评价报告、成本分析及当前和未来盈利预测报告，对收购后运作境外上市的目标公司，配合财务顾问按照国际会计准则进行财务理账。

第十二条 翻译兼文员的工作职责

（一）负责资本运作文件的翻译工作；

（二）尽职调查过程中的资料整理、编目和装订归档工作；

（三）各方业务往来信息资料的翻译和校对；

（四）国内外资本市场信息收集整理和翻译；

（五）境内外往来电话、传真、信函、电子邮件的收发处理；

（六）其他日常事务性工作。

第十三条 中介机构

在并购过程中，须结合行业特点和并购目的的实际需要，聘请具有相应资质的境内外会计师事务所、评估事务所、律师事务所、行业技术咨询机构等中介机构协助完成并购工作；涉及上市运作的，应以方案议标方式选择具有资质和实力的投行机构作为保荐人，帮助和辅导企业，以便顺利实现企业上市。

第三节　其他部门分工协作

第十四条　除上述专业机构或并购团队具体负责并购业务外，在并购过程中及签订收购协议后，需要公司的其他部门协同完成相关业务工作，具体按照收购业务流程由各部门分工负责完成。

第十五条　财务总监和财务部的主要职责

（一）运作收购所需的预付款和转让价款及时到位；

（二）涉及外商投资的，在工商登记完成后，组织被并购企业并配合外国投资者办理股权转让价款的外汇登记证、协助外汇开户，办理资本项下的外汇结汇等业务工作；

（三）全面配合中介机构的审计、评估工作，完成审计报告、评估报告，并在审计、评估的中后期，会同资产运营部，开展对目标公司的全面清产核资工作；

（四）收购完成后，负责指导目标公司进行并购后的会计处理工作；

（五）会同人力资源部安排财务人员入驻目标公司接收管理，监督执行财务制度、执行国家相关会计准则；

（六）在运作过程中，对运作团队提供必要的财务支持；

（七）协助有关部门为登记报批准备各项财务报表和资料。

第十六条　资产运营副总裁和资产运营部的主要职责

（一）在审计、评估中后期，会同财务部，开展对目标企业的全面清产核资及资产盘点工作；

（二）收购完成后，组织资产交接和管理交接，配合人力资源部向目标公司选派高级管理人员；

（三）收购完成后，组织目标公司建立健全或重新建立企业管理制度、理顺管理关系，完善组织结构；

（四）收购完成后，参与和监督检查目标企业生产经营管理工作，如果需要，参与目标公司年度生产运营计划的审定与考核工作。

第十七条　行政副总裁和行政办公室、人力资源部的主要职责

（一）办理股权变更、法人变更、股东变更、董事和监事变更的工商登记，办理工商营业执照；

（二）涉及外资并购的，在签订收购协议后办理外商投资企业批准证书；

（三）在间接并购前协助办理间接过渡公司的境外注册登记；

（四）组织或督促办理目标公司的工商年检、行业证照年审，以及并购后其他的行业专用证照更换等工作；

（五）负责人力资源方面的尽职调查，测算/审核职工安置费或经济补偿费，制订/审查定岗定编方案，在接管目标公司后，组织目标公司实施人力资源整合、安置职工，配合企业与职工重新签订或续签劳动合同，落实定岗定编工作；

（六）向目标公司选派高级管理人员，参与交接管理。

第四节　目标公司初选

第十八条　初选过程中的准备工作包括以下几方面内容：

（一）利用各种渠道收集信息；

（二）根据国家和地方最新宏观经济政策和产业政策及本公司制定的发展战略的总体框架原则，初步筛选出候选目标公司；

（三）初步核实基本信息，并通过直接交流、电话、传真、电邮等方式，索要目标企业基本资料，结合目标公司具体情况，对具有一定收购价值的目标公司，经过分析比较，确定考察目标。

第十九条　经与被并购方的意向商谈，前往现场实地考察。在考察过程中，应尽可能全面、详细地收集目标公司法律、经营、财务、技术方面的资料，整体上完成以下工作内容：

（一）阅读能够反映目标公司实际情况的资料，考察相关图纸的真实性，注意资料间的吻合和印证情况，政府部门批复类文件和证照应查看原件；

（二）通过深入现场了解目标企业生产经营状况，生产系统、装备情况及地理、环境状况；

（三）整体考察在建工程情况；

（四）利用一切渠道了解当地政策情况、政府部门是否同意或支持本次并购行为，并考虑分析可能的变化因素；

（五）通过当地政府的行业管理部门、工商行政管理局、国土资源局和环保局等，力求了解目标公司的相关证照、批文、许可证等合法有效情况；

（六）了解其生产原材料、成本、产品价格、客户、市场、交通运输条件、水电供应条件等；

（七）对于矿产资源类企业，要通过矿产行业主管部门、安全生产监督管理部门、地质勘察机构了解地质、水文、矿产储量及品位质量、安全生产状况等；

（八）了解卖方转让其企业或转让企业股权的真实原因和背景。

第二十条　在完成现场考察后10日内，需提交书面考察报告。报告应涵盖本次考察所了解的全部内容，并加以综合分析，反映目标公司的真实情况。

考察报告的内容应包括目标公司基本情况、核定的生产能力、产品产量、销售量、地质、水文、储量、安全、生产技术状况，生产经营、投资回报初步测算，收购方案及优、缺点分析，考察初步结论等方面内容。

第二十一条　考察完成后，由投资发展部审议，选出目标公司，上报主管副总裁，初步确定目标公司；对于重要备选目标，主管副总裁或投资公司总经理应当亲自参加考察。

第二十二条　主管副总裁或投资公司总经理评审后，报总裁办公会审定是否将目标企业确立为正式收购目标；或经进一步洽谈后，对方确有转让意向时正式将其确定为收购目标。

第五节　意向洽谈和进一步尽职调查

第二十三条　确定收购目标后，应与目标公司的所有者开始高层次的意向洽谈。洽谈的内容包括但不限于：确定双方商谈的时间、人员和地点；明确收购主体和被并购主体；明确转让方式和收购范围；进一步了解对方转让的真实原因，整体资产负债情况；在建项目实际投入和尚需投入情况；了解对方的初步报价及价款构成依据或计算方法，对方希望的转让价款的支付方式和时间等。

第二十四条　意向会谈取得一定的实质进展，或双方转让价款意愿有可能实现的情况下，可以协商是否需要双方共同选定中介机构以及中介机构进场的时间、进场后的配合，首期预付款或尽职调查进场保证金事宜。

第二十五条　达成上述意向后，即可签订收购意向书（或保密条款），或经银行出具"股权转让预付保证金担保函"等资金保险措施后，启动尽职调查工作。

第二十六条　在正式尽职调查前，双方应就尽职调查和收购协议的前提性条款进行意向会谈，以便确定审计和评估基准日、明确下一步的收购协议生效条件，如目标公司必须获得某批文、某证照或许可、某工程验收文件及环保批文等。

第二十七条　在对方同意进场调查后，尽职调查工作正式开始。对于特别小的目标公司或未建成投产的企业，可根据情况并经本公司批准不聘请中介机构；对已投产经营的企业，须聘请中介机构进场，此时需与目标公司商议确认选定中介机构，签订中介服务协议，明确中介费用标准及由谁负责支付等。

第二十八条　尽职调查内容包括法律、财务（含在建工程完成情况）、生产经营与市场、公司内部控制和专业技术等方面。

第二十九条　法律方面应着重考察以下几项内容：

（一）目标公司目前的经营许可、销售许可、生产与安全合格证或资格证、营业证照、产品质量证书等是否齐全，是否在有效期内，是否与实际生产情况相一致，有否超越许可范围的现象；

（二）矿业公司的采矿许可证和采矿权价款合同签订情况及价款缴纳情况；

（三）股东及其持股情况、股本金的实际出资是否到位；

（四）历次工商变更情况、历次年检情况；

（五）是否存在下属企业，下属企业的工商登记情况；

（六）项目建设、生产所需取得的各项批文、批件是否齐全；

（七）近三年的担保、抵押、法律诉讼情况及行政处罚情况；

（八）提交法律事务尽职调查报告，或会同律师提交法律意见书。

第三十条 财务方面应着重考察以下几项内容：

（一）目标公司过往三年的财务报表；

（二）专业审计机构出具的过往三年审计报告及近期专项《审计报告》；

（三）专业机构出具的目标公司《资产评估报告》；

（四）查阅过往三年的全部财务会计账目和凭据，全面清产核资，核清资产负债及或有负债、全面清理在建工程支付情况；

（五）目标公司三年内的经济合同，掌握合同的情况，对于未执行完的、金额较大、内容重要的合同重点审核，必要时与合同的签约方进行沟通；

（六）财务制度是否健全、完备及执行力度情况，财务系统的结构及人员构成、企业财务档案的保管质量；

（七）财务报表编制的基础，以及会计期间内会计政策执行是否具有一贯性；

（八）关联交易情况；

（九）所执行的税收规定及相关优惠政策，纳税是否照章申报；

（十）从财务角度核清目标公司人员与劳资状况；

（十一）提交财务尽职调查报告或会同会计师事务所提交审计报告。

第三十一条 专业技术方面应着重考察以下几项内容：

（一）产品种类、产品标准、产品质量和用途。

（二）生产能力、生产工艺技术、生产流程及核心技术。

（三）生产装置、生产设备、计量检验设备状况。

（四）原材料采购渠道和原材料市场状况。

（五）电力供应、给水、排水、环保、运输条件。

（六）在建工程和已完工程可行性研究报告及批文、项目确认书、环境评价报告及批文、项目安全评价报告及批文、竣工验收文件等。

（七）全面清理在建工程，工程完成情况对比明细表、工程变更情况及变更依据、变更签证，设备采购及到货明细、设备安装调试档案。

（八）对于矿产资源类目标公司还应调查目标企业的地质情况、复核储量计算图并核定储量；并根据历年开采情况，分析目标企业产能及各煤层产量、剩余量；考察生产安全措施，历年安全投入情况，考察井下生产设备及安全监控设备，评估安全生产状况。

（九）提交技术调查报告或会同专业技术咨询机构提交专业技术报告。

第三十二条 经营市场方面应着重考察以下几项内容：

（一）产品结构，产品品种，各类产品的销售量及销售价格；

（二）产品销售的过程中是否相应缴纳流转税、增值税；

（三）产品生产成本及单位成本明细；

（四）产品销售主要面向的客户，前五名客户及70%以上产量的客户名单；

（五）当地产品竞争情况，主要竞争对手，目标企业的竞争优势；

（六）在分析当地经营市场情况后，应进行竞争优势分析，编制未来经营预测报告。

第三十三条　企业内控方面应会同中介机构，着重考察以下内容：

（一）内部控制系统调查，包括公司会计系统、销售与付款系统、采购与付款系统、仓储与存货系统、工资与人事系统、控制组织机制环境系统；

（二）公司管理制度、财务管理制度、业务流程、岗位责任制；

（三）股东会、董事会、监事会、总经理办公会是否按章程和制度规定定期召开，查阅相关会议决定；

（四）对采购、销售、出入库、进账、库存产品和库存材料管理等环节进行模板式抽查考核评价；

（五）对财务支付进行内控管理的模板式调查评价；

（六）人员招聘及劳动合同签订情况；

（七）人员薪酬体系、员工考核、福利待遇，是否存在拖欠薪资、拖欠社会保险费等情况；

（八）内控调查结束后，应提交内部控制情况说明。

第三十四条　尽职调查工作可以在注册会计师、评估师、行业专家、律师等内外部专业人士协助的基础上进行。调查人员应对中介机构的意见进行合理判断，结合公司实际情况提出具体意见。

第三十五条　基于《法律意见书》《审计报告》《评估报告》《专业技术审查报告》《建设项目可行性研究报告》《经营分析和盈利预测报告》《企业内控鉴证报告》等文件，调查小组应统一出具《尽职调查报告》，编制《商业计划书草案》或《收购建议书草案》，对目标企业作出整体评价和是否收购的建议。经主管副总裁审核后，上报总裁办公会。

第六节　内部报批和协议签订

第三十六条　总裁办公会同意此项收购后，可以与目标企业出让方就收购事宜进行深入谈判，并结合双方协商内容，草拟《收购协议》。

第三十七条　正式编制《商业计划书》或《收购建议书》。

第三十八条　收购协议应包括如下主要条款：

（一）协议各方的状况，包括名称（姓名），住所，法定代表人姓名、职务、国籍等；

（二）购买股权或认购增资的份额和价款；

（三）付款方式、付款时间；

（四）协议各方的权利、义务（包括债务处理）、收购条件或协议生效条件；

（五）违约责任、争议解决；

（六）协议签署的时间、地点。

第三十九条　视收购谈判进展情况，起草《公司章程》。

第四十条　《收购协议》《商业计划书》（收购建议书）及《公司章程》交由主管副总裁审核后，报总裁办公会通过，董事会审议，经股东会决议批准。

第四十一条　双方就收购事项达成一致后，根据审批权限，双方公司各自出具相关董事会决议或股东大会决议、主管部门批文等。

第四十二条　各项决议、授权、批文准备完毕后，双方签订的《收购协议》生效；但属于外商投资的，由具有审批权限的政府商务部门审批后协议生效。

第七节　办理报政府部门批准和变更登记

第四十三条　《收购协议》签订后，由行政副总裁及行政办公室办理证照登记变更。内资收购的，直接办理工商登记变更；外资并购的，要先办理外商投资企业批准证书，然后办理工商登记变更。涉及特殊行业或重大收购而构成垄断的，须经政府有关部门批准。

第四十四条　外商投资先由市级商务局预审，然后报省商务厅批准，投资1亿美元以上的须报中国商务部批准。向省级商务部门申请办理外商投资企业批准证书时应提交的申请材料，由投资发展部负责按照省级商务部门的要求和规定编制和准备。

第四十五条　取得外商投资批准证书后，由行政办公室人员组织被并购企业到省级工商管理部门办理工商营业执照登记变更，申报材料和文件由投资发展部协助编制和准备。

第四十六条　收购企业后涉及外汇管理的，由财务部人员牵头，组织被并购企业财务部门办理外汇相关登记手续。办理外汇登记证及转股收汇需要提交的材料由财务部会同被并购企业财务部门，按照省级外汇管理局的规定制作和准备。

第八节　其他事项

第四十七条　并购业务工作人员应按照本《指引》的要求，遵循勤勉尽责、诚实守信、规范运作的原则，认真履行工作职责，了解被收购企业的真实情况、完成收购工作和报政府批准。

第四十八条　参与并购业务的所有人员在与目标公司和中介机构接洽及共同工作时，应着装得体、语言文明、礼貌待人、细致耐心，体现专业素养，营造良好的沟通氛围。

第四十九条　本集团所属企业作为被并购方时，须保证提供的历史资料和数据真实、全面、准确，不得提供虚假信息；编制的商业计划书及市场分析报告、项目投资计划、生产经营计划、各种报告等材料和文件需经过充分调查、研究和分析，并经管理层讨论，确保具有较高的可信度。

第五十条　尽职调查文件资料、收购协议、报批文件等应分类整理，随时形成工作底稿档案，自用和提交中介机构的资料须由文员负责日常跟踪编目登记保管，以确保档案的安全、完整。收购完成后，应将工作成果汇编装订成册并存档。

第五十一条　业务人员在工作中应具有保密意识，不得擅自将并购企业信息、谈判信息及并购进度告知非相关人员。

第五十二条　并购工作的具体程序、工作过程及工作成果内容参照企业并购流程图和尽职调查成果报告流程图执行。

第五十三条　本《指引》自颁布之日起执行，由集团公司负责解释。

案例一　并购终止案例的十大失败原因解析

一、并购资产评估价值存在分歧

【典型案例】

远方光电收购先进光电

远方光电于 2014 年 5 月 13 日公告宣布，其与深圳先进光电的并购事宜因"双方对具体交易条款无法达成一致"而告吹。此前 1 月 9 日，远方光电宣布了这桩总价约 6 500 万元的资产购买消息并称，先进光电从事发光二极管（LED）固晶机等设备的研发，对其收购完成将有利于公司整体实力的提升，但卖方估值过高。

新亚制程收购平波电子

新亚制程于 2014 年 2 月 19 日公告称，其已终止定增收购资产议案。公司对收购标的能否完成后续的业绩承诺存在疑虑，提出下调收购交易价格，但标的公司股东则坚称能兑现业绩承诺，双方一直商谈未果，最终不欢而散。新亚制程披露，公司于 2014 年 1 月对平波电子进行年报审查，发现其 2013 年承诺的净利润没有达到预期，实际完成利润与 2013 年承诺利润相差超过 20%；同时发现平波电子于 2013 年 10 月至 12 月期间，由于产品升级转型过慢，部分新产品没有达到客户的要求，跟不上市场的发展。据此，公司对平波电子能否完成后续业绩承诺存在疑虑，遂要求降低收购价格，但未果。

达华智能收购中山通

达华智能收购中山通 51% 的股权，交易金额 5 141 万元，最终因为"中山通 51% 股权竞拍价格高出公司对其价值的判断，公司决定放弃竞标"。

同样，终止并购重组的森马服饰、焦作万方、东方锆业、浙江震元和长信科技，其原因同样是资产评估价格不能达成一致。

另外，并购交易价格是上市公司并购重组的敏感要素，并购重组的法规要求交易的价格要公允，否则会损害公司与其他股东利益。宁波华翔以较高价格收购该公司实际控制人控制的关联公司劳伦斯、戈冉泊的股权，该收购行为存在利益输送和变相套现的嫌疑，可能损害上市公司和中小股东合法权益，因此被证监会否决。

【案例点评】

在并购过程中，最大障碍就是双方讨价还价。企业的资产评估受各种因素影响，诸如经济环境、行业周期、股票市场趋势、评估方法的选用等，并购双方都会结合自身进行细致考量。一个项目谈下来至少半年，在这个漫长的周期中，买卖双方心态会发生各种变化，进行着心理博弈，所以并购极易发生变数。并购终止率在 50% 以上，评估价值分歧大是一个主要因素。

二、财务状况不合要求

【典型案例】

远光软件收购中合实创

远光软件于 2014 年 7 月 9 日公告称，公司拟终止发行股份及支付现金购买资产，而短短数周前却刚宣布收购事宜。对于终止的原因，公司解释说，在尽调过程中了解到的信息使公司对于标的资产质量和或有风险无法确定和判断，这使得标的资产已不符合交易双方签署的《附条件生效的发行股份及支付现金购买资产协议》所约定的有关条件，故决定终止。

资料显示，中合实创成立于 2008 年，专注于为电力行业提供信息技术服务，创立当年即实现电网 GIS 平台系统 V1.0 研制成功，2012 年又成功签约广东电网二、三维 GIS 电子地图升级项目和营配一体化 V2.0 推广项目。不过，当初市场就对标的资产的业绩波动产生过疑问。回查中合实创的业绩，其 2012 年至 2013 年营业收入分别为 8 072 万元和 8 987 万元，分别实现净利润 1 844 万元和 2 101 万元。但在 2014 年前四个月中，其营业收入仅有 68.16 万元，净利润则亏损了 1 733 万元。远光软件在尽调后发现此事，认为该公司有可能存在重大财务隐瞒或过往业绩造假，遂紧急叫停。

【案例点评】

并购双方信息不对称也是导致并购终止的主要原因之一。在并购重组过程中，如果目标公司提供的信息与实际差异很大，致使买方尽调后无法进行下去，往往会导致并购失败。标的方希望卖一个好价钱，有时会将自己的盈利说得比较满，以期获得较高的估值。待签署框架协议，券商、审计、评估机构等进场尽调后，所报出的盈利与标的方给出的可能会有差距。原因是，一些收入无法确认，或应收账款、存货、计提减值等成本少确认，导致实际评估值与预期差距过大，买方机构给出比预期估值低的结果。此时，卖方若不能接受，并购终止的概率比较大，而且此种情况并不少见。

对于此类情形，双方在接触过程中，要考虑：（1）经营理念是否相互认同。（2）被并购企业自己的问题、困难是否充分暴露。要做到信息对称，不能有保留，在此前提下，再把核心技术优势、市场亮点等完整呈现，从而获取良好的、合理的估值，达到买方认可。否则，等人家到公司一尽调，问题早晚会暴露的。

三、盈利前景存在较大不确定

【典型案例】

国投新集的国企改制重组

2013 年 8 月，国投新集公告称，公司拟以 28.36 亿元向其大股东国家开发投资公司（以下简称国投公司）发行股份，以购买其持有的国投煤炭公司 100% 的股权。2014 年 2 月 18 日，国投新集突然发公告称，由于煤炭市场情况进一步恶化，标的资产的盈利状况受煤价影响较大，未达到预期，且煤炭价格走势不明朗，标的公司在短期内盈利能力的提升存在较大不确定性，国投新集终止上诉收购事项，今后再择机推进相关工作。2016 年 8 月 16 日，国投公司与中煤能源集团有限公司签订协议，国投公司将其持有的国投新集 30.31% 的股权共 785 292 157 股无偿划转给中煤能源集团，该事项已取得国资委、证监会、商务部批复及核准。

【案例点评】

2012 年下半年开始，煤炭价格迅速下滑，2013 年大多数煤矿陷入亏损状态。国投新集 2013 年已经微幅亏损，如果继续收购市场下滑的煤炭企业，势必雪上加霜，所以公司果断终止了并购交易。后来事实证明，这一决策是正确的。国投新集 2014—2015 年连续两年亏损合计 45 亿元，随即，昔日的煤炭盈利大户被戴上"＊ST"帽子，从此开启了保壳大战。2016 年以来，煤炭价格一路走高，国投公司将"ST 新集"控股权划转给中煤集团，国投公司的煤炭板块都将要被并购进来，发挥合并后的煤炭战略协同优势。2016 年"＊ST 新集"扭亏为盈，2017 年初国投新集摘去了"＊ST"帽子。

四、受阻于政策和法规变化

【典型案例】

中国高科收购东亚信托

2014 年 2 月，中国高科宣布拟通过非公开发行股票的方式向方正集团购买方正东亚信托 40% 股权，并根据方正东亚信托的估值制定了具体价格方案，购买的交易价格不高于 20 亿元人民币。但是，当年 8 月 4 日中国高科发布公告称，受政策因素影响，公司终止此次重大资产重组事项，原因是证监会最新发布的《上市公司重大资产重组管理办法征求意见稿》限制收购。其第十三条规定："上市公司购买的资产属于金融、创业投资等特定行业的，由中国证监会另行规定。"

万好万家收购九州天昱和天宝矿业

2014 年 1 月 6 日，万好万家公告称，由于近期各监管部门就构成借壳上市的重大资产重组出具了一系列指导意见，增加了对申报文件中"财务报告期间"的要求，而此次拟注入的山东鑫海科技公司在规定时间内无法提供所需的相关材料，交易双方协商决定终止此次重大资产重组事项。

这已是万好万家第三次并购重组失败。2008 年下半年，万好万家发布重组预案，拟将其拥有的非连锁经营酒店的相关资产及负债与兴泰投资所持的九州天昱的等值股权置换，后由于该预案不符合证监会规定，同时盈利预测也存在不确定性等原因而放弃实施重组。2009 年 6 月，万好万家拟与福建天宝矿业进行资产置换并定向发行股份购买其下属 8 家子公司的相关资产，但截至 2011 年 7 月 1 日仍未获得证监会核准。考虑到外部环境已发生重大变化，同时原并购审计报告、评估报告及公司股东大会决议的有效期限已过，且无法预料能否取得实质性进展，本次重大重组方案因到期而自动失效，以失败告终。

2015 年 8 月 7 日，万好万家改变收购方向，以发行股份的方式购买厦门翔通动漫有限公司 100% 的股权，并将公司更名为万家文化。到 2016 年末，万家文化经营利润大增，其动漫及其衍生业务占 84.13%，游戏运营业务占 10.95%。

【案例点评】

并购双方及中介机构一定要及时了解国家产业政策和有关部门的法律法规。并购必须符合国家部委和地方政府的规定，还要注意项目涉及的资源和环境保护的法规要求。需要事前审批的要提前咨询和报批，否则，并购业务容易半途而废。另外，国家行业政策的调整也会导致目标公司经营变故，收购结局很难预料。

五、审批不畅变数增加

【典型案例】

滨海能源并购天津出版传媒集团

国有资产转让审查部门多、审批时间长，出现变数并不鲜见。滨海能源 2014 年 5 月公告宣布并购重组流产，此前的 2 月 24 日曾公告披露，拟向天津出版传媒集团发行股份购买其所拥有的天津人民出版社、百花文艺出版社、天津科学技术出版社、天津教育出版社等 9 家出版社 100% 的股权。滨海能源解释称，由于目标公司资产的法律和财务事项的梳理和调整需要得到有关政府部门的审批确认，目前仍处于沟通阶段，距离落实完成尚需一定的时间，相关工作无法在规定时间内完成，预计短期内不能确定和实施资产重组方案，遂决定终止该项并购。

珠江控股与苏州亚都反向并购

珠江控股在 2014 年 1 月 17 日和 18 日两日公告中披露，公司的实控人北京市新兴房地产开发总公司（以下简称新兴公司）向启迪控股转让股权及珠江控股向启迪控股定增募资收购苏州亚都环保科技有限公司 100% 股权。新兴公司持有的珠江控股股权转让给启迪控股后，启迪控股将成为公司实际控制人，苏州亚都将实现买壳上市。但北京市国资委未能与启迪控股达成协议，根据双方 2014 年 1 月 16 日签订的《股权转让意向书》，若双方未能在 6 个月期间达成协议，上述意向书将在 7 月 15 日终止。

【案例点评】

并购往往涉及转让股权一方的股东或上级主管机关的审批、核准，如果相关股东、政府部门或国资委等不审批或拖延核准，并购事项就难以如期进行。因此，收购双方都应与有关部门提前沟通咨询，以免浪费时间和精力。

六、涉嫌违法稽查立案或自身不具备并购条件

【典型案例】

大智慧并购湘财证券

大智慧于 2015 年 2 月公告称，公司及其全资子公司上海大智慧财汇数据科技有限公司拟通过发行股份及支付现金的方式，以总计 85 亿元的价格收购在新三板挂牌且业绩增长斐然的湘财证券 100% 的股份。

然而，因收购方违反证券法规，证监会于 2015 年 5 月 4 日对大智慧进行立案调查，确认了其在 2013 年存在涉嫌提前确认有承诺政策的收入 8 744.69 万元，以"打新"等为名虚增销售收入 287.25 万元，利用框架协议虚增收入 93.34 万元等违法事实。并于 11 月向大智慧下发《行政处罚及市场禁入事先告知书》，责令其改正，给予警告，并处以 60 万元罚款；对时任高管给予警告、处以相应罚款并采取证券市场禁入措施。

此外，根据 2016 年 1 月 31 日大智慧披露的 2015 年度业绩预告显示，大智慧预计在 2015 年亏损 4.5 亿~5 亿元。而根据证监会的要求，持有证券公司 5% 以上股权的股东应当净资产不低于人民币 2 亿元，最近两个会计年度连续盈利，且信誉良好，最近三年无重大违法违规记录。因此，大智慧已不具备并购湘财证券的条件。2016 年 3 月 8 日，大智慧发布公告，终止对湘财证券的并购计划。

绿地集团反向收购金丰投资

金丰投资于 2014 年 3 月 18 日公告称，拟通过资产置换和发行股份购买资产方式进行重组，拟注入绿地集团 100% 股权，预估值达 655 亿元。此后金丰投资连续拉出 7 个涨停，股价翻倍。但随后不久，金丰投资公告指出，监事高兴、副总经理李敏因涉嫌短线交易金丰投资的股票，证监会决定对其立案调查。事实上，监事高兴的父亲高存发于 2013 年 2 月 28 日至 3 月 4 日，分两次买入金丰投资 2.2 万股，3 月 26 日全部卖出；高兴母亲周培珍于 2013 年 3 月 1 日买入 5 万股，也在 3 月 26 日卖出。而李敏的配偶李海萍在 2013 年 3 月买入了 1 500 股，4 月全部卖出。由于涉嫌内幕交易事件，绿地集团反向收购金丰投资一案曾在证监会监管下一度搁浅和延后。

历时近一年半时间，2015 年 8 月 18 日，金丰投资终于获得核准，向绿地集团全体股东发行股票购买其持有的绿地集团股权，实现绿地控股买壳上市，交易金额达 667.32 亿元。上市后的绿地控股的第一大股东是上海格林兰投资（职工持股会），占总股本的 28.83%；另外三大股东是上海国资委旗下的三家国企，分别为：上海地产集团占总股本 18.04%，中星集团占总股本 7.63%，上海城投总公司占总股本 20.58%。绿地集团成功买壳金丰投资上市，更名后的上市公司绿地控股以超过 3 000 亿元的市值，超越万科登顶中国房地产板块。

【案例点评】

在大数据技术的支持下，监管层对于公司真实财务信息造假和内幕交易的打击力度在加大，监管层对内幕交易的核查更严格。在监管层支持并购重组活动的同时，因"有关方面涉嫌违法稽查立案，暂停审核"的公司数量也在增多，部分上市公司的并购重组关联方被稽查立案。绿地控股买壳上市也差一点就成泡影。

在并购中即便是占主导优势的上市公司，也必须先做到严格遵守并购重组的法规，不能为实施短期并购而违反证监会的并购重组规定，其中既包括上市公司的自身行为规范，也包括上市公司的董事、监事和高级管理人员的行为规范。

一般而言，通常解决的办法是：如果涉及的内幕交易方是交易双方当事人，比如上市公司或对手方高管及其亲属，那就撤销其职务以"消除影响"，这样可以恢复并购重组进程；但如果是上市公司及其控股股东、实际控制人，或者占并购重组总交易金额的比例在 20% 以上的交易对方涉嫌违法，重组就会被终止。

七、高溢价收购、盈利能力存疑

【典型案例】

运盛实业收购九胜投资

证监会近两年叫停了一些公司的高溢价收购、盈利能力存疑的方案。

2014 年 7 月 10 日，运盛实业公告，公司拟以 4.59 亿元收购九川集团和贝恩投资持有的九胜投资 100％ 股权的重组事项未获证监会审核通过。证监会网站发布的审核结果显示，运盛实业重组未通过，源于其本次重组拟注入标的资产两年及一期均亏损，未来持续经营能力存在重大不确定性，且收购价格较高，不符合《上市公司重大资产重组管理办法》的规定。

武昌鱼收购黔锦矿业

2014 年 1 月 2 日，证监会并购重组委工作会议上武昌鱼重组黔锦矿业的事项未获通过，并购重组工作戛然而止。证监会否决的理由是："申请人根据重组委审核会议的要求新提交的申请人与采购方所签署的购销合同并不能使评估报告所依赖的标的资产的产品预测销售数量具备充分的保障和充分的执行力。所以，依据该等购销合同进行的标的资产价格评估的依据不可靠。"武昌鱼收购黔锦矿业 100％ 股权项目自 2012 年启动后终止，到 2013 年重新启动，到证监会有条件通过，再到被彻底否决，整个过程可谓一波三折。

【案例点评】

资产评估的方法有多种，但无论哪种方法，其方法本身和评估的依据都要得到并购相关各方的认可。并购交易涉及上市公司的，还要得到证监会的核准。所以，并购交易价格的确定就显得十分重要，其定价基础就是资产评估，而资产评估需要适用的方法和真实、可靠的依据。

八、缺乏核心竞争优势，公司自身战略定位混乱

【典型案例】

湘鄂情收购中昱环保失败，合作进入大数据领域

2014 年 5 月 12 日，湘鄂情公告宣布放弃收购江苏中昱环保科技有限公司 51％ 的股权，原因是其在对中昱环保调查过程中，发现该公司存在股权的历史沿革、财务核算和资质等多方面问题，且中昱环保未能就上述问题提出可行的解决方案。2013 年 7 月，湘鄂情曾为收购中昱环保支付了 5 000 万元意向定金。

这次并购失败表面上是并购对象存在瑕疵导致的，但实际上，湘鄂情自身的战略定位也比较混乱，这被市场认为是此次并购失败的另一主因。最初就有媒体质疑这项交易，因为中昱环保并不从事具体经营活动，在宜兴当地无实体厂房，并且 2009 年至 2011 年的营业收入均为零。但这并没有阻止湘鄂情改变做法。

2013 年，湘鄂情在餐饮业务上巨亏 5.64 亿元后，将目光投向其他领域，开始涉足影视。2014 年 3 月，其与北京中视影视公司和笛女影视公司签署收购协议。外界的确

很难想象，一个做餐饮的企业，一年之内从餐饮跳到环保、影视，这显得很不靠谱。

在大众餐饮、环保和影视行业加大投资，但没有取得实质性成效之后，湘鄂情似乎终于找到了"最后一根稻草"——大数据。2014 年 5 月 5 日，湘鄂情公告称与中科院计算所共建"网络新媒体及大数据联合实验室"，公司也更名为中科云网科技集团股份有限公司（简称中科云网），并宣布将彻底剥离餐饮业务，将新媒体和大数据业务作为公司未来发展的基本方向。作为曾经的"民营餐饮第一股"，湘鄂情过于剧烈的跨行业转型，不能不引发业内的质疑。

【案例点评】

湘鄂情改名为中科云网，到底是涅槃重生，还是"炒作"概念大杂烩？

高端饮食业务一蹶不振后，湘鄂情先是进军环保（餐厨垃圾处理），又要收购在线视频 P2P 公司快播，与中国领先的大数据研究机构中科院计算技术研究所全面深度合作，基于大数据围绕移动互联网、家庭智慧云终端等产品进行应用推广，并以此改名为中科云网——炒菜的厨师要变成网络数据大咖了！

湘鄂情概念与股价齐飞，更名后不等于真正转型。

湘鄂情与中科院计算技术研究所于 2014 年 5 月 4 日签订的《合作协议》规定，中科院计算所在"网络新媒体及大数据联合实验室"中负责开展相关核心技术的研发工作，而湘鄂情主要负责技术成果的行业推广和市场应用。从此，湘鄂情股价飞涨。但仔细研究《合作协议》内容发现，其中并未说明上述实验室作为一个共同建立的经济技术实体究竟是设立在湘鄂情还是中科院计算所，也未说明中科院计算所的实体资产或技术性知识产权将来能否通过"网络新媒体及大数据联合实验室"注入湘鄂情以实现买壳上市。

湘鄂情公司的盈利模式到底是什么？湘鄂情的大数据发展战略、行业定位和盈利模式到底是什么？没人能看明白。

我本人做过医疗诊断感知仪器研发和采集大数据处理的创业企业风险投资，在尽调及行业研究后得知，大数据技术本身并不是今天才有的技术创新，它实际上是当今热门领域物联网的中间层次。物联网的每一个层次上，都有多种选择去开拓行业市场和细分市场，去创新商业盈利模式。物联网架构分为三层：识别物体、采集信息来源的感知层，各种网络、数据处理和传输系统的网络层，以及与行业需求结合的物联网智能应用层。其中核心技术和建立盈利模式最关键的是第一个层次。所以，中科云网的研发极为重要，包括前端原创性技术研发和适配性应用研发，如果中科云网不能在第一层次取得感知与识别研发成果，或者拿不到其他网络新媒体的基本运营权和数据采集权，并提供给他们的实验室平台，那就根本谈不上将大数据应用到第三个层次上去，更不用说建立自己的盈利模式了。

事实上，更名后的中科云网一直难以获得新媒体和网络大数据的新业务收入及盈利。中科云网 2016 年实现营业收入 1 亿元，同比下降 73.37%，营业收入的 84.82% 仍来源于餐饮业；当年亏损 5 407. 84 万元，2017 年第一季度继续亏损。鉴于 2016 年末净资产为 - 3 209. 47 万元，2017 年 4 月 27 日起公司被实行股票退市风险警示，股票简称变更为"*ST 云网"。公司股价从 2014 年 10 月 9 日的最高点 12. 45 元，一直跌到 2017 年 5 月 24 日的最低点 3. 4 元，也就不足为奇了。

综上分析，核心竞争力的缺乏，始终是湘鄂情之类先天不足的致命缺陷；而战略定位混乱、盲目并购，则是其难以成功转型的根本原因。

九、被并购企业单方解约

【典型案例】

大元股份并购浏阳河酒业

大元股份于 2014 年 4 月 11 日称，收到其重组对象浏阳河酒业《关于终止合作的通知函》，内容是因非公开发行收购浏阳河酒业存在不确定性，浏阳河决定终止本次收购事宜。此前 1 月，大元股份披露重组方案，公司拟通过向包括大股东上海泓泽关联方在内的 10 名对象发行股份 3. 6 亿股，共计募集近 30 亿元，其中 19. 92 亿元用于收购浏阳河酒业 99. 615% 股权，另不超过 10 亿元补充浏阳河酒业后续发展运营资金。该定增方案的参与对象已经全部确定，在精心设计下，该方案还巧妙规避了借壳标准。然而，这份方案一出炉，即因为"瑕疵"过多遭到多家媒体质疑。到 2017 年，经过重组并更名为"商赢环球"的大元股份由家装建材业转入纺织服装业，始终未能进入白酒领域，2016 年营业收入的 98. 41% 来源于在美国的服装业收入。

原来，浏阳河终止并购是将橄榄枝抛向了另一家白酒企业皇台酒业。6 月 19 日，皇台酒业发出公告，其与湖南浏阳河酒业及其主要股东签署《战略合作框架协议》。皇台酒业将以现金方式向浏阳河酒业增资 7 500 万元至 2 亿元，增资后公司的股权比例增至 15. 38%。且在此次增资完成之日起三年时间内当达到协议约定的情形时，皇台酒业有权收购浏阳河酒业其他股东持有的浏阳河酒业的股权。不料想，后来浏阳河酒业销售状况不佳，导致"浏皇恋"宣告失败，浏阳河酒业买壳上市可谓屡战屡败，2015 年 5 月 8 日宣布停产。

【案例点评】

并购双方均有权在并购协议没有正式签订前解除先前的意向书或战略框架协议，其原因有多种，主要还是转让时机尤其是利益上的考量；或者有更好的目标公司或交易价格，单方爽约也就不足为奇了。可惜的是，浏阳河酒业朝秦暮楚，没有抓住大元股份给它的机会，最后因自身盈利状况恶化而无魅力"被并购"了。

十、突发情况

【典型案例】

中发科技并购慧云大数据

中发科技于 2014 年 6 月 10 日晚间公告，财务顾问、律师事务所已完成了对目标公司的尽职调查工作，原预计 6 月中旬出具审计及评估报告。在并购筹备期间，中发科技实际控制人发生变更。由于新实际控制人葛志峰与对手方江苏广和慧云大数据科技有限公司的股东就重组方案未达成一致，因此决定终止此次重大资产重组事项。此前，中发科技于 2014 年 4 月 11 日发布公告，公司拟通过发行股份购买慧云大数据的股权的方式对公司进行重大资产重组，交易方案可能涉及配套融资，交易标的属于信息技术行业类企业。

【案例点评】

公司控制人变化或者公司自身发生重大变故，可能导致原来的并购意向和公司战略发生变化，最终影响原来既定并购计划的实施，这是无法预知的意外。

除了上述十大原因外，作为上市公司还有更严格的监管限制原因而导致并购过程失败，包括但不限于：（1）信息披露不全、不及时、不合规；（2）公司自身财务出了严重问题（如注册会计师出具保留意见、否定意见或者无法表示意见的审计报告）；（3）董事、高级管理人员涉嫌严重违法违规；（4）被并购资产无益于上市公司业绩增长；（5）高价收购或标的资产定价公允性无法合理解释；（6）借壳或"类借壳"遭遇严控；（7）盲目多元化导致主营业务不突出；（8）所购资产与现有主营业务没有显著协同效应等。

结语：一个个并购重组事件更似一幕幕利益博弈的"局中局"，场景残酷而激烈。一旦并购失败，对于并购双方而言，或多或少都会造成难言的伤痛。并购失败对于购买方的公司长期而言，公司的整体战略布局及扩张受到一定的限制性影响；短期而言，则直接带来上市公司股价的剧烈波动，让中小投资者利益受损。而对于卖方来说，往往是因现金流有问题，或者是经营上有困难，才会去寻求被并购，而一旦并购终止，对其带来的负面影响往往则更为深重。并购既然是高度市场化的资本运作行为，并购双方就都要对风险做好足够的准备，并熟练掌握企业并购的程序、方法和技能，才能在企业并购运作中立于不败之地。

案例二 国轩高科 11.36 亿买壳上市
反向收购麻雀变凤凰

【案例简介】

买壳公司名称：合肥国轩高科动力能源股份有限公司

买壳公司地址：安徽省合肥市瑶海工业园纬 D 路 7 号

买壳公司所属行业：新能源动力汽车锂电池

上市日期：2015 年 5 月 15 日

上市地点：深圳证券交易所中小板

壳公司名称：江苏东源电器集团股份有限公司

股票代码：002074.SZ

壳公司地址：江苏省南通市通州区十总镇东源大道 1 号

收购及上市方式：反向收购，买壳上市

交易规模：33.26 亿元（壳公司资产未剥离、不置换）

支付方式：发行股份支付/换股并购

上市融资金额：8.2 亿元人民币

案例亮点：一家既非＊ST、也没亏损，且接连获得大订单的非垃圾股上市公司低价"卖壳"，首次重大资产重组遭失败；一家几年前就启动了 IPO 程序，但因业绩波动较大、污染较重、新股审批暂停等原因始终未能实现 IPO 梦想的高科技公司，最后采用反向收购方式在深圳中小板实现买壳上市。国轩高科反向收购东源电器是近年来新兴产业中新能源汽车相关企业首例买壳上市的案例，国轩高科也由此成为动力锂电池第一股。本案例揭示东源电器的前世今生，介绍国轩高科在中小板上市的始末及运作过程，对上市公司实施重大资产重组和非上市公司操作买壳上市都具有一定的借鉴价值和实战指导意义。

【案例回放】

一、买壳上市跨入资本市场

2014 年 9 月 9 日晚间，停牌五个多月的江苏东源电器集团股份有限公司（以下简称东源电器）终于发布一纸公告称，经证监会核准正式实施重大资产重组：东源电器将向合肥国轩高科动力能源有限公司（以下简称国轩高科）的股东发行股份约 4.9 亿股，以约 33.262 亿元的价格购买国轩高科的全部股权；同时将向四名自然人定向发行股份，募集配套资金总额 8.208 亿元。由于拟购买资产总额占上市公司 2014 年末资产总额 12.74 亿元的 261.08%（超过 100%），本次交易完成后，国轩高科则构成通过东源电器实现买壳上市，国轩高科董事长李缜将成为上市公司最大股东及实际控制人。

东源电器表示，随着重组整合的深入，将加大动力锂电池板块与输变电板块的业务整合，东源电器原有输变电业务板块保留在上市公司内，其具备充电桩方面的技术基础，目前正在做大功率充电桩开发的前期准备工作。

二级市场上，9 月 10 日东源电器正式复牌后连续十个涨停，股价从 6.95 元涨到 18.56 元，累计涨幅 167%。2016 年 6 月 16 日，国轩高科股价创下历史高点 44.13 元。7 月 7 日创最高收盘价 43.25 元，总累计涨幅 522.3%，成为真正牛股。

二、并非"垃圾股"的壳公司

上市壳公司东源电器创立于 1983 年，原名南通十总电器厂，最初是南通市通州区十总镇的一家集体企业。后来由通州市十总集体资产投资中心、南通通能投资实业有限公司等共同出资改制，设立了江苏新东源输变电设备制造股份有限公司，成为华东地区成套高低压开关设备生产基地。经过 30 多年发展，东源电器从一家小镇集体企业成长为坐拥一家智能电力电气研究院、五家研究所、数十项专利技术、中国驰名商标的输变电设备及高压开关行业领先的国家高新技术企业。东源电器于 2006 年 10 月 18 日以 IPO 方式在深交所中小板上市，其主营业务包括高压电器、高低压开关成套设备。国轩高科借壳上市时，纳入东源电器合并报表范围的子公司包括：安徽安凯国轩新能源汽车科技有限公司（88%）、安徽广通新能源汽车股份有限公司（65%）、国轩新能源（苏州）有限公司（100%）、上海轩邑新能源发展有限公司（100%）、国轩高科（美国）有限公司（100%）。

东源电器上市以来（2006 年至 2012 年），其营业收入分别为 2.6 亿元、3.38 亿元、4.65 亿元、3.99 亿元、4.66 亿元、6.1 亿元、5.93 亿元，对应每年净利润分别为：2 422 万元、3 274 万元、3 942 万元、3 382 万元、2 439 万元、3 647 万元、3 693 万元。其营收和利润之稳定，优于 A 股市场上许多业绩惨淡，甚至连续亏损、被戴上"*ST"帽子、需要卖壳求生的"垃圾股"。

三、壳公司大股东谋退，运作资产重组

上市三年后的 2009 年，东源电器原第一大股东南通市通州区十总集体资产投资中心（以下简称十总投资）在股票上市限售期满后减持。当年 12 月底孙益源以 1.5 亿元受让十总投资持有的 9% 股份，转让价为每股 11.85 元。紧接着，2010 年 8 月，十总投资又将剩余股份分别转让给三个无关联的受让方，而这最终导致孙益源"被动"成为东源电器第一大股东。

2010 年后，由于行业竞争，处于高低压开关制造业红海的东源电器经营业绩已经没有以往那么好，利润虽然稳定但却没有太多提升空间，继续发行新股融资扩大产能，也很难在现有行业中增加可观的利润。2012 年底东源电器撤回非公开发行股份申请后，

孙益源单纯经营上市公司的想法似乎发生了改变，于是开始筹划重大资产重组。这就是东源电器"卖壳"的基本动因。

2013年3月18日，东源电器出台了第一次资产重组方案：拟通过换股吸收合并方式，收购山东瑞星集团旗下主营尿素业务的山东润银生物化工股份有限公司（以下简称润银化工），重组完成后，润银化工将实现买壳上市，东源电器原有所有资产及负债全部剥离并将由山东瑞星集团或者其指定的第三方接收。此次重大资产重组分三大步实施：第一步，东源电器将原有的输配电资产作价4.89亿元，置换润银化工的资产进上市公司；第二步，东源电器以每股5.34元的价格发行6.69亿股向润银化工其他股东换股以吸收合并润银化工，收购润银化工40.61亿元评估值中剩余的35.72亿元部分；第三步，定向增发募集11亿元补充流动资金用于生产经营。

东源电器重组草案公布后，其股票于2013年3月18日、19日连续涨停。到3月20日东源电器却以每股6.63元高开后掉头向下急跌，收盘至6.09元。6月25日最低探至3.76元，6月28日创下最低收盘价4.04元，从宣布重组后的最高点6.63元下跌39%，按其总股本2.53亿股计算，市值减少6.55亿元。

四、高估与贱卖蹊跷，第一次资产重组失败

（一）用脚投票的背后，必有投资者不满的来由

东源电器的这次高买低卖，将上市公司生产性资产、专利技术和土地作价明显低于业界预期，而置换标的资产作价又高于业界判断，引发广大中小股东质疑："一家既非ST、也没亏损，且接连获得大订单的上市公司，为何忽然低价卖壳？"

资深并购人士分析，这是一份有失公允的重组方案，对买壳方估值过高，而壳公司价值没有完全体现，上市公司大股东的动机十分可疑。接受《财经》记者采访的券商行业研究员表示，东源电器作为本地区行业领先的知名企业，不断有合同大单公告，前景向好，此时全部资产置出上市公司，或是其资本运作的需要。

《财经》记者于5月初赴东源电器所在地江苏南通实地调查发现，作为当地高低压开关行业的龙头企业，东源电器的核心资产在此次重组中存在被低估的嫌疑。此前媒体和公众猜测的大股东孙益源私有化"图谋"，记者亦从侧面得以证实：东源电器全部资产未来的接盘方——南通创源投资有限公司（以下简称创源投资）浮出水面，其实际控制人正是孙益源，其余35名自然人股东，以东源电器董事、监事、高管为主。故事的最后，就是在孙益源实现优质资产私有化目标后，将原有资产低价拿走，并把高负债、低流动性和产能过剩、盈利前景不确定的润银化工留给东源电器的广大中小股东。

（二）资产评估的"猫腻"

东源电器公告的评估报告显示，润银化工净资产账面价值为17.25亿元。采用资产基础法评估，评估值为34.33亿元，增值率99.02%；采用收益法评估，其评估值则达到40.61亿元，增值率达135.37%。最后采用了高估的收益法。

为了匹配这一高估值评估方法，东源电器在重组草案中强调润银化工比另一家上市公司鲁西化工的人员工资成本每吨低 80 多元。不料，鲁西化工随即发布公告称，东源电器公告中有关鲁西化工的数据和描写"纯属编造"，并要求东源电器公开道歉。2013 年 4 月 20 日，东源电器发布公告向鲁西化工及其投资者道歉。东源电器在公告中对高评估给出了理由：让买壳公司承诺三年业绩是为了维护上市公司股东利益。但业界人士另有看法。

2014 年前证监会规定，采用资产基础法评估，买壳方只需要承诺一年的业绩；而选择收益法，需要承诺三年业绩，达不到则补偿。东源电器所说的维护股东利益应该指的就是这个意思。但事实上，盈利承诺补偿对于买壳方来说就是个画饼加做账的事，如果是好资产，不需要承诺也能出业绩；如果资产质量不好，承诺也没用，即使出好业绩也说不定是什么手段编出来的。更为关键的是，润银化工作为一个周期性强、波动性大、重资产的化工行业企业，到底适合用资产基础法评估还是收益法评估，哪个更公允，在投资机构里也有分歧。2013 年 3 月，中国服装（000902.SZ）抛出了重组方案：湖北新洋丰化肥股份有限公司拟买壳中国服装。新洋丰化肥采用的就是资产基础法评估。

（三）润银化工本身存在买壳上市的障碍

作为一家主营业务为尿素生产、研发及销售的企业，润银化工 2011 年和 2012 年主营业务收入的 87.71% 和 91.13% 为尿素收入。但近年来尿素行业面临产能过剩风险。根据中国氮肥工业协会估计，2015—2017 年，全国尿素产能过剩将高达 2 000 万吨。

2012 年 12 月东源电器重组停牌前后，瑞星集团突击将三家全资子公司转让给润银化工，其中两家公司 2012 年均是亏损状态，被指为买壳资产"注水"。

2012 年 12 月 26 日，在东源电器因重组发布停牌公告后的第七天，苏州苏信元丰、江阴安益股权投资企业、深圳华鼎丰睿和深圳华鼎丰睿二期四家 PE 突击入股润银化工，这四家 PE 分别从润银化工个人股东手中购得 466.30 万股、419.65 万股、279.75 万股、186.66 万股股份。

作为一家股东超过 200 人的公司，在 2012 年 10 月《非上市公众公司监督管理办法》出台后，润银化工的股权转让以及借壳上市事宜都必须取得证监会非公部的确认函。润银化工已经是一家非上市公众公司，如果没有证监会的确认，其股权转让甚至可能是没有法律效力的，对借壳上市也会形成直接障碍。

（四）重组方案照样获壳公司股东大会通过

东源电器的股权较为分散，当时大股东孙益源持股 17.03%，二股东南通投资管理有限公司持股 7.52%，第三大股东公司总经理邱卫东持股 3.06%。前十大股东当中仅有一家机构，持股 0.49%，其余股东基本为散户。

2013 年 4 月 24 日，东源电器股东大会上参与表决重组方案投票的 414 名股东及股东授权代表所持股份占总股本的 42.15%。由于没有明显关联关系，大股东孙益源并未回避投票，他以 17.03% 的持股比例在当日参与投票的总股份数中占比超过 40%。最终，重组方案以占参与当日投票股份总数 85.26% 的赞成票通过。

5 月 8 日，东源电器发布公告称，已经收到证监会关于本次重组申请的受理通知书，重组正在进行中。

（五）终止与润银生化的重组

2013 年 6 月 8 日，东源电器发布公告称，已向证监会递交了《关于撤回东源电器重大资产置换及以新增股份换股吸收合并润银化工的申请文件》。申请文件称，重组尚有部分事项待进一步论证和完善，并将视材料的完善情况向证监会另行申报。东源电器此举引得市场议论纷纷。

6 月 20 日晚间，东源电器公告称，收到证监会的《行政许可申请终止审查通知书》，证监会决定终止对其本次与润银化工重大资产重组申请的审查。

在撤回申请半年后的 12 月 19 日，东源电器表示，鉴于目前国内资本市场发生了变化，决定终止重组，并承诺三个月内不再筹划重大资产重组事项。

事实上，东源电器重组方案相关内容涉及造假，交易双方资产评估价值差距巨大。同时，东源电器原有资产被贱卖、孙益源想低成本实现上市公司资产私有化等质疑之声不绝于耳，最终导致该重组失败。宣布终止重组仅 4 天后，孙益源就表示其将减持不超过 8%，并于 2013 年 12 月 25 日通过大宗交易减持 1 078.65 万股，交易均价 5.8 元/股，减持金额合计 6 256.17 万元，但仍是第一大股东。此后，孙益源带领东源电器继续寻找壳公司的买家。

（六）二次启动重大重组

时隔数月后，东源电器终于寻找到资本市场中的"新宠儿"，2014 年 4 月 1 日公告停牌，实施重大资产重组。2015 年 4 月经证监会核准，锂电池业务和资产注入壳公司，国轩高科正式登录中小板。2014 年 9 月 29 日起，东源电器的前世及简称已成历史，今生更名为国轩高科，但东源电器的原有高低压开关业务还留在上市公司内。孙益源虽然从第一大股东屈居第六大股东，但由于股价的持续上涨，也让他的剩余持股增值 3.54 倍，市值仍超 10 亿元。

五、新能源政策频繁出台，买壳公司厉兵秣马

（一）国轩高科的历史沿革及股权变动情况

买壳方国轩高科于 2006 年 4 月由珠海国轩贸易有限责任公司（以下简称珠海国轩）和合肥国轩营销策划有限公司（以下简称国轩营销）共同出资，创立合肥国轩高科动力能源有限公司（以下简称国轩有限），实收资本 3 000 万元。

2008 年 4 月，国轩有限实收资本达到 5 000 万元，珠海国轩占 76%，国轩营销占 24%。

2008 年和 2009 年两家公司两次增资后，国轩有限注册资本达到 1 亿元，其中珠海国轩占 58%。

2010 年 7 月，佛山照明和青海威力通过股权转让成为国轩有限的股东。

2010 年 8 月，由于国家新能源汽车产业政策支持，国轩有限成功获得第一次私募融资。深圳金涌泉以每股 8 元、总出资额 8 880 万元的价格认购国轩有限 1 110 万元新增注册资本，占公司增资后注册资本的 9.99%，溢价 7 770 万元记入资本公积。

2011 年 3 月，国轩有限临时股东会同意从公司截至 2010 底所积存的 7 770 万元资本公积中提取 5 555 万元转作注册资本，将公司注册资本由原来的 11 110 万元增加至 16 665 万元。

2011 年 5 月，国轩有限第二次私募融资，上海显实投资合伙企业以总价款 3 096 万元，认缴其新增资本 516 万元。国轩有限注册资本由 16 665 万元增加到 17 181 万元。

2011 年 6 月，国轩有限临时股东会通过实行股权激励决议，由珠海国轩向方建华等 38 名国轩有限的经营层、管理层、技术骨干人员转让 706 万股，每股 2 元。

2011 年 8 月，国轩有限引进新股东，由徐江以 1 750 万元的价款认购本次新增 250 万元的注册资本。公司注册资本增加到 17 431 万元。

2012 年 7 月和 10 月的两次股权转让，蚌埠金牛、合肥乾川和合肥德锐成为公司股东。

2012 年 11 月，经股东会决议通过，由国轩有限全体股东作为发起人，以国轩有限截至 2012 年 10 月 31 日经审计的净资产 30 693.42 万元，按 1：0.5679 的比例折为 17 431 万股，整体变更设立合肥国轩高科动力能源股份有限公司。

2012 年 12 月，改制后的国轩高科全体股东同意向厦门京道、安徽欧擎以每股 8.53 元人民币的价格增发新股 2 700 万股，公司总股本增至 20 131 万股。

2013 年 1 月，国轩高科全体股东一致同意公司向谢佳、王勇、王永海以每股 2 元人民币的价格增发新股 90 万股，公司总股本增至 20 221 万股。

经过多次增资和股权转让，截至买壳上市前，国轩高科的股权结构见图 2-2。

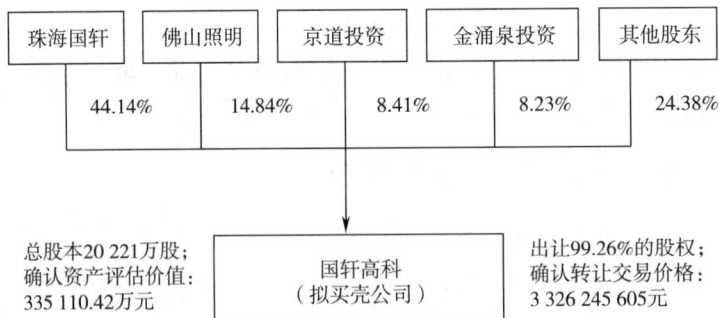

图 2-2　国轩高科买壳上市前的股权结构图

（二）主营业务及经营状况

国轩高科 2007 年锂电池生产线投产，此后一直从事新能源汽车动力电池及材料的研发与制造。公司于 2008 年被认定为高新技术企业，2009 年承担了有关新能源汽车的国家"863"计划课题，2012 年整体改制为股份有限公司，2013 年 1 亿 AH 电池生产线顺利达产。公司营业收入的 85% 来自于动力锂电池，主要产品包括：动力锂离子电池组产品、单体锂离子电池、动力锂电池正极材料、高压电器、高低压开关成套设备、电器数字化设备、配网智能化设备、系列化互感器、变压器、断路器、一体化充电桩、车载充电机、储能机柜等。主要产品用于纯电动大巴、纯电动轿车、电动中巴车、电动车充电站、通信基站等。2010 年至 2014 年，国轩高科销售新能源汽车动力电池组累计超过 9 亿瓦时，动力电池出货量排名国内前列。

根据赛迪顾问发布的《2014 年中国十大中大型锂电池企业竞争力研究报告》，2014 年国轩高科产能为 0.6GWh，排在中国第二位。第一位和第三位分别是比亚迪和天津力神，产能分别为 1.0 GWh 和 0.5 GWh。赛迪顾问研究认为比亚迪仍然是中国动力锂电池领域的霸主，国轩高科产品性能排在第二梯队。但赛迪顾问预测，国轩高科如能成功上市，将成为资本市场的"新宠儿"。赛迪顾问认为，如果国轩高科注入上市公司后扩大产能、改进技术、提高性能，尤其是走出安徽省的本土区域市场、走向国际化，有望挑战现有的行业格局。

据佛山照明公布的审计数据显示，2010 年国轩高科营业收入为 2.76 亿元，净利润为 2 838 万元；2011 年营收为 2.25 亿元，净利润为 4 850 万元，同比增长 70.9%。照此发展下去，国轩高科完全有条件走 IPO 的路径。

事实上，国轩高科在 2011 年就已经开始启动了 IPO 进程，但进入 2012 年后，其业绩如过山车一般，经历低谷之后又突然再高高冲起。合肥国轩的遭遇其实折射出动力锂电池行业独特的怪现象：新能源汽车项目订单下的锂电池产业盈利存在不稳定性；而这也间接体现出新能源汽车订单的不确定性，其导致上游动力电池企业经常面临经营难继的风险。

截至 2012 年 5 月 31 日，国轩高科净利润出现三年来首度亏损，亏损额为 55.94 万元。国轩高科内部人士向《高工锂电》记者透露，公司在 2012 年上半年仅依靠少数小额订单度日，缺少大单的营收导致公司利润出现亏损。

2012 年，中国资本市场同锂电池产业一样不稳定。沪指年初以 2 212 点开盘，2 月 27 日创出 2 447 点的年内新高，5 月震荡向下，7 月直下到 2 100 点，11 月 27 日沪指跌破 2 000 点。为了救市，7 月下旬证监会相继停止了主板、中小板和创业板的 IPO 审核，市场恢复人气后 IPO 又重启。

2012 年合肥国轩顺利完成了股份制改制，这标志着国轩高科已经迈出上市目标的第一步。2012 年下半年，安徽两家上市车企安凯客车和江淮汽车适时伸出了"橄榄枝"，以锂电池大订单力挺国轩高科渡过难关，使其当年扭亏为盈，似乎上市条件已具备，2013 年可以 IPO 了。

六、IPO 搁浅，改道买壳上市

2013 年国轩高科近 9 亿元的销售收入中，三分之二来自江淮汽车的贡献，令国轩高科没想到的是，正是这一比例致使公司单一客户营业收入占比大大超过首次公开发行（IPO）办法的相关规定——单一客户一旦遭遇经营变故，将无法保证持续稳定盈利，给公司带来巨大经营风险。

2013 年首批搭载国轩动力电池的安凯纯电动客车陆续出现了容量衰减、循环寿命不足、电池火热甚至冒烟等现象，这一度导致合肥本地运营的部分纯电动公交车"趴窝"；而于 2010 年首批试点的 585 台江淮纯电动轿车也不同程度地出现了电池容量衰减的问题。这让国轩一时间承受了前所未有的产品维保压力。事实上，国轩高科在国内新能源汽车电池领域算是第二梯队成员，第一梯队是比亚迪、天津力神、新能源科技（ATL）等企业，其产品性能要比国轩高科更稳定。随后又发生了上海松江区的锂电池生产线项目因环保问题而未能落地事件，IPO 上市无望。

迫不得已，国轩高科正式开始谋求买壳上市，寻找适合的壳公司，并与多家壳公司初步洽谈。2014 年年初开始，国轩高科上市"绯闻"不断，有传闻称安凯客车将收购国轩高科。传言并非空穴来风，两者曾合资成立了安凯国轩新能源，共同开发新能源客车，但最终却是买壳东源电器，着实让市场深感意外。喜讯传来，东源电器股价迎来连续十个涨停。

七、启动买壳上市程序

国轩高科买壳上市首次披露时间为 2014 年 4 月 2 日，东源电器公告筹划重大事项并停牌。2014 年 4 月 12 日东源电器确认其筹划的重大事项属于重大资产重组并继续停牌，2014 年 4 月 16 日第六届董事会第二次会议审议通过了本次重大资产重组的议案，股票继续停牌。在此期间，东源电器并未公开透露买壳方为国轩高科。

实际上，早在 4 月 2 日之前，东源电器与国轩高科就已初步洽谈并签订意向书和保密协议，随即聘请了中介机构开展尽调、审计、评估、协议起草等工作。中介机构包括：国元证券股份有限公司、北京市海润律师事务所、华普天健会计师事务所、信永中和会计师事务所、安徽中联国信资产评估有限责任公司。

经过上述 5 家中介机构 5 个月的尽调和分析研究，完成了如下文件（草案）：海润律师出具《发行股份购买资产协议》《盈利预测补偿协议》《股份认购协议》《法律意见书》；信永中和出具《东源电器最近三年及一期审计报告》；华普天健出具《东源电器最近一年一期备考审计报告》，国轩高科 2014 年 6 月 30 日《内部控制鉴证报告》，上市公司 2014 年度、2015 年度《备考盈利预测审核报告》《国轩高科最近三年及一期审计报告》《国轩高科 2014 年度、2015 年度盈利预测审核报告》，中联国信出具《国轩高科资产评估报告》，国元证券出具《独立财务顾问报告》。交易双方出具了相关承诺函、声明函等。

最后，根据上述文件，东源电器编制了 550 页的《东源电器发行股份购买资产并募集配套资金暨关联交易报告书（草案）》（实际都是财务顾问起草，公司最后签章），于 2014 年 9 月 10 日在巨潮资讯网全文发布。同时声明：本次交易需经中国证监会核准后实施；本次募集配套资金以发行股份购买资产的实施为前提条件，但募集配套资金成功与否不影响发行股份购买资产的实施。

在 2014 年 12 月 31 日前，由于尚未获得证监会的核准，根据跨年度补充更新的审计报告、评估报告，以及 2014 年度业绩实现后交易各方签署的业绩承诺及补偿补充协议、年度利润分配后的重组方案调整以及证监会对交易事项的审查及并购重组委员会审查会议的反馈意见，东源电器在财务顾问指导下对《重组报告（草案）》进行了 45 项补充、修改与完善，重新上报了长达 661 页的《重组报告（修订稿）》。补充内容如下：（1）国轩高科第一大客户销售收入占比较高的原因、风险及应对措施；（2）直接销售模式和融资销售模式的具体情况以及融资销售可能面临的风险；（3）锂电池产品在设计、生产或组装方面存在缺陷并造成事故或伤害可能会遭受到产品责任诉讼和赔偿的具体情形，发生可能性及应对措施；（4）国内已有及在建的磷酸铁锂电池生产线的产能状况，未来是否存在产能过剩的风险；（5）技术发展情况、与国际技术差距及对标的公司未来盈利能力的影响；（6）电池组产品的核心竞争力，与国内外竞争对手主要电池产品的对比；（7）电动汽车采用的主要电池产品规格及其行业领先性的具体体现；（8）是否具备进入电动轿车领域的竞争优势，磷酸铁锂电池未来的前景及竞争力；（9）国轩高科股本形成过程和公司历史沿革情况等。

2015 年 4 月 22 日，东源电器终于收到了中国证监会证监许可〔2015〕662 号核准文件。本书作者全文对比阅览了《重组报告》草案和修订稿，其涉及范围之广泛、提供信息之全面、分析研究之深入、文件支撑之严谨完全不亚于 A 股上市的 IPO 招股说明书。证监会的严格审查和中介机构的审慎细致令人赞赏。

八、买壳上市交易方案

按照 2015 年最新《重组报告》，东源电器重组暨国轩高科借壳上市方案如下。

（一）发行股份以收购国轩高科的股权

东源电器发行 488 435 478 股股份向国轩高科的 9 家企业股东和 42 名自然人股东支付交易对价，收购国轩高科的 99.26% 股权（最终方案及协议不是 100% 股权），该部分股权共计作价 3 326 245 605.96 元。其与国轩高科持股 4% 以上的股东交易如下：向珠海国轩发行 217 193 296 股以收购其持有的 44.14% 的股权；向佛山照明发行 73 006 150 股以收购其持有的 14.84% 的股权；向厦门京道发行 41 370 152 股以收购其持有的 8.41% 的股权；向深圳金涌泉发行 40 518 413 股以收购其持有的 8.23% 的股权；向安徽欧擎海泰发行 24 335 383 股以收购其持有的 4.95% 的股权；向李晨发行 21 901 845 股以收购其持有的 4.45% 的股权。

（二）发行股份募集配套资金

东源电器向特定对象发行股份募集配套资金总额为 8.208 亿元，根据募集金额及发行价格计算，发行股份数量为 120 528 634 股。其中，李缜认购 100 440 529 股，王菊芬认购 8 035 242 股，吴永钢认购 8 035 242 股，陈林芳认购 4 017 621 股，认购方式均为现金认购。

本次募集配套资金将用于国轩高科投资建设年产 2.4 亿元的 AH 动力锂电池产业化

项目、动力锂电池及其材料研发中心建设项目，以提高本次交易的整合绩效。

本次发行股份购买资产与发行股份募集配套资金视为一次发行，发行价格相同，经调整后的发行价格为 6.81 元/股。

本次募集配套资金以发行股份购买资产的实施为前提条件，但其成功与否不影响发行股份购买资产的实施，即不影响国轩高科买壳上市。

此交易方案执行后，壳公司东源电器和买壳公司国轩高科均存续。但国轩高科成为东源电器的控股子公司，其 99.26% 的资产、负债、业务、经营资质和技术专利等注入上市公司。

本次交易完成后，东源电器的控股股东将变更为珠海国轩，实际控制人将变更为李缜。且本次交易中，上市公司拟购买标的资产的交易价格为 3 326 245 605.96 元，占上市公司控制权发生变更的前一个会计年度经审计的合并财务会计报表期末资产总额 1 273 976 676.14 元的比例达到 100% 以上。因此，根据《重组办法》第十二条规定的交易性质，本次交易界定为国轩高科借壳上市。

九、买壳上市前后的股权结构变化

本次交易前东源电器总股本为 253 368 000 股。本次交易中，东源电器发行股份 608 964 112 股，其中发行股份购买国轩高科股权的发行数量为 488 435 478 股；募集配套资金部分发行股份的数量为 120 528 634 股。

本次交易前，孙益源直接持有东源电器 32 359 500 股股份，直接持股比例为 12.77%，为上市公司控股股东、实际控制人。本次交易完成后，孙益源变成排在珠海国轩、李缜、佛山照明、厦门京道、深圳金涌泉之后的第六位股东。

本次交易完成后，珠海国轩持有上市公司股份 217 193 296 股，持股比例为 25.19%，成为上市公司新的控股股东。李缜通过认购本次配套融资股份，直接持有上市公司股份 100 440 529 股，持股比例为 11.65%。同时，李缜直接持有珠海国轩 80.69% 的出资额，为珠海国轩控股股东。交易完成后，李缜合计持有上市公司 31.97% 的股份，成为实际控制人。同时，李晨为李缜之子，故李缜、李晨和珠海国轩为一致行动人，合计持有上市公司 39.37% 的股份。

东源电器本次重大资产重组前后股权结构变化见表 2－1，国轩高科买壳上市路径与架构见图 2－3。

表 2－1　　　　　　　　本次发行前后东源电器股权结构变化表

股东名称	本次交易前		本次交易后	
	持股数（股）	持股比例（%）	持股数（股）	持股比例（%）
孙益源	32 359 500	12.77	32 359 500	3.75
南通投资	17 773 186	7.01	17 773 186	2.06
邱卫东	7 748 798	3.06	7 748 798	0.90
珠海国轩			217 193 296	25.19

续表

股东名称	本次交易前		本次交易后	
	持股数（股）	持股比例（%）	持股数（股）	持股比例（%）
李　晨			21 901 845	2.54
李　缜			100 440 529	11.65
王菊芬			8 035 242	0.93
吴永钢			8 035 242	0.93
陈林芳			4 017 621	0.47
社会公众股	195 486 516	77.16	444 826 853	51.58
合计	253 368 000	100.00	862 332 112	100.00

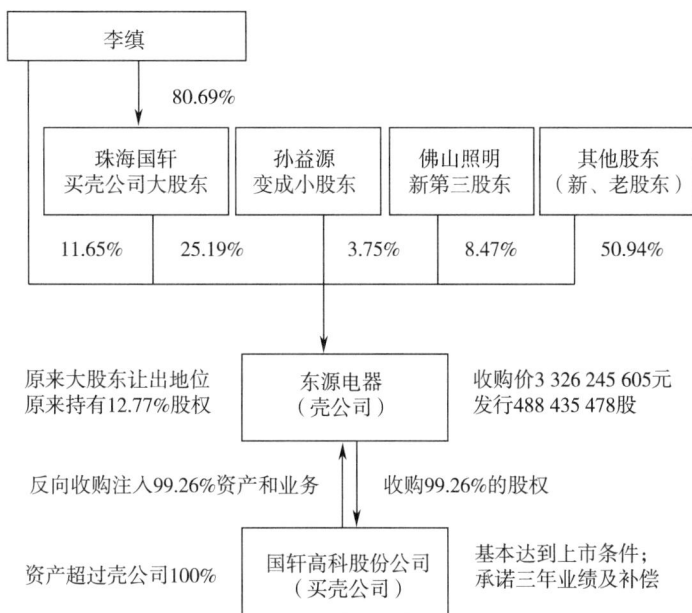

图 2 - 3　国轩高科买壳上市路径与架构图

十、买壳上市后预测上市公司主要财务数据变化

如果按 2014 年装壳，国轩高科买壳后上市公司主要财务数据见表 2 - 2。

表 2 - 2　　　　装壳前后主要财务数据变化表（2014 年模拟装壳）　　　　单位：元

项目	装壳之前	装壳之后
总资产	1 273 976 676.14	4 068 520 049.98
所有者权益	525 736 031.64	1 788 965 248.99
归属于上市公司股东的所有者权益	495 026 167.76	1 740 536 258.41
股本总额（股）	253 368 000	862 332 112
归属于上市公司股东的每股净资产（元/股）	1.95	2.02

项目	装壳之前	装壳之后
营业收入	885 506 247.43	1 899 846 306.11
营业利润	39 328 200.18	309 924 045.49
利润总额	58 453 633.61	344 048 213.47
净利润	47 461 172.65	292 944 732.56
归属于母公司股东的净利润	37 641 329.54	281 976 966.68
基本每股收益（元/股）	0.15	0.33

注：本表在不考虑 2015—2016 年继续融资和扩大产能规模前提下编制。

由表 2 - 2 可知，重组完成后上市公司总资产、净资产规模均将大幅上升，预计每股净资产由 1.95 元上升到 2.02 元；上市公司盈利能力将大幅提高，预计每股净收益由 0.15 元提高至 0.33 元，增幅达 120%。

同时，根据华普天健会计所出具的《备考盈利预测审核报告》，上市公司 2015 年度合并报表归属于母公司所有者的净利润为 33 262.78 万元。据此，本次重组完成后，2015 年度预测基本每股收益为 0.39 元/股，每股收益不被摊薄。

十一、东源电器股票发行价格及定价依据

本次交易发行股份定价基准日为东源电器审议本次发行股份购买资产并募集配套资金事宜的第六届董事会第五次会议决议公告日 2014 年 9 月 9 日。

东源电器的股份发行价格采用市场法计算确定。根据《重组办法》第四十四条的规定，交易发行价格应不低于定价基准日前 20 个交易日公司股票交易均价。股票交易均价的计算公式为：董事会决议公告日前 20 个交易日公司股票交易均价 = 决议公告日前 20 个交易日公司股票交易总额/决议公告日前 20 个交易日公司股票交易总量。经计算，本次发行底价为 6.86 元/股。

根据公司 2013 年年度股东大会审议通过的利润分配方案，公司向全体股东每 10 股派发现金红利 0.2 元（含税）。本次发行底价进行相应调整，经计算，调整后的发行底价为 6.84 元/股。

根据公司 2014 年年度股东大会审议通过的利润分配方案，公司向全体股东每 10 股派发现金红利 0.3 元（含税）。本次发行股份的发行价格进行相应调整，经计算，调整后的发行价格为 6.81 元/股。此价格经本次交易各方协商确定。

十二、国轩高科资产评估及业绩承诺与补偿

（一）资产的定价依据

国轩高科的股权交易价格以中联国信出具的〔2014〕第 153 号《资产评估报告》给出的国轩高科 100% 股权评估结果 335 110.42 万元为依据，经交易各方协商确定标的 99.26% 的股权交易价格为 3 326 245 605.96 元。

由于在上述资产评估报告有效期 2014 年 12 月 30 日前本次交易尚未获得证监会核

准，因此中联国信于 2015 年 3 月 9 日又出具了〔2015〕第 108 号《资产评估报告》，按照新的评估基准日 2014 年 12 月 31 日，国轩高科 100% 股权的评估结果为 3 385 001.79 万元。第二次评估价值较前次评估价值未出现减值情形，故此交易双方确定的交易价格维持不变。

（二）资产评估方法及结论选用

中联国信根据评估目的、可搜集的资料，针对评估对象的属性特点，采用收益法和资产基础法分别进行评估，最后从中选用一种评估结果。

1. 采用资产基础法对国轩高科 100% 股权进行评估，在评估基准日 2013 年 12 月 31 日，国轩高科 100% 股权评估价值为 91 628.10 万元。

2. 采用现金流量折现方法（DCF）对国轩高科 100% 股权进行评估，在评估基准日 2013 年 12 月 31 日，国轩高科权益资本价值为 335 110.42 万元。

3. 评估结论的选用。评估机构认为由于资产基础法无法准确地将各种不可确指的无形资产进行量化，其评估结论不能体现国轩高科的整体企业价值。因此，最终采用收益法评估结论作为国轩高科股东全部权益价值，即 335 110.42 万元。

（三）业绩承诺及补偿

1. 补充承诺。由于资产评估采用收益法结论，因此国轩高科在并购协议中作出三年期业绩承诺：国轩高科 2015 年度、2016 年度及 2017 年度实现的经审计的扣除非经常性损益后归属于母公司股东的净利润将不低于国信评报字〔2014〕153 号《资产评估报告》中 2015 年度、2016 年度、2017 年度对应的净利润预测数，即 31 615.79 元、42 310.61 元和 46 842.15 元。

2. 补偿方式。（1）补偿方：国轩高科大股东珠海国轩应就未达到利润预测的部分对上市公司进行补偿；（2）补偿方式及次序：珠海国轩首先以其本次认购的股份进行补偿，若珠海国轩本次认购的股份届时不足以补偿上市公司，则由珠海国轩自行购买相应数量的上市公司股份进行补偿；（3）股份补偿是上市公司以 1 元总价格回购珠海国轩将相应数量的股份并予以注销。

十三、买壳上市履行的法定程序

国轩高科借壳上市的法定报批主体为东源电器，后者实施重大资产重组时首先公告停牌，随后履行的主要法律程序如下（同时履行信息披露义务）：

1. 2014 年 4 月 16 日，东源电器召开第六届董事会第二次会议，审议通过《关于筹划本次重大资产重组的议案》，会议同意公司筹划本次重大资产重组事项。

2. 2014 年 9 月 5 日，国轩高科、国轩高科股东与东源电器正式签订股权转让协议。东源电器与珠海国轩签署了《盈利预测补偿协议》；东源电器与李缜、王菊芬、吴永钢、陈林芳等四名自然人签署了《股份认购协议》。同日，东源电器召开第六届董事会第五次会议，审议通过《东源电器发行股份购买资产并募集配套资金暨关联交易报告书》等相关的议案。

3. 2014 年 9 月 25 日，东源电器召开 2014 年第一次临时股东大会，审议通过公司重大资产重组相关的议案，随后将报批文件上报中国证监会。

4. 2014 年 10 月 8 日，收到中国证券监督管理委员会出具的《中国证监会行政许可申请受理通知书》。

5. 2014 年 11 月 3 日，收到中国证券监督管理委员会的出具的《中国证监会行政许可项目审查一次反馈意见通知书》。

6. 2014 年 12 月 4 日，召开第六届董事会第八次会议，审议通过《关于发行股份购买资产并募集配套资金暨关联交易方案（修订稿）的议案》等相关议案。

7. 2015 年 3 月 10 日，召开了第六届董事会第十次会议决议，审议通过《关于批准本次交易审计机构、资产评估机构出具的相关报告的议案》。

8. 2015 年 3 月 25 日，收到通知，中国证监会上市公司并购重组审核委员会将于近日审核公司发行股份购买资产并募集配套资金暨关联交易事项。

9. 2015 年 4 月 2 日，中国证监会上市公司并购重组审核委员会召开 2015 年第 24 次并购重组委工作会议审核，东源电器发行股份购买资产并募集配套资金暨关联交易事项获得无条件通过。

10. 2015 年 4 月 22 日，收到中国证监会"关于核准东源电器向珠海国轩贸易有限责任公司等发行股份购买资产并募集配套资金的批复"。

11. 2015 年 9 月 28 日晚间，东源电器公告称，经深交所核准，自 2015 年 9 月 29 日起，其证券简称由东源电器变更为国轩高科；证券代码不变，仍为 002074。东源电器告之，已经完成向国轩高科全体股东的发行股份支付，国轩高科资产和业绩已并入半年报。原国轩高科因 99.26% 的股权由上市公司持有，所以变更为有限责任公司。9 月 24 日各方均完成了工商登记变更手续，本次交易全面完成。

【案例评析】

一、转道买壳上市的原因分析

从 2011 年开始，国家推出多项举措助推新能源汽车产业发展，随后几年又重点破解电动汽车充电难、停车难等问题。在国家产业政策及地方政府补贴鼓励下，锂电池、充电桩、新能源整车三大产业相关板块极大受益。在逐利的资本推动下，新能源汽车相关企业在上下游产业链陆续布局。作为锂电池生产厂商的国轩高科看准了到 2020 年 500 万辆以上新能源车的市场空间，面对刚刚崛起的新能源汽车产业群雄并起、诸侯纷争的局面，拟借助资本市场迅速发展壮大。

但是，由于业绩波动较大、产品质量不稳定、IPO 多次暂停以及污染较重等诸多问题，坎坷不断的国轩高科 IPO 梦想最终未能实现——中国 IPO 上市太难了！

国轩高科转道买壳上市的动因和背景主要有：（1）IPO 的门槛较高，当时国轩高科的品牌、质量还处于劣势，整体实力还不够。想要达到证监会"最近 3 个会计年度净利润均为正数且累计超过人民币 3 000 万元"的要求，且不存在有重大不确定性客户或单一客户重大依赖下影响持续盈利能力的情形，进而通过 IPO 上市，至少还要等两三年，这使得国轩高科不得不买壳绕道上市。（2）即使条件满足 IPO，但排队及操作时间较长，难以在短时间内使公司做大做强。（3）电池新技术每五年更新一次，预计每三至五年电池价格会有一次明显降低。锂电池市场虽然以惊人的速度增长，但市场供应也在大幅增加，市场机会稍纵即逝，竞争格局瞬息万变。如果国轩高科能马上借助资本市场融资，迅速扩大产能，就会站稳并扩大市场区域，得到稳定营收和利润增长。否则，国轩高科不久后也将在夹缝中生存。在此背景下，耗时较短的买壳上市就成为国轩高科现实的选择。

二、东源电器不剥离原有资产的原因分析

国轩高科买壳与作者编著的《中国企业境内上市指引》一书中海通证券买壳的案例有很大区别。与国轩高科相比，海通证券的买壳上市方案中有两大步骤与之不同：（1）都市股份向原大股东光明集团转让其全部资产及负债，腾出净壳；（2）都市股份以增发新股换股并购的方式吸收合并海通证券，吸收合并后的都市股份为存续公司，原海通证券则注销，不再存续，而壳公司直接更名为海通证券。

这里值得注意的是，作为壳公司的都市股份其重大资产出售及吸收合并海通证券事项同时进行，两者互为法律前提。在吸收合并方案中的重大资产出售获得所有相关的批准及核准之后，买壳上市才能进行；重大资产出售的生效亦取决于吸收合并方案的完成。而国轩高科借壳上市是采用东源电器定向发行股份方式收购国轩高科的股权，交易完成后两家公司都依然存续，且东源电器的资产不剥离，不腾出净壳。这是国轩高科借壳上市与海通证券借壳上市的不同点。

东源电器不剥离原有资产的原因有三：一是上次东源电器重组失败，其中一个原因是拟将原有资产低价剥离给大股东，被视为不公允甚至侵害中小股东利益，这次干脆不剥离了，免得引来麻烦；二是东源电器原有资产并不是烂资产，2012 年、2013 年和 2014 年归属于母公司股东的净利润（扣除控股公司少数股东权益后）分别为 3 693.72 万元、2 913.98 万元和 3 764.13 万元，暂时不会侵蚀装壳资产带来的新利润；三是输配电设备生产线还可以升级改造成电动汽车充电桩生产线，与锂电池产业产生一定的协同效应。

三、评估方法选择的合理性与评估结果的公允性分析

（一）对交易标的评估方法的选择

国轩高科以持续经营为前提，评估基准日资产负债表表内各项资产和负债可以识别，可识别的各项资产和负债都可以采用适当的评估方法进行单独评估，被评估企业不存在对评估对象价值有重大影响且难以识别和评估的资产或者负债，故可以采用资产基础法。

国轩高科具备持续经营的基础和条件，历史经营和财务数据资料充分，盈利情况较好，经营与收益之间存有较稳定的对应关系，并且未来收益和风险能够预测及可量化，故可以采用收益法进行评估。

因此，本次评估机构确定同时采用资产基础法和收益法进行评估，并在分析两种评估结果合理性、准确性的基础上确定最终评估结果。

（二）评估及选用结果分析

两种方法的评估情况如下：

1. 资产基础法评估结果。基准日 2013 年 12 月 31 日，国轩高科账面价值 85 978.84 万元，经资产基础法评估后，国轩高科 100% 股权的评估值为 91 628.10 万元，较评估基准日账面净资产评估增值 5 649.26 万元，增值率为 6.57%。

2. 收益法评估结果。同一基准日，经收益法评估后，国轩高科 100% 股权的评估值为 335 110.42 万元，较评估基准日账面净资产评估增值 249 131.58 万元，增值率为 289.76%。

3. 评估结果差异分析及最终评估结果的选取。两种结果差异较大的原因为：

资产基础法是从现时成本角度出发，以被评估单位账面记录的资产负债为评估范围，将被评估单位账面记录的各项资产评估值加总后，减去负债评估值作为其全部股东权益的评估价值，反映的是企业账面现有资产的重置价值，未考虑账面未反映的资产价值，以及被评估单位未来发展对企业价值的影响。

收益法是从未来收益角度出发，以被评估单位未来可以产生的收益，经过风险折现后的现值作为其全部股东权益的评估价值。因此收益法对企业未来的预期发展因素产生的影响考虑比较充分，评估结果不仅考虑了已列示在企业资产负债表上的所有有形资产和负债的价值，同时也考虑了资产负债表上未列示的其他无形资产（如专利、品牌）的价值以及未来的综合盈利能力对企业价值的影响。

采用收益法评估，会考虑各资产之间产生的协同效应和企业盈利能力，对企业整体价值全面量化；而采用资产基础法评估，各资产之间关系相对独立，没有考虑协同效应和盈利能力。国轩高科拥有行业内领先的技术、优秀的人才、完善的产供销系统、规范的现代企业管理制度，收益法更能合理地反映其价值。

因此，评估机构最终结论为采用收益法评估结果，即 335 110.42 万元。

（三）标的资产定价与同行业上市公司的比较分析

可比上市公司亿纬锂能、南都电源、德赛电池、科力远、风帆股份、圣阳股份、欣旺达、骆驼股份八家公司的平均市盈率为 46.84 倍，而本次交易标的公司作价对应市盈率为 14.89 倍。可比上市公司平均市净率为 5.95 倍，而本次交易标的公司交易作价对应的市净率为 3.11 倍。上述两项指标均低于可比上市公司。因此，本次交易标的资产定价属公允、合理。

四、买壳上市的日期如何界定

国轩高科买壳上市日期到底是哪天？该问题在业内一直多有争议，其他公司也有同样问题。上市日不是股东大会通过资产重组方案后公司发布公告的日期，不是证监会核准的日期，不是发行对价股份的日期，不是公司完成资产重组的日期，不是公司在工商局更名的日期，也不是股票翻牌的日期。那么是哪个日期？

笔者查阅了东源电器董事会于 2015 年 5 月 5 日发布的《关于公司重大资产重组之发行股份购买资产过户完成的公告》，其中明确表述："本次发行股份购买资产新增的 488 435 478 股份尚需在中国登记结算有限责任公司深圳分公司登记；新增股份尚需取得深圳证券交易所的上市核准。"也就是说本次交易交割完成后并不等于买壳公司已经上市，尚需完成上述后续事项。

笔者查阅了东源电器后续公告以及《2015 年半年报告》第六节（股份变动及股东情况）第一部分（股份变动情况），其中明确表述：经中国证监会证监许可〔2015〕662 号文件（以下简称 662 号文件）核准，根据公司《发行股份购买资产并募集配套资金暨关联交易方案》（以下简称《交易方案》），公司通过发行股份的方式购买珠海国轩贸易有限责任公司等 9 位法人及李晨等 42 位自然人所持有的合肥国轩高科动力能源股份公司 99.26% 的股权，合计发行 488 435 478 股。中国证券登记结算有限责任公司深圳分公司已出具《股份登记申请受理确认书》，经深圳证交所核准，发行股份上市日为 2015 年 5 月 15 日。

因此，国轩高科买壳上市日期即为 2015 年 5 月 15 日。至此，耗时一年多的东源电器重大资产重组暨国轩高科买壳上市终于完成。而东源电器向李缜等 4 人定向增发 120 528 634 股，经深圳证交所核准，上市日为 2015 年 6 月 12 日。这是募集资金增发股票的上市日，与买壳上市日无关。

五、装壳后两年上市公司实际盈利情况

国轩高科 2015 年上半年完成装壳，2015 年和 2016 年主要财务指标见表 2 - 3。

表 2 - 3　　　　　　　　装壳前后上市公司主要财务指标　　　　　　　单位：万元

项目	2014 年	2015 年	2016 年
总资产	127 397.67	671 327.25	1 021 471.04
归属于上市公司股东的所有者权益	49 502.62	301 605.66	393 570.56
股本总额（万股）	25 336.8000	87 609.2112	87 609.2112
归属于上市公司股东的每股净资产（元/股）	1.95	3.44	4.49
营业收入	88 550.62	274 549.62	475 793.19
归属于母公司股东的净利润	3 764.13	54 787.05	95 433.96
股东的每股收益（元/股）	0.15	0.63	1.09
承诺业绩：归属股东净利润		31 615.79	42 310.61
实际业绩：比承诺值增加（%）		73.29	125.56

注：2015 年和 2016 年总股本包括实行股权激励计划向激励对象发行的限制性股票。

从表 2 - 3 可明显看出，国轩高科装壳后，上市公司业绩大幅提升，2015 年归属于母公司股东的净利润为 54 787.05 万元，比承诺值提高 73.29%；2016 年归属于母公司

股东的净利润为 95 433 961.09 万元，比承诺值提高 125.56%。所以，对东源电器原有股东来说，这是一次很好的资产重组；对国轩高科股东来说，这是一次很好的买壳上市。业绩连续两年达到承诺目标，国轩高科原股东这两年不用对东源电器原股东进行业绩补偿，下一步就要看 2017 年度的业绩如何了。

六、买壳上市代价 11.36 亿元

买壳上市需花费正常的中介费用、佣金和相关上市费用，根据企业复杂程度、资产规模及交易额度，费用通常为几百万、上千万元，此外还要付出亿万元的上市代价。

笔者认为，买壳上市的代价等于买壳方在上市后失去的资产权益比例所对应的装壳资产交易价值（不考虑占有壳公司原有资产权益情况下）。这取决于两个因素：获得上市公司发行的对价股份数量和注入上市公司的资产价值。

国轩高科参加上市交易股东原来持有国轩高科 99.26% 的股权，这部分资产和业务装入东源电器，交易价值为 3 326 245 605.96 元。全部交易完成后（包括融资发行新股），东源电器总股本为 862 332 112 股，扣除融资发行的 120 528 634 股，总股本为 741 803 478 股。国轩高科参加上市交易股东共获得东源电器支付的对价股份为 488 435 478 股，占东源电器融资前总股本的 65.84%。

参加上市交易股东原来持有 3 326 245 605.96 元资产的 100% 权益，但上市后这些股东在东源电器只拥有该资产 65.84% 的权益，相比原来在国轩高科对该资产的权益减少了 34.16%（100% − 65.84%），该权益损失为 1 136 101 705.76 元（3 326 245 605.96 × 34.16%）。即国轩高科参加上市交易股东把 11.36 亿元的巨额装壳资产作为买壳上市代价交给了东源电器的原有股东，见表 2 − 4。

表 2 − 4　　　　　　　　买壳上市代价计算表（未发行融资新股前）

股东名称	在国轩高科持股		买壳后在东源电器持股	
	持股数（股）	持股比例（%）	持股数（股）	持股比例（%）
参加交易股东	200 713 646	99.26	488 435 478	65.84
未参加交易股东	1 496 354	0.74	0	0.00
总股本	202 210 000	100.00	741 803 478	65.84
持股比例减少（%）		100.00		34.16
注入上市公司资产（元）	3 326 245 605.96			
对应买壳上市代价（元）	1 136 101 705.76			

国轩高科 2014 年归属股东的净利润为 2.82 亿元，2016 年归属股东的净利润为 9.54 亿元，两年后上市公司整体净利润增长 2.38 倍。其中参加交易的股东 2014 年 99.26% 的持股比例可获得 2.799 亿元净利润，但 2016 年 65.84% 的持股比例却能获得 6.28 亿元的净利润。股东持有的股票大幅增值，上市付出的代价是值得的。

七、交易各方获利丰厚，李缜父子身价 93.89 亿元

孙益源在东源电器重组成功后，被迫沦为第六大股东，但按照 2017 年 6 月 30 日收

盘价 31.55 元/股计算，孙益源持有的 32 359 500 股东源电器股票市值为 10.21 亿元，按重组前停牌价 6.95 元计算，市值增加 7.96 亿元，增值 3.54 倍。

李缜在国轩高科借壳上市成功后，直接持股和通过珠海国轩间接持股共计 275 693 800 股，按东源电器收购国轩高科所发行的股份价格 6.81 元计算，李缜的持股市值为 86.98 亿元，增加了 68.21 亿元，总体增值 3.51 倍。

其中李缜通过转让国轩高科股权、反向收购东源电器实现借壳上市获得上市公司发行的对价股份为 175 253 271 股，按照原始股 1 元价格及 2017 年 6 月 30 日 31.55 元收盘价计算，市值增加 53.54 亿元，增值 30.55 倍。

李缜之子李晨获得上市公司发行的对价股份为 21 901 845 股，按照原始股 1 元价格及 2017 年 6 月 30 日 31.55 元收盘价计算，市值增加 6.69 亿元，增值 30.55 倍。当时还在美国读书的李晨，已是身价 6.91 亿元的 90 后亿万富翁。

通过买壳上市，东源电器的其他原有股东和国轩高科的原有股东也都同比例获利，收益巨大，资本市场的造富神话在国轩高科再一次上演。

参考文献

［1］任映国、徐洪才：《投资银行学》，北京，经济科学出版社，2005。

［2］孟祥虎： 《非上市公司并购程序》，中顾法律网——企业并购法律实务，http：//www.9ask.cn/souask/q/q1386870.htm，2010 – 05 – 10。

［3］王正平：《企业改制重组方案》，北京律师网，http：//lvshi.bj.bendibao.com/news/2009623/48635_2.shtm，2009 – 06 – 23。

［4］马瑞清：《企业并购流程》，载《今日北方》，2007（2）。

［5］马瑞清：《企业并购工作指引》，载《今日北方》，2007（3）。

［6］佚名：《解析十大让并购重组失败的原因》，散文吧转载于融资中国网，www.thecapital.com.cn，2016 – 11 – 04。

［7］盈科并购与重组专业委员会：《上市公司并购重组失败十大原因解析》，投资界，http：//pe.pedaily.cn/201611/20161130406130.shtml，2016 – 11 – 30。

［8］熊凯：《东源电器重组蹊跷》，财经网，http：//www.caijing.com.cn，2013 – 06 – 02。

［9］东源电器：《关于重大资产重组的一般风险提示暨复牌公告》，深圳证券交易所，2014 – 09 – 09。

［10］东源电器：《江苏东源电器集团股份有限公司发行股份购买资产并募集配套资金暨关联交易报告书（草案）》，巨潮资讯网，www.cninfo.com.cn，2014 – 09 – 10。

［11］东源电器：《江苏东源电器集团股份有限公司发行股份购买资产并募集配套资金暨关联交易报告书（修改稿）》，巨潮资讯网，www.cninfo.com.cn，2015 – 04 – 23。

［12］东源电器：《2014 年年报》，深圳证券交易所，2015 – 03 – 12。

［13］东源电器：《2015 年半年报》，深圳证券交易所，2015 – 08 – 28。

［14］国轩高科：《2015 年年报》，深圳证券交易所，2016 – 03 – 31。

［15］国轩高科：《2016 年年报》，深圳证券交易所，2017 – 03 – 18。

第三章
并购的尽职调查

○尽职调查概述

○律师尽职调查

○尽职调查中的并购风险及防范措施

第一节　尽职调查概述

一、尽职调查的类别

尽职调查（Due Diligence，简称尽调）又称审慎性调查，通常是指在收购兼并、股票或债券发行与上市、资产转让、风险投资、股权投资等资本运作中针对交易对象和交易事项的财务、经营、法律等事项，由委托人委托律师、会计师、专业技术咨询等中介机构，按照其专业准则所进行的审慎和适当的调查和分析。目前，尽职调查已经扩展到投资、担保和信贷融资活动中，尽职调查结果往往成为投资方或资本拥有者决定是否实施投资、是否提供担保和融资的依据。

对目标公司进行尽职调查具有重要作用。首先，尽职调查的结果可能与目标公司预先提供的资料所反映的情况相吻合，也可能不一致，通过并购前的尽职调查可以详细了解目标公司各方面的情况，发现潜在的漏洞和重大问题，降低和避免并购风险；其次，通过专业人员的调查和提供的成果报告及有关建议，为并购方案的最终制订与修改、合同条款的确定、并购价格的商定、支付方式的选择等提供依据；最后，尽职调查的结果文件是资本运作实施者最终决策的重要依据，一份完整详尽的尽职调查报告能够帮助决策人最后作出肯定或否定的重大决定。

按照调查行为主体的不同，尽职调查可分为如下类别：

（一）由中介机构实施的尽职调查

在委托中介机构情况下，尽职调查一般可以分为律师的法律事务尽职调查、注册会计师的财务尽职调查、投资银行的尽职调查三种类别，其中投资银行尽职调查按照调查目的的不同又可分为保荐上市尽职调查和投融资中介服务尽职调查。委托中介机构后，仍需要企业协调及配合进场的律师、会计师、投资银行开展尽职调查。

（二）由投资方实施的尽职调查

在企业并购或对企业投资参股运作初期，投资并购方作为调查主体往往参考中介机构尽职调查的范围和内容，采用类似的调查方法单独对被并购企业或被投资企业进行初步调查。投资并购方实施的尽职调查主要分为法律事务、财务、生产经营调查三个方面。

二、尽职调查的法规

2001 年 3 月，中国证券监督管理委员会发布并实行了《证券公司从事股票发行主承销业务有关问题的指导意见》，其中第二条明确规定担任股票发行主承销商的证券公司，应当遵循勤勉尽责、诚实信用的原则，认真履行尽职调查义务，负责向中国证券监督管理委员会推荐发行人，并对所出具的推荐函、尽职调查报告承担相应的责任。

这是中国第一次对主承销商的证券公司规定尽职调查义务，并对新股发行尽职调查报告的必备内容作了详细规定，为证券公司进行股票发行业务的尽职调查提供了基本的工作指引和规范。中国证监会于 2006 年又针对首次公开发行股票上市正式发布了《保荐人尽职调查工作准则》，明确了尽职调查的具体内容和范围以及工作标准。

2001 年 3 月 1 日，中国证监会发布了《公开发行证券公司信息披露的编报规则第 12 号——公开发行证券的法律意见书和律师工作报告》，该规则第五条规定："律师在律师工作报告中应详尽、完整地阐述所履行尽职调查的情况，在法律意见书中所发表意见或结论的依据、进行有关核查验证的过程、所涉及的必要资料或文件。"这是中国第一次在法律规范性文件中出现"律师尽职调查"这一概念。

对于单纯的并购，国家并没有发布明确的尽职调查法规，企业和中介机构可将相关法规作为参照指引，但涉及上市公司的并购必须按照并购双方企业所在国家或地区的公司法和证券相关法规执行。

并购中的尽职调查的根本目的是防范并购风险、调查与证实重大信息，这是现代企业并购环节中的重要组成部分，直接关系到并购的成败。由于并购是一项风险很高的投资活动，能否顺利地并购目标公司，将影响并购公司今后的发展。因此，在目前并购法律不完善情况下进行并购活动应在现有的法律框架范围内，聘请专业的法律人士和会计师对并购进行尽职调查，对涉及的法律问题和财务问题详细研究并予以指导。在实际操作中，寻找"信得过"的中介机构是防范并购风险的首要一步。

第二节　律师尽职调查

一、委托律师尽职调查的目的

（一）律师尽职调查的必要性

在企业并购、改制重组、股票发行上市中，都涉及复杂的法律问题，并伴随着巨大风险，企业自身很难完成这项专业性极强的工作。在一些重大资本运作项目中，委托人往往只重视财务尽职调查而忽视律师尽职调查的重要性，从而承担了不必要的法律风险，甚至出现了许多收购、投资和上市失败的案例。

尽职调查作为识别、防范风险的有效手段，应当由委托人聘请律师事务所提供专业的服务，涉及证券业务的要由持有证券职业律师资格的律师进行尽职调查。律师可以根据调查内容及时发现问题和风险，并可对遇到的问题采取相应对策、对可能遇到的风险进行分析和评估。同时，法律赋予律师在调查取证方面有着特殊的权利，这对于尽职调查的顺利完成非常重要。律师等专业人士为企业并购、改制重组、股票发行上市起着保驾护航的作用。

（二）律师尽职调查的目的

委托律师尽职调查的根本目的在于通过律师的专业化调查工作，揭示被并购企业的主体资格、组织结构、资产状况、债权债务、重大合同等重要资料，使并购方明晰可能涉及的权利、义务、风险等法律问题，引导并购方在掌握充足信息的基础上作出适当决策。

一般来说，委托律师尽职调查所要达到的目的包括：（1）审核被调查对象所提供交易相关资料的真实性、准确性和完整性；（2）协助委托人了解被调查对象的组织结构、资产和业务的产权状况和法律状态；（3）发现和分析被调查对象的法律风险和问题，以及问题的性质和风险的程度。

二、律师尽职调查的主要内容

（一）对目标企业主体资格合法性的调查

主要对目标企业设立、存续的合法性作出判断。审查目标公司营业执照、税务登记证、组织机构代码证、生产许可证、销售许可证、采矿许可证、安全生产许可证、排污许可证及其他所有必需的证照资料，主体资格合法性是并购的前提。

如果企业作为出售方，则要委托律师对并购方的主体资格进行审查，从资信情况、支付能力和经营实力等角度对并购方的行为能力先作确认，了解并确认其有无交易资格。

（二）对目标企业发展过程历史沿革的调查

主要对目标企业的背景和目标企业所处行业的背景进行尽职调查。通过调查目标公司附属企业名单、组织架构图，及与目标公司的关系（例如公司供货商等）、目标公司由成立至今的任何重大事项（例如增资、改变经营范围、转换股东），可以了解目标公司的发展历史和管理架构。

（三）目标公司治理结构调查

对目标企业的规章制度和公司章程进行调查，以确信对本次并购交易而言，不存在目标公司内部程序上的障碍，或可通过一定的方式消除程序上的障碍，确保本次并购交易的合法、有效。

公司治理涉及并购后的组织整合，也是尽职调查的主要内容之一，调查目标公司的公司章程、董事会和股东大会设立及其权限；董事会成员背景及其职位、职责范围、学历、年龄、工作经历、薪酬及雇用合同等；过往三年的董事会会议记录及董事会决议；监事会成员及会议记录；过往三年的股东大会会议记录及决议，等等。

（四）对目标企业主要财产及其使用权情况调查

1. 土地使用权、采矿权。土地和矿产资源虽然属于国家资产，但企业缴纳土地出让金和采矿权价款后，就拥有了使用权和开采权。在调查土地使用权和采矿权时，应核证土地使用证、采矿许可证及企业与国土资源部门签订的相关合同、批文、土地界线图、采矿边界图、储量登记证、土地出让金和采矿权价款支付凭证等资料。

中国会计准则和制度中将土地使用权、采矿权均列入无形资产账户，影响了两类性质截然不同资源的管理、分析、评价，不利于企业在国际市场参与竞争。在尽职调查中应当把土地使用权、采矿权从无形资产分离出来单列。我国《公司法》已经考虑到属于自然资源的土地使用权、采矿权与属于智力资源的专利权、商标权等无形资产的本质不同，在规定投资入股的法律条文中，将土地使用权、采矿权单列，与专利权、商标权等智力资源区别开来。中国的会计准则和制度将土地使用权和采矿权作为无形资产，而全球其他国家的会计准则和国际会计准则中都不将土地使用权和采矿权作为无形资产。在境外上市的中国企业，如果有土地资产和矿产资源按中国会计准则已列入无形资产账户，则要按境外的会计准则将其从无形资产中分离出来。

2. 固定资产及租赁物业。目标公司主要财产的权利状态，将影响到并购的完成，应详细调查目标公司所有产权的房产建筑物、构筑物及设备等主要财产的权属凭证及设备明细（含购入价、购入日期及其所在地）、相关合同等资料；对租赁的物业及固定资产协议、已抵押固定资产明细表等进行整理分析，以避免产生权属不清问题，并为下一步的资产估值打下可靠基础。

3. 知识产权及其他无形资产。知识产权对一些技术密集型企业的并购尤为重要。知识产权属于无形资产，其审查要比不动产和动产的审查难，而且是一项技术性很强的工作。故需了解相关知识产权及其他无形资产的类型、范围、相关许可使用等情况，查阅目标企业商标、专利、版权、特许经营权等无形资产的权属凭证、相关合同等。

通过对目标企业财产及其权属的调查，律师应当对目标企业的财产及财产权利的合法有效性以及是否存在第三方权利限制、法律纠纷或潜在纠纷作出判断。

（五）经济诉讼仲裁及或有负债

对目标企业是否存在或有负债的调查，主要是对目标企业未列示或列示不足的负债予以核实，并且还应分析各种潜在的可能负债，通过一定方式尽量予以规避。

或有负债主要包括担保责任引起的负债、诉讼案件和经济纠纷、侵权案件等可能败诉引起的负债，以及产品可能发生的质量责任赔偿等引起的负债。这些负债有的可能发生在账内，有的发生在账外。目标公司的很多可能负债在尽职调查时是不确定的，对目标公司未列示或列示不足的负债必须予以调整。

查核的主要内容有：所有向其他公司或人士所作之担保的明细；产品保证之详情；任何有关诉讼和仲裁的资料；是否存在尚未了结的或可预见的重大诉讼、仲裁及行政处罚案件，任何有关政府调查及惩罚之详情；过往三年因侵犯他人的专利权、商标及著作权之索偿；环境保护、产品质量、劳动安全、人身权等原因产生的侵权之债；其他或有负债之详情等。

（六）管理层和人力资源

1. 管理团队。通过调查目标公司高级管理人员有关背景的简介，其职位、职责范围及其学历、年龄、工作经历、薪酬及雇用合同等，有利于并购后企业的管理整合安排。

2. 人事及组织管理。为了目标企业人力资源的整合，核实部门架构图和人力资源配置图、人力资源管理制度；公司薪资制度及福利详情（如各种补贴、奖金等），审阅管理人员及职工劳动合同标准文本；目标企业与员工签订的一些劳动合同是否会对此次并购产生影响，直接影响并购目的的实现。

（七）主要附属法律文件及其履约执行

1. 目标公司的主要合同。合同责任直接影响到并购方的风险，对于目标公司的资产销售或购买协议，厂房、用水、用电合同和与生产有关的原材料采购、主要生产设备采购、前十大客户销售合同、70% 的销售客户名单，银行贷款及其他借款合约，财产及人身保险合同、保险单及其他重要合同等需特别注意。

2. 重大合同履行情况及重大债权、债务情况。需要查阅目标企业将要履行、正在履行以及虽已履行完毕但可能存在潜在纠纷的重大合同，并对其合法性、有效性以及是否存在潜在风险作出判断；在会计师配合下对目标企业金额较大的其他应收款、其他应付款等确认是否因正常的生产经营活动发生，是否合法。

（八）安全生产、停工停产、环境保护、消防安全、职业健康

以上提及的尽职调查内容在大多数并购活动中都会涉及，而对于某些特定行业、特定背景的目标公司则还需要有针对性地制订尽职调查计划，进行详尽、全面、谨慎的调查。

三、律师尽职调查的程序、方法和途径

（一）签订律师尽职调查协议

并购企业应与律师根据具体交易性质和交易目的协商明确调查范围，调查之前由律师提供一份调查清单。并购企业根据交易时间表对被调查对象的熟悉程度等具体个案因素，与律师在委托协议书中约定调查范围、委托目的、工作时间、工作成本、委托事项或调查范围变更等内容。律师尽职调查的工作范围应当根据实际需要加以明确，律师在调查过程中若发现问题应及时与委托人协商调整调查范围和调查方法。

（二）资料收集与核证

尽职调查最基本的方法就是通过向被调查对象提供调查资料清单，要求被调查对象提供资料，从而收集调查工作所需要的充分和适当的资料；确认每一件事实必须查阅若干个支撑文件，这是尽职调查的最基本要求。一般情况下，律师均假定被调查对象或委托人所提供的资料是准确、真实和完整的；但是，根据调查需要，有时也需要律师独立地收集资料，尤其是对于某些重大事项，律师应当依照审慎原则通过向第三人发核证函或其他独立调查等方式进行核证，而不应当仅仅依赖于委托人或被调查对象所提供的资料。

（三）会见有关人员

必要时律师需要与被调查对象的董事、高级管理人员、公司法律顾问、关键技术人员和关键岗位人员会见，核实一些书面资料无法核证的事实。

（四）实地考察

实地考察对象是公司的主要经营场所、仓库等，目的是熟悉公司产品和服务的

生产和提供方式，观察公司的日常运营情况。例如，深圳高速公路 H 股在香港上市时，所有中介机构都派人在不同时间全程实地考察了深圳高速经营管理的 3 条运营公路和 1 条在建公路，观察了车流量、路面维护状况、土地占用情况、收费站的设置、收费票据、施工进度等。而"银广夏"对所属天津子公司的车间、仓库实施造假行为的事件中，中介机构如果直接进行实地考察，就可以提前发现该公司虚构销售收入的问题。

（五）向有关机关、机构核查

鉴于大部分文件材料都由目标公司提供，而目标公司存在提供虚假文件的可能性，并购律师通常对文件中的最关键问题进行再次核实，对于一些专门事项，必要时应到行业主管部门、工商、税务、银行、海关、商检、技术监督、环保、知识产权管理机关、法院、仲裁机构、会计师事务所等单位进行调查核实。例如，其主体合法性应到工商局核查，确认债务本金和利息应当去银行等债权人那里取得确认函，职工养老保险金拖欠到社保局取确认函，拖欠税款到税务局核证，房屋、土地到房管局和国土资源局核证，等等。2000 年"杰威国际"公司在香港创业板上市申请被批准并成功地公开招股，在上市前的最后关头才被发现伪造了其在厦门的合资公司的工商注册登记资料。如果主承销商的律师自行到当地工商局对合资公司的工商登记进行独立核证，调取盖有工商局注册登记档案查询印章的资料文件，骗局在一开始就会被揭穿。

（六）分析和总结

在收集了足够的相关资料后，律师将运用专业知识、方法进行判断，确定已核证的事实、待核证的事实、未核证的事实。根据分析结果进行补充调查或形成结论性的法律意见。法律意见就交易存在的和可能发生的法律问题和风险发表意见，给委托人提供正确的决策依据。

四、律师尽职调查文件清单

并购企业委托律师尽职调查的第一步，就是向被调查对象提供调查所需资料的文件清单，被调查对象根据清单提供相关资料，然后由律师审查、核证。随着调查的深入，律师会补充具体明确的详细清单，并根据进展情况继续跟进调查。为了给被并购企业准备资料提供总体范围，了解律师的调查需要，下面介绍香港主板上市公司神州资源（00223. HK，原名建发国际有限公司）收购中国境内企业升平煤矿案例中律师提供的《法律事务尽职调查文件清单》样本。

并购项目法律事务尽职调查文件清单

本法律事务尽职调查文件清单（以下简称本清单）由本律师事务所（以下简称本所）为执行本并购项目之法律事务尽职调查工作的目的而编制。本清单明确了被调查单位提供法律事务尽职调查文件及有关情况的具体范围。请被调查单位真实、完整、准确地回答本清单所列载的问题并提供有关文件。被调查单位应对其所提供文件和情况的真实性、准确性和完整性负责。本所律师将根据初步调查情况，结合被调查单位的实际提出必要的、更具体的补充文件清单，并开展进一步的跟进调查。

（一）公司的设立及变更文件

1.1 请提供由公司注册地工商行政管理局出具的、盖有"工商档案查询专用章"的、截止日期为2006年12月31日或之后的公司注册登记资料查询单（原件）。该查询单应包括以下内容：企业名称，注册号，注册地址，法定代表人，董事成员，注册资本，企业类型，经营范围，成立日期，经营期限，年检情况，现有股东名称、出资额及出资比例。

1.2 请到公司注册地工商行政管理局调取公司自设立以来的全部工商登记注册档案（包括但不限于开业登记、变更登记、年检登记），打印并骑缝加盖"工商档案查询专用章"，提交至指定资料库。本项资料请提供加盖"工商档案查询专用章"的原件。

1.3 按以下顺序提供相关文件。

1.3.1 公司（包括公司前身，下同）自成立以来（包括设立、历次变更）的企业法人营业执照及最新经年检的企业法人营业执照。

1.3.2 请按发生时间的先后顺序说明公司自设立以来历次变更的详细情况。前述变更包括但不限于公司的股权转让、增减注册资本、变更公司名称、变更经营范围、变更注册地址、变更企业性质及组织形式。如公司股权发生过转让，请在情况说明中注明历次股权转让前后的股东、持股比例及该次股权转让的作价依据（以成本价、账面值或评估值作价）。如公司发生过减资，请在情况说明中注明是否按法律规定履行了登报公告及通知债权人等程序。如公司发生过增资，请在情况说明中注明增资前后公司的注册资本、股权结构的变化情况。如公司发生过从全民所有制企业改制为公司制企业的情况，请在情况说明中注明改制是否经过主管机关批准、是否经过评估。

请提供能证明清单中每项变更的相关法律文件，包括但不限于变更前后的营业执照、公司章程、验资报告、资产评估报告、公告、相关的各种决议、协议（如该等文件与其他条款项下要求的文件重复，请注明已经提供文件的情况）。

以下1.3.3至1.3.6部分，如需提交的文件和1.2中的文件有重复，则请标明在1.2中已提供，无须重复提供：

1.3.3 公司出资人（包括股东和发起人）签署的出资人协议、股东投资协议或出资人为设立公司而签署的其他类似协议，以及出资人（股东和发起人）为设立公司而作出的决议。

1.3.4 公司成立及历次变更时的政府主管部门（如国有资产主管部门、行业主管部门、外商投资主管部门、境外投资主管部门）或上级主管单位的批文或批准证书。

1.3.5 公司成立、进行公司制改建，以及历次注册资本变动所需的验资报告、资金信用证明（适用于全民所有制企业）、资产评估报告，包括评估结果的核准、备案文件。

1.3.6 公司成立时及历次变更的公司章程以及现行有效的公司章程或类似的章程

性质的文件；如公司为外商投资企业，则请提供公司设立及历次变更时的合资合同和合资公司章程。

1.4 请提供公司全部分支机构（包括但不限于分公司、办事处、研发中心、培训中心、售后服务中心、产品销售中心等非法人单位）的名单及营业执照。

1.5 公司的开办单位（适用全民所有制企业的情况）、公司自身的股东（大）会、董事会、监事会、总经理办公会在三年内召开之会议的会议记录和会议决议。

如公司为上市公司，则还请提交公司的其他委员会（如审计委员会、战略委员会、提名委员会、薪酬委员会等）在三年内召开之会议的会议记录和会议决议。

1.6 公司的内部组织结构图及各部门职责。

（二）公司的各项法律资格、登记和备案

2.1 请提供公司的组织机构代码证、税务登记证（包括公司分支机构的国税和地税登记证）、国有资产产权登记证、外汇登记证、外债登记证、财政登记证等登记、许可、备案文件。

2.2 请说明公司目前从事的经营事项和业务种类，并提供公司从事之经营事项所需要的全部政府登记、许可、备案文件，包括但不限于各项行政许可证书（如销售许可证、生产许可证、采矿权证、探矿权证、安全许可证等类似文件）、相关的资质证书等。

2.3 请提供公司主要业务经营所涉及的重大法律、法规、地方性法规、地方政府规章、政策和通知的清单，并说明是否存在可能对公司主要业务有重大影响的法律、法规和政策的变化。

（三）公司的股东

3.1 请提供公司股东名单并在该名单上注明股东各自的实际出资额和持股比例。

3.2 请提供有关公司股东的下列文件，包括：该股东现行有效的企业法人营业执照和公司章程；如公司股东为自然人请提供其身份证复印件；如公司股东为工会等社团法人或事业单位，请提供其法人资格证明及组织章程；如公司股东为外国投资者请提供其在其注册地合法设立的证明文件及公司章程（Article of Association）和公司章程细则（By-Law）。

3.3 请说明持有公司股权或权益超过5%的股东在公司、公司的下属公司及孙公司中是否持有股权以及持有股权的百分比。

3.4 请说明公司是否存在管理层、员工持股的情形或类似的安排（如奖励性期权安排、股票增值权计划及个人增量持股计划等）及其实施情况。

3.5 请说明与公司股权有关的任何质押、其他产权负担的详情，并提供相关文件[包括但不限于股权质押的股东（大）会及/或董事会决议、股权质押协议、记载股权质押情况的公司章程及/或股东名册、股权质押登记备案文件等]；请说明公司股东持有之本公司股权是否存在产权争议的详情，并提供相关文件。

3.6 请说明本公司是否依法完成了国有产权登记和变更登记，是否存在国有产权登记与公司的工商登记不一致的情况。

3.7 请说明公司股东以非货币出资后有关的财产权（如土地、房产、知识产权、股权等）是否依法转移的详情并提供相应的文件，如公司股东以土地使用权、房产出资，土地使用权证、房产权证的所有权人是否已变更为公司，并提供相应的变更后的土地使用权证、房产权证。

（四）公司的对外股权投资

4.1 请提供公司所有的对外投资企业的股权结构图和清单（请注明每家公司的准确名称、注册地址、注册资本、股权比例及经营范围）。

4.2 请提供由公司所有对外投资企业（包括全资子企业、控股企业、参股企业）注册地主管工商行政管理局出具的、盖有"工商档案查询专用章"的、截止日期为2006年12月31日或之后的公司注册登记资料查询单（原件）。该查询单应包括以下内容：企业名称，注册号，注册地址，法定代表人，董事成员，注册资本，企业类型，经营范围，成立日期，经营期限，年检情况，现有股东名称、出资额及出资比例。

4.3 请提供公司所投资企业（包括全资子企业、控股企业、参股企业）的企业法人营业执照、投资协议（包括但不限于出资人协议、发起人协议、股权转让协议等）、其现行有效的公司章程以及所投资企业历次注册资本缴付到位的验资报告。

4.4 请提供公司境外投资所设立企业（包括境外分支机构，下同）在设立时及历次变更时所有的境内审批文件，包括但不限于：

4.4.1 发展改革部门的批准文件；

4.4.2 商务或外经贸主管部门的批准文件及批准证书；

4.4.3 外汇管理部门的批准文件及境外投资外汇登记证书；

4.4.4 境外国有资产产权登记文件。

4.5 请提供公司境外投资所设立企业设立时的公司登记注册证书，该企业自设立以来历次变更（包括但不限于增资、减资、股权转让、变更公司名称、变更注册地址、变更经营范围、变更企业性质及组织形式）后换发的以及该企业现行有效的公司登记注册证书、公司章程（Article of Association）、公司章程细则（By-Law）。

请提供由该境外投资企业所在国律师出具的该公司合法设立并有效存续的法律意见书。

4.6 公司签署或拟签署的任何合资、合作、联营以及承诺对外投资的文件。

（五）重大合同

5.1 请提供公司所有现行有效的重大合同，即与公司生产经营有关、涉及的合同金额单项或累计超过公司最近一期净资产5%的所有合同的汇总表及相关合同文本。这些合同包括但不限于原料采购合同、产品销售合同、委托加工合同、工程承包合同、工程施工合同、设备采购合同、设备租赁合同（包括经营性租赁和融资租赁）、货物进出口合同、技术转让合同、技术许可合同、技术进出口合同、研究开发合同、长期供应合同、售后服务委托合同、委托代理或分代理合同等。

5.2 请提供公司前十名原料、设备供应商及前十名销售客户的名单。

5.3 与公司生产经营有关的所有特许权合同和特许经营合同（如有）。

5.4 公司近三年来已经实施的、正在实施的或拟进行的金额超过公司净资产5%的收购或资产处置项目的相关合同、协议或其他任何文件。

5.5 与各公用事业服务部门或者其他公司签订的提供水、电、气、热等服务的协议、合同或者相关的批文。

5.6 所有不竞争协议和其他以公司为合同一方的可能限制其未来经营活动的协议。

5.7 公司为合同一方、合同另一方因拟进行的本次重组而有权终止或修改条款的任何协议。

5.8 公司与其他方签署的或实际履行的资产（产权、企业）代管协议，以及相应的批准文件、代管安排和代管权限制等文件。

5.9 公司与其股东，以及与下属公司签署的任何协议。

（六）债权债务和担保

6.1 请提供公司目前有效、仍在履行的借款合同汇总表及合同文本，包括人民币或外汇币种贷款合同及有关批文、登记文件。

6.2 政府有关部门给予公司之优惠贷款条件或其他财务支持（如财政补贴、先征后返等）的任何批准文件，以及目前是否具备享受该优惠的所有证明文件等。

6.3 公司存在的任何形式之担保情况汇总表（请按公司作为担保人和被担保人的情况，分别填写该汇总表），并就担保情况提供专项的书面说明。该担保包括但不限于保证、抵押、质押、留置、定金等，并请提供担保之所有合同、文件、抵押和质押证明等。应提供的文件具体包括但不限于：

6.3.1 公司及其下属企业对公司股东的责任和/或债务作出的担保；

6.3.2 公司对公司下属企业的责任和/或债务作出的担保；

6.3.3 公司及其下属企业对其他第三方的责任和/或债务作出的担保；

6.3.4 公司用自己的资产对自身债务所设定的担保（包括抵押、质押、定金、留置等情况）；

6.3.5 任何第三方对公司或其下属企业的责任和/或负债作出的担保；

6.3.6 为外汇贷款提供的担保，以及外汇管理机关对这类担保的批准及登记文件；

6.3.7 公司对境外提供的担保，以及外汇管理机关对这类担保的批准及登记文件；

6.3.8 信用保证、信用证、履约保函、履行保证金或其他担保文件（如适用）。

6.4 请提供公司的应付账款清单，包括单位名称、金额、期限、担保方式等；并提供该清单所列各项应付款的合同文件、担保（保证、抵押、质押）文件。

6.5 请提供公司的债权清单（包括但不限于对外借款、企业间拆借、应收账款、其他应收款），包括欠款单位名称、金额、期限、担保方式等；并提供该清单所列各项应收款的合同文件、担保（保证、抵押、质押）文件。

对公司拥有的债权，请说明公司对这些债权到期期限。同时，请公司说明是否曾经对已到期债权进行过书面催告，债务人是否进行过书面回复，并提供相关书面文件。

6.6　请说明公司与下属公司之间的资金拆借情况，并提供相应的合同。

6.7　其他重大融资的协议和文件。

（七）土地、矿产资源、房产、机器设备

7.1　请提供公司使用或拥有的土地、矿产资源及房屋汇总表；若该物业用于出租，还需提供出租汇总表；提供在建工程汇总表。

7.2　除填写并提供上述表格以外，请按下述清单提供相关文件：

7.2.1　土地和矿产资源

（a）国家授权经营土地：国土资源管理部门对授权经营及土地处置方案的批准文件；

（b）划拨土地：国土资源管理部门的划拨文件、划拨土地使用权证；

（c）出让土地：国有土地使用权出让合同，国有土地使用权证，土地出让金支付收据；

（d）从第三方（第三方已经取得国有土地使用权证）通过转让方式取得：第三方与国土资源管理部门签订的国有土地出让合同，国有土地使用权转让合同，国有土地使用权证，土地转让价款支付证明；

（e）从国土资源管理部门通过租赁方式取得：国有土地租赁合同，国有土地使用权证，租金支付凭证；

（f）从第三方（第三方已经取得国有土地使用权证）通过租赁方式取得：土地租赁合同，租金支付凭证；

（g）如公司系以受让、租赁或其他方式取得和使用农用地、集体土地，请特别予以说明，并提供相应的文件（包括但不限于转让合同、租赁合同、转让价款或租金的支付凭证）；

（h）以其他方式取得的土地的证明及其相关文件；

（i）国家有偿出让采矿权的矿产资源：采矿许可证、矿产资源储量证、采矿权价款合同、缴纳采矿权价款凭证。

7.2.2　房产

（a）已建设完成并取得产权证的物业：房产权证（或房地产权证）；

（b）自建但未建设完成的物业：国有土地使用证、建设用地规划许可证、审定设计方案通知书、建设工程规划许可证、建设工程施工许可证、环保部门关于建设项目环境影响评价文件的批复；

（c）从第三方受让的物业：房产权证（或房地产权证）。如还未取得房产权证（或房地产权证）的，请提供第三方房产权证（或房地产权证）、购买合同、房屋价款支付证明，未办理产权证原因的说明；

（d）从第三方租赁的房产：第三方的房产权证（或房地产权证），租赁合同，房屋租赁登记证，租赁许可证（如有）；

（e）出租的房产：房产权证（或房地产权证）、土地使用权证、出租合同、出租许可证（如有）、租赁登记证；

（f）以其他方式取得的任何房产的产权证明及其相关文件。

7.2.3　其他

（a）影响公司拥有或租赁的房地产的使用、出售、租赁或转让的限制，合约及承诺的详细清单及协议，包括但不限于抵押协议以及登记文件；

（b）政府有关房地产使用、抵押、租赁等有关的批文及登记文件；

（c）土地使用税、土地使用费、土地增值税、契税、印花税的缴纳证明；

（d）国家及地方土地管理部门对土地处置方案的批复（如适用）。

7.3　请提供公司固定资产明细表（包括但不限于机器设备、车辆），并提供车辆行驶证。

7.4　请说明近三年以来公司出售、拟出售对生产经营有重大影响的，价值占公司净资产5%以上的资产情况，并提供相应的文件。

（八）知识产权

8.1　请提供公司持有或拥有的全部专利（发明、实用新型和外观设计）、商标、服务标识、商号、专有技术、标志、域名、软件著作权（包括对前述内容的申请）的汇总表。

8.2　公司拥有的专利（包括专利申请权）、商标、专有技术及其展期情况的详情，并提供有关注册证书。

8.3　公司与第三方订立的有关专利（包括专利申请权）、商标、专有技术、域名的转让、许可协议（公司作为转让方或受让方、许可方或被许可方）及有关登记注册证明。

8.4　现存或潜在的有关公司所有或第三方所有的专利、商标、商誉、专有技术、域名或其他知识产权的争议或纠纷。

8.5　技术转让合同、技术许可合同、技术合作开发、委托开发合同、技术进出口合同以及注册、许可批准及登记证明（若属于涉外转让）。

8.6　提供其他无形资产的清单、登记/备案文件（如有）、许可/授权合同（如有）。

（九）保险

9.1　公司财产保险的汇总表，包括但不限于第三者责任险、一般责任保险、财产保险、火灾、失窃和意外损失保险等所有保险（社会保障基本保险除外）。

9.2　一切保险索赔清单以及有关保险撤销或拒延的信函往来。

9.3　公司已按期缴清所有应缴保费的证明文件。

（十）诉讼、仲裁和行政处罚

10.1 任何有关或涉及公司的已经发生的、正在进行的或已有明显迹象表明可能要发生的全部诉讼、仲裁、行政处罚或者行政复议情况汇总表和文件，应提供的文件包括但不限于：

10.1.1 立案通知书或追加第三人通知书或仲裁受理通知书；

10.1.2 起诉书或仲裁申请书；

10.1.3 答辩状或仲裁答辩书；

10.1.4 反诉状或仲裁反请求书；

10.1.5 法院判决书、调解书，仲裁裁决书、仲裁调解书，行政处罚决定书（通知书）或行政复议决定书；

10.1.6 和解协议；

10.1.7 若有二审，请提供上诉状或上诉答辩状、二审法院判决书、调解书、裁定书；

10.1.8 若有申请撤销仲裁裁决或申请不予执行仲裁裁决的，请提供有关申请书或答辩文件及法院的裁定书；

10.1.9 书面说明前述诉讼、仲裁、行政处罚所处的程序阶段（包括诉讼程序中的一审阶段、上诉期间、二审阶段和执行阶段，仲裁程序中的仲裁阶段、执行仲裁裁决阶段或申请撤销仲裁裁决、申请不予执行仲裁裁决阶段等，以及行政处罚的调查阶段、听证阶段，行政复议阶段，行政诉讼的一审、二审阶段，执行阶段等）并提供相关文件。

10.2 存在于或涉及公司任何财产存在任何行政机关、司法机关的查封、冻结及其他强制执行的措施或程序，并提供以下文件：裁定书，查封、扣押、冻结通知书，协助执行通知书，执行通知书，等等。

10.3 公司在过去三年及可预见的未来有否与第三方发生任何在法律诉讼或仲裁程序以外的纠纷或政府机构进行的调查（例如向主管部门的投诉、由主管部门所决定的处罚或罚款等），并请提供其中存在潜在纠纷的重大合同及合同当事人的往来文件。

10.4 请说明公司在过去三年遭受的反倾销调查或保障措施，及公司提起的反倾销调查的情况，并提供相应的文件。

（十一）环境保护

11.1 公司所有项目的排污登记、排污许可证、环保部门同意设置排污口并排污的批准文件，以及其他类似文件。

11.2 所有项目之建设和生产的任何环境影响报告书（或环境影响报告表、环境影响登记表）、环境评价报告、环境质量监测报告及环保部门的审批意见，包括但不限于对水资源、水污染（工业用水及生活用水）、大气污染、土壤污染的综合或独立的环境影响报告和审批意见。

11.3 自行处理污染物，包括但不限于收集、贮存、运输、处理的全部政府授权、执照、批准许可。

11.4　所有项目的防治污染设施、设备之竣工验收合格证明及其设计和被批准使用年限的文件。

11.5　对外签署的涉及环保之所有合同、意向书、承诺书和文件，包括但不限于受让、转让、出租或出借排污设施之合同及意向书，与他人签订之环保谅解协议、备忘录。

11.6　公司自设立以来接受环保部门或其他环保监督管理部门监督检查的所有环保证明和相关文件。请说明公司自设立以来是否受到过环保部门的行政处罚，并提供相应的文件。

11.7　历年来缴纳排污及其他一切与环境保护相关的费用之证明或者凭证。

（十二）产品及服务质量

12.1　公司取得的有关产品质量的相关认证、证明文件。

12.2　公司近三年是否受到过技术质量监督部门的行政处罚，如有，请提供相关文件。

12.3　公司应当执行的有关产品或服务的国家标准、行业标准或企业标准的目录。

12.4　公司产品质量保险的相关文件和资料。

（十三）税务

13.1　请提供与公司经营有关的所得税、增值税、营业税或其他各种税种以及税率的情况说明。

13.2　请提供公司近三年来执行的税种税率是否合法合规、是否依法纳税、是否欠税、是否受到过税务机关行政处罚的说明。

13.3　公司取得的与减免税或退税优惠政策有关的文件，及任何关于公司的特殊税收待遇的法律规定或政策文件。

13.4　任何有关公司重大税务纠纷的文件及信函，包括正在进行的税务纠纷的清单及有关收入报告、文件和信函。

13.5　公司所收到的有关欠缴税款的文件、通知及采取的解决方法。

13.6　公司在税务方面受到任何行政处罚的相关文件（如有）。

（十四）劳动关系及人力资源

14.1　请提供关于国家及公司所在地省、市关于员工福利待遇、国有企业员工身份置换、买断工龄、待岗或转岗安排等方面的法律、法规、地方性法规、政策、通知、文件。

14.2　公司现行有效的劳动合同，请分类提供样本。如公司以前使用过不同的劳动合同文本，请分类提供样本。

14.3　请提供公司董事、监事、经理层、财务负责人和公司主要业务部门领导的简历，及其聘用合同，并提供公司任命现任董事的股东会决议及工商登记变更资料。请提供公司向上述高级管理人员提供个人借款的资料（如有）。

14.4 请说明在过去三年里公司是否有过集体性罢工、怠工、示威游行、上访等行动或受到过这种行动的威胁。如有，请说明原因、参与人数、处理结果。

14.5 请详细描述公司发生的一切劳动纠纷（包括但不限于劳动仲裁、不公平劳工待遇、工作环境、安全及劳动卫生等方面的诉讼或行政程序）。如在过去三年里有员工向公司提出过任何索赔，请提供相关文件。

14.6 请说明公司参加社会保险的情况（包括但不限于养老保险、失业保险、医疗保险、工伤保险、生育保险、住房公积金），以及公司在社会保险之外向员工提供的商业保险、退休福利计划、退休安排和其他雇员福利计划的情况，包括相关的政策、内部规则、合同、计划。

请公司对已退休职工的退休安置情况及统计进行说明，包括但不限于退休工资、医疗保险及其他福利待遇。

14.7 请提供公司经年检的社会保险登记证及社保缴费凭证。

请提供公司关于本辖区内已开征的社会保险险种、公司近三年来社会保险缴费情况、是否存在欠缴保费、是否受到过社保主管机关处罚等情况的说明。

14.8 请提供现有与主要管理人员、员工所签署的补偿协议。在已同意向前高级职员、前董事或前员工（或其受益人）支付的任何补偿金中是否有任何部分尚未支付。

14.9 公司作出的任何重大（留用察看以上）的惩处、裁员、安置或内部退养的行动，以及未来拟进行的类似重组计划的清单，意外事故和职工伤亡事故的原因。

14.10 请提供公司现有工会组织的社团法人登记证、工会章程等文件，并说明该等工会是否作为出资人（股东或发起人）持有其他企业的股权或投资权益。

14.11 请提供公司历次职工代表大会、工会的会议记录和会议决议。

（十五）其他

15.1 过去三年经中国注册会计师审计之企业财务报表及审计报告。

15.2 公司最近的一期资产负债表、现金流量表及利润表。

15.3 如公司为上市公司，请提供：

15.3.1 公司首次公开发行股票、增发、配股的相关文件，包括但不限于：政府主管部门（行业主管部门、国资委、中国证监会等）的批准文件、招股说明书、上市公告书、审计报告、资产评估报告、法律意见书、律师工作报告等。

15.3.2 公司近三年来全部的信息披露文件，包括但不限于年报、半年报、季报、收购报告书、股东变动情况报告书、要约收购报告书、各种公告。

15.3.3 公司是否受到过证券监管机构（中国证监会、证券交易所等）的处罚、谴责，如有，请提供相关文件。

15.4 其他任何公司认为重要的有关公司业务和财务状况的信息资料。

调查清单附表名称（表式略）

附表一：重大合同统计汇总表

附表二：贷款合同汇总表

附表三：担保情况汇总表

附表四：土地汇总表

附表五：房产汇总表

附表六：土地租赁汇总表

附表七：在建工程汇总表

附表八：房屋租赁汇总表

附表九：知识产权汇总表

附表十：保险汇总表

附表十一：诉讼仲裁汇总表

五、法律意见书的内容及格式

（一）直接收购境内公司的法律意见书

境内公司或境外公司直接收购境内企业，都需要按上述程序和方法由收购方委托中国律师进行尽职调查，并由律师事务所针对并购行为出具法律意见书。如果收购主体 A 公司是境内企业，法律意见书的名称为"关于 A 公司收购××公司的法律意见书"，如果收购主体 A 公司是境外公司，则法律意见书的名称上加上中国二字，即"关于 A 公司收购××公司的中国法律意见书"。其内容及格式详见本章案例。

（二）境外投资者间接收购境内公司

如果收购方是境外公司 A（或其他个人投资者），并通过另一个境外公司 B（如开曼群岛的离岸公司）间接收购境内企业 C，其法律事务尽职调查则应分为两步：

第一步，由 B 公司委托中国律师出具"关于 B 公司收购 C 公司之中国法律意见书"，并完成 B 公司对 C 公司的收购。

第二步，虽然 A、B 两公司都是境外公司，但由于 A 公司的收购目标 B 公司所拥有的主要资产和主营业务就是地处中国的 C 公司，A 公司收购 B 公司在法律上涉及了境内公司，因此 A 公司收购 B 公司的操作程序上需要中国律师的法律意见书。在此步骤中，应由 A 公司委托中国律师出具"关于 A 公司收购境外 B 公司涉及境内 C 公司相关事宜之中国法律意见书"，其内容及格式如下。

关于 A 公司收购境外 B 公司

涉及境内 C 公司相关事宜之中国法律意见书

第一部分　说明

委托人、被委托人、委托事项和目的、律师资格、法律意见书涉及事项的司法管辖范围界定、法律意见书使用目的等。本法律意见书仅供委托人 A 公司收购 B 公司涉及 C 公司相关事宜而提供中国法律意见。

第二部分　正文

（一）被间接并购的境内公司现时状况

1. 外商投资企业批准证书、企业法人营业执照，行业的经营许可等相关证照，在本法律意见书出具之日，被并购企业的具体信息如公司名称、企业类型、住所、法定代表人、投资总额、注册资本、实收资本、经营期限。

2. 在本法律意见书出具之日的股权结构，如股东名称、出资额。

3. 中间过渡公司并购境内企业的股权转让协议。

4. 商务部门对股权转让协议和公司章程的批复文件、外商投资批准证书编号及主要内容。

基于上述：

1. 确认被间接并购的境内公司系依据中国法律成立有效存续的独立法人，其合法经营的行为受中国法律的管辖和保护。

2. 确认被间接并购的境内公司有权依法拥有资产并按照其企业法人营业执照核准的经营范围依法从事相关业务及订立有法律约束力的合同及文件，其具有独立承担、履行民事法律责任和义务及享有、行使民事法律权利的能力；能以其全部财产对其债务承担责任，依法自主经营、自负盈亏，具有民事诉讼能力。

3. 中间过渡公司收购被间接并购的境内公司全部股权事宜已经取得有关审批机关的批准，并履行了法定和必需的变更登记手续，合法有效。

（二）被间接并购的境内公司业务

各种证照情况，证照编号和有效期。

依此确认并未从事任何企业法人营业执照注明的经营范围以外的业务。本所认为，其经营范围和经营方式符合中国有关法律的规定，其已获得从事其经营范围内业务所必要的经营许可。

（三）公司治理结构

公司组织机构系依据其章程建立，符合《中华人民共和国公司法》《中华人民共和国外资企业法》等相关中国法律、法规的规定，董事及法定代表人均依法委任。

（四）知识产权

（五）税务

（六）银行贷款及对外担保

（七）未决诉讼、仲裁和行政处罚事项

（八）员工及缴纳社会保险和住房公积金情况

（九）土地房产情况

（十）子公司与分支机构

（十一）环境保护

（十二）安全生产

（十三）外汇登记及享有的权益

（十四）关于本次收购的结论

第三部分　结论意见

结论意见包括如下内容：

依据有关法律，确认本次境外公司 A 收购境外间接过渡公司 B 的并购行为并不受中国法律的管辖，不需要取得中国政府的批准或许可。

本次收购完成时，并购企业 A 将通过公司 B 间接持有被间接并购的境内公司 C 的股权，此种安排并不违反中国法律、法规的规定等结论性意见。

一般来说，结论意见往往直接列在正文后，不单独作为一部分。

六、委托律师尽职调查应当注意的问题

（一）尽职程度与调查深度

尽职程度应当与交易的性质和交易的重要程度相对应。在尽职调查中，提供给律师的资料和事实信息应做到针对性、客观性、完整性。

1. 要有针对性。当开始一项尽职调查时，必须明确其尽职调查的目标是什么。针对性是指了解相关事实，不涉及无关事实。

2. 突出重点。要明确在进行尽职调查的过程中什么层次的资料和信息是重要的，并确定尽职调查所要达到的目标及需要从中发现的有关法律事项。

3. 客观性、完整性。客观性是指调查到的是已经存在的事实，包括事件和法律行为；完整性是指不应了解片面、部分的事实，要了解全部的相关事实。

（二）调查资料清单的局限性

调查资料清单是尽职调查最经常使用的工具，收购兼并与项目投资、公司股票发行和上市使用的清单有所不同，但都包括公司组织结构的基本法律文件、重大资产、重大合同、税务、劳动人事管理、重大债权债务、诉讼、仲裁、行政处罚等基本内容。一些相关专业书籍中也有调查清单范本供参考，看起来似乎调查清单可以标准化，清单适用于各种调查并可以涵盖所有调查事项。

但是，在资本运作中清单标准化只能是一种参考，不能直接套用，必须根据个案的具体情况进行深入分析，给出符合个案要求的调查清单；清单有其局限性，使用清单并不能保证调查的质量；在某种意义上讲，具体个案的清单和实际深入调查核实要比简单地套用某个范本清单的难度更大、更重要。

第三节　尽职调查中的并购风险及防范措施

一、尽职调查的分工与协作

（一）业务分工

律师、会计师和行业专家是共同参与资本运作中的中介机构，三者的尽职调查工作在很大的程度上是并行的，各自承担不同的调查任务和责任，分工和责任划分都是

非常明确的，但在某些部分则需要互相协作。

1. 整体调查范围。律师尽职调查的范围主要是被调查对象的组织结构、资产和业务的法律状况以及诉讼纠纷等法律风险；财务尽职调查的范围主要是被调查对象的资产、负债等财务状况及其数据、财务风险和经营风险；行业专家尽职调查的范围主要是被调查对象的生产品种、产品质量、生产工艺、生产设备、核心技术、原材料、生产成本、销售价格、销售市场、销售渠道、产业政策等经营状况和风险。

2. 同一调查内容的侧重角度。中介机构在尽职调查中都调查目标公司的固定资产和无形资产；律师尽职调查侧重审查资产的权属、合法性和有效使用期限；会计师审核的重点是资产的原值、折旧和净值等账面价值；行业专家审查则侧重资产的技术状况、性能情况以及资产所具备的生产能力。再比如，中介机构的调查中都包括被调查对象享有地方政府给予的税收优惠政策，会计师审核的是优惠税款的数额、时间和账务处理的合理性，律师审查侧重此种税收优惠政策的合法性和时效性，行业专家审查侧重此种税收优惠政策实施或取消对经营利润的影响程度乃至对市场竞争的影响。

（二）业务协作不够问题

读者可能已经注意到，在有的上市公司虚假披露财务信息或披露不真实信息等丑闻中往往涉及中介机构被牵连处罚的事件。在这些事件中，有的只有注册会计师和投资银行遭到了处罚，而有的是律师、注册会计师、投资银行都遭到了处罚。这就提出了中介机构尽职调查是否到位以及相关的责任问题，也引发了各中介机构之间的责任界定问题。除了中介机构自身责任之外，有时也由于互相协作不够而出现问题。比如，律师与会计师的协作不够问题主要表现在：

1. 有些国内会计师不善于发现其财务调查中涉及的法律问题，不善于主动寻求律师的协助。

2. 律师对公司经营、生产业务和财务领域中的法律问题和法律风险不敏感或不熟悉，在调查范围和调查方法上有缺陷。

3. 部分工作的性质兼具法律和财务性质，工作范围划分不明确。例如，对某项供货合同的应收账款的准确性应由会计师负责查账并向相关单位发函核证，对合同条款及签约的合法性应由律师审核。但是，合同的真实性应该由谁负责向第三方核实则存在争议或责任不清。

4. 投资银行有时没有能够有效地发挥总协调人的作用，对各中介机构发生的边界问题协调和综合审查不力，也会产生分工协作问题。

由于上述分工和协调出现的问题往往导致在并购中尽职调查不够深入细致，遗漏重大问题甚至出现并购陷阱，乃至下一步签订的协议条款出现重大纰漏。

二、并购尽调风险及其防范

（一）并购尽调中容易出现的风险或陷阱

对并购企业来说，最重要的不是寻求最大利益，而是如何规避风险。本书第一章

第七节已经阐述了买壳上市中的重大风险控制。其实，企业并购是一项在资本运作中最复杂的操作，其中到处充满风险和不确定性，即使像谷歌、微软、惠普这样的世界巨头也有上当受骗或没看准技术和市场等原因而失败的案例。

2011年，谷歌（Google）以125亿美元现金收购摩托罗拉移动手机，然而谷歌收购摩托罗拉后却专注于打造少量消费者喜爱的优秀及高价值智能手机，结果每年经营亏损20亿美元，帮助摩托罗拉实现"伟大复兴"的美好愿望最后化为泡影。2014年初，Google以29亿美元低价将摩托罗拉移动业务卖给联想集团，损失近百亿美元。

其实，当初谷歌买下摩托罗拉是出于在技术专利上的自尊和恐慌。2011年7月，谷歌在争取北电所拥有的专利宝藏中落败，以45亿美元的价格输给了苹果和微软组成的财团。谷歌当初为了这些专利出价凶猛，自己拿出了数十亿美元。当被击败后，谷歌花125亿美元收购摩托罗拉移动，收购了移动世界里第二好的一批专利。但是，谷歌没有对收购后的摩托罗拉提供特殊待遇，Moto X手机旗舰的上市却没有搭载安卓的最新版本，这样无法展示谷歌最强大的能力。摩托罗拉的雇员也变成了谷歌帝国的二等公民。他们在两年内被陆续裁员30%，这种大规模的杀戮导致无激情的工作效果，开发不出占领市场的产品。这次教训之后，谷歌决定赔钱卖出摩托罗拉，把精力放在推动Android和Youtube生态系统的全面创新上。Android和Youtube都是谷歌在几年前收购的，如今已经发挥惊人的扩张速度以及盈利能力，被Google认为是最赚钱的收购。而Google Glass、无人驾驶汽车，也让Google在可穿戴设备、智能汽车领域走在前沿。明显看出，Google的策略是投资未来，开发新市场，而不是拼命挤进成熟的市场，而且它的手段迅速、果决、舍得下成本。由于需要对潜在市场有提前预判能力，这迫使Google必须迅速试错，一旦发现方向偏离，立刻抛弃。

2012年，惠普以110亿美元高价收购了英国软件公司Autonomy，经营中才发现并购中存在着财务欺诈行为，不得不在财务报表上作出88亿美元的重大不良资产减记，其中50亿美元以上资产同财务欺诈问题直接相关，其他部分也是当初尽调时认定不清所致。当时的那次资产减记曾经使惠普当天股价暴跌12%。

2013年，微软以71.7亿美元收购诺基亚手机的全部业务，计划在2018年使其智能手机达到15%即450亿美元的市场份额。然而到2015年第一季度诺基亚手机就已收支不抵。微软发布公告提示投资人将对手机资产进行资产减记，当天微软股票也同样暴跌。更让人恼火的是，无形资产方面水分太大，微软还不得不为诺基亚技术专利权归属问题买单——美国国际贸易委员会（ITC）裁定，微软手机侵犯了专利授权公司Inter Digital持有的两项无限手机技术专利。而这项专利案，恰恰是诺基亚之前留下的旧账。2016年5月，微软在无奈之下以3.5亿美元将诺基亚相关业务"贱卖"给富士康在香港的上市子公司富智康和芬兰公司HMD Global，微软这次一买一卖的巨亏尴尬，反衬出收购案中的不精明。

到底是什么让曾经的手机第一品牌爱立信、诺基亚倒在了前进的路上。2014年后，诺基亚安装Windows Phone操作系统，没有在市场上打败iOS和Android或与其平分秋色，微软手机市场份额不升反降，而智能安卓系统却已经占据智能手机市场的 78%。安卓的崛起给了各大手机厂商以迎头痛击，手机市场也迅速被苹果、三星、华为、LG 等品牌全面占领。所以，诺基亚等老牌手机的衰败，主要是手机业务主管层和研发方面的因循守旧、不图思变，更为重要的是对于 Android 网络大众的漠视和忽视，导致了其远离移动互联网，落后于时代步伐，最终失去了用户和市场。

国内企业在并购尽调过程中出现的风险和陷阱更是不胜枚举。

北方集团收购双鸭山升平煤矿遗漏重大债务案。原佳木斯市国资委及矿务局对升平煤矿审计评估后确认其总资产 13 633 万元，负债总额 7 296 万元，净资产为 6 337 万元。市政府及国资委在批复文件中规定，转让底价为 4 008 万元（从净资产 6 337 万元中减去应偿还黑龙江省投资公司给升平煤矿的拨改贷借款本金 2 329 万元），从底价中扣除 3 928 万元（其中职工安置费 3 232 万元，逾期应收账款和财产损失 696 万元），最后实际转让价款为 80 万元。在升平煤矿的资产中划定 3 232 万元作为国有资产为职工安置费实行抵押保全，待北方集团收购并支付职工安置费后解除抵押保全。但在政府组织的审计和评估中遗漏了两笔重大账外负债：欠中国地方煤炭总公司 2 524 万元和欠集贤县社保局职工养老保险金 2 603 万元，共计 5 127 万元的账外长期负债。以此计算，北方集团承担总负债本金为 17 984 万元，升平煤矿实际净资产为 -4 351 万元。

事实上，国资委和煤矿当局对这一切都是十分清楚的，存在有意隐瞒之嫌疑。但作为收购方的北方集团没有进行审慎而缜密的尽调，直接相信出让方的审计报告和评估报告，这是造成并购风险乃至掉入财务陷阱的真正原因。在煤炭市场低迷情况下，并购合同价款之外遗漏重大债务给企业造成严重负担，致使北方集团无力在短时间内解决包括职工安置费在内的 17 984 万元的巨额债务，企业陷入严重困境。最后，历经"八年抗战"，才逐步支付了 3 232 万元的职工安置费，并偿还了中国地方煤炭总公司、黑龙江省投资公司、省煤炭工业总公司共计 1 亿多元的本金和利息。由此可见并购风险之大，严格执行并购程序和方法之重要。

富春通信并购天津春秋时代版权纠纷案。2015 年 9 月 29 日富春通信公告称，其以 8.64 亿元的价格收购春秋时代（天津）影业有限公司（以下简称天津春秋）80% 的股权。据悉，天津春秋旗下影片《战狼》累计票房收入达 5.43 亿元，并由此形成业务收入 9 182.38 万元，实现净利润 7 886.89 万元。该影片原系由北京春秋时代文化有限公司（以下简称北京春秋）于 2011 年投资拍摄。

2016 年 1 月，北京春秋时代法定代表人等以天津春秋法定代表人（原北京春秋实际控制人）和天津春秋转移《战狼》权利的关联交易未经股东会同意、违反《公司法》相关规定、造成北京春秋重大经济损失为由，对天津春秋提起诉讼，请求返还全部收益，确认《战狼》以及由北京春秋无偿赠予天津春秋时代的《幻想曲》《寻找罗麦》等几部电影的知识产权归北京春秋享有。基于上述"公司核心知识产权纠纷涉诉"，富春通信的重大并购重组失败，并遭证监会否决。

由上述案例可以看出，并购尽调过程中经常在以下关键点出现风险或陷阱。

1. 信息不对称风险。信息风险是实施并购的最大风险，信息的收集和分析是十分必要的，在这方面费用千万不要吝啬。应当请各方面的专业机构对目标公司内部信息及其涉及的外部经济环境信息进行全面调查。同时，为了对信息错误或遗漏埋好补救的伏笔，必须在并购合同中确立相应的"保证条款"或"承诺条款"，例如公司合法性、资产权利范围、重大应付账款、已久远的长期债务、或有负债的承担责任划分及处置，等等。

2. 同业竞争风险。在并购谈判中，要聘请有关行业专家对市场进行专项调研并提供管理咨询，会同目标公司对商业机密作出法律安排，对同业竞争方面作出一定的法律安排。例如限定目标公司在一定年限和市场范围内不得从事相同品牌产品经营；并购方要求地方政府在一定时期内不得在同一区域内批准同类企业生产同类产品；目标公司高管不得在兼任或辞职后一定年限内担任其同业公司的高级职员，对技术人员通过劳动合同或其他形式进行明确限定，等等。

3. 财务陷阱。由于会计政策具有可选择性，企业财务报告往往具有局限性，不能反映或有事项与期后事项，如欠缴职工"五险一金"、坏账准备计提不足；不能反映企业所有理财行为，如相互抵押担保融资、债务转移、债务重组。在财务尽职调查中应由独立会计师会同律师，对上述相关事项进行详细核查。

4. 技术、产品、市场、专利权风险。技术落后或缺乏核心竞争优势、产品质量不合格或不能适应市场变化、产能过剩导致市场竞争过于激烈、产品成本高没有价格竞争优势，上述原因可能导致将来技术业务整合或转型困难；技术专利或知识产权归属不清、无形资产评估水分太大等，这些都构成并购风险。对此类风险主要依靠行业专家和专业咨询机构的尽职调查来排查和发现。

5. 法律法规及制度风险。当地政府及行业主管部门在其法律、法规或地方政策中可能规定限制一些并购行为；或者并没有法律规定，地方政府却可以随意决定政策，对企业未来经营产生重大影响。对此，并购方和中介机构要认真详细地了解相关法律法规，并与当地政府及行业主管部门及时沟通。

6. 对于跨国并购，除以上风险外，收购方要注意被收购企业所处国家或地区的经济政策、行业法规变动，市场波动风险，地区安全和政治性风险等。这需要提前由被收购企业所在国的律师和财务顾问甚至国际专家提供咨询意见。

（二）尽职调查的协作与风险防范

律师和会计师具有各自的优势和特长，在尽职调查中的工作内容有交叉，如果律师与会计师能够相互配合及协作，就可以降低尽职调查风险、提高尽职调查质量和效率。律师在熟悉法律的同时，还应当具备必要的财务、管理、科技等方面的知识，才能更有效地防范尽职调查中的风险。会计师在进行财务尽职调查的同时，应当了解财务调查或审计中涉及的相关法律法规，积极寻求律师的支持协助及配合。

财务陷阱与法规制度陷阱往往是相伴而生的，在反恶意并购的众多方法中，都是通过巧妙的财务契约与法律契约的安排来达到反并购的目的。但在并购过程中，即使收购方没遭遇反并购措施，也可能会同时陷入财务陷阱与法律陷阱。一些或有事项及期后事项无法在财务报告中体现出来。由此，一些未曾披露的潜在的法律风险将随着企业控制权的转移直接转嫁到收购方身上。因此，超越财务报告的局限性，对或有事项及期后事项给予应有的关注，以稳健的态度来对待潜在的风险，是及时发现财务陷阱的最佳方法。

投资银行和并购方在设计收购方案时经常采用非关联性剥离法，这是一种比较彻底的防范措施。所谓非关联性剥离法，就是将部分不良资产不列入并购的范围，并在并购后的企业中建立产权清晰的现代企业制度，使企业经营者和职工的权利、责任和收益统一起来，调动各方面的积极性，真正实现并购后企业的良性运转。

一般情况下，律师、会计师和行业专家都假定被调查对象或委托人所提供的信息资料是准确、真实和完整的。但是，对于某些重大事项，律师、会计师和行业专家都应当依照审慎原则通过向第三人发核证函、独立调查等方式进行核证，而不应当仅仅依赖于委托人或被调查对象所提供的资料。

在资本运营中，防范并购陷阱、降低并购风险是一项系统工程。在实际操作中如果并购方坚持稳健审慎的原则，中介机构能够在尽职调查、出具调查成果报告、协助签订协议条款等方面服务完善到位的话，许多风险是可以有效避免的。

案例　建发国际间接收购升平煤矿之律师尽职调查

【案例简介】①

香港主板上市公司建发国际通过境外离岸公司富盈环球收购中国境内企业升平煤矿，委托中国律师对升平煤矿进行法律事务尽职调查，并出具了中国法律意见书。通过本案例可以了解律师对企业尽职调查的全部过程和细节内容，也可以看到被调查企业与律师的配合、运作往来和交涉过程。案例中的《法律意见书》是真实的法律事务尽职调查成果，本书在引用时作了部分删减。

---

① 本案例与本书第四章至第八章的七个案例共八个案例组成境内公司反向收购境外上市公司的系列案例。其中前五个案例属于并购专业操作案例，在这些案例中读者将了解境内外收购的操作过程和方法，并看到中介机构完成的原版法律意见书、会计师报告、资产评估报告和独立技术审查报告及并购协议的主要条款。这些文件成果大多保留了原版内容及其"原汁原味"风格。后三个案例是境外买壳上市过程和当事各方的股权争夺战。这八个案例不仅重现了整个收购的全部过程，而且每个案例故事紧密相关，事件的发展风云变幻，富有戏剧性。

【案例回放——调查过程及结果】

一、并购相关各方及案例背景

双鸭山北方升平煤矿有限责任公司（以下简称升平煤矿）位于黑龙江省双鸭山市集贤县，注册资本 2 000 万元人民币。升平煤矿从事煤炭开采、洗精煤生产与销售，2006 年底煤炭资源储量 6 231.9 万吨，开采矿种为 1/3 焦煤，原煤生产能力为 60 万吨/年，选煤厂入洗能力 90 万吨/年。该煤矿历史上曾是隶属于佳木斯市国资委的国有企业，但地处黑龙江省四大煤城之一的双鸭山市境内。

神州资源有限公司（00223.HK，简称神州资源），原名建发国际（控股）有限公司（简称建发国际）为香港主板上市公司，注册于开曼群岛，主要业务为举办产品及贸易展览会并提供配套服务，并拟在收购事项后继续其现有业务。

富盈环球投资有限公司（Wealth Gain Global Investment Limited，以下简称富盈环球）于 2007 年 4 月 12 日在英属维尔京群岛注册，为资本运作目的而设立，主要从事产业投资，属投资控股类公司，富盈环球董事洪诚持有全部股权。公告显示，除升平煤矿的转让协议之外，该公司自成立以来没有任何业务；其与建发国际无关联；洪诚经"正常商业联络和熟人介绍"认识了北方集团及升平煤矿。

香港建勤集团是一家投资银行和资产管理公司；其下属的香港建勤融资有限公司是受香港证券及期货条例规管的中介机构，可进行第 1 类（证券买卖）和第 6 类（企业融资顾问）活动，但不可从事第 4 类（证券顾问）业务，但当时属于香港联交所的上市保荐人；建勤国际顾问服务有限公司是一家咨询服务公司。以上公司实际控制人均为尹铨忠，以上公司在本书相关案例中统称香港建勤或建勤。

黑龙江北方企业集团有限责任公司（以下简称北方集团）由 32 个自然人出资设立，注册资本 8 000 万元人民币，第一大股东和实际控制人为汪先生（化名，也称汪老板），持股 74%，法定代表人姜鸿斌。北方集团是从事煤炭采掘、煤化工、热电等能源产业的民营企业集团，全资及控股企业有煤矿、热电厂、石化炼油厂和投资公司等。1998 年 6 月经佳木斯市政府批准，北方集团收购佳木斯市国资委所属佳木斯市升平煤矿。

2007 年 7 月 18 日，神州资源与富盈环球订立了无约束力的框架协议，双方商定拟由建发国际通过富盈环球间接收购升平煤矿全部股权。

在上述框架协议签订时，经佳木斯市政府批准，北方集团对升平煤矿进行的改制重组即将完成，拟将升平煤矿改制为民营企业，更名为双鸭山北方升平煤矿有限责任公司（后来在 2008 年 3 月 25 日，富盈环球收购升平煤矿的股权转让协议生效时，北方集团已在法律上拥有升平煤矿全部股权）。

二、联系中介，启动反向收购程序

2007 年 7 月 20 日，北方集团控股股东汪先生在大连总部召集会议，亲自布置大连总部高管和投资发展部、财务部等资本运作团队成员，立即恢复启动升平煤矿赴香港上市。汪先生说他已经在香港签订了若干协议，找好了中介机构，并在下周进场，但并没有给出任何具体方案和路径，没有透露任何具体细节，只让大家提供升平煤矿现有三年财务报表及账册、审计报告、资产评估报告和全部相关文件，并要求在"一周内"完成全部尽职调查、审计、评估和法律意见书。

当天，北方集团资本运作项目小组向担任财务顾问的香港建勤发出关于赴升平煤矿开展工作的联系函，请对方提供工作进度排期表，详列工作阶段、时间安排、具体工作内容、调查资料清单；并请提供赴升平煤矿的工作人员名单，详列姓名、性别、年龄、国籍、身份证号、工作单位名称、职务、联系方式等。

三、律师进场调查

北方集团组成由主管副总裁为总协调人，财务总监、投资发展部和财务部主要人员参加的升平煤矿上市小组进驻煤矿，组织协调升平煤矿配合中介机构开展尽职调查工作。财务顾问于 2007 年 7 月 24 日进场，富盈环球委托北京竞天公诚律师事务所担任上述框架协议下并购业务的中国律师，经北方集团同意，律师于 7 月 26 日开始进场进行外资并购尽职调查。

尽职调查律师首先提供了尽职调查文件清单，运作小组对清单进行业务分类和各专业人员的工作分工，由升平煤矿各管理部门和生产经营系统提供基本资料，经运作小组审核后编制资料目录和编号，首批文件资料 120 多件，全部按要求提供给律师，随后组织解答律师提出的问题。同时，运作小组按照律师要求，编制律师要求的综合类文件资料，并与律师沟通交流。

四、法律意见书（初稿）及修改意见

事实上，在 2005—2006 年间北方集团曾运作升平煤矿赴加拿大上市，因此两天之内律师要的资料已大部分提供。8 月 2 日，法律意见书（初稿）经财务顾问香港建勤转给北方集团运作小组。但正像运作小组预料的一样，由于尽职调查时间较短，且企业仍在改制中，有些关键的企业改制证照尚在办理变更中，加上企业历史变革复杂，现有的文件和资料不能清晰地证明企业权属等法律关系。所以，目前出具的法律意见书（初稿）难以全面反映企业的状况，对个别关键问题的描述也很难准确界定。为此，需要上市运作小组出具补充说明并进一步提供有关文件。上市运作小组通过香港建勤向律师提供了相关支撑文件，建议律师对法律意见书（初稿）补充修改完善。

关于法律意见书（初稿）的修改补充意见

北京市竞天公诚律师事务所、香港建勤融资有限公司：

从 2007 年 7 月 26 日开始，贵所针对升平煤矿进行了法律事务尽职调查工作。8 月 2 日北方集团及升平煤矿在配合香港建勤及会计师尽职调查时，收到贵所本次尽职调查

中国法律意见书（初稿），并对意见书有关内容进行了讨论。

经北方集团运作小组对该法律意见书认真研读，认为贵所对升平煤矿的法律事务尽职调查工作认真细致，总体上对升平煤矿的历史沿革、土地房屋资产、经营业务、企业现状等已基本了解清楚，大部分法律意见客观、真实，符合实际。但由于升平煤矿自1998年由北方集团收购以来，一直没有完成企业改制，企业股权又经过两次内部转让，营业执照由国有性质变成民营后又改回国有性质，几经变更，增加了贵所尽职调查工作的复杂性，对贵所出具全面、客观、准确、公正的法律意见书带来较大的难度。

由于我方提供的资料、文件还不够详尽，加上贵所实地尽职调查时间较短，对企业的了解还不够深入，在现场与我方交流和询查还不够充分等原因，我们认为上述法律意见书（初稿）还需要修改和补充完善，我们相信贵所实际上也正在补充修改中。有鉴于此，为进一步配合贵所做好尽职调查工作，我方运作小组将继续提供有关资料，并对法律意见书（初稿）提出修改补充意见，相信随着公司改制的完成以及文件资料的进一步提供，有待跟进的众多事实将得以明确解析，法律意见书将会更加完善。

一、关于北方集团对升平煤矿的管理权、经营权及收益权

升平煤矿于1970年建矿，1985年划归佳木斯市地质矿务局管理。依据《企业国有资产监督管理暂行条例》第六条、第三十二条、第四十五条之规定，佳木斯市国资委行使该国有资产的收益权、处置权等所有者权利。

1998年6月8日，佳木斯市国资委同北方集团签订国有资产产权售购合同书，约定将升平煤矿国有资产产权转让给北方集团，并对转让底价、全部债权、债务，升平煤矿职工安置义务等内容进行详细约定。佳木斯市国有资产管理局以佳国资企发〔1998〕42号文件批准上述合同；佳木斯市人民政府佳政复〔1998〕25号文件同意批准了升平煤矿该次转让。

按照前述国有资产产权售购合同书约定，北方集团已经将转让价款80万元支付给佳木斯市国资委，注册资金2 000万元也在1998年向升平煤矿足额缴纳；佳木斯市国资委于1998年6月25日将转让的国有资产全部移交给北方集团经营管理，双方正式签订资产移交书。至此，升平煤矿的实际控制权已发生转移。从北方集团对上述合同项下的国有资产正式行使经营管理之日起，即对升平煤矿全部资产实际控制，依照中国《民法通则》《合同法》以及相关司法解释，在接受并实际控制有偿受让的国有资产时，该部分国有资产的经营权从经营管理之日起已发生转移。北方集团已实际取得了升平煤矿的管理权、经营权及收益权，该等权利一直且至今仍在行使中。

二、关于收购时的资产评估价值和收购底价

佳木斯市国有资产管理委员会以其确认的升平煤矿净资产6 336.9万元为基础，扣除省投资公司债务本金2 329万元、减去逾期两年应收账款和财务损失696万元，再减去北方集团另行解决职工安置费3 232万元，双方最终确定升平煤矿转让底价为80万元。但实际上评估报告遗漏债务本金5 127万元，其中包括中国地方煤炭总公司2 524万元，集贤县社保局职工养老保险金2 603万元。

遗漏债务都是北方集团收购升平煤矿之前形成的，但均未计入资产负债表，也未冲减由净资产形成的转让底价。北方集团在当年收购时由于工作人员业务水平和疏漏等原因，未对升平煤矿进行详细的尽职调查，因此给北方集团上述收购行为造成重大或有负债损失。

对该等遗漏债务佳木斯市国资委已同意列入"佳木斯市升平煤矿企业改制专项审计报告"，计入改制成本。北方集团与佳木斯市政府和黑龙江省国土资源厅等有关方面已就此事在协商交涉中，有望在办理采矿权价款处置方案及缴纳采矿权价款时得到部分冲抵补偿。

三、北方集团内部两次股权转让

在变更升平煤矿为有限责任公司营业执照后，于1998年7月9日北方集团为运作上市，将其拥有的升平煤矿全部股权转让给黑龙江北方企业（集团）股份有限公司（以下简称北方股份）。但因升平煤矿债务巨大，煤炭市场低迷，北方股份无力偿还债务，为维护北方股份的公众股东利益，北方股份于2003年3月28日将所拥有的升平煤矿全部股权又转回北方集团。

四、职工安置费抵押资产不再是国有资产

2006年9月，按照上述收购合同约定的义务，北方集团向佳木斯市国资委缴纳职工安置费1 300万元。随即佳木斯市国资委以佳国资函〔2006〕14号文解除了升平煤矿职工安置费首期抵押保全资产，并将剩余抵押资产的国有资产性质正式改变为职工安置费抵押保全资产，不再出现任何国有资产产权字样，即该项资产已不具备国有资产性质。在出具该文件过程中佳木斯市政府和市国资委认真研究过改变国有资产性质这项重大变化，并与北方集团充分交涉后才出具此文件。提请尽职调查的律师和会计师注意，实际上14号文件已经明确表明了两个事实：

一是升平煤矿的实际收购者和出资人仍然是北方集团。在已经交付了80万元收购价款，给升平煤矿足额缴纳2 000万元注册资本金基础上，现在又支付了1 300万元职工安置费。这充分说明北方集团仍在继续履行收购合同义务，北方集团对升平煤矿的收购行为依然有效，煤矿改制工作在北方集团运作下正在加快进行中。

二是目前升平煤矿已经没有任何国有资产。原来的3 232万元国有资产已经改变性质为职工安置费抵押保全资产，且抵押保全金额已降低为1 932万元。不难推断，一个已经由国资委转让全部国有资产产权，并同意变更营业执照的升平煤矿，却仍然保留一部分国有资产，这显然是十分荒谬的。

五、北方集团是升平煤矿企业改制后的唯一股东

佳木斯市国资委于2006年9月8日签发佳国资函〔2006〕13号文件，进一步明确了北方集团的收购行为依然有效，并致函双鸭山市工商局，同意北方集团办理工商执照变更。该份文件表述了两层含义：

（一）同意升平煤矿企业改制办理变更工商营业执照。

（二）北方集团作为升平煤矿改制后的唯一股东有权变更升平煤矿营业执照，升平

煤矿原主管机关佳木斯市建设局和北方股份均已不是股东。在北方集团对升平煤矿的营业执照及其他相关证照办理股东变更完毕后，升平煤矿的全部资产的所有权从更严格的法律意义上讲也归属受让人——黑龙江北方企业集团有限责任公司。

六、升平煤矿正在办理有偿出让性质的采矿许可证

2007 年 4 月 30 日，黑龙江省国土资源厅以黑国土资函〔2007〕210 号文件，批复同意升平煤矿改制后的煤炭资源处置方案，升平煤矿可在缴纳首批2 000 万元采矿权价款后办理有偿出让的采矿许可证。因此，北方集团实施改制后的升平煤矿继续拥有采矿权，预计 10 月底前完成新采矿许可证办理。

七、关于法定代表人与矿长应系一人担任

升平煤矿原法人代表由于年龄原因退休离任，北方集团推荐了现任董事长，法定代表人还未正式变更登记，待变更营业执照时一并办理。矿长拥有矿长证，但不是法人代表。

八、关于土地性质

升平煤矿现有土地使用权的土地一宗，属国有划拨土地并拥有土地使用证；另有三宗具备土地批文的土地。该四宗土地均为国有工矿企业用地，均已使用 20 年以上，目前一直未缴纳土地使用费。该四宗土地在缴纳土地出让金后即可办理有偿出让土地使用证，不存在任何法律障碍。

烦请贵所律师根据有关资料、文件和上述陈述说明，继续询问、查询并确认有关事实，在原有法律意见书（初稿）基础上继续跟进调查、补充、修改和完善，我司将配合做好本次尽职调查工作。

顺颂商祺。

北方集团升平煤矿上市工作小组
二〇〇七年八月四日

五、富盈环球直接收购升平煤矿的中国法律意见书

律师事务所接到修改上述补充修改意见后，主管大律师亲自及时回复，并解释说由于企业改制的相关事项仍在进展中，法律意见书（初稿）只是一个中间进展过程中的初步意见，仅供当事各方参考，目前律师就上述问题正在进一步调查核证，且尚有其他事项需要跟进调查。

在随后的几个月中，尽职调查律师在法律意见书初稿基础上，继续针对待跟进事项进行调查，包括：停产整顿、银行贷款及诉讼、环保、安全、房屋所有权、职工养老保险；土地性质和权属涉及的土地批文、土地使用证，是否属工业用地还是基本农田、税种税率、纳税和欠税额度确认函；银行借款本息确认函，其他长期借款债权人确认函，等等。

直到企业完成改制、黑龙江省工商局换发有限责任公司的营业执照后，法律事务尽职调查才全面完成，并购调查律师给收购方富盈环球提供了一份真实、可靠的尽职

调查成果，其内容全面、真实、准确、严谨，并将风险充分地向收购方予以揭示。律师提交给委托人的中国法律意见书摘要如下。

致：富盈环球投资有限公司

关于富盈环球投资有限公司涉及收购双鸭山北方升平煤矿有限责任公司
相关事宜之中国法律意见书（摘要）

本律师事务所（以下简称本所）在中华人民共和国（以下简称中国，不包括香港特别行政区、澳门特别行政区及台湾地区）注册，并具有从事中国法律业务的执业资格。本所受富盈环球投资有限公司的委托，仅为本法律意见书之目的，担任其收购双鸭山北方升平煤矿有限责任公司（以下简称升平煤矿）的相关事宜的中国法律顾问。应富盈环球投资有限公司要求，本所根据本所与其签订的委托合约及相关中国现行有效法律、法规及规范性文件（以下简称中国法律），出具本法律意见书。

为出具本法律意见书的目的，本所审阅了升平煤矿向本所提供的在本法律意见书中列明的文件的原件或复印件/影印件。在审查上述文件时，升平煤矿已保证，且本所已假设：

1. 上述文件是完整、真实和有效的；
2. 上述文件的复印件/影印件与其原件一致；
3. 上述文件上的签字、盖章或印章是真实有效的；
4. 上述文件的各方均得到了所有必要的授权和批准签署和履行上述文件。

在本法律意见书中，本所仅根据本法律意见书出具日以前发生的事实、本法律意见书所列明之文件及升平煤矿的有关陈述、保证和承诺而出具法律意见。升平煤矿已向本所保证，其向本所提供上述文件及作出上述陈述和确认时并无虚假及并无隐瞒、疏漏任何足以影响本法律意见书所出具的意见的文件及事实。

为出具本法律意见书，本所根据中国法律及本所与富盈环球投资有限公司签订的委托合约，对升平煤矿进行了法律事务尽职调查，包括但不限于审阅有关法律文件、资料，并就有关事项向升平煤矿的高级管理人员进行了必要的询问和调查。

对于对本法律意见书至关重要而又无法得到独立证据支持的事实，本所已进行所有本所认为必要及相关的查证，并依赖有关政府、升平煤矿或者其他有关单位出具的证明文件出具本法律意见书。

本所依据本法律意见书出具日前有效的中国法律而出具本法律意见书。本法律意见书只对富盈环球投资有限公司收购升平煤矿所涉及的中国法律问题发表意见，并不对任何中国司法管辖区域以外的法律及有关会计、审计、资产评估及机械设备的技术状况等专业事项发表意见。本所在本法律意见书中对有关会计报表、审计、盈利预测报告或资产评估报告书中某些数据和结论的引述，完全依赖于有关会计、审计、资产评估机构出具的有关会计、审计和资产评估报告；本所的引述并不意味着本所对这些数据、结论的真实性和准确性作出任何明示或默示的保证，对于这些数据、结论，本所并不具备核查和作出评价的适当资格。

基于上述，本所出具本法律意见书。

（一）升平煤矿的设立、出资及变更情况

1. 升平煤矿现时状况。

根据黑龙江省工商行政管理局于 2008 年 3 月 25 日颁发的企业法人营业执照（注册号：230000100061051），在本法律意见书出具之日，升平煤矿的具体信息如下：

公司名称：双鸭山北方升平煤矿有限责任公司

企业类型：有限责任公司

住所：黑龙江省双鸭山市集贤县永富村

法定代表人：王连武

注册资本：2 000 万元人民币

实收资本：2 000 万元人民币

成立日期：2001 年 10 月 17 日

经营范围：煤炭开采（按许可证规定范围生产经营）（采矿许可证有效期至 2012 年 12 月 30 日；煤炭生产许可证有效期至 2010 年 12 月 24 日）

在本法律意见书出具之日，升平煤矿的股权结构如下：

股东名称：黑龙江北方企业集团有限责任公司

出资额：　2 000 万元人民币

持股比例：100%

2. 升平煤矿成立时的情况。

根据佳木斯市国有资产管理局于 1998 年 6 月 8 日作出的《关于将佳木斯升平煤矿资产划拨给黑龙江北方企业集团有限责任公司的批复》（佳国资企发〔1998〕42 号）及佳木斯市人民政府于 1998 年 6 月 9 日作出的《佳木斯市人民政府关于同意出售佳木斯升平煤矿国有资产产权的批复》（佳政复〔1998〕25 号），同意将升平煤矿国有资产产权以 80 万元的成交价出售给黑龙江北方企业集团有限责任公司，且黑龙江北方企业集团有限责任公司需投入 2 000 万元人民币股本金用于经营升平煤矿。

1998 年 3 月 10 日佳木斯市资产评估事务所为升平煤矿企业改制出具了《资产评估报告书》（佳资评字〔1998〕第 14 号），此报告书的评估结果于 1998 年 4 月 2 日经黑龙江省国有资产管理局审核、验证，认定升平煤矿的净资产总底价为 60 509 690.30 元人民币。

1998 年 6 月 8 日，佳木斯市国有资产管理委员会与黑龙江北方企业集团有限责任公司签署了关于升平煤矿的国有资产产权收购合同书。

3. 变更情况：法定代表人等。

经升平煤矿确认，2002 年 7 月 8 日黑龙江省人民政府办公厅下发了《黑龙江省人民政府办公厅关于切实加强安全生产工作的紧急通知》（黑办发电〔2002〕130 号），要求各市地地方小煤矿无论验收合格与否，一律停产整顿。经有权机关复产验收合格，升平煤矿重新向工商登记机关申请开业登记。根据黑龙江省工商行政管理局于 2002 年 11 月 20 日核发的企业法人营业执照（注册号：2300001507012）和 2002 年 10 月 10 日由主管单位佳木斯市建设局签署的组织章程，升平煤矿的法定代表人变更为苏古坤；经营方式变更为生产；经营范围变更为煤炭开采（按许可证规定范围生产经营）、煤炭经营（煤炭经营资格证书有效期至 2004 年 2 月 27 日）；经济性质为国有经济；住所为双鸭山市集贤县永富村。

4. 第三次变更：股东、公司名称、公司类型、法定代表人。

根据佳木斯市人民政府国有资产监督管理委员会于 2006 年 9 月 8 日核发的《关于变更佳木斯市升平煤矿工商执照的函》（佳国资函〔2006〕13 号）、黑龙江北方企业集团有限责任公司于 2007 年 10 月 7 日通过的董事会会议决议、黑龙江北方企业集团有限责任公司于 2007 年 10 月 8 日出具的《关于向双鸭山北方升平煤矿有限责任公司出资的通知》（北集字〔2007〕32 号）、黑龙江北方企业集团有限责任公司于 2008 年 3 月 8 日签署的《双鸭山北方升平煤矿有限责任公司章程》、黑龙江省工商行政管理局于 2008 年 3 月 25 日颁发的企业法人营业执照（注册号：230000100061051），升平煤矿名称变更为双鸭山北方升平煤矿有限责任公司，是由黑龙江北方企业集团有限责任公司出资设立的有限责任公司，法定代表人为王连武。

根据黑龙江华鹏会计师事务所有限公司于 2008 年 3 月 8 日出具的黑华会所验字〔2008〕第 10 号《验资报告》，截至 2007 年 12 月 17 日，升平煤矿已收到黑龙江北方企业集团有限责任公司以货币出资 600 万元人民币，实物出资 1 400 万元人民币。

基于上述：

1. 本所认为，升平煤矿初始设立时的注册资本已足额缴纳。

2. 据升平煤矿确认，因其 1998 年改制时未能及时缴纳职工安置费 3 232 万元人民币和其他诸多历史遗留问题，导致虽然已经获得工商部门核发的有限责任公司营业执照，但实际上并未彻底完成改制。

3. 经过本所核查，2001 年升平煤矿变更为国有企业，但并未取得相关部门核发的国有产权登记证。且据升平煤矿确认，其变更回国有企业之后，黑龙江北方企业集团有限责任公司仍然每年向升平煤矿收取一定额度的管理费。

4. 根据升平煤矿确认及本所适当核查，升平煤矿于 2007 年再次进行改制，并于 2008 年 3 月 25 日获得工商部门核发的有限责任公司企业法人营业执照，但截至本法律意见书出具之日升平煤矿作为国有企业时成立的学校及医院未能移交政府管理，升平煤矿正在就相关事宜与政府协商解决途径。

5. 升平煤矿系依据中国法律成立并有效存续的独立法人，其合法经营的行为受中国法律的管辖和保护。

6. 升平煤矿有权依法拥有资产并按照其企业法人营业执照核准的经营范围依法从事相关业务及订立有法律约束力的合同及文件，具有独立承担、履行民事法律责任和义务及享有、行使民事法律权利的能力。升平煤矿能以其全部财产对其债务承担责任，依法自主经营、自负盈亏，具有民事诉讼能力。

（二）升平煤矿的业务

升平煤矿现行有效的由黑龙江省工商行政管理局于 2008 年 3 月 25 日颁发的企业法人营业执照（注册号：230000100061051）上注明的经营范围是"煤炭开采（按许可证规定的范围生产经营；采矿许可证有效期至 2012 年 12 月 30 日；煤炭生产许可证有效期至 2010 年 12 月 24 日）"。

根据 2007 年 12 月 3 日升平煤矿与黑龙江省国土资源厅矿产开发管理处签署的《采矿权出让合同》，升平煤矿将分十年缴纳采矿权价款，经过本所适当核查，升平煤矿已按照合同约定足额缴纳第一期采矿权价款 2 000 万元人民币。根据黑龙江省国土资源厅于 2007 年 11 月 30 日颁发的证号为 2300000720441 的采矿许可证，升平煤矿拥有位于黑龙江省双鸭山市集贤县、矿区面积为 36.8358 平方公里的采矿权，开采矿种为煤，经济类型为有限责任公司，开采方式为地下开采，生产规模为 45 万吨/年，有效期限为自 2007 年 11 月 30 日至 2012 年 12 月 30 日。

升平煤矿于 2007 年 12 月 24 日获得了由黑龙江煤矿安全监察局颁发的安全生产许可证〔编号：（黑）MK202305219006〕，有效期为 2007 年 12 月 24 日至 2010 年 12 月 24 日。

升平煤矿于 2008 年 3 月 13 日取得了由黑龙江省煤炭工业管理局颁发的煤炭生产许可证（编号：202305219006），有效期为 2008 年 3 月 13 日至 2010 年 12 月 24 日。

根据黑龙江煤矿安全监察局于 2007 年 10 月 31 日核发的第 07023010001302 号矿长安全资格证及黑龙江省经济委员会于 2006 年 4 月 26 日核发的第 06A5010318 号矿长资格证，升平煤矿及其管理者拥有煤炭安全生产资格。

根据黑龙江省煤炭工业管理局于 2008 年 3 月 28 日核发的煤炭经营资格证（编号：202300000010029），升平煤矿拥有煤炭批发经营的资格，有效期限为 2008 年 3 月 28 日至 2010 年 5 月 31 日。

经过升平煤矿的确认，升平煤矿自成立之日起至今并未从事任何企业法人营业执照注明的经营范围以外的业务。本所认为，其经营范围和经营方式符合中国有关法律的规定。

经过本所的核查，升平煤矿经过改制，目前的经济类型已由国有经济变更为有限责任公司，公司名称也发生变化。

（三）升平煤矿的治理结构

在本法律意见书出具之日，根据升平煤矿现行有效的章程，升平煤矿为一人有限责任公司，不设股东会；设置董事会，成员为五人，董事由股东任命和更换，董事会设董事长一人，由董事会选举产生；设监事会，成员五人，由股东选举产生；董事长为公司法定代表人。

基于上述，本所认为，升平煤矿章程中规定设立监事五名，由股东选举产生的规定违背了《公司法》的精神，属无效条款，但并不影响章程中其他条款的效力，在其被新的章程取代前均对升平煤矿，升平煤矿的股东、董事、监事和高级管理人员具有约束力。

（四）升平煤矿的知识产权

根据升平煤矿确认及本所尽职调查，截至本法律意见书出具之日，升平煤矿并无任何商标、专利、专利申请及对其生产经营存在重大影响的著作权或其他类型的知识产权。

（五）升平煤矿的税务

升平煤矿已办理了国税登记，领取了黑龙江省双鸭山市国家税务局于2006年10月27日核发的税务登记证（黑税国字23052112929322X号）。

截至本法律意见书出具之日，升平煤矿已于2008年3月25日变更为有限责任公司，公司名称也发生变更，本所认为，升平煤矿应就上述国税登记办理变更登记手续并补办地税登记证。

1. 主要税种、税率。

根据升平煤矿出具的清单，升平煤矿目前适用的主要税种税率为增值税13%（煤产品开采及洗选产品及副产品为13%），企业所得税33%，资源税2.3元/吨。

根据升平煤矿确认，其将按照当地税务机关的指示，于2008年4月1日起执行25%的企业所得税税率。

2. 税收减免。

根据2002年11月5日集贤县地方税务局福利分局和黑龙江省集贤县地方税务局作出的《申请减免城建税、教育费附加的批示》，允许升平煤矿减免城市维护建设税77 973.49元人民币，教育费附加233 920.46元人民币。

（六）升平煤矿的银行贷款及对外担保

根据升平煤矿确认，截至本法律意见书出具之日，升平煤矿不存在任何银行贷款，未向任何公司或个人提供任何形式的担保。

（七）未决诉讼、仲裁和行政处罚事项

根据黑龙江省高级人民法院于2004年7月7日作出的《民事判决书》（黑商初字〔2003〕第4号），升平煤矿应向中国地方煤矿总公司偿付2 524万元人民币及2001年1月1日起至实际支付日止逾期付款违约金（按中国人民银行同期逾期贷款利率分段计算）。据升平煤矿确认，截至2007年12月，其已向中国地方煤矿总公司偿付830万元人民币。

根据黑龙江省高级人民法院于2006年10月13日作出的《民事判决书》（黑高商初字〔2006〕第32号），升平煤矿应向原告黑龙江省地方煤炭工业（集团）总公司偿还借款本金1 006万元人民币，同时给付利息14 583 982元人民币（利息计算至2006年6月10日，2006年6月11日至该判决确定的给付之日止的利息按中国人民银行逾期贷款利率计算）。据升平煤矿确认，截至2007年12月，其仍未向黑龙江省地方煤炭工业（集团）总公司偿还上述借款本金及利息。

根据黑龙江省佳木斯市中级人民法院于2004年7月14日作出的《民事调解书》（佳民商初字〔2004〕第5号），升平煤矿和佳木斯北方煤化工有限责任公司对升平煤矿举借中国建设银行佳木斯市东风支行的680万元人民币贷款及利息521 036.78元人民币承担连带责任。据升平煤矿确认，截至 2007 年 12 月，其已向东方资产公司（据升平煤矿确认，中国建设银行佳木斯市东风支行对其上述债权已转让给东方资产公司）偿付 347.4 万元人民币。

根据升平煤矿的确认，除以上诉讼之外，截至本法律意见书出具之日，升平煤矿不存在其他尚未了结的诉讼、仲裁和行政调查程序，也不存在任何或可预见的会产生重大不利影响的重大诉讼、仲裁和行政处罚事项。

（八）升平煤矿员工及缴纳社会保险和住房公积金情况

根据 2005 年 3 月 1 日集贤县社会保险事业管理局作出的催欠社保费通知单，升平煤矿自 1988 年以来，共拖欠社会保险费 2 603 万元人民币。据升平煤矿确认，截至 2007 年 12 月，其尚未缴纳上述拖欠的社会保险费。

（九）升平煤矿的环境保护

升平煤矿目前持有的关于环境保护的证书具体如下（略）。

（十）升平煤矿的土地房产

1. 土地使用权。

根据集贤县人民政府于 2002 年 12 月 9 日颁发的国有土地使用证（集福国用〔2002〕第 072 号），升平煤矿拥有的唯一一宗土地使用权的具体情况如下表（略）。

2. 房产所有权如下表（略）。

3. 土地占用。

根据集贤县土地管理委员会、集贤县人民政府对升平煤矿的土地使用批文，以及集贤县国土资源局于 2007 年 7 月 31 日出具的证明函，升平煤矿另有三宗煤矿建设所占用的国有划拨土地，尚未办理土地使用证（三宗土地详细资料略）。

基于上述，本所认为，升平煤矿应尽快为其所占用土地办理国有土地使用权出让手续，缴纳出让金，继而办理国有土地使用证，并为该等土地上的房屋办理房屋所有权证。

（十一）子公司与分支机构

根据升平煤矿的说明，截至本法律意见书出具之日，升平煤矿并未设立任何分支机构，也未进行任何对外投资及其他长期投资。

（十二）升平煤矿的历次停产事宜

升平煤矿自建矿以来共停产 4 次（具体情况略）。

本法律意见书仅供本次富盈环球投资有限公司收购升平煤矿之目的而出具，未经本所同意不得被任何第三方用于其他任何目的之凭据。

本法律意见书经本所签字后生效。

北京市竞天公诚律师事务所（盖章）

律师：（签字）

二○○八年三月二十八日

六、建发国际间接收购升平煤矿之中国法律意见书

上述并购是一起外国投资者（且是境外上市公司）间接并购中国境内企业的案例，需要富盈环球投资有限公司委托中国律师对升平煤矿进行法务尽职调查，出具直接收购的中国法律意见书；同时香港主板上市公司建发国际①直接收购富盈环球，其涉及的主要资产和主营业务就是地处中国的升平煤矿，构成间接收购境内企业的法律行为。因此，建发国际收购富盈环球涉及境内公司，在法律程序上还另外需要律师出具建发国际间接收购升平煤矿的中国法律意见书。

根据建发国际和香港联交所后来披露的消息，中国律师接受建发国际委托出具了"关于建发国际（控股）有限公司收购富盈环球投资有限公司涉及双鸭山北方升平煤矿有限责任公司相关事宜之中国法律意见书"，但未披露其全文。

【案例评析】

一、尽职调查的"排期"问题

北方集团大股东要求"一周内"完成中介机构尽职调查和审计、评估和法律意见书纯属天方夜谭。一般来说，中介机构进场前企业自己需要进行内部的尽职调查，完成资本运作的基本准备工作，准备各方面的资料和文件。涉及境外的财务尽职调查、理账、审计、评估、法律事务尽职调查等都需要大量时间，而且中介机构还需要当地银行和有关部门的函证，中介机构完成进场外业调查后，还要回到其各自总部汇总整理和分析，对许多事项仍需继续跟进调查，最后才能得出结论、审签出版，整个尽职调查下来一般都需要至少三个月的时间。要求"一周内"完成，足见汪先生上市心情之迫切，但那只能是一种美好的愿望。

不过，本次运作进程还是较快的。这是因为早在2005年初，北方集团就运作升平煤矿企业改制、国际私募融资和赴加拿大上市，只是2006年4月中旬，北方集团大股东突然终止了加拿大上市。当时正值升平煤矿职工代表大会即将召开，讨论通过企业改制和职工安置方案的前夕，叫停上市的公开理由是等企业改制完成、职工安置费落实解决后再上市，不用战略投资者的2 000万美元资金了。加拿大上市虽然被叫停，但北方集团上市小组一直没有停止资本运作的前期准备工作，这为本次上市运作奠定了较好的基础。

二、中介机构的选择及相关协议问题

本案例中的中介机构是怎么选定的？这些中介机构可靠吗，有真正实力吗？富盈环球真正由谁控制？本次资本运作是真正外资收购、运作IPO上市、引进战略投资，

---

① 后改称"神州资源"。

还是反向收购买壳上市？目标市场是香港主板还是创业板？在当初的尽职调查阶段，除了汪先生本人之外，北方集团没人知道事情的真相，没人见过委托中介机构的任何协议以及境外签订的收购协议。这是非常奇怪而诡秘的运作，也是充满巨大风险的运作。

老板既然决定战略了，我们只能做细节。大家虽然都懂得"战略决定生死，细节决定成败"，但既然改变不了结果，也就只好完善过程了。好在任何尽职调查的程序和内容都大致相同，本着对企业的"三个有利于"和真实、准确、公允的原则，摸着石头过河（2007 年 12 月路演前才得知，建发国际与富盈环球签订框架协议，拟通过富盈环球间接收购升平煤矿，实现升平煤矿通过反向收购在香港上市，而其真正内幕直到 2008 年仍鲜为人知，直到 2009 年才真相大白，见本书第七章案例二和第八章案例。

三、境外公司直接收购境内企业时的通常做法

富盈环球收购升平煤矿是升平煤矿整体资本运作的过程之一，是外国投资者收购境内企业的真实案例。中国律师首先向被并购企业发出尽职调查资料清单，在初步调查和收集到基本资料后，根据进展情况针对某个或若干个事项继续跟进调查是经常发生的。一般来说，如果企业正在改制过程中或者有重大事项正在进展中，律师要等重大事项已经出现结果时才正式给出法律意见结论，即律师要等最后改制完成，企业取得改制后的有限责任公司营业执照后才正式出具中国法律意见书，对于认为可能出现的不确定问题则会给出必要的风险提示意见。

通过本案例可以看出：第一，在律师调查过程中，被并购方有义务全面配合律师的尽职调查，提供真实、准确、全面的文件和资料，解释说明律师提出的一切问题；第二，被并购方也有权利针对尽职调查中的问题以及涉及自身权益的问题与律师充分交流和沟通，口头解释和书面提出修改补充意见，同时对自己提出的意见拿出充分证据和支撑文件。

本案例中所列举的中国法律意见书是一份并购相关各方都非常满意的尽职调查成果，即使并购双方产生纠纷诉诸法庭，该法律意见书也是无可争议的，这是被并购方与律师事务所在尽职调查中共同努力的结果。

四、境外公司收购境内企业时易出现的法律问题

建发国际收购富盈环球属于境外上市公司收购拥有境内企业的境外非上市公司，并购过程涉及中国法律，包括但不限于国家的外商投资企业法、商务部 10 号文件规定、国家外汇管理局关于外商收购境内企业外汇管理的规定、国家税务总局关于企业收购的税收规定等。如果律师没有审慎、详尽地调查或核证已经生效或失效的重要文件资料，哪怕疏忽任何文件及法规条款，那么，"关于建发国际（控股）有限公司收购富盈环球投资有限公司涉及双鸭山北方升平煤矿有限责任公司相关事宜之中国法律意见书"就可能出现较大问题。

（一）外商收购境内企业的协议须经商务部门批准方可生效

在境外公司收购拥有境内企业的另一家境外公司时，必须另行出具中国法律意见书。如本案例中，中国法律意见书应对富盈环球投资有限公司收购升平煤矿股权收购协议及其有效性阐述法律意见（即对富盈环球拥有升平煤矿股权的合法性进行阐述）。

事实上，建发国际与北方集团于 2007 年 10 月 30 日和 2007 年 12 月 31 日分别签署了《关于双鸭山北方升平煤矿有限责任公司的股权转让协议》和《〈关于双鸭山北方升平煤矿有限责任公司的股权转让协议〉的补充协议》。但 2008 年 3 月黑龙江省商务部门和工商行政管理局在审批过程中提出若干修改意见，2008 年 3 月 25 日双方重新签订了修改后的股权转让协议。最后黑龙江省商务厅以黑招外资函〔2008〕29 号文件《关于双鸭山北方升平煤矿有限责任公司合同、章程的批复》批准了 2008 年修改后的股权转让协议，以前签订的股权转让协议和备忘录同时失效，即富盈环球与北方集团于 2007 年签署的协议及补充协议均已失效，不受中国法律保护。2008 年 3 月 25 日签订的股权转让协议已在省商务厅颁发外商投资企业批准证书的同时在省商务厅登记备案，并于 2008 年 4 月 16 日省工商局颁发外国法人独资的企业法人营业执照时在省工商局登记备案。这些都应在神州资源收购富盈环球的法律意见书中说明确认。

（二）外国投资者取得被并购企业权益的条件

在本案例中，升平煤矿已于 2008 年 4 月 16 日取得了"合同、章程的批复"、外商企业投资批准证书、外国法人独资的企业法人营业执照和外商投资企业的外汇登记证，营业执照中也注明了注册资本和实收资本。但如果境外公司董事会或其律师以此认为，富盈环球作为升平煤矿的唯一外资股东，已经合法享有对升平煤矿分配利润的权利，并能通过相关外汇指定银行将该等分配利润汇出境外，那就会与中国商务部和外汇局关于外国投资者通过收购境内企业取得被并购企业权益的条件相悖。

原因是外资企业和内资企业获取营业执照的顺序完全相反，内资企业股东是先出资并经注册会计师验资，证明股本金到位，然后办理营业执照；而外国投资者并购境内企业是先办理外商投资企业批准证书和营业执照，然后办理外汇许可证，才能将收购价款打进中国境内的资本项下临时账号并通过外汇结汇后支付给中方原股东。到此，外商投资即实收资本才算真正到位，此时方可按实际已缴付出资额所占比例分配收益。而在付清全部购买金之前，外商不得取得企业决策权，不得将其在企业中的权益、资产以合并报表的方式纳入该外商的财务报表。

（三）商务厅和工商局审查修改转让协议和公司章程条款

在办理外商企业投资批准证书和营业执照过程中，省级商务部门和省工商局须审查修改外商投资企业的公司章程。例如本案例中，审查修改后的升平煤矿公司章程第十条明确规定了外国投资者出资方式和出资期限："股东以可自由兑换的货币收购境内公司股权方式出资。在本公司获得有管辖权的商务审批机关和工商行政管理局批准变更为外商投资企业后 3 个月内，公司外资股东向公司原股东支付收购股权的价款，公司原注册资本已在并购前缴付完毕。"

省工商局根据 10 号文件和 575 号文件及外汇管理规定，将升平煤矿公司章程第十一条修改为："外国投资者协议购买境内公司股东股权，审批机关决定批准的，同时将有关批准文件分别抄送股权转让方、境内公司所在地外汇管理机关。股权转让方所在地外汇管理机关为其办理转股收汇外资外汇登记并出具相关证明，转股收汇外资外汇登记证明是证明外方已缴付的股权收购对价已到位的有效文件。"

修改后的协议和章程已于省工商行政管理局颁发外商投资企业工商营业执照的同时在省商务厅局和省工商行政管理局登记备案。如果富盈环球和建发国际没有向律师提供 2008 年版股权转让协议及公司章程，律师也没有详细审阅/核证上述最新登记备案的协议和章程，或者律师对外商投资企业审批程序细节不清楚、对国家有关外汇管制以及保护中国境内企业及股东的合法权益的法规不熟悉，那么，中国律师出具的"关于建发国际（控股）有限公司收购富盈环球投资有限公司涉及双鸭山北方升平煤矿有限责任公司相关事宜之中国法律意见书"就很可能出现疏漏，这是并购当事各方应该注意的。

（四）间接收购中的过渡公司实际控制人问题

境外公司收购拥有境内企业的另一家境外公司时，涉及境外公司实际控制人问题，也就是说，境内公司与境外公司是否存在同一控制人问题。如本案例中，富盈环球与升平煤矿的原股东北方集团是否属于同一控制人，富盈环球的股东是否有代持股权问题。这也是境内商务部门和工商行政管理部门审查的重点之一。

参考文献

［1］浙江省律师协会涉外和 WTO 业务委员会：《外资并购律师实务操作指引》，http：//wenku. baidu. com/view/e8ccb9c30c22590102029dc9. html，2007 - 01 - 30。

［2］张文凯：《公司并购中的律师尽职调查》，公司并购网，http：//www. gongsibinggou. com/binggouchengxv/jinzhidiaocha/200805/994. html，2008 - 05 - 28。

［3］陈斌：《公司并购中的律师尽职调查》，载《律师与法制》，2006（10）。

［4］林永青：《投资的准备工作 企业尽职调查的流程》，价值中国网，http：//www. chinavalue. net/Article/Archive/2004/9/13/846. html，2009 - 06 - 08。

［5］汪江：《尽职调查法律服务内容及重要性》，携律网，http：//www. lvsoso. cn/getUserLog_no. shtml？userid = 7362&logid = 118，2008 - 11 - 06。

［6］李建平：《律师对目标公司的法律尽职调查流程和内容》，公司资本运作律师网，http：//www. ljplawyer. cn/fnews/html/？64. html ，2008 - 09 - 15。

［7］淦贵生：《企业并购的陷阱和风险控制》，载《永鼎之光》，2007（2）。

［8］建发国际（控股）有限公司：《非常重大收购通函》附件3——《关于富盈环球投资有限公司涉及收购双鸭山北方升平煤矿有限责任公司相关事宜之中国法律意见书》，香港联交所，2008 - 02 - 13。

第四章
审计与财务
尽职调查

〇审计与验资

〇财务尽职调查

第一节　审计与验资

一、企业资本运营中的审计

（一）审计及其基本要素

企业资本运营中的审计（Audit）是指由具有相应资质的专业机构和人员，通过审查企业会计账目和报表以及审核相关信息资料和证据，对被审计企业的财务收支及其他经济活动的真实性、合法性和效益性进行审查和评价的独立性评价活动，并将其结果传达给有利害关系使用者的过程。

1. 企业资本运营审计的三个基本要素。企业资本运营审计的三个基本要素包括：（1）审计主体，是指接受委托的审计行为执行者，即会计师事务所及其注册会计师；（2）审计客体，指审计行为的接受者，即被审计企业本身；（3）审计委托人，指资本运营运作行为主体，如收购方、被收购方、拟上市企业或其大股东等。

一般情况下，审计委托人是财产的所有者或有利害关系使用者，而审计客体通常是资本运营的目标企业。但在资本运营中，尤其是为了企业私募融资、首次公开发行股票或反向收购买壳上市而委托审计的情况下，审计客体和审计委托人有时就是同一家公司，此时作为审计机构或人员，在被审计企业与有利害关系使用者（如战略投资者及公众股东）之间，处于独立中间人的地位，审计机构要对两方面的所有关系人负责，既要接受委托对被审计企业提出的会计资料认真进行审查，又要向有利害关系使用者提出审计报告，客观公正地审查和评价企业财务状况。

2. 资本运营审计的具体对象。资本运营审计的具体对象是被审计的目标企业财务收支及其他经济活动，不仅包括目标企业会计信息及其所反映的财务收支活动，还包括其他经济信息及其所反映的其他经济活动。

3. 审计的基本工作方式和目标。资本运营审计的基本工作方式是审查和评价，即收集证据，查明事实，对照标准，作出分析和判断。审计的主要目标是审查评价会计资料及其反映的财务收支的真实性和合法性，同时还要审查评价有关经济活动的效益性。

（二）审计的特征

1. 对经济活动和经济现象的认定。经济活动和经济现象是审计的对象，也就是审计的内容。经济活动和经济现象的认定，代表着被审计企业经济活动的合法合规性或有效性及经济现象的真实公允性的意见。

2. 收集和评估证据。证据是审计人员用来确定被审计企业经济活动合法合规性或有效性及经济现象真实公允性的各种形式的凭据。收集充分、有力的审计证据是审计工作的核心内容。从一定意义上说，审计就是有目的、有计划地收集、鉴定、综合和利用审计证据的过程。

3. 客观公正。审计人员应不偏不倚，实事求是，客观地收集和评估证据、作出审计结论、给出审计报告，据以达到审计目标，使审计结果令有利害关系使用者信服。

4. 依据的标准。审计所依据的标准是审计的法定依据，即判断被审计企业的经济活动合法合规与否、经济效益如何、经济现象真实公允与否的尺度，如国家颁布的法律、规章和标准，具体来说包括中国财政部发布的《企业会计准则》、企业制定的各种消耗定额、计划、预算等。

5. 传递结果。向审计意见的使用者传递信息结果是通过编制审计报告来进行的。编制审计报告是审计工作的最后步骤。审计报告的格式有些是规范中规定标准化的，如年度会计报表审计报告。

6. 系统过程。审计须按照公认的规范如中国注册会计师协会制定并由财政部发布的《中国注册会计师鉴证业务基本准则》《中国注册会计师审计准则》等规范和准则的要求，遵循一定的程序进行，系统性地开展审计业务，以保证审计的质量，提高审计的效率。

7. 独立性。独立性是审计的最突出特点。审计机构及审计人员进行审计活动，必须具有一定独立性，不受其他方面的干扰或干涉，这是审计区别于其他业务的一个根本特征。一般来说，审计机构按照《中国注册会计师审计准则》实施独立审计，体现了注册会计师的独立性、权威性和公正性。

（三）审计的分类

1. 按审计执行主体分类。按企业审计活动执行主体的性质分类，审计分为独立审计和内部审计两种。在企业资本运作中主要是请注册会计师进行独立审计。独立审计是由注册会计师有偿受托所进行的审计活动。独立审计是指注册会计师依法接受委托，对被审计企业的会计报表及其相关资料进行独立审查并发表审计意见。独立审计的目的是对被审计企业会计报表的合法性、公允性及会计处理方法的一贯性发表审计意见。而内部审计是指由公司内部机构或人员，对其内部控制和风险管理的有效性、财务信息的真实性和完整性及经营活动的效率和效果开展的一种评价活动。

2. 按审计目的和内容分类。审计按目的和内容不同分为财务报表审计、经营审计和合规性审计。在企业资本运作中主要是财务报表审计和经济效益审计。

《中国注册会计师审计准则第1101号——财务报表审计的目标和一般原则》第三条规定，按照中国注册会计师审计准则的规定对财务报表发表审计意见是注册会计师的责任；在被审计企业治理层的监督下，按照适用的会计准则和相关会计制度的规定编制财务报表是被审计企业管理层的责任。财务报表审计不能减轻被审计企业管理层和治理层的责任。第四条规定，财务报表审计的目标是注册会计师通过执行审计工作，对财务报表的下列方面发表审计意见：（1）财务报表是否按照适用的会计准则和相关会计制度的规定编制；（2）财务报表是否在所有重大方面公允反映被审计企业的财务状况、经营成果和现金流量。第五条规定，财务报表审计属于鉴证业务，注册会计师的审计意见旨在提高财务报表的可信赖程度。经济效益审计是指对被审计企业经济活动的效率，效果和效益状况进行审查和评价，目的是审查被审计企业人财物等各种资源的利用效率、盈利能力、经营目标实现情况。

3. 按审计实施时间分类。按审计实施时间相对于被审企业经济业务发生的前后分类，审计可分为事前审计、事中审计和事后审计。企业资本运作主要涉及事前审计和事后审计。

（1）事前审计。事前审计是指在被审企业经济业务实际发生以前进行的审计。实际上这是对计划、预算、预测和决策进行审计，如审计机构对预算编制的合理性、重大投资项目的经济可行性等进行的审查；会计师事务所对企业盈利预测文件的审核，内部审计组织对本企业生产经营决策和计划的科学性与经济性、经济合同的完备性进行的评价等。内部审计组织最适合从事事前审计，因为内部审计能够通过审计活动充当决策和控制的参谋、助手和顾问。同时，内部审计组织熟悉本单位的活动，掌握的资料比较充分，且易于联系各种专业技术人员，有条件对各种决策、计划等方案进行事前分析比较，作出评价结论，提出改进意见。

（2）事后审计。事后审计是指在被审企业经济业务完成之后进行的审计。大多数审计活动都属于事后审计。事后审计的目标是评价经济活动的合法合规性，鉴证企业会计报表的真实公允性，评价经济活动的效果和效益状况。

4. 按实施的周期性分类。审计还可分为定期审计和不定期审计。定期审计是按照预定的间隔周期进行的审计，如注册会计师对上市公司年度会计报表进行的每年一次审计，而不定期审计是出于需要临时安排进行的审计，如会计师事务所接受企业委托对目标公司的会计报表进行的审计。

5. 按审计技术模式分类。按采用的技术模式，审计可以分为账项基础审计、制度基础审计和风险导向审计三种。在资本运作中往往以账项基础审计为主，同时进行制度基础审计和风险导向审计。账项基础审计是指顺着或逆着会计报表的生成过程，通过对会计账簿和凭证进行详细检查，对会计账表之间的关系进行逐一核实，检查是否存在会计舞弊行为或技术性措施。在进行财务报表审计时，采用这种技术有利于作出可靠的审计结论。制度基础审计和风险导向审计就是注册会计师在企业内部控制基础上进行抽样审计，并通过对被审计企业内部控制进行测试，主要用于评价企业内部控制状况和风险控制能力。

（四）企业并购财务审计

企业并购财务审计，是按照审计准则规定的程序和方法对被并购企业资产、负债、损益的真实、合法、效益进行审计，对被并购企业会计报表反映的会计信息依法作出客观、公正的评价，形成审计报告，出具审计意见。其目的是揭露和反映企业资产、负债和盈亏的真实情况，为委托方提供并购投资的决策依据。在审计中一般按照企业会计报表中的资产、负债、所有者权益、收入、费用、利润六大要素涉及的会计科目，具体确定审计目标和内容。

（五）财务报表审计程序

企业并购的财务报表审计程序通常包括制订审计项目计划、审计准备、审计实施和审计终结四个阶段。

1. 审计项目计划阶段。委托人向注册会计师事务所说明审计目的，提供被审计企业的基本情况，双方就审计约定事项的有关内容进行商谈，并考虑审计机构的能力及能否保持独立性，同时，会计师初步评价审计风险，确定是否接受该项委托业务。会计师事务所与被审计企业签订审计业务约定书，向被审计企业提出书面承诺要求；签订业务约定书之后，根据审计工作实际需要对审计工作目标任务、内容重点、保证措施等进行事前安排，作出审计项目计划；并根据审计进展情况及其变化，及时修改和补充审计计划。

2. 审计准备阶段。会计师事务所应根据审计项目计划确定的审计事项组成审计小组，并应当在实施审计前进行审前调查，编制具体的审计实施方案，向被审计企业送达审计资料准备通知书或资料清单；并提供进场审计的工作时间表和需要企业配合的部门及人员安排，企业据此做好充分准备。

3. 审计实施阶段。注册会计师一般采取详细审计方法，通过审查会计凭证、会计账簿、财务会计报告，查阅与审计事项有关的文件、资料，检查现金、实物、有价证券，可以运用检查、监盘、观察、调查、查询及函证、计算、分析性复核等方式进行审计，以获得充分、适当的审计证明材料和证据。

注册会计师在首次接受委托时涉及会计报表期初余额，或在需要发表审计意见的当期会计报表中使用前期会计报表数据时，应进行适当的前期追溯审计。注册会计师可以利用内部审计和社会审计的审计结果，但要对这些成果进行复核。

注册会计师应当对会计报表的期初余额、期后事项、或有损失及被审计企业的持续经营能力等重要事项予以关注，并有适当的审计意见。

注册会计师进场后应当进行内部控制测试和余额测试，进一步确定审计程序和具体审计方法。在进行符合性测试和实质性测试时，一般应采用抽样审计方法。应当研究和评价被审计企业的相关内部控制制度，据以确定实质性测试的性质、时间和范围。注册会计师对在审计过程中发现的内部控制制度的重大缺陷，应当向被审计企业报告，如有需要，可出具管理建议书。

注册会计师在审计过程中如需要聘请行业专家协助工作，则应考虑其能力水平和是否具有独立性，并对其工作结果负责。

注册会计师及审计小组成员应按审计准则的规定将审计计划及其实施过程、结果和其他需要加以判断的重要事项，记录于审计工作底稿，编制审计工作底稿并对审计工作底稿进行必要的检查和复核。

4. 审计终结阶段。注册会计师在实施必要的审计程序后，以经过核实的审计证据为依据，对审计事项进行总结、分析和评价，得出审计结论，形成审计意见。重要事项应当与被审计企业沟通，然后编写审计报告并复核修改，按照独立审计准则的要求向委托人出具审计报告。审计报告报送委托人之前，应当征求被审计企业的意见。

（六）审计报告

2006 年颁布的《中国注册会计师审计准则第 1501 号——审计报告》对审计报告的含义、审计意见的形成、审计报告的基本内容都作出了明确规定。

1. 审计报告的含义。审计报告是注册会计师根据中国注册会计师审计准则的规定，在实施审计工作的基础上对被审计企业财务报表发表审计意见的书面文件。注册会计师应当在审计报告中清楚地表达对财务报表的意见，并对出具的审计报告负责，已审计的财务报表附于审计报告之后。

2. 审计意见的形成。注册会计师应当评价根据审计证据得出的结论，以作为对财务报表形成审计意见的基础。在对财务报表形成审计意见时，注册会计师应当根据已获取的审计证据，评价是否已对财务报表整体不存在重大错报获取合理保证。

在评价财务报表是否按照适用的会计准则和相关会计制度的规定编制时，注册会计师应当考虑下列内容：

（1）选择和运用的会计政策是否符合适用的会计准则和相关会计制度，并适合于被审计企业的具体情况；

（2）管理层作出的会计估计是否合理；

（3）财务报表反映的信息是否具有相关性、可靠性、可比性和可理解性；

（4）财务报表是否作出充分披露，使财务报表使用者能够理解重大交易和事项对被审计企业财务状况、经营成果和现金流量的影响。

3. 在评价财务报表是否作出公允反映时应当考虑的内容。

（1）经管理层调整后的财务报表，是否与注册会计师对被审计企业及其环境的了解一致；

（2）财务报表的列报、结构和内容是否合理；

（3）财务报表是否真实地反映了交易和事项的经济实质。

4. 审计报告的基本内容。审计报告应当包括下列要素：（1）标题；（2）收件人；（3）引言段；（4）管理层对财务报表的责任段；（5）注册会计师的责任段；（6）审计意见段；（7）注册会计师的签名和盖章；（8）会计师事务所的名称、地址及盖章；（9）报告日期。

5. 各内容段的具体内容。审计报告的标题应当统一规范为"审计报告"。审计报告的收件人是指注册会计师按照业务约定书的要求致送审计报告的对象，一般是指审计业务的委托人。审计报告应当载明收件人的全称。

审计报告的引言段应当说明被审计企业的名称和财务报表已经过审计，并包括每张财务报表的名称、提及财务报表附注、指明财务报表的日期和涵盖的期间。

管理层对财务报表的责任段应当说明，按照适用的会计准则和相关会计制度的规定编制财务报表是管理层的责任，这种责任包括：（1）设计、实施和维护与财务报表编制相关的内部控制，以使财务报表不存在由于舞弊或错误而导致的重大错报；

（2）选择和运用恰当的会计政策；（3）作出合理的会计估计。

注册会计师的责任段应当说明下列内容：（1）注册会计师的责任是在实施审计工作的基础上对财务报表发表审计意见；（2）审计工作涉及实施审计程序，以获取有关财务报表金额和披露的审计证据；（3）注册会计师相信已获取的审计证据是充分、适当的，为其发表审计意见提供了基础。

这里需要说明的是，出具审计报告，保证审计报告的真实性、合法性是注册会计师的审计责任；建立健全内部控制制度，保护资产的安全、完整，保证会计资料的真实、合法、完整是被审计企业的责任。注册会计师的审计责任不能替代、减轻或免除被审计企业的会计责任和管理层责任。

审计意见段应当说明，财务报表是否按照适用的会计准则和相关会计制度的规定编制，是否在所有重大方面公允反映了被审计企业的财务状况、经营成果和现金流量。注册会计师的审计意见应合理地保证会计报表使用人确定已审计会计报表的可靠程度，但不应被认为是对被审计企业持续经营能力及其经营效率、效果所作出的承诺。

如果认为财务报表符合下列所有条件，注册会计师应当出具无保留意见的审计报告：（1）财务报表已经按照适用的会计准则和相关会计制度的规定编制，在所有重大方面公允反映了被审计企业的财务状况、经营成果和现金流量；（2）注册会计师已经按照中国注册会计师审计准则的规定计划和实施审计工作，在审计过程中未受到限制。

当出具无保留意见的审计报告时，注册会计师应当以"我们认为"作为意见段的开头，并使用"在所有重大方面""公允反映"等术语。

当注册会计师出具的无保留意见的审计报告不附加说明段、强调事项段或任何修饰性用语时，该报告称为标准审计报告。

注册会计师出具非标准审计报告时，应当遵守《中国注册会计师审计准则第1502号——非标准审计报告》和审计准则第1501号的相关规定。

标准审计报告的参考格式如下。

审计报告

ABC股份有限公司全体股东：

我们审计了后附的ABC股份有限公司（以下简称ABC公司）财务报表，包括2016年12月31日的资产负债表，2016年度的利润表、股东权益变动表和现金流量表以及财务报表附注。

一、管理层对财务报表的责任

按照《企业会计准则》和《××会计制度》的规定编制财务报表是ABC公司管理层的责任。这种责任包括：（1）设计、实施和维护与财务报表编制相关的内部控制，以使财务报表不存在由于舞弊或错误而导致的重大错报；（2）选择和运用恰当的会计政策；（3）作出合理的会计估计。

二、注册会计师的责任

我们的责任是在实施审计工作的基础上对财务报表发表审计意见。我们按照中国注册会计师审计准则的规定执行了审计工作。中国注册会计师审计准则要求我们遵守职业道德规范，计划和实施审计工作以对财务报表是否不存在重大错报获取合理保证。

审计工作涉及实施审计程序，以获取有关财务报表金额和披露的审计证据。选择的审计程序取决于注册会计师的判断，包括对由于舞弊或错误导致的财务报表重大错报风险的评估。在进行风险评估时，我们考虑与财务报表编制相关的内部控制，以设计恰当的审计程序，但目的并非对内部控制的有效性发表意见。审计工作还包括评价管理层选用会计政策的恰当性和作出会计估计的合理性，以及评价财务报表的总体列报。

我们相信，我们获取的审计证据是充分、适当的，为发表审计意见提供了基础。

三、审计意见

我们认为，ABC 公司财务报表已经按照企业会计准则和《××会计制度》的规定编制，在所有重大方面公允反映了 ABC 公司 2016 年 12 月 31 日的财务状况以及 2016 年度的经营成果和现金流量。

××会计师事务所　　　　　　中国注册会计师：×××

（盖章）　　　　　　　　　　（签名并盖章）

　　　　　　　　　　　　　　中国注册会计师：×××

　　　　　　　　　　　　　　（签名并盖章）

　　　　　　　　　　　　　　中国××市

　　　　　　　　　　　　　　　　　　　　　二〇一七年×月×日

二、资本验资

（一）验资的分类

验资属于审计的范畴。2006 年颁布的《中国注册会计师审计准则第 1602 号——验资》中明确规定：验资是指注册会计师依法接受委托，对被审验单位注册资本的实收情况或注册资本及实收资本的变更情况进行审验，并出具验资报告。

验资分为设立验资、变更验资。设立验资是指注册会计师对被审验单位申请设立登记时的注册资本实收情况进行的审验。变更验资是指注册会计师对被审验单位申请变更登记时的注册资本及实收资本的变更情况进行的审验，其中包括股份公司经批准首次公开发行股票的发行募集资金的验资。

（二）被审验单位

被审验单位是指在中华人民共和国境内拟设立或已设立的，依法应当接受验资的有限责任公司和股份有限公司。

（三）各方责任

验资业务相关各方的责任包括：（1）出资者和被验资单位责任。按照法律法规以及协议、合同、章程的要求出资，提供真实、合法、完整的验资资料，保护资产的安全、完整，是出资者和被审验单位的责任。（2）注册会计师责任。按照验资准则的规定，对被审验单位注册资本的实收情况或注册资本及实收资本的变更情况进行审验，出具验资报告，是注册会计师的责任。（3）注册会计师的责任不能减轻出资者和被审验单位的责任。

（四）签订业务约定书

注册会计师应当了解被审验单位基本情况，考虑自身独立性和专业胜任能力，初步评估验资风险，以确定是否接受委托。注册会计师应当就下列主要事项与委托人沟通，并达成一致意见：（1）委托目的；（2）出资者和被审验单位的责任以及注册会计师的责任；（3）审验范围；（4）时间要求；（5）验资收费；（6）报告分发和使用的限制。如果接受委托，注册会计师应当与委托人就双方达成一致的事项签订业务约定书。

（五）验资计划和准备

验资准备主要有：（1）注册会计师应当编制验资计划，对验资工作作出合理安排；（2）注册会计师应当向被审验单位获取注册资本实收情况明细表或注册资本、实收资本变更情况明细表。

（六）验资范围

1. 设立验资的审验范围一般限于与被审验单位注册资本实收情况有关的事项，包括出资者、出资币种、出资金额、出资时间、出资方式和出资比例等。

2. 变更验资的审验范围一般限于与被审验单位注册资本及实收资本增减变动情况有关的事项。增加注册资本及实收资本时，审验范围包括与增资相关的出资者、出资币种、出资金额、出资时间、出资方式、出资比例和相关会计处理，以及增资后的出资者、出资金额和出资比例等。减少注册资本及实收资本时，审验范围包括与减资相关的减资者、减资币种、减资金额、减资时间、减资方式、债务清偿或债务担保情况、相关会计处理，以及减资后的出资者、出资金额和出资比例等。

（七）验资方法

对于出资者投入的资本及其相关的资产、负债，注册会计师应当分别采用下列方法进行审验：

1. 以货币出资的，应当在检查被审验单位开户银行出具的收款凭证、对账单及银行询证函回函等的基础上，审验出资者的实际出资金额和货币出资比例是否符合规定。对于股份有限公司向社会公开募集的股本，还应当检查证券公司承销协议、募股清单和股票发行费用清单等。

2. 以实物出资的，应当观察、检查实物，审验其权属转移情况，并按照国家有关规定在资产评估的基础上审验其价值。如果被审验单位是外商投资企业，注册会计师应当按照国家有关外商投资企业的规定，审验实物出资的价值。

3. 以知识产权、土地使用权、采矿权等无形资产出资的，应当审验其权属转移情况，并按照国家有关规定在资产评估的基础上审验其价值。如果被审验单位是外商投资企业，注册会计师应当按照国家有关外商投资企业的规定，审验无形资产出资的价值。

4. 以净资产折合实收资本的，或以资本公积、盈余公积、未分配利润转增注册资本及实收资本的，应当在审计的基础上按照国家有关规定审验其价值。

5. 以货币、实物、知识产权、土地使用权、采矿权以外的其他财产出资的，注册会计师应当审验出资是否符合国家有关规定。

6. 外商投资企业的外方出资者以上述第（1）项至第（5）项所述方式出资的，注册会计师还应当关注其是否符合国家外汇管理有关规定，向企业注册地的外汇管理部门发出外方出资情况询证函，并根据外方出资者的出资方式附送银行询证函回函、资本项目外汇业务核准件及进口货物报关单等文件的复印件，以询证上述文件内容的真实性、合规性。

（八）验资程序与时限规定

1. 对于出资者以实物、知识产权和土地使用权、采矿权等非货币财产作价出资的，注册会计师应当在出资者依法办理财产权转移手续后予以审验。

2. 对于设立验资，如果出资者分次缴纳注册资本，注册会计师应当关注全体出资者的首次出资额和出资比例是否符合国家有关规定。

3. 对于变更验资，注册会计师应当关注被审验单位以前的注册资本实收情况，并关注出资者是否按照规定的期限缴纳注册资本。

4. 注册会计师在审验过程中利用专家协助工作时，应当考虑其专业胜任能力和客观性，并对利用专家工作结果所形成的审验结论负责。

5. 注册会计师应当向出资者和被审验单位获取与验资业务有关的重大事项的书面声明。注册会计师应当对验资过程及结果进行记录，形成验资工作底稿。

（九）验资报告及要素

注册会计师应当评价根据审验证据得出的结论，以作为形成审验意见和出具验资报告的基础。验资报告应当包括下列要素：（1）标题；（2）收件人；（3）范围段；（4）意见段；（5）说明段；（6）附件；（7）注册会计师的签名和盖章；（8）会计师事务所的名称、地址及盖章；（9）报告日期。

验资报告的标题应当统一规范为"验资报告"。验资报告的收件人是指注册会计师按照业务约定书的要求致送验资报告的对象，一般是指验资业务的委托人。验资报告应当载明收件人的全称。

验资报告的范围段应当说明审验范围、出资者和被审验单位的责任、注册会计师的责任、审验依据和已实施的主要审验程序等。

验资报告的意见段应当说明已审验的被审验单位注册资本的实收情况或注册资本及实收资本的变更情况。对于变更验资，注册会计师仅对本次注册资本及实收资本的变更情况发表审验意见。

验资报告的说明段应当说明验资报告的用途、使用责任及注册会计师认为应当说明的其他重要事项。对于变更验资，注册会计师还应当在验资报告说明段中说明对以前注册资本实收情况审验的会计师事务所名称及其审验情况，并说明变更后的累计注册资本实收金额。如果在注册资本及实收资本的确认方面与被审验单位存在异议，且无法协商一致，注册会计师应当在验资报告说明段中清晰地反映有关事项及其差异和理由。

验资报告的附件应当包括已审验的注册资本实收情况明细表或注册资本、实收资本变更情况明细表和验资事项说明及其他必要的文件等。

注册会计师在审验过程中，遇有下列情形之一时，应当拒绝出具验资报告并解除业务约定：（1）被审验单位或出资者不提供真实、合法、完整的验资资料的；（2）被审验单位或出资者对注册会计师应当实施的审验程序不予合作，甚至阻挠审验的；（3）被审验单位或出资者坚持要求注册会计师作不实证明的。

验资报告具有法定证明效力，供被审验单位申请设立登记或变更登记及据以向出资者签发出资证明时使用。验资报告不应被视为对被审验单位验资报告日后资本保全、偿债能力和持续经营能力等的保证。委托人、被审验单位及其他第三方因使用验资报告不当所造成的后果，与注册会计师及其会计师事务所无关。

第二节　财务尽职调查

一、财务尽职调查概述

（一）财务尽职调查的必要性

财务尽职调查（Financial Due‒Diligence）也称财务审慎调查，是指企业资本运营中委托方委托独立的中介机构对目标企业或交易事项的目标对象所进行的财务状况、经营活动情况所进行的调查和分析评价。

为了开展资本运作，企业虽然已对过往年度会计报表进行了审计或者已经由其自身的专业部门进行了初步调查，但这种审计或调查很难满足有利害关系使用者对财务信息及其他相关信息的需要，所以，需另行开展独立的财务尽职调查。

财务尽职调查与审计一样，是国际"五大"会计师行的重要业务领域之一。对财务审慎调查的忽视，往往是并购失败或并购后出现重大遗留问题的重要原因之一。如果收购方在运作中遗漏重大债务或没有对未来进行盈利预测分析，收购后则会给并购方带来巨大经济风险和后患。所以，财务尽职调查是非常必要的。

任何并购都涉及复杂的财务问题和诸多法律、商业及技术问题，伴随着巨大的经济风险，企业自身一般很难完成财务尽职调查这样专业性极强的工作。财务顾问或注册会计师可以根据调查目的，设计适当的调查范围和内容，通过一定的程序和方法，收集、检查目标公司的财务资料和证据，及时发现问题和风险，并对遇到的问题采取相应对策、对可能遇到的风险进行分析和评价。同时，会计师在律师、行业专家协作配合下，在调查取证方面有着特殊的优势或权利，这为财务尽职调查的顺利完成和调查结果的质量及效果提供了保障。

（二）财务审慎调查分类

1. 为债务融资目的而进行的财务审慎调查。企业债务性融资往往采取资产抵押或第三方担保、信用等方式。金融机构都要对贷款企业和担保方的财务现状、财务前景进行充分的了解、论证，以确保贷款款项的如期收回；而担保方则要求被担保方提供诸多背景资料，以对其投资前景作出理性的判断。

2. 为收购、兼并而进行的财务审慎调查。在并购正式实施前，并购方往往要求对被并购方进行深入细致的调查。这种调查往往分为三个方面进行：（1）商业（或行业）调查。即对收购对象的市场现状、市场前景、行业技术方面的调查。商业（行业）调查经常涉及专业领域和收购价的确定方式，一般由专业的咨询公司来完成；（2）财务方面的调查即本节所讲的财务审慎调查，只要是并购方委托的事项，如了解被并购方的内部控制、或有负债、或有损失、关联交易、财务预测前景等，都可以成为财务审慎调查的内容。这些调查结果对并购的进行与否有直接的影响。该项工作由财务顾问或会计师事务所来完成。（3）涉及财务、资产方面的法律事务调查，由律师来完成。

3. 为企业股票发行上市或增资扩股、私募股权融资进行的尽职调查。企业应当先自行组织初步尽职调查，完成《商业计划书》初稿，其内容涵盖上述并购尽职调查的三个方面，供投资者了解企业之用。随后，按照资本市场的惯例及上市规则委托中介机构进行尽职调查，在律师、会计师、评估师及行业专家完成专业尽职调查出具报告后，修改补充《商业计划书》，连同法律意见书、审计报告、评估报告、独立技术审查报告一并正式提供给各类投资者和审批、监管机构。

4. 为出售目的而对自身进行的财务审慎调查。对于一家拟出售股权或资产的企业或其股东，若买主尚不知企业详情，为了让潜在的买方感兴趣并全面了解企业状况，卖方一般会组织内部专业部门或外请专业机构进行财务审慎调查，形成反映企业状况的综合报告，连同审计报告、评估报告一并提供给对方。

（三）财务审慎调查中委托方和被并购方的工作

前些年，在中国的并购实践中，收购方主要是依靠审计和评估报告，很少在实施并购前对收购对象进行全面的财务审慎调查，失败的并购案例很多，其原因主要是收购方对收购对象的财务情况缺乏全面了解，对其复杂性及潜在风险估计不足。为规避风险，应从以下几个方面做好财务审慎调查工作：

1. 聘请财务顾问及理账师。出让方或被并购企业应当知道，境外投资者并购或投资境内企业，一般都会要求按照国际会计准则对被并购企业过往三年的财务进行会计理账，使之符合国际会计准则。这里尤其要知悉的几点是：（1）在审计或正式财务审慎调查之前，被并购方应当接受（或者事先自行聘请）理账师按照国际会计准则实施理账；（2）理账师在理账中将对三年以上的应收账款实施撤账处理，假如三年以上应收账款没有对方当期还款计划、法院判决执行书等确定性文件支撑，注册会计师在审计时不予认可，将从流动资产中减除，因此理账师在理账时就直接作撤账减值处理了；（3）三年以上应付账款则要求管理层和财务部门判定是否还需要偿还，或仍必须偿还，必须偿还的和不用偿还的都必须提供支撑文件；（4）账外的应付账款或长期负债，涉及债务纠纷、诉讼没有结论的，一般按或有负债处理，单独列示，并详细说明情况和给出相关资料。如此处理后，被并购企业的资产负债表将发生重大变化，净资产可能降低到一个令出让方难以接受的程度。对此，出让方和被并购企业要有足够的心理准备，最好事先聘请财务顾问咨询评价。

2. 选择有实力的中介结构。并购方的企业自身不一定拥有实力强大的专业力量去调查所需了解的财务事项。即使有，也不经常作全面的尽职调查，经验毕竟有限；而且很难保证独立性，有时在收购指令驱使下，难免带有倾向性。中介机构属第三方，独立于交易双方，可以最大限度地提供客观、公正且不带有倾向性的调查分析结果。

在选择财务顾问或会计师事务所时，应注意其专业胜任能力，财务审慎调查毕竟不同于审计，它往往需要有多专业的、经验丰富的、高素质的人员参加。若中介机构实力不强、不能及时完成调查任务，则有可能使交易贻误有利时机；而中介机构调查、分析的结果与事实若有较大出入，由此而出具的调查报告提供给委托人后，委托人依此可能作出错误决策并造成难以挽回的损失。

3. 明确调查范围、程序和完成时间。在签订委托协议书时，必须明确调查的范围、程序和完成时间，所委托的调查、分析事项，应是委托人尚不明确但有可能对并购交易产生重大影响的事项。有时，并购方可向其财务顾问或进行财务审慎调查的会计师事务所咨询拟调查的范围。不明确调查范围，受托的会计师事务所无法开展工作；调查范围过小，则可能不足以达到预定的目的，而调查范围过大，则调查工作量和调查成本上升，并且可能会导致交易决策不能及时进行。事实上，会计师事务所在调查过程中，可能会不断发现委托人事先未考虑到的事项，此时可调整财务审慎调查的内容。

4. 组织协调被并购企业配合调查工作。企业应在会计师进场前组织安排被并购企业全面准备现有的审计报告、财务报告、财务报表、财务账簿、原始凭据、各种资料和相关文件证据，生产经营成本和市场价格资料、适应税种的税收规定、投资建设情况和在建工程资料、拟投资建设项目的设计文件和财务评价表，等等。中介机构进场后，企业应组织协调内部各部门全面配合，并安排好各中介机构人员的日常交通、办公、食宿等后勤服务；重点配合调查、提供资料、解答问题、协助函证；协调政府行业主管部门、国土资源、工商、税务、社保机构、银行、债权人、产品大客户、主要原料供应商等接待中介机构查询，并出具相关函件；组织企业管理层和有关部门就企业生产、经营、安全、环保、市场价格、行业动态、产业政策、投资发展等方面进行专题讨论，向中介机构提供管理层讨论意见。

5. 正确运用财务审慎调查的结果。资本运作的利害关系人应当将财务审慎调查结果与商业调查、法律审慎调查、资产评估等结果综合运用，统筹考虑和分析判断，得出综合结论，以决定是否进行该项交易；如果不作详细调查或仅仅从单项调查的结果就提出资本运营决策的议案，难免出现失误或不妥，无法保证为股东决策提供可靠的依据。

（四）财务审慎调查中注册会计师的工作

1. 签订委托协议。在开始工作前，并购方应委托具有相应资质的会计师事务所，涉及上市的并购应选择具有证券资质的会计师事务所进行财务审慎调查，要考察中介机构有无足够的人力或专业能力在限定的时间范围内完成委托事项。并购方应会同财务顾问向中介机构说明调查目的，让中介机构充分了解目标企业基本情况，双方协商并就职责范围达成一致，签订委托协议书或业务约定书。协议书应包括调查范围及委托目的、委托双方的责任与义务、受托方的工作时间和人员安排、收费、财务审慎调查报告的使用责任，协议书的有效期间、约定事项的变更、违约责任等。

2. 选派有专业胜任能力的工作人员。财务审慎调查业务报酬与年度审计报酬相比较高，这是因为其调查报告与委托人所拟进行的交易直接相关。该交易可能导致并购对象的所有权或资本结构发生重大变化，而给并购的一方或双方带来巨大的收益。如果没有相当的专业知识和经验的中介机构，则不能胜任财务审慎调查及其分析任务。所以，应选择熟悉交易对象所处的行业特征、专业能力强、业务素质高的工作人员从事这项工作，并应确定至少有一位资深人员负责该项业务，以保证工作的质量和成效。

3. 按照规定程序和方法及时完成调查业务。财务审慎调查一般分为计划、调查实施、报告三个阶段。

（1）计划阶段。财务审慎调查的项目负责人根据与被调查对象的有关负责人的交谈、查阅介绍性的资料来制订书面的工作计划。在此阶段，中介机构会对项目进行风险评估，并据风险程度选派工作人员。项目风险越高，则越应派经验丰富的人员。还可能会建议委托人扩大或修订财务审慎调查的范围和内容。

（2）调查实施阶段。此阶段实际上可细分为如下几个步骤：

①事实调查。运用观察、查询等取证方法，收集充分、适当的资料和证据。应尽量避免收集的资料过多或者不完整、不准确，避免遗漏重要的资料。

②分析总结。会计师事务所在收集了足够的相关资料后，运用专业手段、方法，将其整理成为委托人易于理解的简要形式的文件资料。因为财务审慎调查报告的使用者往往并无足够的时间、精力去看会计师所收集的所有资料。分析的重点应是财务数据、非财务数据，以突出数据之间的关系。如财务数据的分析，应让委托人了解到近期的财务状况、经营成果，资金变动情况等。

③解释说明。分析总结的目的是将所收集的大量资料经分析整理成委托人易于理解的形式内容，而解释说明则更多的带有会计师的专业意见，给委托人提供有意义的调查结论指引。解释说明的目的是使委托人对并购对象的业务性质、管理层的经营理念、金融和市场背景、并购中可能遇到的重大问题等有一个较为清醒的认识。为此，需对拟并购对象的总体情况发表意见，对拟进行的交易从正、反两方面发表意见（但不说明交易应否进行，这应该由委托人管理层来决定），对交易双方在谈判期间可能会

涉及的问题应该发表意见，对拟进行的交易完成后可能会发生的问题发表意见。解释工作一般由经验丰富的人员来承担。

（3）报告阶段。会计师事务所可以参照审计规范和资本运营通用的一些报告格式，也可以建立一套自己的全面而灵活的报告制度，既能规范报告的内容，同时也能适应不同目的的需要。未经委托人书面授权许可，中介机构不得向任何第三方提供财务审慎调查报告。在财务审慎调查报告中，要明确委托方和受托方所承担的责任。如果要向委托人提供报告初稿，应注明报告初稿中可能存在尚待更正或修改的地方，为此，要特别提醒委托人注意，以免其产生错误的认识。对于向委托人提供过的每一份初稿，都应注明起草日期，并保留一份副本存档。如同审计一样，会计师事务所应建立起一整套财务审慎调查业务的质量控制办法，以使所有财务审慎调查业务都能规范地进行。

（五）财务审慎调查涉及的相关准则及其应用

1. 企业会计基本准则。中国财政部于 2006 年 2 月 15 日以第 33 号部长令签发《企业会计准则》；并自 2007 年 1 月 1 日在上市公司施行，自 2008 年在企业推广实施；2007 年 11 月 16 日和 2008 年 8 月 7 日财政部又分别印发了第 1 号和第 2 号企业会计准则解释。新会计准则借鉴国际惯例，结合中国实际情况，根据形势发展的需要作了重大修订和调整。新会计准则有利于规范企业会计行为，提高会计信息质量，如实报告企业财务状况、经营成果和现金流量，有利于财务报告使用者作出合理决策。

2. 鉴证业务准则和审计准则。伴随着新会计准则的出台，为了规范注册会计师的执业行为，维护社会公众利益，中国注册会计师协会拟订了《中国注册会计师鉴证业务基本准则》等 22 项准则，修订了《中国注册会计师审计准则第 1142 号——财务报表审计中对法律法规的考虑》等 26 项准则，财政部 2006 年 2 月 15 日以财会〔2006〕4 号文《关于印发中国注册会计师执业准则的通知》批准发布了上述 48 项准则，自 2007 年 1 月 1 日起施行，并规定原来的《独立审计基本准则》等相关准则同时废止。

从这些准则所涵盖的范围和准则中的具体条款可明显看出，中国注册会计师的审计范围进一步扩大，审计执业更加广泛，鉴证业务准则也更加严谨。目前，为降低企业资本运营风险，财务审慎调查越来越多地委托注册会计师来执行，甚至直接依据审计准则开展财务审慎调查工作。例如，企业可以委托注册会计师应用审计准则中的《其他鉴证业务准则第 3111 号——预测性财务信息的审核》进行未来几年企业的盈利预测报告的审核工作。

3. 在委托注册会计师情况下应注意的问题。

（1）必须与会计师明确区分所委托事项是否属于鉴证业务。鉴证业务是指注册会计师对鉴证对象信息提出结论，以增强除责任方之外的预期使用者对鉴证对象信息信任程度的业务。鉴证对象信息是按照标准对鉴证对象进行评价和计量的结果。例如责任方按照会计准则和相关会计制度（标准）对其财务状况、经营成果和现金流量（鉴证对象）进行确认、计量和列报（包括披露）而形成的财务报表（鉴证对象信息）。鉴证业务包括历史财务信息审计业务、历史财务信息审阅业务和其他鉴证业务。注册会计师执行历史财务信息审计业务、历史财务信息审阅业务和其他鉴证业务时，应当遵守《中国注册会计师鉴证业务基本准则》以及依据基本准则制定的审计准则、审阅准则和其他鉴证业务准则。鉴证业务涉及的三方关系人包括注册会计师、责任方和预期使用者。

（2）区分责任方认定的业务和直接报告业务。在《中国注册会计师鉴证业务基本准则》中将鉴证业务分为责任方认定的业务和直接报告业务：

①在基于责任方认定的业务中，责任方对鉴证对象进行评价或计量，鉴证对象信息以责任方认定的形式为预期使用者获取。例如在财务报表审计中，被审计企业董事会或管理层（责任方）对财务状况、经营成果和现金流量（鉴证对象）进行确认、计量和列报（评价或计量）而形成的财务报表（鉴证对象信息）即为责任方的认定，该财务报表可为预期报表使用者获取，注册会计师针对财务报表出具审计报告。这种业务属于基于责任方认定的业务。

②在直接报告业务中，注册会计师直接对鉴证对象进行评价或计量，或者从责任方获取对鉴证对象评价或计量的认定，而该认定无法为预期使用者获取，预期使用者只能通过阅读鉴证报告获取鉴证对象信息。例如，在内部控制鉴证业务中，注册会计师可能无法从管理层获取其对内部控制有效性的评价报告，或虽然注册会计师能够获取该报告，但预期使用者无法获取该报告，注册会计师直接对内部控制的有效性进行评价并出具鉴证报告，预期使用者通过阅读该鉴证报告获得内部控制有效性的信息。这种业务属于直接报告业务。

（3）区分不必遵守《中国注册会计师鉴证业务基本准则》的业务。某些财务审慎调查业务可能符合鉴证业务的定义和范围，使用者可能从业务报告的意见、观点或措辞中推测出某种程度的保证，但如果满足下列所有条件，注册会计师执行这些业务可以不必遵守《中国注册会计师鉴证业务基本准则》：①注册会计师的意见、观点或措辞对整个业务而言仅是附带性的；②注册会计师出具的书面报告被明确限定为仅供报告中所提及的使用者使用；③与特定预期使用者达成的书面协议中，该调查业务未被确认为鉴证业务；④在注册会计师出具的报告中，该调查业务未被称为鉴证业务。

综上所述，财务审慎调查和审计的发展趋势是互相渗透和互相涵盖的，注册会计师将更多地接受委托而承担企业财务审慎调查业务，并在调查中依据审计准则开展调查工作。但在企业资本运营的某项具体操作业务中，首先最重要的是分清是否属于鉴证业务以及区分业务类型，以便各方在运作中采用适当的准则。注册会计师在审计业务中则必须遵循于2006年新颁布的《中国注册会计师鉴证业务基本准则》等各项"中国注册会计师执业准则"。

二、财务审慎调查与审计的区别

审计与财务审慎调查的主要区别如表4-1所示。

表 4-1 　　　　　　　　　　　审计与财务审慎调查的区别

项目比较	审计	财务审慎调查
服务性质	鉴证服务	非鉴证服务
目标和依据	按照《审计准则》，对被审计对象会计报表的编制是否符合《企业会计准则》和国家其他有关财务、会计的规定进行审计	对委托人所指定的对象的财务及经营活动进行调查、分析。其工作的性质和程度取决于委托人的目的和要求
工作深度	会计报表是否在所有重大方面公允地反映了其财务状况、经营成果和资金变动情况，以及对会计处理方法的选用是否符合一贯性原则发表意见	注册会计师需要从专业角度对财务调查的情况进行分析和评价，但是不需要也不宜对交易应否进行而提出建议，除非委托人特殊要求
工作成果	按照《审计准则》出具审计报告或审核报告	调查的结果是出具一个符合委托人要求的财务审慎调查报告，在特殊情况下，委托人也可能不要求出具正式的报告
委托出发点	企业之所以进行审计，主要由于有关法律、法规的规定或者属于审批操作中的必经程序，是一种强制性行为	财务审慎调查是自愿的，重点了解交易中可能涉及的事项，以减少交易风险、最大限度地从交易中获得利益
工作结果导致的后果	审计因其具有独立性、权威性和公正性的鉴证作用，故审计报告或审核报告一经发出，注册会计师就要对审计报告的真实件、合法性负责，对所有可能的报告使用者负责。如果出现错误和重大遗漏，就很有可能引起法律纠纷，承担法律责任	调查报告只对委托人负责，并且只对委托人指定事项的调查、分析结果负责，如果由于调查结果严重失实，则要对由此导致的后果负责。由于财务审慎调查并不对委托人所拟进行的交易提出明确的应否建议，只要能恪守独立、客观、公正的原则，做好所委托的事项，一般很少会引起法律纠纷
报告结果运用范围	审计报告呈送给委托者，并按照法律、法规所规定的时间和程序提供给投资者、债权人、税务机关等，上市公司的审计报告还要按照相关法规公之于众	财务审慎调查报告的使用范围相对较小，一般严格按照委托人指定的适用对象范围提供，即只提供给那些委托人认为应该了解调查结果的人士阅读和使用，不具有公开发布的法规要求
方法和途径	严格依照审计准则、鉴证业务准则、服务准则所规定的内容、程序、方法进行审计。审计的对照基准为会计准则	依照鉴证业务准则、服务准则，参考审计准则和行业标准规范等所规定的内容、程序及方法进行财务审慎调查

三、财务尽职调查文件清单

财务尽职调查清单根据委托人目的的要求不同有一定差异，但总体相差不大，下面给出一个外资并购境内企业的调查清单，作为参考。

财务尽职调查所需准备资料清单

Ⅰ. 公司资料

1. 各年度的变更批复
2. 最新营业执照
3. 税务登记证——国税及地税
4. 验资报告

5. 最新批准证书

6. 各年度董事会会议记录

7. 过往三个年度签订的一切租赁合同、合作合同

8. 最新公司架构图

Ⅱ. 内部公司交易

1. 内部公司交易清单（如营业、租赁、土建、采购等）

2. 列示内部公司名称、交易性质及交易金额

Ⅲ. 财务报表和账簿

1. 过往三年的 12 月 31 日的资产负债表

2. 截至以上三个结账日止的损益表

3. 截至以上三个结账日止的现金流量表

4. 以上期间的全部会计凭证、会计总账和明细账簿

Ⅳ. 财务报表中各适用的详细说明（含过往三个年度）

1. 现金

a. 银行存款清单（列示所有的开户银行名称、账号、币种、余额）；

b. 银行存款调节表（按银行账户编制并列示账面余额、银行余额及未达账项）；

c. 期末的银行存款对账单；

d. 银行确认书。

2. 应收账项

a. 应收账项变动及账龄分析表（列示客户名称、金额、账龄分析及期后回款情况）。

b. 十大主要客户及供货量、结算价和结算额度明细。

c. 过往三个年度全部销售交易合同及合同统计表（列示对方名称、供货品种、规格、数量、价格、合同标的额、合同签订日期）。

d. 所有主要客户及其特性，如地区分布，付款形式及回款率；主要客户最近三年的销货金额及占公司销售额的比例。

e. 坏账详情（包括收回坏账的详情）。

3. 存货

a. 存货明细表，分为原材料、在产品及完成品，而存货明细表的总额要与资产负债表中的存货相符；

b. 存货明细表的账龄分析。

4. 预付账款及其他应收款

a. 预付账款及其他应收款明细；

b. 预付账款期后回款情况分析表；

c. 交易合同（原料供货、设备采购、工程施工及设备安装合同）。

5. 固定资产（包括在建工程、装修等，下同）

a. 固定资产清单；

b. 取得固定资产发票、合同、付款凭据；

c. 增/减的固定资产明细表；

d. 请提供覆盖贵公司所有固定资产的保险单据；

e. 价值评估报告书。

6. 应付账款及其他应付款

a. 应付账款明细表及账款分析；

b. 应付账款期后还款之最新情况；

c. 十大主要供应商资料、交易合同（列示客户名称、于规定调查截止日之应付账款结余金额及会计期间之采购金额）；

d. 其他应付明细。

7. 预收账款（已收贸易定金）、应计负债及其他应付账款

a. 请提供预收明细表及交易合同；

b. 提供应计负债及其他应付账款明细表。

8. 长期负债和或有负债

a. 分项说明长期负债由来，利率、偿还情况，欠款余额；

b. 说明任何没有列入资产负债表的任何（或然或实际）重大债务。

9. 税收情况

a. 应付营业税变动表、明细表，请列示期初余额，本期计提数、本期缴纳金额及期末余额；

b. 应付其他各项税金变动表，请列示期初余额，本期计提数、本期缴纳金额及期末余额；

c. 如享受新的税收优惠，请提供有关税务主管机构出具的批文等文件；

d. 如以前年度税务主管机关曾对公司进行过税务检查，请提供税务检查意见书；

e. 所有企业所得税的申报表及缴款书；

f. 国税、地税局过去三年依法纳税证明；

g. 现行税种、税率、计算基础。

10. 营业收入及其他收入

a. 全年营业收入之明细（按服务类别、产品类别分析）；

b. 其他业务/其他营业外收支明细表；

c. 利息收入明细。

11. 毛利分析表（按业务和产品类别分析）

12. 成本及费用

a. 营业成本明细表；

b. 营业费用明细表；

c. 管理费用明细表；

d. 其他业务/ 其他营业外费用明细表；

e. 各种产品换算后单位成本明细表；

f. 固定及可变成本的分析表。

13. 贷款及担保协议

a. 贷款担保协议；

b. 人民币贷款协议；

c. 抵押合同；

d. 外币贷款协议；

e. 外汇管理局对外汇担保的批复；

f. 其他融资安排的文件。

14. 员工人数及状况

a. 劳动合同；

b. 退休人员安排；

c. 福利政策；

d. 养老保险金缴纳情况；

e. 工资发放明细表（含工资标准）。

15. 董事和高管人员酬金、住房福利、花红及退养老保险金及其他津贴明细表（列示董事姓名、其他高管人员姓名）

16. 资本公积之性质、明细、计提方法及有关期末余额之报告书

Ⅴ. 当期财务报表中未作直接反映但将会对企业有重大影响的事项

1. 经营租赁承诺明细资料（请列示所有在资产负债日前已签约但租期尚未结束的经营性租约）。

2. 资本承诺明细资料。

a. 已签约但尚未支付的资本性支出情况

——购建固定资产；

——投资合营/子公司等。

b. 董事会已批准的资本性支出情况

——购建固定资产；

——投资合营/子公司等。

3. 所有关联交易明细表，请列示关联方名称，交易性质及交易金额。

4. 请企业的律师提供有关法律诉讼的意见书。

5. 其他或有负债情况，如向他人提供担保及未用的信用证等。

6. 资产负债表日后之重大合约，正常购销活动以外的特别事项。

Ⅵ. 行业资料和预测分析（在委托会计师进行预测性财务信息审核时使用）

1. 行业情况：行业发展历史及趋势，哪些行业的变化对产品利润、利润率影响较大，进入该行业的技术壁垒、贸易壁垒、政策限制等，行业市场前景分析与

预测。

2. 过去 3~5 年各年全行业总产量和销售总额（要列明资料来源）。

3. 未来 3~5 年各年全行业产品产量和销售收入预测（要列明资料来源）。

4. 本公司与行业内 5 个主要竞争对手的比较：主要描述在销售市场中的竞争对手及其规模、产品、销售量、售价、竞争对手优势和劣势优缺点。

5. 市场销售有无行业管制，公司产品进入市场的难度分析。

6. 过去 3 年产品市场价格，未来 3~5 年产品价格和成本分析及预测。

7. 未来 3~5 年融资用途及资金使用计划。

8. 未来 3~5 年的销售收入、成本和盈利预测（融资不成功情况下）。

9. 未来 3~5 年的销售收入、成本和盈利预测（融资成功情况下）。

Ⅶ. 附表（表式略）

四、财务尽职调查报告的内容及格式

（一）投入资本说明

（二）公司架构及产权关系

（三）产业链业务关系

（四）资产状况

1. 截至 × 年 × 月 × 日财务状况

2. 货币资金

3. 应收货款

4. 预付账款

5. 其他应收款

6. 存货

7. 长期投资

8. 固定资产及在建工程

9. 无形资产

10. 长期待摊费用

（五）现金流量

1. 各年现金流量简表

2. 经营活动产生现金的能力

3. 投资活动产生现金的能力

4. 筹资活动产生现金的能力

5. 关注事项

（六）经营结果

1. ××—××年度经营结果一览

2. 关注事项

（七）盈利能力分析

1. 盈利能力指标

2. 销售毛利率分析

3. 销售净利率分析

4. 收入构成分析

5. 主要产品盈利分析

6. 盈利能力评价

7. 关注事项

（八）成本费用

1. 成本

2. 费用

3. 成本费用应关注的事项

（九）债项

（十）税项

（十一）关联交易

（十二）抵押担保、或有事项及重大财务事项

（十三）主要业务循环

1. 采购。主要原料：年均采购量、价格、主要供应商、结算政策

2. 销售。主要产品：主要客户、销量、价格、结算政策

（十四）未来资金测算、盈利测算

（十五）主要合同

1. 前几大客户及占 70 % 销售收入的合同

2. 前几大原料供应商及占 70 % 的原料采购合同

3. 重大建设施工、设备供应合同

4. 贷款合同

5. 重大资产收购和转让合同等

（十六）关注事项及风险分析

（十七）总体评价

1. 关于资产质量的总体评价

2. 关于价值评价应考虑的因素

3. 应关注的事项

4. 综合评估

案例 建发国际间接收购升平煤矿之
审计与财务尽职调查

【案例简介与导读】

香港主板上市公司建发国际（00223.HK）为收购境内企业，委托理账师及核数师对升平煤矿三年财务报表分别进行了理账和财务审计，国际会计师在境内审计基础上，根据香港的相关准则对升平煤矿进行全面理账并审计后，资产负债发生了几千万元的重大变化。本案例对境外审计前后的资产负债表和损益表进行了差异分析。同时，介绍了财务尽职调查和审计过程以及操作中应注意的问题。

在企业并购中，财务理账结果和审计结论（尤其是资产负债和利润的重大调整变化）将影响企业评估价值，对股权交易价格的确定产生重大影响。企业的相关部门应当审查理账和审计结果是否合理并给出明确的专业意见，并向管理层报告；企业管理层须讨论、总经理须确认该审计结果，并报送董事会和利害相关者；公司董事及法定代表人须签字确认，并由此对财务报表和报告承担责任。

任何企业要进行海外资本运作或外资并购，都必须配合中介机构进行审计和财务调查，并对出具的财务报表承担法律责任。因此，了解与掌握国际会计师的理账和财务审计过程以及国内外财务报表差异对比分析，以此判断审计结果的正确性是企业资本运作中与国际接轨的基本功。

【案例回放——财务调查与审计结果】

一、中介机构进场调查

2007年7月24日开始，香港建勤受北方集团委托（同时也受建发国际委托），组织投行专业人员及理账师率先进驻升平煤矿开展尽职调查，律师随后进场。在完成财务理账和律师初步调查后，香港独立会计师于9月进场开始审计。

（一）理账

经过一周的初步调查，8月2日，在香港建勤的组织安排下香港理账会计师与北方集团和升平煤矿有关人员召开协调会，全面沟通调查事宜。随后，理账会计师依据国际会计准则及香港会计师公会颁布之《香港财务报告准则》对升平煤矿过往三年的资产、负债、经营损益、现金流量、会计账目和资料等进行了全面审理。两个星期后，理账师提出了理账处理方案及理账调整后的财务报表。经北方集团上市小组审核，认为理账后的财务报表符合香港会计准则规定，并能够真实公允地反映升平煤矿财务状况，表示基本同意理账结果和账务处理方案，并向升平煤矿董事报告相关情况。经沟通协商，升平煤矿董事同意按照香港会计准则和香港财务报告准则，重新调整编制财务报表及财务报告。

理账师按约定结算日对升平煤矿的应收账款重估，进行了撇账减值处理；对资产重估，进行了折算减值处理；对账外长期负债调查审核，将其列入资产负债表。经此处理，升平煤矿的资产负债发生了重大变化。

（二）审计与财务调查

香港均富会计师行接受建发国际委托，承担间接收购升平煤矿股权的财务审计工作。均富会计师行根据香港会计师公会颁布之《香港核数准则》、《香港核数指引》及《审阅项目准则》实施适当的审核和必要的额外审核程序，于2007年9月和11月分两次进场，对收购升平煤矿股权事项进行过往三年即2004年、2005年、2006年12月31日和2007年9月30日止的财务核数（审计）。

均富会计师行听取了升平煤矿管理层的讨论及分析，对财务现状概述、资产负债、经营损益、现金流量、股东权益变动、资产抵押、风险管理与内部控制、雇员及薪金等方面进行了审核。均富会计师行对升平煤矿的市场风险管理、财务风险管理进行了分析评价，具体对升平煤矿财务工具包括应收账款、应收票据、其他应收账款、应收/应付控股公司款项、银行及现金结余、应付账款、应计利息、其他应付款项及无抵押银行借贷及其他借贷进行了注释说明，并分析了其具体涉及的利率风险、信贷风险、流通量风险。确认升平煤矿概无利用任何衍生工具或其他工具作对冲目的，概无持有或发行衍生财务工具作交易目的。

（三）借助当地律师事务所的见证文件

黑龙江省双鸭山市正大法律事务所接受升平煤矿委托分别以函件形式向均富会计师行出具律师声明书，见证和证明诉讼、仲裁确认的外欠债务金额及房屋产权性质、采矿许可证有效期限等事项，在2007年底前取得了第三方核证及律师见证。

（四）调取各方函证

建设银行集贤县支行及其他升平煤矿的开户银行和主要债权人向核数会计师出具了升平煤矿借款本金和利息函证。

集贤县社保局向会计师和律师提供函证，确认公司2004年后已依法为员工按时依法足额缴纳了养老保险，确认2004年底前拖欠养老保险金数额，不存在因欠缴养老保险而受到行政处罚的情形，亦未有被提起诉讼。

集贤县环保局提供函证，证明企业依法对污染源采取了相应的防治措施，生产经营活动符合国家有关环境保护的法律、法规的要求，已按时足额缴纳排污费。自设立之日起至今，未因违反任何环保法律、法规或因而受到任何行政处罚或被集贤县环保局提起诉讼。

集贤县国税局、地税局确认税务缴纳情况，公司适用的主要税种、税率、享受税收优惠政策、按税法规定申报纳税及履行税款缴纳义务；不存在任何违反国家税收法律、法规的情形，没有涉及任何税项纠纷或者缴税有关的处罚记录，或被提起诉讼；目前已不存在应缴未缴税项，不存在任何漏税或拖欠税款的情形，并对以前年度拖欠税款补缴情况进行确认。

（五）升平煤矿董事出具承诺

升平煤矿董事向均富会计师行和律师书面承诺，保证所编制和提供的财务报表和财务资料真实、全面、公平，且如果发生错误、遗漏、误导将为此承担法律责任。

至 2007 年第四季度，中介机构将收购所需的企业资料、函证、声明、凭据、支撑文件等均调取齐全。

二、财务审计报告——会计师报告

均富会计师行在完成了一系列的尽职调查和财务审计后，于 2007 年 12 月形成了会计师报告初稿，并于 2008 年 2 月 13 日正式出具了《会计师报告》，同日建发国际发布收购事项通函，并刊载于香港联交所网站。下面是均富会计师行的《会计师报告》摘要。

建发国际收购富盈环球全部股权涉及升平煤矿之

会计师报告（摘要）

敬启者：

吾等与下文载列吾等就双鸭山北方升平煤矿有限责任公司（升平煤矿）之财务资料（包括于 2004 年、2005 年、2006 年 12 月 31 日及 2007 年 9 月 30 日之资产负债表，截至 2004 年、2005 年、2006 年 12 月 31 日及 2007 年 9 月 30 日 9 个月之损益表，现金流量表，权益变动表及其附注）而编制之报告，以供建发国际（控股）有限公司（贵公司）于 2008 年 2 月 13 日就收购富盈环球投资有限公司（Wealth Gain Global Investment Limited，WGGL）全部已发行股本而刊发之通函。

WGGL 已分别于 2007 年 7 月 18 日、2007 年 10 月 30 日、2007 年 12 月 31 日与煤矿卖方订立无约束力框架协议、煤矿收购协议及补充煤矿收购协议（统称煤矿收购协议），据此 WGGL 将根据煤矿收购协议之条款及条件，向煤矿卖方收购升平煤矿之全部股权。

升平煤矿乃于中华人民共和国成立之国有企业，注册资本为 2 000 万元人民币。升平煤矿正在进行企业改制重组，其法定形式将由国有企业正式转变为私有有限责任公司。升平煤矿之法定业权将于改制变更营业执照之日起由国有资产拥有者转让予煤矿卖方。

升平煤矿主要业务为于中国生产及销售煤炭及相关产品。公司注册地位于黑龙江省双鸭山市集贤县。

升平煤矿之财务报表乃根据中国企业适用之有关会计准则编制。升平煤矿截至 2004 年、2005 年、2006 年 12 月 31 日年度之财务报表由中国注册会计师黑龙江华鹏会计师事务所有限公司审核。就本报告而言，升平煤矿董事已根据香港会计师公会颁布之香港财务报告准则编制升平煤矿于有关期间财务报表。就本报告而言，吾等已根据香港会计师公会颁布之香港核数准则就相关财务报表进行适当审核。财务资料及其附注由升平煤矿董事根据香港财务报告准则按相关财务报表格式编制，并按附注所载之基准呈列。吾等已审查财务资料，并根据香港会计师公会颁布之核数指引进行了必要的额外审查程序。

升平煤矿董事对于编制和提供真实兼公平之相关财务报表及财务资料负责，在编制真实兼公平之相关财务报表及财务资料时，需选用并贯彻应用合适会计政策。而贵公司董事须对载入本财务报告之收购公告之内容附上责任。吾等之责任为根据吾等之审查就财务资料提供独立意见，并向贵公司汇报吾等之意见。

就本报告而言，在不发表保留意见下，吾等留意到下文附注所披露，于2004年、2005年、2006年12月31日及2007年9月30日升平煤矿之负债净额。该等负债连同附注所载之未偿还无抵押银行及其他借贷事项表明存在可能对升平煤矿持续经营能力存在有重要不明朗因素。

吾等认为，就本报告而言，财务资料真实并公平反映了升平煤矿于2004年、2005年、2006年12月31日及2007年9月30日之财务状况，以及升平煤矿与各有关期间之业绩及现金流量。

Ⅰ. 升平煤矿2004—2006年财务资料及2007年9月30日财务资料（见表4-2、表4-3、表4-4）

表4-2　　　　　　　　　均富会计师行审计后损益表　　　　单位：千元人民币

项目	全年，截至12月31日			截至9月30日	
	2004年	2005年	2006年	2006年	2007年
收入	114 168	106 256	170 317	119 819	173 607
销售成本	-83 382	-73 930	-109 600	-75 176	-97 200
毛利	30 786	32 326	60 717	44 643	76 407
其他收入	96	247	3 432	589	385
销售及分销费用	-538	-272	-626	-383	-803
管理费用	-21 008	-15 481	-21 636	-13 478	-24 392
营业外费用	-8 776	-5 932	-1 908	-1 594	-1 631
营业利润	560	10 888	39 979	29 777	49 966
财务费用	-5 587	-4 774	-4 640	-2 947	-4 514
税前利润	-5 027	6 114	35 339	26 830	45 452
所得税费用	-9 629	-2 452	-13 615	-7 397	-17 899
税后利润	-14 656	3 662	21 724	19 433	27 553

注：（1）国外的审计后财务报表中损益表的财务费用是列在营业利润之后，以利于保持销售成本的可比性（财务费用随着每年贷款数额不同而波动较大），这一点与中国内地明显不同。

（2）香港审计报表的损益表中，将需要相减计算的项目数字前直接用"-"标注，因此在后面的差异分析计算取数时要特别注意这一区别。

（3）2004年所得税含历年累积的税项。

表 4 – 3　　　　　　　　　均富会计师行审计后资产负债表　　　　　单位：千元人民币

项　目	全年，截至 12 月 31 日			截至 9 月 30 日
	2004 年	2005 年	2006 年	2007 年
资产及负债				
非流动资产				
物业、厂房及设备	57 483	61 350	63 052	65 396
采矿权	—	—	—	96 418
递延税项资产	2 654	2 654		
合计	60 137	64 004	63 052	161 814
流动资产				
存货	6 735	9 510	5 979	7 658
应收贸易账款	11 158	21 515	28 837	55 170
应收票据账款	4 800	—	1 980	—
存款、预付款及其他应收款	8 153	4 766	12 373	15 981
应收控股公司款项	—	—	—	16 102
现金及现金等值项目	2 585	384	611	16 008
合计	33 431	36 175	49 780	110 919
流动负债				
应付贸易账款	11 626	13 346	10 566	4 860
应计费用及其他应付款项	110 494	109 388	111 035	154 775
应付控股公司款项	4 916	5 681	1 178	—
无担保银行及其他借款	72 764	69 434	60 523	74 523
应付税金	—	1 810	7 595	13 201
合计	199 800	199 659	190 897	247 359
流动负债净额	**– 166 369**	**– 163 484**	**– 141 117**	**– 136 440**
总资产减流动负债	**– 106 232**	**– 99 480**	**– 78 065**	**25 374**
非流动负债				
递延收入	—	3 090	2 781	2 549
其他长期负债	—	—	—	76 118
合计	—	3 090	2 781	78 667
所有者权益	**– 106 232**	**– 102 570**	**– 80 846**	**– 53 293**
股本				
升平煤矿股东应占权益				
实缴股本	20 000	20 000	20 000	20 000
储备（累计亏损）	– 126 232	– 122 570	– 100 846	– 73 293
资本亏蚀	**– 106 232**	**– 102 570**	**– 80 846**	**– 53 293**

　　注：香港的资产负债表中的科目与项目名称划分与内地有一定的差别。

表 4-4	均富会计师行审计后权益变动表		单位：千元人民币
项　目	实缴资本	累计亏损	总权益
2004 年 1 月 1 日结余	**20 000**	**−111 576**	**−91 576**
年度亏损	—	−14 656	−14 656
年度确认收入及费用总额	—	−14 656	−14 656
2005 年 1 月 1 日结余	**20 000**	**−126 232**	**−106 232**
年度税后利润	—	3 662	3 662
年度确认收入及费用总额	—	3 662	3 662
2006 年 1 月 1 日结余	**20 000**	**−122 570**	**−102 570**
年度税后利润	—	21 724	21 724
年度确认收入及费用总额	—	21 724	21 724
2007 年 1 月 1 日结余	**20 000**	**−100 846**	**−80 846**
截至 9 月 30 日利润	—	27 553	27 553
期间确认收入及费用总额	—	27 553	27 553
2007 年 9 月 30 日结余	**20 000**	**−73 293**	**−53 293**

Ⅱ. 财务资料附注（29 项 50 余条附注，本书仅列条目，具体内容略）

1. 主要会计政策概要

2. 重大会计估计与判断（折旧、采矿权、应收账款减值、所得税）

3. 收益及其他收入

4. 分部资料

5. 财务成本

6. 所得税前亏损/盈利

7. 所得税开支

8. 物业、房产及设备

9. 采矿权

10. 存货

11. 应收贸易账款

12. 按金、预付款项及其他应收款项

13. 应收/应付控股公司款项

14. 现金及现金等值项目

15. 应付贸易款项

16. 无抵押银行及其他借贷（长期负债）

17. 其他长期负债

18. 实缴资本

19. 储备

20. 递延税项

21. 董事薪酬及五名最高薪人士

22. 经营租赁承担

23. 资本承担

24. 或然负债（诉讼及其他法律程序）

25. 关联人士交易

26. 风险管理目标及政策

27. 资金管理

28. 结算日后事项

29. 过渡至香港财务报告准则之阐述

Ⅲ. 结算日后财务报表

升平煤矿于 2007 年 9 月 30 日之后至本报告发布之日，没有编制经审计的财务报告。

此致

建发国际（控股）有限公司

董事会　台照

均富会计师行

执业会计师

谨启

二○○八年二月十三日

三、升平煤矿审计前财务报表

香港会计师理账和审计前升平煤矿报表如表 4 – 5 和表 4 – 6 所示。

表 4 – 5 　　　　　　　　　　升平煤矿境外审计前损益表　　　　　　单位：千元人民币

资产负债	2004 年	2005 年	2006 年
一、主营业务收入	124 918	106 256	168 037
减：主营业务成本	80 148	70 534	100 542
主营业务税金及附加	707	606	1 694
二、主营业务利润［亏损以"－"号填列］	44 063	35 116	65 801
加：其他业务利润［亏损以"－"号填列］	—	—	4
减：营业费用	538	272	626
管理费用	10 334	19 700	33 053
财务费用	2 025	2 112	1 864
加：收取管理费	—	—	2 685
三、营业利润［亏损以"－"号填列］	31 166	13 032	32 947
加：投资收益［亏损以"－"号填列］			
补贴收入	—	—	
营业外收入	21	210	106
减：营业外支出	2 007	11 637	1 881
四、利润总额［亏损以"－"号填列］	29 180	1 605	31 172
减：所得税	—	563	4 743
五、净利润［亏损以"－"号填列］	29 180	1 042	26 429

表 4 - 6　　　　　　　升平煤矿境外审计前资产负债表　　　　单位：千元人民币

资产负债	2004 年	2005 年	2006 年
流动资产：			
货币资金	2 585	384	611
短期投资	—	—	—
应收票据	4 800	—	—
应收股利	—	—	—
应收利息	—	—	—
应收账款	43 146	55 785	33 210
其他应收账款	− 88	6 779	1 482
预付账款	6 977	− 42	163
存货	9 487	12 263	11 852
待摊费用	—	—	—
其他流动资产	—	—	—
待处理财产损益	—	—	—
内部往来	—	—	—
流动资产合计	**66 907**	**75 169**	**47 318**
长期投资：			
长期投资	—	—	—
固定资产：			
固定资产原值	13 010	133 430	151 217
减：累计折旧	67 314	70 579	73 018
固定资产净值	66 695	62 851	78 200
工程物资	—	—	—
在建工程	1 115	1 127	9 335
固定资产清理	48	48	52
固定资产合计	**67 858**	**64 026**	**87 587**
无形及其他资产	—	—	—
无形资产	—	—	—
长期待摊费用	—	—	—
其他长期资产	—	—	—
无形及其他资产合计	—	—	—
递延税项：			
递延税款借项	—	—	—
资产合计	**134 765**	**139 195**	**134 905**
流动负债：	—	—	—
短期借款	7 312	4 512	—
应付票据	—	—	—
应付账款	10 565	19 832	8 417
预收账款	—	—	—

续表

资产负债	2004 年	2005 年	2006 年
应付工资	11 338	6 969	—
应付福利费	4 609	3 902	5 315
应交税金	9 911	1 436	5 623
其他应交款	1 233	1 696	2 309
其他应付款	18 533	19 623	12 929
预提费用	8 968	11 377	5 515
预计负债	—	—	—
一年内到期借款	—	—	—
其他流动负债	1 636	8 144	2 784
内部往来	—	0	0
流动负债合计	**74 105**	**77 491**	**42 892**
长期负债：	—	—	—
长期借款	10 060	10 060	11 061
长期应付款	—	—	—
其他长期负债	—	—	—
长期负债合计	**10 060**	**10 060**	**11 061**
递延税项：	—	—	—
递延税款贷项	—	—	—
负债合计	84 165	87 551	53 953
所有者权益：	—	0	0
股本	59 585	59 585	20 000
资本公积	100	100	44 663
盈亏公积	—	—	—
其中：公益金	—	—	—
未分配利润	− 9 085	− 8 042	16 289
其他单位投入股本	—	—	—
所有者权益合计	**50 600**	**51 644**	**80 952**
负债及所有者权益合计	**134 766**	**139 195**	**134 905**

【案例评析】

一、企业资本运作的前期准备工作

其实，在本次运作前的 2005 年初到 2006 年，升平煤矿的企业改制一直在进行，北方集团的企业上市团队也一直参与企业改制，并运作升平煤矿私募融资和赴加拿大多伦多交易所上市。到 2007 年初，运作小组已经完成如下资本运作前期工作并为升平煤矿赴海外上市奠定了相当完备的基础。

（一）企业内部尽职调查报告、商业计划书、未来发展规划与项目投资计划、煤炭市场分析报告、未来五年经营与财务盈利预测报告、融资计划书、投资项目可行性研究报告、上市后的收购计划书等资本运作基础文件。

（二）建立健全原始凭证、原始记录、生产经营台账、统计报表体系。

（三）完善各项管理制度和业务流程，包括安全和生产管理体系及制度、财务和资产管理制度、技术管理和大修技改管理制度、投资与建设项目管理体系和制度、生产流程、采购销售流程和制度、业务工作流程、产品标准、内部定额、全员岗位责任制等。

（四）规范和修订完善现代企业制度、公司章程、企业内控制度，明确董事会、监事会和经营班子的职责权限和议事规则，完善公司法人治理结构。

（五）2004 年、2005 年、2006 年财务报表已由升平煤矿按照中国企业适当的会计准则编制，经黑龙江华鹏会计师事务所审计，出具了无保留意见的审计报告；完成了 2006 年 12 月 31 日为基准日的资产评估报告；香港致富融资公司作为前任财务顾问组织国际会计师进行了三年理账；辽宁华夏律师事务所出具了升平煤矿私募股权融资的法律意见书。

境外独立会计师的财务审计在上述基础上进行。

二、境内外报表差异调节与分析

企业财务报表经境内外审计后通常会有较大差异，主要原因是适用的会计准则、审计准则与核数准则不同，企业自身编制水平、全面性和真实公允程度不同，等等。下面以本案例的财务数据为基础，进行境外审计前后的财务报表对比分析。

（一）损益表差异对比分析

升平煤矿 2004 年、2005 年、2006 年的审计前财务报表中税后净利润分别为 2 918 万元、104.2 万元和 2 642.9 万元。香港均富会计师行独立审计后确认为 - 1 465.6 万元、366.2 万元和 2 172.4 万元，审计后的净利润分别比原报表减少 4 383.6 万元、增加 262 万元和减少 470.5 万元。其中具体审计结果如下：

2004 年度核减主营收入 1 075.0 万元，增加成本 323.4 万元，减少主营税金和附加 70.7 万元，增加管理费 1 067.4 万元、财务费用 356.2 万元、营业外收入 7.5 万元、营业外支出 676.9 万元、所得税 962.9 万元。

这里特别需要说明的是，为了赴香港买壳上市，升平煤矿在审计前就邀请境外理账师将 2004 年及以前年度的三年以上应收账款等坏账进行撤账减值处理，将最难解决的财务问题全面清理干净，以利于 2006 年以后轻装上市。

2005 年度审核增加成本 339.6 万元，减少主营税金和附加 60.6 万元、管理费用

421.9万元，增加财务费用266.2万元、营业外收入3.7万元，减少营业外支出570.5万元，增加应缴所得税188.9万元。

2006年度审核增加主营收入228.0万元、成本905.8万元，减少主营税金和附加169.4万元、其他业务利润0.4万元、管理费用1 141.7万元，增加财务费用277.6万元，减少收取管理费268.5万元，增加营业外收入332.6万元，减少营业外支出2.7万元，增加应缴所得税887.2万元。

以上差异分析详见表4-7。

表4-7　　　　　　　　　　　境外审计前后损益表的数据差额　　　　　　　单位：千元人民币

对比项目	2004年	2005年	2006年
一、主营业务收入	-10 750	0	2 280
减：主营业务成本	3 234	3 396	9 058
主营业务税金及附加	-707	-606	-1 694
二、主营业务利润	-13 277	-2 790	-5 084
加：其他业务利润			-4
减：营业费用	0	0	0
管理费用	10 674	-4 219	-11 417
财务费用	3 562	2 662	2 776
加：收取管理费			-2 685
三、营业利润	-27 513	-1 233	868
加：投资收益	0	0	0
补贴收入	0	0	0
营业外收入	75	37	3 326
减：营业外支出	6 769	-5 705	27
四、利润总额	-34 207	4 509	4 167
减：所得税	9 629	1 889	8 872
五、净利润	-43 836	2 620	-4 705

注：（1）为了与中国境内公司原始报表相比较，本表仍采用中国内地的损益表格式进行审计前后的差异比较分析；

　　（2）表中数据为香港会计师审计后的数据减审计前原始报表的数据，正数为增加，负数为减少。

（二）资产负债表差异对比分析

为了便于审计前后资产负债表差异对比分析，先将香港会计师审计后的资产负债表按照中国内地的表格形式进行调整。为简洁起见，本案例仅给出调整后的汇总表，如表 4 - 8 所示。

表 4 - 8　　　　　　　　　均富会计师行审计后的资产负债汇总表

单位：千元人民币

资产负债	2004 年	2005 年	2006 年
流动资产	33 431	36 175	49 780
固定资产	60 137	64 004	63 052
资产合计	93 568	100 179	112 832
流动负债	199 800	199 659	190 897
长期负债		3 090	2 781
负债合计	199 800	202 749	193 678
所有者权益合计	- 106 232	- 102 570	- 80 846

经比较，升平煤矿 2004 年、2005 年、2006 年审计前的资产负债表中的所有者权益分别为 5 060 万元、5 164.4 万元和 8 095.2 万元（2006 年报表为北方集团审核后的报表，煤化工应收账款等已撇账减值），香港会计师独立审计确认为 - 10 623.2 万元、- 10 257 万元和 - 8 084.6 万元，分别比原报表减少 15 683.2 万元、15 421.4 万元和 16 179.8 万元。其中：

2004 年度核减流动资产 3 347.6 万元、固定资产 772.1 万元，增加流动负债 12 569.5 万元，减少长期负债 1 006 万元。

2005 年度核减流动资产 3 899.4 万元、固定资产 2.2 万元，增加流动负债 12 216.8 万元，减少长期负债 697 万元。

2006 年度增加流动资产 246.2 万元，核减固定资产 2 453.5 万元，增加流动负债 14 800.5 万元，减少长期负债 828 万元。

境外审计前后资产负债数据差异如表 4 - 9 所示。

表 4 - 9　　　　　　境外审计前后资产负债表的数据差额汇总表　　　　单位：千元人民币

资产负债	2004 年	2005 年	2006 年
流动资产	- 33 476	- 38 994	2 462
固定资产	- 7 721	- 22	- 24 535
资产合计	- 41 197	- 39 016	- 22 073
流动负债	125 695	122 168	148 005
长期负债	- 10 060	- 6 970	- 8 280
负债合计	115 635	115 198	139 725
所有者权益合计	- 156 832	- 154 214	- 161 798

注：表中数据为审计后的数据减去审计前的数据，正数为增加，负数为减少。

增减原因分析：核减流动资产的主要原因是在正式审计前由境外理账师对 3 年以

上应收账款视为呆死账，已做撤账减值处理；核减固定资产是由于相当一部分资产已经不复存在，另有生产过程中的掘进费和局部井巷维修工程费计入了固定资产，审计时划入了当期成本；增加流动负债的原因主要是升平煤矿的账外负债一直未列入资产负债表。账外负债情况见表4－10。

表4－10　　　　账外负债情况明细表（截至2007年12月3日路演前）单位：千元人民币

债权人名称	原始未入账金额		已付	账外负债总额		
	本金	利息	本金	未付本金	利息/新增	合计
中国地方煤矿总公司	25 240	10 705	8 300	16 940	10 705	27 645
黑龙江省投资总公司	23 290	9 000	2 555	20 735	9 000	29 735
省地煤总公司未计利息	0	8 137	0	0	8 137	8 137
集贤县社保局	26 030	0	0	26 030	0	26 030
职工安置费	32 320	0	0	32 320	8 550	40 870
合　计	106 880	27 842	10 855	96 025	36 392	132 417

注：中地煤和省投资总公司已付金额在其他应收款中挂账，省地煤总公司长期借款1 006万元的判决书利息共计1 458.4万元，已计提利息为644.7万元，未计提利息813.7万元，欠职工安置费4 087万元（3 232万元加上企业改制延期增加额855万元）。

三、对审计差异的确认程序

对于境外机构的理账和审计后财务报表出现的重大差异，企业的财务总监、总经理应当根据上述差异分析的结果，审核境外审计是否合理，并对审计结果予以确认，或结合资产评估结果，最后决定是否认可审计、评估的结论；公司董事会和股东会应根据审计结果和评估结论最终作出是否进行收购交易的决定。

在本案例中，由于独立会计师在境内审计和国际合规理账基础上，严格按照《香港核数准则》、《香港核数指引》及《审阅项目准则》实施了适当的审核和必要的额外审核程序，经审计后的财务报表公允反映了企业财务状况，并且经调整后对2007年损益影响为正，有利于企业2007—2008年的上市运作。

虽然在理账和境外审计后净资产大幅减少，但外资收购升平煤矿股权的对价是以均富会计师行审前的财务报表为基础用成本法进行评估，而建发国际收购升平煤矿设立的离岸公司股权时，采用现金流量折现法进行评估，净资产高低与评估值无关（请见本书第六章的案例）。因此，北方集团上市小组对审计结果无异议，并提请董事会和北方集团确认。

按照规定，升平煤矿财务总监、各位董事均以书面形式确认了审计结果并作出了无虚假承诺和保证。由于收购进程比香港上市公司披露的预计完成时间延期，按照香港联交所要求，2008年1月，建发国际还委托香港创越融资有限公司进驻升平煤矿进行独立审核，出具了独立顾问审核报告，增加了调查和审计结果的真实性及可靠性，使香港上市公司大股东、公众股东和香港联交所更有信心。

参考文献

［1］中国注册会计师协会：《2010 年注册会计师全国统一考试辅导教材——审计》，北京，经济科学出版社，2010。

［2］朱宗元：《防范并购财务陷阱——财务尽职调查》，载《企业技术开发》，2006（7）。

［3］谭利勇：《企业财务尽职调查的浅析》，3edu 教育网财务论文，http：//lw. 3edu. net/cwlw/lw_116948. html，2008 - 01 - 20。

［4］曲悲铁：《基于并购目标的财务尽职调查》，中国会计视野网，http：//doc. esnai. com/show-doc. asp？docid = 16081，2008 - 01 - 02。

［5］于世宏：《企业并购中财务风险的防范措施》，载《对外经贸财会》，2006（8）。

［6］建发国际（控股）有限公司：《非常重大收购通函》附件 4《关于富盈环球投资有限公司涉及收购双鸭山北方升平煤矿有限责任公司相关事宜之会计师报告》，香港联交所，2008 - 02 - 13。

［7］建发国际（控股）有限公司：《非常重大收购通函》附件 7《关于富盈环球投资有限公司涉及收购双鸭山北方升平煤矿有限责任公司相关事宜之独立合规顾问审查报告》，香港联交所，2008 - 02 - 13。

［8］Denzil Watson，Antony Head：*Corporate Finance：Principles and Practice*，Financial Times Prentice Hall，2009（The fifth edition）。

［9］Richard Pike，Bill Neale：*Corporate Finance and Investment：Decisions & Strategies*，Financial Times Prentice Hall，2006。

第五章

行业专家独立技术审查及盈利预测审核

○独立技术审查的目的和必要性

○独立技术审查的内容、程序与方法

第一节 独立技术审查的目的和必要性

一、行业专家独立技术审查的必要性

行业专家独立技术审查也称为行业专家尽职调查。专家独立技术审查是指行业技术咨询机构作为独立技术顾问接受委托，在企业资本运作中对目标企业进行全面的独立的技术经济调查或审查，向委托方出具包括调查过程和技术结论的独立技术审查报告，委托方将报告提供给投资人。

每个企业所处的行业都有其特殊的专业技术和生产工艺，其生产成本和投资项目的资本性支出也各有不同的特点。因此，在资本运作的尽职调查中，律师、会计师、估值师都难以用各行业的专业技术水准对企业的生产能力、技术装备、核心技术、安全生产、成本开支、项目投资及各种经营性风险予以专业性评价分析。而专业技术咨询机构恰好具备这种专业技术水平和能力，同时拥有独立的技术审查资质，目标企业可以委托专业技术咨询机构的行业专家进行独立技术审查，以满足相关各方对确信目标企业生产能力、盈利能力的可靠性的需要。

（一）国际资本市场的需要

企业进入资本市场就要遵守、参照证券交易所上市规则及市场惯例进行必要的独立技术审查。在国外，已经越来越多地委托行业专家开展企业融资过程中的独立技术审计，降低融资机构和投资者的投资风险。许多西方国家已在法规中明确规定进行强制性独立技术审查，尤其是特殊行业公司如矿业公司在股票发行、股权转让、商业贷款和公开筹集资金时则更为严格。例如，矿业公司在香港资本市场发行股票或债券、买壳上市或权益转让融资，独立技术审查都是强制性的，其技术审查报告必须满足证券交易所的上市规则及相关技术准则的要求。

（二）并购双方的利益需要

在企业股票发行上市、并购、改制重组中，都涉及企业的生产设施和装备状况、生产经营和产品工艺等各方面专业技术问题和经营效益问题，产品质量是否有保证、产品是否适销对路、能否安全生产、环保是否达标、经营效益是否稳定、企业有没有成长性，这些都伴随着技术和经济风险，而企业自身很难完成这项专业性极强的工作。

目前在中国的一些重大资本运作项目中，运作方已经开始重视行业专家的独立技术审查，但在很多资本运作项目中，往往忽略独立技术审查，一般只是由运作主体自身组织人员进行专业技术调查，不通过行业专家进行独立技术审查。结果往往由于缺乏系统的审查经验和方法，造成目标公司的资产评估和信息披露存在诸多不规范问题或潜在风险，从而使投资方承担了不必要的技术经济风险，甚至出现了许多在收购和投资后经营失败的案例。

（三）机构投资者和公众投资者的需要

独立技术审查专家在资本运作中代表的是无法实施详细的专业化技术审查的投资

者的利益；在企业购并过程中，代表的是购并双方的利益；就公司上市而言，代表的是潜在投资者的利益；就银行贷款而言，代表的是商业银行等潜在债权人的利益。即使投资者拥有自己的技术与经济专家，有能力从事技术审查工作，但市场公众投资者不能确定其技术审查报告的公正性。因此，行业技术咨询机构的独立技术审查就成为必经程序。

独立技术审查作为资本运作中鉴定、评价、降低技术经济风险的有效手段，应当由委托人聘请技术经济咨询机构提供专业的服务，技术经济专家可以根据其调查内容及时发现问题和风险，并对遇到的问题采取相应对策、对可能遇到的风险进行分析和评估，为委托人和投资人的决策提供专业技术依据。所以，行业专家的咨询服务是相当必要的。

二、行业专家独立技术审查应达到的目的

委托行业专家独立技术审查的根本目的在于通过专家的专业化调查工作，鉴定和评价拟上市企业的技术经济状况，协助和引导投资人在掌握充足的技术经济信息基础上作出正确决策。

一般说来，委托行业专家尽职调查所要达到的目的包括：

1. 审核被调查对象所提供的技术经济资料的真实性、准确性和完整性；

2. 受委托独立了解和评估被调查对象的设施装备技术状态、生产能力；

3. 分析和评估未来生产计划、发展潜力与投资计划的技术可行性和经济合理性。

三、国际资本市场关于独立技术审查和矿业估值的要求

（一）报告规则

矿业公司的业务和资源储量审查尤为复杂，因此国际资本市场对矿业公司的上市、并购、反向收购上市等都作出了独立技术审查的规定。例如香港联交所于 2010 年 5 月 20 日刊发了《就矿业公司制定新〈上市规则〉的咨询总结》，其中规定：

1. 对上市发行人涉及矿产或石油资产的主要（或以上级别）收购或出售（百分比率达 25% 或以上），必须在发给股东的通函内载有合资格人士报告；任何涉及矿产或石油资产的主要（或以上级别）收购亦须有由合资格估算师编制的估值报告支持。

2. 矿业公司必须在其中期（半年度）报告及年报内载有报告所述期间进行的矿产勘探、开发及开采的详情，以及此三类活动的开支摘要；及在适用于矿业公司的新《上市规则》条文执行后公开披露资源量及/或储量详情的上市发行人，必须每年一次在年报内更新有关详情。

（二）技术评估/估值及报告编制准则

香港联交所《上市规则》第 18 章要求合资格人士报告及估值报告必须符合公认的矿业及石油报告规则〔包括澳大利亚、加拿大及南非采纳的矿业汇报规则，或 JORC 准则及对矿物、石油资产（或证券）进行技术评估或估值所用的 VALMIN 守则〕。若有关资料是根据其他报告准则呈报，则必须提供与 JORC 准则的差异对照，直至联交所独立

确认该等其他准则为止。联交所可不时批准接受其他准则，前提是有关规则在披露及充分评估相关资产方面均具相若水平。

JORC 准则是指澳大利亚采矿冶金学会（The Australasian Institute of Mining and Metallurgy）、澳大利亚地质学家协会（Australian Institute of Geoscientists）、澳大利亚矿物委员会（Minerals Council of Australia）所组成的联合可采储量委员会（Joint Ore Reserves Committee）刊发的《澳大利亚矿产勘探结果、矿产资源量及可采储量的报告规则》（*Australasian Code for Reporting of Exploration Results，Mineral Resources and Ore Reserves*）（2004 年版）。

四、盈利预测审核

（一）财务预测与盈利预测

财务预测通常是指企业管理层在最佳估计假设的基础上编制的预测性财务信息。最佳估计假设是指截至编制预测性财务信息日，管理层对预期未来发生的事项和采取的行动作出的假设。

盈利预测是指企业自身或专业机构对企业未来会计期间经营成果的预计和测算。盈利预测的数据（合并会计报表）至少应包括会计年度营业收入、利润总额、净利润、每股收益。企业管理层应当在对一般经济条件、经营环境、市场情况、生产经营条件和财务状况等进行合理假设的基础上，按照企业正常的发展速度作出盈利预测并编制盈利预测报告，同时通过盈利预测报告反映公司成长性。盈利预测对于拟上市企业至关重要，它的准确与否决定着投资者和公众股东的直接收益，盈利预测报告是投资者投资决策的重要依据之一。

（二）盈利预测报告的审核

国际资本市场和证券监管部门对股票发行人盈利预测报告的审核都有严格规定，进行企业并购时可参照执行。例如，2006 年中国注册会计师协会颁布了《注册会计师其他鉴证业务准则第 3111 号——预测性财务信息的审核》，发行人应按照该准则委托注册会计师对盈利预测报告进行审核，并由注册会计师出具盈利预测审核报告，详细内容请见本系列丛书《中国企业境内上市指引》一书的相关内容。

按照国际资本市场的惯例，对矿业企业上市或并购所需进行的营运成本审核，通常由独立技术专家负责完成并写入独立技术审查报告（详见本章案例），而矿业估值和盈利预测审核通常由专业估值师或注册会计师完成。

第二节　独立技术审查的内容、程序与方法

一、签订独立技术审查协议

拟上市企业或收购方与技术咨询机构协商明确调查范围，调查前由专家提供独立

技术审查的调查清单及调查时间表，经双方商议后在委托协议书中约定调查范围、委托目的、工作时间、工作成本、委托事项或调查范围变更等内容。

二、独立技术审查的范围和内容

（一）历史生产情况

包括对过往三至五年的产品成本、原材料成本、生产能力及产品产量、历年大修和设备维护成本等进行审核。

（二）生产现状及产品

对生产技术条件、生产设施、生产设备及其运行状况、生产工艺和技术方法及是否已经落后淘汰，目前生产能力和主要产品规格、产品质量和性能鉴定和评估。对现有原料来源及交通、能源、资源利用的可靠性等进行评价。

（三）扩建和改造升级计划

对未来改造升级计划、投资性资本支出成本预算、未来生产经营成本预算，市场状况和未来产品价格、未来预测产量、未来收入预测及预算，原材料供应及价格、水电供应合同、销售合同进行确认和审核评估。

（四）生产管理与安全

对工厂运作管理、工艺流程、安全生产、物料处理、环境保护予以评估。

（五）行业及产品准入

对产品生产许可、销售许可、行业准入政策、行业经济技术政策、宏观经济政策等方面进行全面审查和评估。

（六）矿产资源公司的特殊审查内容

对矿产资源公司的矿业权或采矿许可、地质、矿区开发条件、采矿方法和选矿工艺、矿产资源与储量等方面的真实性、合法性和效益性表示意见，说明资源储量的评估计算方法，充分揭示矿产资源资产所具有的自然风险和市场风险。

三、行业专家独立审查的方法和途径

（一）实地考察

对拟上市公司所处的周边环境、厂区厂址、主要生产经营场所包括主要生产车间、生产设施和装备、运输系统、水电供应系统进行实地考察，对重要现场的实地调查是一个必需的过程。

（二）检查资料和文件

检查业务生产计划、预算、设备清单、合同清单、权威部门核准的储量报告、建成项目的可行性研究报告及初步设计文件、技术图纸、地质报告、生产流程图、发展计划、安全生产、环境保护等方面的文件资料，核验生产经营许可证照。对生产统计资料、成本会计资料、生产计划等可采用检查方式取得，对在建和拟新建或改扩建工程项目，要审查可行性研究报告和项目批文或核准文件。

（三）会见管理人员及测试

专家需要会见被调查对象的董事、高级管理人员、关键技术人员和关键岗位人员，核实企业的技术和经济情况、核证资料的真实性和准确性，有时还要求管理人员配合作一些必要的测试，以验证产品性能、生产能力、管理控制能力等指标。对详细的经营数据采用询证方式，通过与现场人员交谈、调查得到验证。

（四）利用会计师和律师的工作成果

需要指出的是，技术审查是整套尽职调查的一部分，公司财务和法律方面的调查由独立的会计师和律师进行，被审查企业协调配合独立技术审查人员与会计师和律师进行密切沟通，有利于获得调查成果并互相取得一致的意见或结论。

（五）分析、总结和编撰报告

在收集了足够的相关资料后，行业专家运用其专业技术知识和方法进行审查、审核、分析和评估。根据分析评估结果形成结论性的意见，并就存在的和可能发生的问题和风险发表意见，给委托人出具独立技术审查报告，为投资者提供决策前的技术支持。

这里需要注意的是，技术专家的独立审查报告中往往剔除界定法律意见、商业及财务报告敏感数据的相关内容以及土地和设施的权属等内容，因为确定和评价上述事项并不是专家的责任；行业专家按照委托范围和自身责任及权限，在调查报告中仅对影响技术、运营及成本等事项的若干资料予以保留。

四、行业专家调查文件清单

行业专家在进场前向被调查对象提供调查所需的文件清单，被调查对象应根据清单提供相关资料，然后接受行业专家的审查、评估和确认。虽然各行业之间存在很大的技术差异，技术审查具体内容也有所不同，但总体来说拟上市企业可以结合本企业特点，根据上述内容和技术专家的调查文件清单，全面提供产品产量、质量标准、生产工艺、生产设备、辅助设施、安全环保、关键技术、财务成本、资产负债、原材料供应、产品销售、市场价格、市场客户、交通运输、水电气供应和法律事务等方面的文件资料和图纸。另外，管理层还要提供对企业运营计划、投资项目及盈利预测的讨论，全面配合独立技术审查工作。

案例 建发国际间接收购升平煤矿之独立技术审查与经营成本分析

【案例简介】

本案例是香港主板上市公司建发国际通过其全资子公司 Wealth Gain Global Investment Limited（富盈环球投资有限公司）间接收购升平煤矿，委托国际著名矿产专业评估咨询机构 Minarco – MineConsult（MMC，美能）根据香港联交所上市规则第 18 章规定和 JORC 准则对升平煤矿进行的独立技术审查案例。通过本案例可以了解对矿产资源企业的技术审查过程、审查内容及成果报告。尽管本案例是矿产资源企业的技术审查，但所有企业在独立技术审查方面的程序都是一样的，审查内容和方法也都相似，可以参考借鉴。

【案例回放——技术审查及成果报告】

一、专业技术咨询机构介绍

国际知名矿产专业评估咨询机构 Minarco – MineConsult（MMC，美能）获富盈环球委托，承担升平煤矿及选煤厂之资产独立技术审查业务。MMC 是一家拥有 300 多名行业专家、每年完成 200 多个独立技术审查项目的专业技术咨询机构，擅长采矿工程、矿产工艺、选煤、煤炭加工、发电、地质、融资和项目管理。曾负责兖州煤业赴香港联交所和纽约证券交易所上市之独立技术审查。

参与本次独立技术审查的澳大利亚专家共有五名，包括采矿专家、地质专家和应用金融专家，有三名专家自带翻译亲临现场到井下采煤现场，有的专家不远万里从澳大利亚随身自带专用作业服、井靴、腰带和取样工具，在调查过程中专家到井上井下各生产现场进行实地勘查和检验，敬业精神和专业素质令人钦佩。

二、被审查企业的配合与协作

北方集团资本运作小组组织煤矿专业技术人员和投发部的翻译全力配合行业专家，按照调查清单要求收集资料，整理数据，提供地质、水文及井巷工程资料，生产设备参数，技术文件图纸和历史文件，按照专家要求编制相关生产计划、投资计划、未来生产成本预算和盈利测算资料，陪同专家现场考察，介绍情况和解释专家提出的各种专业技术问题和生产运营问题。

技术专家于 2007 年 8 月进场，经过历时五天的生产现场实地考察、周边环境调查、资料审查、会见有关人员和管理层专题会议讨论，专家完成了外业审查，回到澳大利亚后整理分析和评估。富盈环球收购升平煤矿全部股权的独立技术审查报告于 2008 年 2 月 13 日在香港联交所正式发表，并刊发于同日的建发国际《非常重大收购通函》中。

独立技术审查报告概述

敬启者：

Minarco – MineConsult（MMC）获 Wealth Gain Global Investment Limited（贵公司）委任，为黑龙江北方企业集团有限责任公司（北方集团）全资拥有之升平煤矿之资产及选煤厂进行独立技术审查。

本技术审查报告乃由 MMC 就其对有关资产进行独立技术审查而编撰，报告载述 MMC 检查过程和结论。MMC 乃独立技术顾问，为资源及金融服务业提供评估资源、采矿工程及矿山估值服务。本报告由多位技术专家代表 MMC 编撰。就编制本报告，MMC 已收取专业费用，但 MMC 及参与审查和编撰报告的专家、董事、雇员、辅助顾问与贵公司和评估相关资产均无任何权益和其他关联交易。

审查主要根据北方集团直接由数据库提供之资料，或来自现场和其他办公室数据资料。经审查 MMC 认为，北方集团提供资料属合理，在编撰本报告过程中未发现任何资料显示所得资料存在重大错误和不正确之表达。

MMC 已通过审查相关数据，独立评估有关资产，包括矿产资源量、矿石储量、未来开采计划、发展潜力、扩建资本和经营成本及采矿潜力。

MMC 就有关升平煤矿作出下列一般表述：

升平煤矿从 1970 年开始经营，并于 1972 年开始采煤。

北方集团 1998 年收购升平煤矿，升平煤矿于 2001 年转回国企身份，现正办理手续转为有限责任公司。

升平煤矿透过地下开采设计生产能力为每年出产原煤 54 万吨，经细选生产洗精煤用于炼焦。

煤矿计划在 2010 年将产能扩大到 90 万吨，煤矿已编制达到 90 万吨产能的资本性支出预算 12 878 万元。

根据黑龙江省国土资源厅官方储量报告并按中国标准估计，于 2002 年底升平煤矿拥有煤炭资源储量 6 396.6 万吨，已办理采矿许可证并交纳采矿权价款的储量为 3 200 万吨。

煤炭资源回采率可达 70% 及以上，在不发生地质灾害和不可预见事故导致生产中断情况下，生产能力按照 90 万吨计算，已办完采矿许可部分资源的开采寿命为 12 年。

此致

Wealth Gain Global Investment Limited
　　　经理　　台照

建发国际（控股）有限公司
　　　董事会　　台照
　　　Minarco – MineConsult
　　　　总经理
　　　二○○八年二月十三日

关于富盈环球投资有限公司涉及收购双鸭山北方升平煤矿有限责任公司
相关事宜之独立技术审查报告
（摘要）

1. 序言

1.1　煤矿历史背景及重要报告

升平煤矿原为佳木斯政府拥有，1998 年由北方集团收购，现正改制变为有限责任公司。

引证的最重要之报告为：

2004 年 8 月升平煤矿资源/储量审核报告；

2007 年 1 月从现时 60 万吨扩建到 90 万吨可研报告；

2007 年 8 月编制的到 2010 年达到 90 万吨之业务计划。

1.2　工作范围

1.2.1　矿产资源储量，包括钻探数量和质量、历史数据之可靠性、资源估计方法之适合程度、边界和品位的计算、所采用的地质空间方法之相关程度；

1.2.2　采掘方法及煤矿设计之适合程度；

1.2.3　地理技术工作及支援程序设计；

1.2.4　水文工作及评估；

1.2.5　工艺处理程序之表现和可行性；

1.2.6　生产及辅助设施（包括供水、供电、宿舍及公共设施）；

1.2.7　工厂和矿区处理运作管理（包括处理尾矿、处理洗煤介质和试剂等辅助功能）；

1.2.8　技术审查、风险评估及审查选煤厂；

1.2.9　尾矿储存设计集合适度；

1.2.10　风险管理计划及措施，以促使或降低该等风险；

1.2.11　升级扩大产能之资本成本预算；

1.2.12　生产经营成本预算；

1.2.13　建议物料处理安排，特别是关于产品从煤矿到建议销售点之运输安排。

1.3　实地视察

2007 年 8 月 9 日、10 日及 11 日，9 月 5 日及 6 日 MMC 技术队伍两次共五天在升平煤矿进行视察，检查现场资料、实地考察并与管理人员会面，召开讨论会。

1.4　项目位置

升平煤矿位于黑龙江省东北部，最接近之城市为南面 25 公里之双鸭山市，该市属黑龙江省四大煤城之一。

1.5　限制与除外责任

检查报告及本报告以北方集团提供的多份已翻译为英文之报告、计划、统计、预算等列表为基准，包括比例图、截面图、地质平面图、钻探及样本数据、该等资料从煤矿/项目及其他办公室取来或来自其他组织所编撰报告，这些机构的工作属于煤矿或北方集团所属。自视察之日以来，北方集团并未知会MMC对营运和预测产生重大变动或可能引致重大变动之事项。

本报告剔除界定法律意见、商业及财务报告数据的相关内容以及土地产权及协议，唯可能直接影响技术、运营及成本等事项则予以保留。

1.6　采矿固有风险

虽然有效率的管理团队可以确认已知风险即采取措施控制和降低风险，但不可预料事项仍有可能发生，因此，无法剔除所有风险，或明确指出对矿场运作产生重大影响的某事项将不会发生。

1.7　检查资料

所检查的资料及文件概述于附表目录，煤矿和北方集团已提供，MMC按照电子版和复印件分别列表，已注明时间和编制作者（具体资料文件目录略）。

2. 升平煤矿总体情况

2.1　煤矿介绍

升平煤矿1970年建矿，1972年投产。

1992年曾实现54万吨产能，2006年原煤实际产量53.1万吨，2007年上半年31万吨，煤矿管理层预计2007年可达60万吨。

该煤矿正处于扩张期，计划2010年产能提升至90万吨，如果收购临近长发煤矿一事如期完成，则产能预计2012年达至150万吨。

管理层指出所生产的煤种为1/3焦煤，升平煤矿该品种产品占集贤县内市场30%，主要用于炼焦。

2.1.1　地质情况（根据地质报告及钻探截面图，略）

2.1.2　地区环境（根据地理、气象资料，略）

2.1.3　矿业计划之年限

现时至五年计划显示年产量由2007年的60万吨增加至2010年的90万吨。后期矿业计划视开采条件和市场发展趋势确定。

2.1.4　煤矿设计产能

现有设计产能为60万吨/年，落实扩产30万吨项目可行性研究报告获得批准后设计总产能将达到90万吨/年。远期达到150万吨产能，煤矿均有提升产能之各项计划。

2.1.5　采矿许可证及生产配额

MMC获悉，升平煤矿采矿许可证规定可由2007年11月30日起到2012年12月31日止期间，开采不超过地下600米深度的7个煤层共3 200万吨可采煤炭资源。已缴纳采矿权价款2 000万元，现每年继续缴纳850万元，直至缴齐9 642.8万元。采矿许可证限定矿区面积36.84平方公里。

2.2　矿区用地之地质概况

2.2.1　探矿历史

自 1959 年、1964 年、1965 年、1967 年、2004 年、2007 年至今（各阶段国家和省级矿产资源详查、精查、煤矿采矿工程勘察等钻探情况，略）

2.2.2　资源地下位置描述（矿体、地层、煤层等描述，略）

2.3　煤质

根据煤质化验数据，按中国煤质分类体系划分，属于气煤（QM）、气肥煤（QF）（化验数据略）。7 个煤层最低可采厚度为 0.7 米，最大厚度 2.15 米，煤质最高灰分为40%，相对密度为 1.3 吨/立方米，发热值 34 ~ 36 百万焦耳/千克。

2.4　资源及储量

2.4.1　资源

根据钻探报告和 2004 年 8 月《升平煤矿资源/储量验证报告》（属省级资源储量报告），按照中国资源分类标准，结合钻孔间距 A、B、C、D 分类，再根据中国储量分类标准等，按照储量经济意义和地质可靠程度确定探明储量。列明本报告资源储量估计计算所采用的程序和方法（具体方法略）。最后得出并确认升平煤矿之资源估计结果为7 个煤层，6 396.6 万吨略有误差，但仍属于任何国际资源估计值典型误差范围内，因此，MMC 认为，此资源估计乃属合理（见表 5 – 1）。

表 5 – 1　　　　　　　　　升平煤矿之资源估计（2002 年底）　　　　　　单位：千吨

煤层	122b	2M22	2S11	2S22	332	333	总计
5 号	0	885	309	2 793	0	0	3 987
8 号	0	0	0	4 539	0	1 843	6 382
9 号	13 403	0	1 671	1 601	7 375	1 893	25 943
11 号	0	0	0	3 445	5 359	635	9 439
12 号	0	0	0	6 615	0	0	6 615
16 号	0	0	0	733	2 090	3 342	6 165
17 号	3 679	0	0	152	1 252	352	5 435
总计	17 082	885	1 980	19 878	16 076	8 065	63 966

2.4.2　可采储量

经与煤矿管理层讨论并审核相关资料后，MMC 采纳资源转为储量的回采率为 70%（采矿许可证载述设计采区回采率为 85%）。已批准采矿许可证的储量证上划分为 122b类别之剩余储量经计算复核为 1 543 万吨，与 30 万吨扩建项目描述之可采储量 1 080 万吨基本相符。按照年产 90 万吨计算，在无地质或不可预见事故导致生产中断情况下，已批准采矿许可证矿区部分的矿井寿命为 12 年（不包括 2007 年）。

2.5　煤炭的特性

2.5.1　煤气

升平煤矿为低瓦斯矿井，煤矿安装有煤层气监控报警系统装置，实现了地面监察。

2.5.2　自燃

煤炭自燃风险较低，但 MMC 建议对自燃尤其是采空区残留煤炭进行评估和管理控制。

2.5.3　煤尘

煤粉尘属易爆炸物，机器切割煤炭增加煤尘浓度，升平煤矿井下设有防止和减低粉尘的喷淋装置，在巷道并无查到岩尘。应调查混合物之实际情况以降低煤尘可燃性。

2.6　各煤层采区开发情况

采矿许可证批准开采煤层为 5 号、8 号、9 号、11 号、12 号、16 号和 17 号煤层。目前重点开采 9 号煤层及 11 号煤层，每层厚度分别为 1.2 米和 1.0 米。扩产 30 万吨将开采 8 号和 9 号煤层，均采用机械化长臂开采法。

2.7　开采系统（开采工艺及方法）

2.7.1　长臂采掘

开采方式为地下开采，采煤工艺方式为普采和炮采，升平煤矿乃以机械化长臂开采法与钻爆长臂法相结合进行采煤。已建成两个长臂工作面以便彼此可平行作业，并共享供通风及煤炭出井之用的区段运输平巷。

长臂工作面为 120 米至 130 米宽，长度介于 750 米至 1 000 米之间。两个工作面每月共可生产 5 万吨原煤。

2.7.2　开拓

开拓方式为斜井开拓，钻爆法目前被用于巷道开拓，目前有 4 个巷道开拓断面，开拓巷道断面长 2.6 米，宽 2.4 米，平均日掘进 4 米至 5 米，最高掘进可达 7 米。

2.8　未来计划产量

与矿场管理层面谈及提供予 MMC 之五年业务计划中，升平煤矿生产概况列于表 5 - 2。

表 5 - 2		升平煤矿未来生产计划表		单位：千吨
年份	2007 年	2008 年	2009 年	2010 年
原煤产量	600	600	700	900
原煤销量	136	0	0	0
精煤销量	330	420	490	630
中煤销量	95	120	140	180
煤泥销量	4.75	6	7	9

2007 年计划生产 60 万吨，根据近期面谈，煤矿管理层相信计划可以实现，2007 年上半年已完成 31 万吨。

据扩产 30 万吨可行性研究报告载述，增产的 30 万吨可获得目前既有基础设施的支持。达 90 万吨之扩产项目预计需在投资落实后 24 个月方可实现。该项目计划 2008 年开工，升平煤矿正计划力求于 2010 年利用所增加之产能。

MMC 对有关生产能力作出以下评论：

（1）升平煤矿设计能力为年产 60 万吨，根据每天 16 小时即每年 330 日计算。就此，可能会经常出现实际产量大大高于设计产能，但政府煤炭安全生产监督管理机构会限制不超过全年设计产能。

（2）管理层表示，2009 年如果投资落实，扩产工程开工后因部分矿场拓展工程已展开，可能导致产能增加，有可能全年达到 70 万吨原煤。

（3）可行性研究报告已获有关政府当局批准，还需要办理环保和安全生产专篇审批，如投资落实既无特殊情况产生重大影响，应于 2010 年实现扩充生产目标至 90 万吨。

2.9 主要设备及辅助设施

2.9.1 矿井通道

现有三条斜井巷道通到井下采区，另加供通风用之附属斜井巷道及竖井。主巷道装有用做拖运煤炭之皮带运输机将煤炭输送到地面，工人及轻质物资亦可通过此输送机送至地下。

其余两条斜井巷道分别用于运输重装备和输出由掘进工程产生之煤矸石。

该等巷道可作为进风巷将新鲜空气送入矿井，而回风则通过竖井排出。通风方式为中央并列式。

2.9.2 地下煤炭出井

矿井提升方式为带式输送机，运输方式为列车。煤炭从每个长臂工作面通过链式输送机送至长臂工作面末端，然后经转载槽、平巷输送机送到每小时 800 吨煤炭主皮带输送机送到地面。扩产 30 万吨项目之煤炭，最后也通过每小时 800 吨煤炭主皮带输送机送到地面。

2.9.3 地面煤炭处理

煤炭经主输送机送到地面后，出售原煤直接送到储煤货场；需要入洗的原煤经 2 000 吨煤仓输送到洗煤厂的 1 万吨原煤仓；来自洗煤厂的洗精煤被存放于铁路专用轨道附近；在装卸站台用装载机装入火车车厢或大型汽运卡车。

2.9.4 人力、物料和重装备井下输送（略）

2.9.5 生产、消防、生活用供水

矿场工业用水取自矿井，洗煤厂用水来自地下抽出的矿井水，生活用水取自含水地层之深井水。

2.9.6 井下抽水

矿井工作面地处"安邦河"流沙层下，每日平均抽水 16 至 17 小时，每小时抽水 400 立方米，每天约 10 000 立方米，井下备有 3 860 立方米储水仓，并配有备用和维修水泵。

2.9.7 供电、供气

具有 60 千伏双回路供电来源，每个均能保证生产需要，变电所计划 2008 年改造后可以满足扩产需要。工业和生活供热、供气由地面锅炉提供，并为井下送暖风。

2.9.8 人力

全矿 2 596 人，其中井下作业 1 312 人、地面直接采矿运作，洗煤厂 141 人。

2.10 洗煤

洗煤厂建于 1985 年，设计入洗能力 60 万吨/年，MMC 获悉，经技术改造后洗煤厂

每年入洗能力将达至 90 万吨。

洗煤厂产品为 1/3 焦冶炼洗精煤、洗中煤和煤泥（产品具体标准略）。

洗煤工艺为重介质浮选，选煤设备并非最新，虽然具备足够产能，但有待改造更新设备。

2.11　铁路及公路交通

矿区拥有自备铁路专用线并与国家铁路接通，距金沙岗火车站仅 7 公里；矿区距佳木斯至同江高等级公路仅 1 公里，交通极为便利。

2.12　成本分析

2.12.1　资本开支

30 万吨扩展项目之资本开支为 12 878 万元，项目概算之资本开支见表5-3。

表 5-3　　　　　　　　　30 万吨扩建项目之资本开支总表　　　　　　单位：万元人民币

序号	项目或费用名称	概 算 价 值				
		矿建工程	设备购置	安装工程	其他费用	合　计
一	工程建设费					
1	井巷工程	5 942.05				5 942.05
2	采煤设备		2 003.36	421.57	361.35	2 786.28
3	掘进设备		484.66	34.90	2.23	521.79
4	提升系统		131.10	7.47	2.32	140.89
5	排水系统		213.07			213.07
6	通风系统		90.00	6.30	5.40	101.70
7	供电系统		208.30	246.80	44.69	499.79
8	防灭火		40.00	4.00	0.31	44.31
9	土建	600.00				600.00
	合计	6 542.05	3 170.49	721.04	416.30	10 849.88
二	其他工程费					613.00
三	预备费					800.00
四	建设期贷款利息					415.00
五	建设投资					12 677.88
六	铺底流动资金					200.00
	总投资					12 877.88

2.12.2　经营成本开支

经与煤矿管理层面谈并讨论分析计算，经营成本概况列于表5-4，该表以单位成本为基准列示，而合计总成本按算术法计算。

表 5 – 4   2007—2010 年原煤生产成本测算表

序号	成本项目	计算单位	2007 年	2008 年	2009 年	2010 年
	原煤产量	万吨/年	**60**	**60**	**70**	**90**
一	**原煤生产成本**					
1	材料合计	元/吨	32.00	31.00	31.00	30.72
2	外购电费	元/吨	24.00	23.00	23.00	22.04
3	工资合计	元/吨	40.00	40.00	40.00	40.02
4	福利费	元/吨	5.60	5.60	5.60	5.60
5	井巷工程费	元/吨		0.00	0.00	2.50
6	维简费	元/吨	8.70	8.70	8.70	8.70
7	安全费	元/吨	3.00	3.00	3.00	3.00
8	瓦斯治理费	元/吨	5.00	5.00	5.00	5.00
9	其他(含大修技改摊销)	元/吨	43.89	35.89	32.70	17.37
	单位成本总额	元/吨	**162.19**	**152.19**	**149.00**	**134.95**
二	**财务与其他成本**					
10	折旧	元/吨	12.81	12.81	11.00	14.55
11	管理费用	元/吨	68.00	63.33	55.00	47.22
12	财务费用	元/吨	7.00	11.67	10.00	7.78
	总费用	元/吨	**87.81**	**87.81**	**76.00**	**69.55**
	全部总成本	元/吨	**250.00**	**240.00**	**225.00**	**204.50**

MMC 就成本作出以下评论：

（1）MMC 认为成本项目已正确地在生产成本与财务及其他成本之间划分。任何差额可能因处理成本项目之会计常规方式所致；

（2）因扩产而安装之设备可能会使 2010 年之折旧费大幅增加；

（3）劳工统计数据与生产统计数据对比时，平均劳工成本显得较低，而平均劳工生产率也很低，可能是劳工成本已划分到其他部分或类别，常规比较看来是有超过 500 名人员收取福利款，但实际上可能并无贡献劳动力。参照历史水平认为上述估计仍属保守。

一般而言，MMC 认为成本数据看来合理。有关详情可能并不完全清晰，但总额看似正确。

3. 采矿危害

3.1　地质事宜

现时开采之 9 号及 11 号煤层位于钻探密集区，故在矿场规划设计上可以充分预测断层及煤层走向。然而，建议中的扩展区钻探较少，故不能充分预测断层及煤层走向，而在采掘面不明填塞物构造下任何断层移动，将会可能造成不可预见之产能损失。因此，建议投放开支进行额外钻探。

3.2　多煤层采掘

扩展区可研报告建议采掘 8 号和 9 号煤层，中间夹层 10~15 米。此区域极少钻探，且距离相对较远，若中间夹层接近或少于 10 米，则两煤层同时采掘或不同时开采，其中一个煤层采掘工作仍需采掘另一煤层时，预计会产生贫瘠化问题。

3.3　未发现采掘工作

长发煤矿跟升平煤矿北面接壤，而集贤煤矿则与升平煤矿东面接壤。集贤煤矿从 1970 年开始采掘，煤矿井下范围不明。倘若在矿界存在越界采煤，如升平煤矿向东发展，则闯入该等采掘作业区的风险甚高。由于该矿区大部分都会产生过量水分，任何遭遗弃的采矿场将注满水，故闯入临近不明采矿工场可导致严重后果。

3.4　地层支持

矿洞顶板以金属摩擦支柱支撑，将逐渐以金属液压支柱支撑取代。长臂开采区采用水压顶板支撑，并无迹象显示水平压力过高。

3.5　煤尘爆炸指数

30 万吨扩展项目可研报告确认存在煤粉尘爆炸风险。地下采煤普遍存在有关危害，必须予以管理控制。

3.6　煤矿水

地下水管理系统乃为提供安全程度而进行设计。在中国普遍会采用双备系统专责抽水，例如安装三台抽水机，每台均能独立满足处理煤矿抽水需要。

4.　风险机会及关键问题

4.1　由于地质尚不明朗因素

建议增加南部扩展区的额外钻探，以增加资源可信水平。

中国煤矿的典型问题是缺乏钻探数据，此举会缩减煤矿寿命，非因资源耗光，而是不晓得资源在哪里。

4.2　安全

中国境内煤矿有 97% 属地下煤矿，安全乃是中国煤矿重要课题。升平煤矿极有机会维持经已落实之高度安全标准，过去五年从无煤矿事故足证其安全。

近年，升平煤矿主动推行多项安全措施，包括更新通风系统、安装气体监察系统、在长臂使用水压支撑、安装更多水管抑制煤尘及引进自行救援队。

4.3　煤质

所开采煤层之煤质普遍为高发热量、中低硫分及中低磷分。

4.4　资本成本

扩展项目之资本成本来自 30 万吨扩展项目可行性研究报告。由于该报告刚于 2007 年编制，有关成本仍属适用。

4.5　经营成本

整体看经营成本似乎合理，各项独立成本处理方式之任何不确定因素可能基于当地会计常规程序使然，随着经营年度向后推移，经营成本会随着市场发生变化，故应逐年滚动调整分年经营成本计划。

4.6 生产困难

虽然有效率的管理团队可以确认已知风险即采取措施控制和降低风险，但不可预料事项仍有可能发生，因此，无法剔除所有风险，或明确指出对矿场运作产生重大影响的某事项将不会发生。

然而，MMC认为目前的整体生产风险较低。主要风险为在开发前断层上不可预测之有关煤层厚度移位。有关断层将引致煤矿图储量修改，以及在越过断层上因自动化采掘面而引致采煤延误。

5. 概要及结论

5.1 进一步钻探——升平煤矿将采用机械化长臂进行采掘，为谨慎起见，扩展区之地质可靠性须予以改善，以保证生产持续作业。且进一步钻探后将更多了解地址和资源状况，有更大比例将其资源重新分类比333更高的级别。

5.2 煤矿规划——每个煤矿应具备健全的规划，从长远发展到短期的三量控制均考虑周全，以确保所有问题得以在发生前解决，从而保障煤矿的预期收入。

6. 附图

地质图、储量图、生产工艺图、巷道布置图、管理机构图（略）

【案例评析】

一、企业应当提供和准备资料

从本案例可以看出，企业为配合行业专家的独立审查需要准备大量资料，而且需要提前将技术资料、可研报告、测算资料、文件、图纸等由专业翻译译成英文，翻译全程陪同参加技术考察；技术专家需要企业管理层讨论生产、技术、工艺、成本、安全、规划、项目发展等诸多问题。管理层要真实、准确地提供资料，这对下一步的资产评估、企业估值乃至股票定价都会有一定的影响，在涉及上市或外资并购时，管理层还要对独立技术专家作出相关承诺。

二、独立技术审查意见的权威作用

行业技术专家则通过现场勘查、询问、检查、测试等手段，并根据有关设计文件、可研报告、企业提供的生产经营情况资料、成本测算资料以及管理层的讨论结果等，独立进行技术审查，对企业的生产技术与装备、生产能力，乃至生产成本价格的合理性、安全生产等方面作出全方位的独立评价结论，并对困难与风险给出提示性结论和建议，最后出具带有权威性的独立技术审查结论意见。MMC的独立技术审查报告为盈利预测、资产评估、交易双方签订转让协议乃至上市公司建发国际的增发新股融资及实施并购境内企业提供了可靠保障。

参考文献

［1］香港交易所：《就矿业公司制定新〈上市规则〉的咨询总结》，2010 – 05 – 20。

［2］香港交易所：《矿业及石油公司报告准则》，2010 – 05 – 20。

［3］香港交易所：《香港联交所上市规则》，2010 – 05 – 20。

［4］建发国际（控股）有限公司：《非常重大收购通函》附件6《关于富盈环球投资有限公司涉及收购双鸭山北方升平煤矿有限责任公司相关事宜之独立技术审查报告》，香港联交所，2008 – 02 – 13。

［5］建发国际（控股）有限公司：《非常重大收购通函》附件7《关于富盈环球投资有限公司涉及收购双鸭山北方升平煤矿有限责任公司相关事宜之独立合规顾问审查报告》，香港联交所，2008 – 02 – 13。

［6］Richard Pike，Bill Neale：*Corporate Finance and Investment*：*Decisions & Strategies*，Financial Times Prentice Hall，2006.

［7］Joint Ore Reserves Committee（JORC）：*Australasian Code for Reporting of Exploration Results*，*Mineral Resources and Ore Reserves*，2004.

第六章

资产估值

○资产评估概述

○资产评估的程序和所需收集的资料

○资产评估的方法

○资产评估报告

第一节　资产评估概述

一、资产评估的目的和必要性

（一）资本运营中的资产评估

资产评估，是指注册资产评估师依据相关法律、法规和资产评估准则，对评估对象在评估基准日特定目的下的价值进行分析、估算并发表专业意见的行为和过程。企业资本运营所需的资产评估工作必须委托具备专业资质的资产评估中介机构并具体由注册评估师按照资产评估准则来完成。

在企业资本运营中，资产评估就是由企业聘请（或与有利害关系者共同聘请）评估师开展专业化的企业资产价值评估工作，评估师本着客观、独立、公正、科学的原则，按照资产评估准则和公认的资产评估方法，对于为评估目的而涉及的全部被委估资产和负债进行评估。评估师需按照必要的评估程序对被委估资产和负债实施实地勘察、市场调查与询证，履行公认的其他必要评估程序，对被委估资产和负债在评估基准日所表现的市场价值进行评定和估算。

（二）资产评估的目的和必要性

在企业资本运营中，资产评估的总体目标是为资产交易服务，为被委估资产提供交易作价的参考意见，维护交易各方当事人的合法权益乃至社会公众投资者的利益。

资产评估的具体目的包括为企业收购兼并、投资参股、资产收购、资产转让、股权转让、私募股权融资、增资扩股、以资产出资设立公司、企业首次公开发行股票、企业资产重组、债务融资的抵押担保等提供估值作价的基础。

例如，在企业并购中，交易双方很可能对同一项资产的估价有很大差异，价格底线相距甚远，由此导致双方的谈判难以进行。所以，对并购对象进行资产价值的评估就显得至关重要。资产评估是交易双方共同的需求，它为交易双方提供了一个协商作价的基础。在涉及国有企业并购中，资产评估则是必备的审查文件。在企业并购活动中，如何对目标公司进行合理定价，已成为首要的财务决策问题。

二、资产评估师与资产评估准则

（一）注册资产评估师与估值师

在中国，注册资产评估师是指经过国家统一考试或认定，取得执业资格，并依法注册的资产评估专业人员。在国外，资产评估通常被称为资产估值或企业商业价值估值，注册评估师被称为估值师。

（二）资产评估准则

各个国家和地区也都有各自的资产评估准则或企业商业价值评估准则。中国现行的资产评估准则主要有：财政部、中国资产评估协会制定和颁布的《资产评估准则》（包括《资产评估基本准则》《资产评估具体准则》等 8 项准则），中评协〔2007〕189 号文，《以财务报告为目的的评估指南（试行）》（中评协〔2007〕169 号文），《资产评估准则——企业价值》（中评协〔2011〕227 号文）。需要说明的是，在使用企业会计准则和资产评估准则时都应采用这些准则的最新修订文本。

三、评估价值类型和资产评估的范围

（一）评估的价值类型

1. 市场价值。市场价值是指自愿买方和自愿卖方在各自理性行事且未受任何强迫的情况下，评估对象在评估基准日进行正常公平交易的价值估计数额。

2. 市场价值以外的价值。市场价值以外的价值类型包括投资价值、在用价值、清算价值、残余价值等。

投资价值是指评估对象对于具有明确投资目标的特定投资者或者某一类投资者所具有的价值估计数额，亦称特定投资者价值。

在用价值是指将评估对象作为企业组成部分或者要素资产按其正在使用方式和程度及其对所属企业的贡献的价值估计数额。

清算价值是指在评估对象处于被迫出售、快速变现等非正常市场条件下的价值估计数额。

残余价值是指机器设备、房屋建筑物或者其他有形资产等的拆零变现价值估计数额。

3. 特定评估业务。包括以抵（质）押为目的的评估业务、以税收为目的的评估业务、以保险为目的的评估业务、以财务报告为目的的评估业务等。

企业在委托注册资产评估师执行资产评估业务时，应根据评估目的与评估师共同考虑市场条件、评估对象自身条件等因素，正确选择和使用价值类型。

（二）资产评估的范围及分类

资产评估的范围包括固定资产、长期投资、流动资产、无形资产、其他资产及负债。

资产评估根据评估范围的不同分为单项资产评估、部分资产评估和整体资产评估（企业商业价值评估）。

四、委托评估中介机构的限制规定

（一）委托中介机构

资产评估必须由委托方委托拥有专业资质的中介机构进行资产评估，应当选择对被评估资产所处行业具有评估经验和良好业绩的中介机构承担评估业务，选择中介机构后双方协商签订业务约定书。

（二）资产评估机构的限制规定

1. 收购国有企业改制。（1）根据国办发〔2005〕60 号文件等有关规定，国企改制

重组或国有资产产权交易时，必须由国有产权持有单位和非国有投资者（或收购者）共同认可的中介机构，对双方进入改制企业的资产（或国企转让资产）按同一基准日进行评估；若一方资产已经评估，可由另一方对资产评估结果进行复核。（2）企业实施改制必须由审批改制方案的单位确定认可的中介机构进行财务审计和资产评估。不得聘请改制前两年内在企业财务审计中有违法、违规记录的会计师事务所和注册会计师；不得聘请参与该企业上一次资产评估的中介机构和注册资产评估师；不得聘请同一中介机构开展财务审计与资产评估。

2. 公司设立及首次公开发行股票。（1）公司设立时的资产评估机构与首次公开发行股票所聘请的审计机构不能为同一家中介机构。（2）根据中国证监会证监发行字〔2000〕131号文件要求，公司改制设立为股份有限公司是需要进行资产评估的，如果未聘请有证券从业资格证的中介机构承担资产评估业务，在股份公司运行三年后才能提出首次公开发行股票申请，在申请发行股票前须另聘请有证券从业资格证的资产评估机构复核并出具专业报告。（3）首次公开发行股票需进行资产评估的，聘请的资产评估机构与审计机构不能为同一中介机构。

3. 利益关系。资产评估机构与被评估单位有经济利益关系的，不得委托该机构承担资产评估业务。

第二节　资产评估的程序和所需收集的资料

一、资产评估的程序

（一）明确评估业务的基本事项

委托方与资产评估机构应明确下列事项：（1）委托方、产权持有者和委托方以外的其他评估报告使用者；（2）评估目的；（3）评估对象和评估范围；（4）价值类型；（5）评估基准日；（6）评估报告使用限制；（7）评估报告提交时间及方式；（8）评估服务费总额、支付时间和方式；（9）委托方与注册资产评估师工作配合和协助等其他需要明确的重要事项。

（二）签订业务约定书

资产评估业务约定书的内容包括：（1）委托方和评估机构的名称、住所；（2）评估目的；（3）评估对象和评估范围；（4）评估基准日；（5）评估报告使用者；（6）评估报告提交期限和方式；（7）评估服务费总额、支付时间和方式；（8）评估机构和委托方的其他权利和义务；（9）违约责任和争议解决；（10）签约时间。

（三）编制评估计划

评估计划的内容涵盖现场调查、收集评估资料、评定估算、编制和提交评估报告等，评估业务全过程通常包括评估的具体步骤、时间进度、人员安排和技术方案等内容。注册资产评估师可以根据评估业务具体情况确定评估计划的繁简程度，并可根据评估业务实施过程中的情况变化进行必要调整。

（四）现场调查

1. 评估师执行资产评估业务，应当根据评估业务具体情况对评估对象进行适当的现场调查。

2. 在执行现场调查时无法或者不宜对评估范围内所有资产、负债等有关内容进行逐项调查的，可以根据重要程度采用抽样等方式进行调查。

3. 根据评估业务需要和评估业务实施过程中的情况变化及时补充或者调整现场调查工作。

（五）收集评估资料

委托方应当按照评估师的要求提供涉及评估对象和评估范围的详细资料。

1. 委托方或者产权持有者应对其提供的评估明细表及相关证明材料以签字、盖章或者其他方式进行确认。

2. 评估人员通过询问、函证、核对、监盘、勘查、检查等方式进行调查，获取评估业务需要的基础资料，了解评估对象现状，关注评估对象法律权属。

3. 根据评估业务具体情况收集评估资料，并根据评估业务需要和评估业务实施过程中的情况变化及时补充收集评估资料。

4. 收集的评估资料包括直接从市场等渠道独立获取的资料，从委托方、产权持有者等相关当事方获取的资料，以及从政府部门、各类专业机构和其他相关部门获取的资料。

5. 评估资料包括查询记录、询价结果、检查记录、行业资讯、分析资料、鉴定报告、专业报告及政府文件等形式。

6. 根据评估业务具体情况对收集的评估资料进行必要分析、归纳和整理，形成评定估算的依据。

（六）评定估算

1. 评估师通常根据评估对象、价值类型、评估资料收集情况等相关条件，分析市场法、收益法和成本法等资产评估方法的适用性，恰当选择评估方法。

2. 根据所采用的评估方法，选取相应的公式和参数进行分析、计算和判断，形成初步评估结论。

3. 对形成的初步评估结论进行综合分析，形成最终评估结论。

4. 对同一评估对象需要同时采用多种评估方法的，应当对采用各种方法评估形成的初步评估结论进行分析比较，确定最终评估结论。

（七）编制和提交评估报告

1. 评估师在执行评定估算程序后，根据法律、法规和资产评估准则的要求编制评估报告。

2. 根据相关法律、法规、资产评估准则和评估机构内部质量控制制度，对评估报告及评估程序执行情况进行必要的内部审核。

3. 提交正式评估报告前，可在不影响对最终评估结论进行独立判断的前提下，与委托方或者委托方许可的相关当事方就评估报告有关内容进行必要沟通。

4. 完成上述评估程序后，由注册资产评估师所在评估机构出具评估报告并按业务约定书的要求向委托方提交评估报告。

（八）工作底稿归档

在提交评估报告后，评估机构应当按照法律、法规和资产评估准则的要求对工作底稿进行整理，与评估报告一起及时形成评估档案。

二、资产评估所需收集的资料

注册资产评估师正式开展企业价值评估业务之前，通常向委托方和资产占有者收集被评估企业的信息资料和与被评估企业相关的其他信息资料，通常包括：

1. 被评估企业类型、评估对象权益状况及有关法律文件；

2. 被评估企业的历史沿革、现状和前景；

3. 被评估企业内部管理制度、核心技术、研发状况、销售网络、特许经营权、管理层构成等经营管理状况；

4. 被评估企业历史财务资料和财务预测信息资料；

5. 被评估企业资产、负债、权益、盈利、利润分配、现金流量等财务状况，被评估企业和参考企业审计报告及财务报表；

6. 评估对象以往的评估及交易情况；

7. 可能影响被评估企业生产经营状况的宏观、区域经济因素；

8. 被评估企业所在行业的发展状况及前景；

9. 参考企业的财务信息、股票价格或股权交易价格等市场信息，以及以往的评估情况等；

10. 资本市场、产权交易市场的有关信息；

11. 需要收集分析的其他相关信息资料；

12. 需要被评估企业填报的各种调查表，包括建筑物、构筑物、机器设备、土地、矿产资源、各种其他无形资产类、账内和账外全部负债等调查表。

第三节　资产评估的方法

资产评估基本方法包括市场法、收益法和成本法（资产基础法）。注册资产评估师执行企业价值评估业务通常根据评估目的、评估对象、价值类型、资料收集情况等相关条件，分析市场法、收益法和成本法（资产基础法）三种资产评估基本方法的适用性，恰当选择一种或多种资产评估方法。

一、市场法

企业价值评估中的市场法，是指将评估对象与被选择的参考企业以及在市场上已有交易案例的企业、股东权益、证券等权益性资产进行比较以确定评估对象市场价值的评估方法。市场法中常用的两种方法是参考企业比较法（也称上市公司比较法）和交易案例比较法。

（一）参考企业比较法

1. 参考企业比较法的含义。参考企业比较法是指通过对资本市场上与被评估企业处于同一或类似行业的上市公司的经营和财务数据进行分析，计算适当的价值比率或经济指标，在与被评估企业比较分析的基础上，得出评估对象价值的方法。

2. 参考企业比较法的基本公式。市场法在具体应用时经常采用的原理公式表述如下：

公司每股股权价值＝公司预计每股净收益×公司的市盈率

或　　公司每股股权价值＝公司预计每股净收益×参考企业市盈率的平均值

市盈率＝股价÷每股净收益（年度）

在投资收购运作中，经常采用市场法的市盈率法或收益倍数法，这是资本市场对收益资本化后的价值反映。在使用市盈率评估的时候一般采用历史市盈率、未来市盈率以及标准市盈率。历史市盈率等于股票现有市值与最近会计年度收益之比；未来市盈率则等于股票现有市值与现在会计年度结束时预计的年度收益之比；标准市盈率是指目标企业所在行业的相似市盈率。

3. 市盈率法的适用性。市盈率法在评估中得到广泛应用，原因主要在于：（1）它是一种将股票价格与当前公司盈利状况联系在一起的一种直观的统计比率；（2）对大多数目标企业的股票来说，市盈率易于计算并很容易得到，这使得股票之间的比较变得十分简单；（3）实行市场法的一个重要前提是目标公司的股票要有一个活跃的交易市场和可比较的参照资产，或者所参考公司的股票交易市场活跃，从而能评估目标企业的独立价值。本章案例中采用了同类上市公司市盈率比较法进行评估。

（二）交易案例比较法

1. 交易案例比较法的含义。交易案例比较法是指通过分析与被评估企业处于同一或类似行业的公司的买卖、换股、收购及合并交易案例，获取并分析这些交易案例的数据资料，计算适当的价值比率或经济指标，在与被评估企业进行比较分析的基础上，得出评估对象市场价值的方法。

2. 交易案例比较法的基本公式

公司价值＝公司资产数量×参考案例企业单位资产平均并购价格

例如，在本章案例的企业价值评估中，采用同类企业的收购（或出让）案例比较法，在相近区域、相同市场、相近矿产、相近品位的并购案例为参照，分析、比较、修正、确定评估对象的市场价值。

（三）选择参考企业的原则

1. 所选择的参考企业与被评估企业必须具有可比性，参考企业通常应当与被评估企业属于同一行业、同一类型或受相同经济因素的影响。

2. 对参考企业的财务报表进行分析调整，使其与被评估企业的财务报表具有一定可比性。

3. 对被评估企业和参考企业之间的相似性和差异性进行比较分析。

（四）选择、计算、使用价值比率的原则

1. 选择的价值比率应当有利于合理确定评估对象的价值；

2. 用于计算价值比率的参考企业或交易案例数据应当适当和可靠；

3. 用于价值比率计算的相关数据口径和计算方式应当一致；

4. 被评估企业和参考企业或交易案例相关数据的计算方式应当一致；

5. 合理将参考企业或交易案例的价值比率应用于被评估企业；

6. 根据被评估企业特点，对不同价值比率得出的数值予以分析，形成合理的评估结论。

二、收益法

企业价值评估中的收益法，是指通过将被评估企业预期收益资本化或折现以确定评估对象价值的评估方法，收益法一般适用于具有独立获利能力或者获利能力可以量化的持续获利能力资产。如果企业具备持续经营的基础和条件，历史经营和财务数据资料充分，盈利情况较好，经营与收益之间存有较稳定的对应关系，并且未来收益和风险能够预测及可量化，就可以采用收益法进行评估。

下面简要介绍一下收益法中的收益现值法和现金流量贴现法。

（一）收益现值法

1. 收益现值法含义。收益现值法又称收益还原法、收益资本金化法，是指通过估算被评估资产的未来预期收益，并将其资本化或者折算成现值，借以确定被评估资产价值的一种资产评估方法。从资产购买者的角度出发，购买一项资产所付的代价不应高于该项资产或具有相似风险因素的同类资产未来收益的现值。收益现值法对企业资产进行评估的实质是将资产未来收益转换成资产现值，而将其现值作为待评估资产的重估价值。

2. 收益现值法的基本理论公式。

资产的重估价值 = 该资产预期各年收益折成现值之和

3. 应用收益现值法评估资产必须具备的条件。只有同时满足下列条件，才能运用收益现值法对资产进行评估：（1）被评估对象必须是经营性资产，而且具有持续获利的能力；（2）被评估资产必须是能够用货币衡量其未来收益的单项资产或整体资产；（3）产权所有者所承担的未来经营风险也必须能用货币加以衡量。

（二）现金流量折现法

1. 现金流量折现法定义。现金流量折现法（DCF）是指通过预测公司未来盈利能

235

力，据此计算出公司净现值，并按一定的折扣率折算，从而确定被评估对象的市场价值。

2. 现金流量折现法的基本理论公式。现金流量折现法的原理是按照资本资产定价模型（Capital Asset Pricing Model，CAPM），计算出合适的折现率，然后再将未来现金流贴现至现值。根据 CAPM，合适的预期回报率是市场风险及特定风险补偿给投资者所需的资本资产风险溢价总和。CAPM 的公式为

$$K_s = R_f + \beta \times (R_m - R_f)$$

式中：K_s 代表权益资金成本、普通股成本，通常用百分数表示，其实质上就是股东要求的资本回报率、投资项目基准收益率——即资本资产的风险调整贴现率；R_f 代表市场无风险收益率；R_m 代表市场平均风险收益率；β 是该股票（资产）的贝塔系数；$(R_m - R_f)$ 代表投资于资本市场的风险溢价，即投资于一只股票（一个项目或行业）的风险报酬率，它是由于承担了资本市场的风险而得到的超额回报；$\beta \times (R_m - R_f)$ 代表该股票（该项目）的风险溢价。

有关资本资产定价模型的应用已在《企业融资与投资（第二版）》第六章中阐述。有了合适的收益率即折现率，就可以用现金流量贴现法估算资产价值：

资产的价值 = 该资产未来全部现金流的现值之和

用现金流量折现法可以对被收购企业的股权价值进行评估，通常采用股权自由现金流折现模型和企业自由现金流折现模型。例如，企业股权价值是使用股权资本成本对预期股权现金流量进行贴现后得到的。预期股权现金流量是扣除了企业各项费用、本息偿付和为保持预定现金流增长率所需的全部资本支出后的现金流；股权资本成本是投资者投资企业股权时所要求的必要投资回报率。在计算出被收购企业的股权价值之后，将其与并购价格进行比较，只有当被收购企业的股权价值大于并购价格时，收购行为才是有益的。再如，企业也可以通过比较各种收购方案的现金流量贴现值的大小来决定最优的并购方案。本章案例根据评估目的采用了收益法评估上市公司拟收购的离岸公司资产。

（三）收益法的适用性及评估中应当重视的问题

1. 评估师应当根据被评估企业成立时间的长短、历史经营情况，尤其是经营和收益稳定状况、未来收益的可预测性，恰当考虑收益法的适用性。

2. 收益法中的预期收益可以用现金流量、各种形式的利润或现金红利等口径表示，具体评估中根据评估项目的具体情况选择恰当的收益口径。

3. 委托方或相关当事方必须向评估中介机构提供被评估企业未来经营状况和收益状况的预测，企业管理层应进行必要的分析讨论、判断，确信相关预测的合理性，在此条件下中介机构才可以运用收益法进行企业价值评估。

4. 中介机构在对被评估企业收益预测进行分析、判断和调整时，应当充分考虑并分析被评估企业的资本结构、经营状况、历史业绩、发展前景和被评估企业所在行业相关经济要素及发展前景，收集被评估企业所涉及交易、收入、支出、投资等业务合

法性和未来预测可靠性的证据，充分考虑未来各种可能性所发生的概率及其影响，不得采用不合理的假设。

5. 应当根据被评估企业经营状况和发展前景以及被评估企业所在行业现状及发展前景，合理确定收益预测期间，并恰当考虑预测期后的收益情况及相关终值的计算。

6. 应当综合考虑评估基准日的利率水平、市场投资回报率、加权平均资金成本等资本市场相关信息和被评估企业、所在行业的特定风险等因素，合理确定资本化率或折现率。

7. 应当确保资本化率或折现率与预期收益的口径保持一致。

三、资产基础法

（一）资产基础法的含义

2012年起实行的《资产评估准则——企业价值》规定：企业价值评估中的资产基础法（成本法），是指以被评估企业评估基准日的资产负债表为基础，合理评估企业表内及表外各项资产、负债价值，以确定评估对象价值的评估方法。

注册资产评估师应当根据会计政策、企业经营等情况，对被评估企业资产负债表表内及表外的各项资产、负债进行识别，各项资产的价值应当根据其具体情况选用适当的具体评估方法得出。

采用资产基础法有两点需要注意：（1）并非每项资产和负债都可以被识别并用适当的方法单独评估，当存在对评估对象价值有重大影响且难以识别和评估的资产或者负债时，应当考虑资产基础法的适用性。（2）以持续经营为前提对企业价值进行评估时，资产基础法一般不应当作为唯一使用的评估方法。

资产基础法实质是从现时成本角度出发，以被评估单位账面记录的资产负债为评估范围，将被评估单位账面记录的各项资产评估值加总后，减去负债评估值作为其全部股东权益的评估价值。其反映的是企业账面现有资产的重置价值，未考虑账面未反映的资产价值，更没有考虑被评估单位未来发展对企业价值的影响。这是资产基础法与其他评估方法的显著差别，资产基础法主要采用成本法。

运用成本法进行企业价值评估的范围，包括被评估企业所拥有的所有有形资产、长期投资收益、无形资产以及应当承担的全部负债。常用的成本法有重置成本法和假设开发法。

（二）重置成本法

1. 重置成本法含义。重置成本法是指在现时条件下重新购置或建造一个全新状态的评估对象，所需的现时全部成本减去评估对象的实体性陈旧贬值、功能性陈旧贬值和经济性陈旧贬值后的差额，以其作为评估对象现时价值的一种评估方法。重置成本法是中国境内资产评估所采用的最常用方法，以往国企的改制重组大多采用这种方法。

2. 重置成本法的基本公式。

$$评估价值 = 重置成本 - 实体性贬值 - 功能性贬值 - 经济性贬值$$

3. 重置成本法的具体评估过程和方法。

（1）根据被评估资产的实体特征等基本情况，用现时（评估基准日）的市价估算其重置的全价；

（2）确定被评估资产已使用年限、尚可使用年限及总使用年限；

（3）用年限折旧法或其他方法估算资产的有形损耗和功能性损耗；

（4）用重置成本法公式估算确认每项被评估资产的净价并汇总。

4. 重置成本法的适用性和应用前提条件。

（1）购买者对拟交易的评估对象，在收购后不改变其原来用途。

（2）评估对象的实体特征、内部结构及其功能效用必须与假设重置的全新资产具有可比性。

（3）可复制、可再生、可重新建造和购买的，具有有形损耗和无形损耗特性的单项资产。例如，房屋建筑物、各种机器设备，以及具有陈旧贬值性的技术专利、版权等无形资产。

（4）可重建、可购置的整体资产。例如宾馆、剧院、企业、车间等。但是，与整体资产相关的土地不能采用重置成本法评估。

不能重建再生、复制的评估对象不能采用重置成本法。

（5）评估对象必须是随着时间的推移，具有陈旧贬值性的资产，否则就不能运用重置成本法进行评估。

5. 重置成本法的优缺点。重置成本法是目前国际上公认的三大资产评估基本方法之一，具有一定的科学性和可行性，特别是对于不存在无形陈旧贬值或贬值不大的资产，只需要确定重置成本和实体损耗贬值，收集这两个评估参数的资料也比较容易，因此该方法在资产评估中具有重要意义。它特别适宜在评估单项资产和没有收益，市场上又难找到交易参照物的评估对象。例如学校、医院、桥梁、隧道、涵洞等。这类资产既无法运用收益现值法，又不能运用现行市场法进行评估，唯有应用重置成本法才是可行的。

但是，重置成本法也有很多缺点：

（1）成本法最大的缺点是不能反映被评估资产的盈利能力。成本法反映的被评估资产的现时成本价值减去各项贬值，没能考虑该项被评估资产的未来盈利预测，所以用成本法评估的结果往往与市场法和收益法评估的结果差距很大。长期以来，国内评估一直多用成本法，而国外评估更多的应用市场法和收益法。有理由相信，随着中国资本市场的发展，采用市场法和收益法进行资产评估将会更广泛地得到接受。

（2）用重置成本法评估整体资产，需要将整体资产化整为零，变成一个个单项资产，并逐项确定重置成本、实体性陈旧贬值及无形陈旧贬值。因此，很费工费时，有时会发生重复和遗漏。

（3）无形陈旧贬值很抽象，涉及现实和未来、内部和外部许多难以估量的影响因素。而且，还得运用收益现值法，估测内因和外因造成的营运性陈旧贬值。

（4）运用重置成本法评估资产，很容易将无形资产漏掉。为防止评估结果不实，还应该再用收益法或市场法验证。

（5）由于整体资产中包括固定资产、流动资产及无形资产等，其中有些资产根本不宜运用重置成本法。

总之，对持续经营的企业进行评估时，成本法一般不应当作为唯一使用的评估方法；运用成本法进行企业价值评估时，对各项固定资产、机器设备、无形资产的价值应当根据其具体情况选用适当的评估方法；评估师对同一评估对象采用多种评估方法时，应当对形成的各种初步价值结论进行分析，在综合考虑不同评估方法和初步价值结论的合理性以及所使用数据的质量和数量的基础上，形成合理评估结论。而对于交易当事人则应根据评估目的正确选择评估方法和结论，本章案例根据评估目的采用了成本法评估境外公司拟收购的境内资产。

（三）假设开发法

1. 假设开发法定义。假设开发法指预计估价对象开发完成后的价值，扣除预计的正常开发成本、税费和利润等，以此估算估价对象的客观合理价格或价值的方法。

待开发房地产投资开发前的状态，包括生地、毛地、熟地、旧房和在建工程等；投资开发后的状态，包括熟地和房屋（含土地）等；投资开发后的房地产的经营方式，包括出售（含预售）、出租（含预租）和自营等。

2. 假设开发法的基本公式。假设开发法的基本理论依据与收益法相同，也是预期原理。

待开发不动产的价值 = 开发完成后的不动产价值 − 开发成本 −

管理费用 − 投资利息 − 销售税费 − 开发利润 −

购买待开发不动产应负担的税费

3. 假设开发法进行资产评估的步骤和内容。调查待开发房地产的基本情况；选择最佳的开发利用方式；估计开发建设期；预测开发完成后的房地产价值；估算开发成本、管理费用、投资利息、销售税费、开发利润、投资者购买待开发房地产应负担的税费；进行具体计算。

4. 假设开发法的适用性。假设开发法适用于具有投资开发或再开发潜力的房地产的估价，并且其开发完成后的价值可以合理确定的不动产；假设开发方式应当是满足规划条件下的最佳开发利用方式；运用此方法应把握待开发房地产在投资开发前后的状态，以及投资开发后的房地产的经营方式。

四、在建工程的评估方法

根据在建工程的特点，在建工程评估一般根据工程形象进度，选用适用的方法进行评估。

1. 整个建设工程已经完成或接近完成，只是尚未交付使用的在建工程，可采用工程形象进度法进行评估，按在建工程建成后的房地产的市场价值结合工程形象进度作适当扣减作为其评估值。

2. 对于实际完成工程量较少的在建工程，可采用成本法或假设开发法进行评估。

3. 属于停建的在建工程，要查明停建的原因，确因工程的产、供、销及工程技术等原因而停建的，要考虑在建工程的功能性及经济贬值，进行风险系数调整。

五、评估方法的选用和并购中的业绩承诺与补偿

（一）评估方法的选用

通常情况下，评估师对一个企业应当同时采用资产基础法和收益法进行评估，并在分析两种评估结果合理性、准确性的基础上确定最终的评估结果。在本书第二章案例二和第六章案例一、案例二中，评估机构对同一个企业采用了不同的评估方法，其估值结果差值巨大，这就要根据实际情况合理选用评估结果。

在实际评估业务中，一个企业的整体或部分资产，可以采用不同的评估方法。例如：（1）投资公司或企业的相当一部分利润来源是投资收益，对这种长期投资，可采用收益法，从而确定该长期投资的价值；（2）企业的固定资产中有相当一部分是位于繁华商业区或高端社区的房地产，对这部分固定资产，需要采用市场法进行评估。（3）企业有很大一部分无形资产是技术专利，在评估这种无形资产时，往往需要采用收益法。（4）经营不善和周期性处于低谷期的企业，其未来收益难以确定，资本或资产严重密集且非营利性实体的整体价值无法用收益法和市场法进行评估时，采用资产基础法中的成本法是比较适用的。

从上述四个例子可以看出，一个企业的整体或部分资产评估可选用收益法评估预期收益价值和长期投资的股权价值；可选用市场法计算固定资产价值或股票价值；可选用成本法评估资产的重置价值。最后评估结果以交易双方认可为准。

（二）企业并购涉及的评估方法与业绩补偿

虽然 2014 年和 2016 年新修订的《上市公司重大资产重组管理办法》（以下简称《重组办法》）对于重大资产重组和买壳上市不再强制被收购公司和买壳方做盈利预测。也不再强制其采用资产基础法评估时，需要承诺一年的业绩；采用收益法时，需要承诺三年业绩，达不到则需给上市公司补偿。但实际上，在绝大多数上市公司的并购案例中，仍然采用业绩承诺和业绩补偿措施，这甚至成为并购双方谈判和角力的焦点。其原因，一是由于收益法评估隐含业绩预测，被收购方可能在未来达不到预测盈利水平，无法支撑评估值，因此对方要求业绩承诺。未来实现的净利润可能不及预期，使收购对价相应下降，因此对方要求业绩补偿。二是由于信息不对称，交易双方均需要业绩承诺保障自身利益。上市公司需要业绩承诺说明支付对价的合理性，被并购方需要业绩承诺作为筹码提高要价。

基于此，上市公司收购或买壳上市过程中，被收购方按照收益法评估中的未来盈利数据进行业绩承诺和签订业绩补偿协议，并采用股份补偿和现金补偿形式，仍是目前的主流。考虑到 PE 投资界业绩对赌的经久不衰，未来上市公司收购中的业绩承诺仍

将持续。从新的《重组办法》实施的情况看，业绩承诺确实没有退出的迹象，反而呈现的形式更多样，这使交易双方自主空间更大。

2009—2016 年 9 月间，中国资本市场共发生 161 起买壳上市案例（大部分发生在 2013—2016 年），其中使用收益法进行最后评估的有 110 起，占比 68.75%，而且交易双方在并购协议中几乎都载有类似"对赌协议"的业绩补偿承诺。

例如，2016 年顺丰控股以 433 亿元买壳鼎泰新材，是该年内最大体量的买壳上市事件。其交易方案为：鼎泰新材拟将全部资产及负债与顺丰控股全体股东持有的顺丰控股 100% 股权的等值部分进行置换。本次交易中拟置出资产作价约 8 亿元，拟置入资产作价 433 亿元，差额部分由壳公司鼎泰新材向顺丰控股全体股东非公开发行价值 425 亿元新股的方式购买。由于采用收益法评估资产，买壳方顺丰快递业绩承诺：2016—2018 年实现归母净利润分别不低于 21.85 亿元、28.15 亿元、34.88 亿元。而就在一年多以前，顺丰控股的资产评估还不到 200 亿元。

《重组办法》第三十五条规定，（关联交易、买壳）采取收益现值法、假设开发法等基于未来收益预期的方法对拟购买资产进行评估或者估值并作为定价参考依据的，上市公司应当在重大资产重组实施完毕后 3 年内的年度报告中单独披露相关资产的实际盈利数与利润预测数的差异情况，并由会计师事务所对此出具专项审核意见；交易对方应当与上市公司就相关资产实际盈利数不足利润预测数的情况签订明确可行的补偿协议。同时规定，未实现评估预测 80% 和 50% 的，相应责任人须公开道歉，以及被证监会采取监管措施。

证监会在"《重组办法》补偿协议解读"中提到：（1）交易对方为上市公司控股股东、实际控制人或者其控制关联人的，应当以其获得的股份和现金进行业绩补偿。（2）构成买壳上市的，应当以拟购买资产（或股权）的价格进行业绩补偿的计算，且股份补偿不低于本次交易发行股份数量的 90%。业绩补偿应先以股份补偿，不足部分以现金补偿。业绩补偿期限一般为重组实施完毕后的 3 年，对于拟购买资产作价较账面值溢价过高的，视情况延长业绩补偿期限。

综上所述，被评估企业应当了解评估方法的适用性；而注册评估师应当熟知、理解并恰当运用评估方法；应当根据评估对象、价值类型、资料收集情况等相关条件，分析各种资产评估基本方法的适用性，选择适用的、公允的评估方法，形成合理评估结论；应当科学合理使用评估假设和参照物，并在评估报告中披露评估假设和参照物及其对评估结论的影响程度。

第四节　资产评估报告

一、资产评估报告的内容

评估报告，是指注册资产评估师根据资产评估准则的要求，在履行必要评估程序后，对评估对象在评估基准日特定目的下的价值发表的、由其所在评估机构出具的书面专业意见。

评估报告实质上是注册评估师根据评估目的，收集评估资料、分析被评估资产状况和性质、选择评估方法并选取相应的公式及参数进行分析、计算、判断，形成初步评估结论，然后对形成的初步评估结论进行综合分析，形成最终评估结论的书面成果报告。

评估报告通常包括下列基本内容：标题及文号；声明；摘要；正文；附件。

（一）评估报告声明

评估报告声明包括：注册资产评估师恪守独立、客观和公正的原则，遵循有关法律、法规和资产评估准则的规定，并承担相应的责任；提醒评估报告使用者关注评估报告特别事项说明和使用限制；其他需要声明的内容。

（二）评估报告摘要

评估报告摘要包括评估业务的主要信息：（1）委托方；（2）资产占有方（或被评估企业）；（3）评估目的；（4）评估资产范围；（5）评估基准日；（6）评估方法；（7）最终的评估结论。还要对评估报告有效期限、使用范围限制及披露限制作出简要说明，最后注册资产评估师签字盖章、评估机构盖章和法定代表人或者合伙人签字。在评估报告摘要前，评估师还会给出重要提示，主要是评估师认为应当引起报告摘要使用者注意的重要事项。

（三）评估报告正文

评估报告正文应当包括：（1）委托方、产权持有者和委托方以外的其他评估报告使用者；（2）评估目的；（3）评估对象和评估范围；（4）价值类型及其定义；（5）评估基准日；（6）评估依据；（7）评估方法；（8）评估程序实施过程和情况；（9）评估假设；（10）评估结论；（11）特别事项说明；（12）评估报告使用限制说明；（13）评估报告日；（14）注册资产评估师签字盖章、评估机构盖章和法定代表人或者合伙人签字。

（四）评估报告正文中应当具体说明的事项

评估报告使用者包括委托方、业务约定书中约定的其他评估报告使用者和国家法律、法规规定的评估报告使用者。

评估报告载明的评估目的应当唯一，表述应当明确、清晰。

评估报告中应当载明评估对象和评估范围，并具体描述评估对象的基本情况，通常包括法律权属状况、经济状况和物理状况。

评估报告应当明确价值类型及其定义，并说明选择价值类型的理由。

评估报告应当载明评估基准日，并与业务约定书约定的评估基准日保持一致。评估报告应当说明选取评估基准日时重点考虑的因素。评估基准日可以是现在时点，也可以是过去或者将来的时点。

评估报告应当说明评估遵循的法律依据、准则依据、权属依据及取价依据等。

评估报告应当说明所选用的评估方法及其理由。

评估报告应当说明评估程序实施过程中现场调查、资料收集与分析、评定估算等主要内容。

评估报告应当披露评估假设及其对评估结论的影响。

在评估报告中应以文字和数字形式清晰说明评估结论。

通常评估结论应当是确定的数值。经与委托方沟通，评估结论可以使用区间值表达。

评估报告应当说明特别事项，特别事项可能对评估结论产生的影响，并重点提示评估报告使用者予以关注。

评估报告应说明使用限制范围和时间。

评估报告附件通常包括评估对象所涉及的主要权属证明资料，委托方和相关当事方的承诺函，评估机构及签字注册资产评估师资质、资格证明文件，评估对象涉及的资产清单或资产汇总表。

二、资产评估报告书的作用

（一）为被委托评估的资产提供独立作价意见

该独立作价意见不代表任何当事人一方的利益，是一种独立专家估价的意见，具有较强的公正性与客观性，因而成为被委托评估资产作价的重要参考依据。

（二）体现评估成果和明确相关方责任

资产评估报告书是反映和体现资产评估工作情况，明确委托方、受托方及有关方面责任的依据。它用文字的形式，对受托资产评估业务的目的、背景、范围、依据、程序、方法等过程和评定的结果进行说明和总结，体现了评估机构的工作成果。同时，资产评估报告书及其附件反映和体现受托的资产评估机构与执业人员的权利与义务，并以此来明确委托方、受托方有关方面的法律责任。

三、评估对象法律权属确认问题

注册资产评估师执行资产评估业务的目的是对评估对象价值进行估算并发表专业意见，对评估对象法律权属确认或发表意见则超出了注册资产评估师执业范围。注册资产评估师不能明示或暗示具有对评估对象法律权属确认或发表意见的能力，不得对评估对象的法律权属提供保证。

注册资产评估师在接受业务委托前，一般都明确告知委托方及相关当事方提供真实、合法、完整评估对象法律权属等资料和文件的义务，并在业务约定书中明确说明委托方和相关当事方对此应当承担的责任。

案例一　建发国际^①间接收购升平煤矿
之境内外资产评估

【案例简介】

香港上市公司建发国际收购升平煤矿涉及两次并购：一是建发国际收购英属维尔京群岛公司富盈环球，二是富盈环球收购中国境内企业升平煤矿。相关当事人分别委托境内外评估机构完成了对目标企业的资产评估和企业商业价值估值。

本案例的亮点在于巧妙利用两种不同的评估方法对升平煤矿估值，从而产生巨大的估值差异，以便于下步实施境内外并购反向收购操作。借助本案及下一章案例，可以进一步了解相关利害关系人如何运用两个估值结论，从而完成买壳上市，同时掌握和熟悉市场法、收益法、成本法在企业商业价值评估中的应用。

【案例回放——评估过程和评估结果】

一、估值师进场前确定的基本事项

委托方及评估机构：建发国际委托香港第一太平戴维斯估值及专业顾问有限公司（以下简称戴维斯），北方集团授权升平煤矿委托黑龙江华鹏会计师事务所有限公司（以下简称华鹏），分别承担升平煤矿资产评估业务。

评估目的：神州资源委托戴维斯评估的目的是通过富盈环球收购升平煤矿全部股权所涉及的升平煤矿的企业市值。北方集团委托华鹏评估的目的是为转让升平煤矿全部股权予富盈环球所涉及的升平煤矿的资产价值。评估的最终目的是通过升平煤矿反向间接收购神州资源，实现升平煤矿买壳上市。

评估对象和范围：升平煤矿全部资产和全部负债，包括无形资产及采矿权，但戴维斯假设在评估基准日有 15 180 万元人民币的历史债务已偿还完毕。

价值类型：市场价值，即自愿买方和自愿卖方基于公平原则，在知情、审慎及自愿的情况下，于评估基准日买卖某项资产的估计价值数额。

评估基准日：经交易各方确定，戴维斯评估基准日为 2007 年 6 月 30 日，华鹏评估基准日为 2008 年 2 月 29 日。

二、评估基本过程

境外估值师于 2007 年底前进场，境内评估师于 2008 年 2 月底进场，升平煤矿和北

---

① 后改称"神州资源"。

方集团给予全力配合。评估师首先向目标公司和委托方发布调查清单，然后分别按照香港和内地的评估准则进行现场实地调查并收集评估资料，国内外资产评估机构询问、检查以及函证核对资产状况和具体数据，都普遍借助于其他中介机构的调查报告，如法律意见书、审计报告、会计师报告等成果报告资料，评估过程中估值师也与升平煤矿随时询问和沟通。

三、评定估算及采用的方法

境内外估值师根据评估目的，经研究分析评估方法的适用性，采用了不同的评估方法。戴维斯采用收益法中的现金流量贴现法对升平煤矿估值，同时用市场法中的市盈率法和并购案例比较法进行验证比较，华鹏则采用重置成本法评估。

在评估过程中，戴维斯还参照了国际著名矿业技术咨询公司 MMC 的独立技术审查报告所给出的资源储量、生产能力、生产成本分析数据，山西汾渭能源开发咨询有限公司《2007—2010 年焦煤市场研究及预测》及北京佐思信息咨询有限公司《黑龙江双鸭山市 1/3 焦煤研究》等报告所测定的煤炭产品的售价增长率。华鹏则参考了内蒙古煤炭矿业权有偿出让最低价格。

四、编制估值报告

境内外评估师根据评估结果，编制了不同格式的估值报告和报告摘要，评估报告中都注明了评估目的、评估方法、评估结论、报告使用者和评估报告的使用限制等。

五、境内外机构的估值结果

境外评估机构戴维斯对升平煤矿的估值结果为 6.8 亿港元（不含 15 180 万元人民币的债务，按照当时汇率计算冲减债务后的估值折合 51 085 万港元）；境内评估机构华鹏对升平煤矿的评估价值为 1.4 亿元人民币（折合15 600 万港元），两者评估价值相差 35 485 万港元。

六、境内外评估报告摘要

戴维斯和华鹏的估值报告摘要如下。

双鸭山北方升平煤矿有限责任公司
商业企业价值之估值报告摘要

敬启者：

吾等遵照阁下之指示，已代表 Wealth Gain Global Investment Limited（［Wealth Gain］）及建发国际（控股）有限公司（［建发］）进行一项估值，以厘定双鸭山北方升平煤矿有限责任公司（［该公司］）之商业企业价值于 2007 年 6 月 30 日（［估值日］）之市值。

根据 Wealth Gain 及建发之指示，于吾等之估值中，除应付账款之负债及有关采矿权价款之或然负债外，所有负债均被假设于估值日获偿还。

该公司之主要资产及业务为持有及经营升平煤矿，该煤矿位于中华人民共和国黑龙江省双鸭山市集贤县。该公司主要从事勘探及开采煤矿业务。

根据 MMC 于 2008 年 1 月报告及该公司资料，煤矿之资源储量于 2002 年底约为6 396.6 万吨。

本估值旨在表述对该公司与估值日之市值之独立意见，以作为收购参考之用。所谓市值，乃指自愿买方与自愿卖方在进行适当市场推广后基于公平原则，在知情、审慎及自愿之情况下于估值日买卖某项资产之估计价值。

估值方法及基准

所采用估值程序包括视察目标资产具体经济状况、评估目标资产的业主及其经营者所作出的假设、估计及声明。吾等认为对估值而言至关重要的事项已被披露于估值报告内。

估值时已考虑三种估值方法，即市场法、成本法及收入法。在本次估值中市场法并不适合，原因是并无足够的可比较交易项目作为基准。成本法亦不适合，原因是其忽视煤矿业务所拥有的采矿业务的经济利益。因此，厘定价值意见时纯粹依赖收入法。

评估该公司之商业企业价值已采纳方法被称为现金流量贴现法之收入方法。按上述方法，根据 MMC 于 2008 年 2 月 13 日所提供之销售数量、经营成本、资本开支及Wealth Gain 所提供之财务资料及经营规划，已将该公司之预期现金流折现至现值。

在评估折现率时，已使用资本资产定价模式。根据该模式，该公司之预期回报率将受独立于一般市场之其他公司特定风险因素影响。折现率约每年 17.25% 乃按风险利率约 4.5%、市场无风险回报率约 7.5%、本公司之估计贝塔系数 1.3 及公司特定因素3% 厘定。本公司估计贝塔系数乃由 2007 年 6 月 30 日于香港联交所上市且主要在中国从事煤矿开采业务之各公司（中国神华、兖州煤业、中煤能源）估计。

根据资本资产定价模型，介乎于 16.5% 至 18.5% 之折现率编制敏感性分析，该公司之敏感性估值结果介乎 6.2 亿港元及 7.4 亿港元，中间值为 6.8 亿港元。

折现率 16.5%：740 百万元人民币

折现率 17.5%：680 百万元人民币

折现率 18.5%：620 百万元人民币

特定假设

（1）该公司采矿许可证将于 2012 年 12 月届满，假设能够重续采矿权直至所有资源已获开采；

（2）根据 MMC 技术报告及公司资料，有关资源在 2007 年 1 月达 6 210 万吨，此乃根据 6 396.6 万吨减去 2002 年至 2006 年开采量，吾等已假设认为此资源量乃属合理，吾等已假设分类为 122b、2M22、2S11、2S22 等类别之资源共计 3 790 万吨是属经济可行储量；

（3）煤矿管理层确认，该公司 2007 年前 6 个月之产量为 32.3 万吨；

（4）根据 MMC 技术报告，资源回采率为 70%，本报告采纳；

（5）在估值中，除应付账款 570 万元及采矿权价款 7 610 万元债务外，假设该公司其他所有负债 15 180 万元均于估值日获偿还；

（6）假设 MMC 及该公司提供之经营成本及资本开支预测经审慎周详查询后乃属适当及恰当；

（7）假设煤炭市场及销售价增长率按照该公司提供之研究报告——由山西汾渭能源开发咨询有限公司编制之《2007—2010 年焦煤市场研究及预测》及北京佐思信息咨询有限公司编制之《黑龙江双鸭山市 1/3 焦煤研究》，该产品之售价增长率于 2008 年估计为 6%，2009 年及以后估计为 4%；

（8）假设升平煤矿生产概况与 MMC 报告之计划相同；

（9）假设凭借该公司管理层之努力，将可实现预期业务。

一般假设

（1）并无相关隐藏或意外情况而可能影响所报告之估值资产；

（2）该公司应付税率仍维持不变，所有法律法规将获遵守；

（3）该公司将获得所有许可及批准，已进行采矿及业务经营；

（4）通货膨胀、利率及货币汇率不会与现实有重大不同；

（5）该公司将留聘主要管理人员和技术人员，维持持续营运；

（6）该公司并无其他业务或客户之索赔及诉讼；

（7）该公司业务并无违反任何法律规定。

限制条件

吾等在很大程度上依赖 MMC 所提供之财务数据及相关资料，吾等不能够对业务之合法性作出评论。

吾等不会对市场变动负法律责任，无须承担修订本报告以反映于估值日期后所发生之事件或政府政策或财务状况或其他变动之责任。

本报告及估值仅供本报告收件人使用于收购该公司的商业企业价值估值，不会就本报告全部或部分内容向第三方承担责任。

管理层确定因素

本报告及吾等计算之草稿已送呈该公司、Wealth Gain 及建发之管理层。彼等已审阅及口头向吾等确认，本报告之计算所述因素与重大方面均属准确，并无任何重大事项未载入。

备注

吾等谨此确认，吾等现时并无而将来亦不会与该公司及彼等之各自控股公司、附属公司及联营公司、Wealth Gain 及建发国际及其附属公司或本文所报告之价值中拥有任何权益。

估值意见

根据上述调查及分析以及所采用之方法，吾等认为该公司于 2007 年 6 月 30 日之市值可合理定为六亿八仟万港元整。

　　　　此致
建发国际（控股）有限公司
Wealth Gain Global Investment Limited
　　　列位董事　　台照

　　　　　　　　　　　　　第一太平戴维斯估值及专业顾问有限公司
　　　　　　　　　　　　　董事总经理：　　　　联席董事：
　　　　　　　　　　　　　　　　　谨启
　　　　　　　　　　　　　　二〇〇八年二月十三日

双鸭山北方升平煤矿有限责任公司股权转让项目
资产评估报告书摘要

黑华会评报字〔2008〕010 号

重要提示

　　以下内容均摘自资产评估报告正文。欲了解本评估项目的全面情况，正确理解和使用评估结论，应认真阅读资产报告书全文，如单独使用本摘要，可能造成不必要的误解。

报告书摘要

　　黑龙江华鹏会计师事务所有限公司接受双鸭山北方升平煤矿有限责任公司的委托，根据国家有关资产评估的规定，本着客观、独立、公正、科学的原则，按照公认的资产评估方法，对为评估目的而涉及的全部资产和负债进行了评估工作，本公司评估人员按照必要的评估程序对委估资产和负债实施了实地勘察、市场调查与询证，履行了公认的其他必要评估程序。对委估资产和负债在评估基准日所表现的市场价值进行了评定和估算，目前我们的资产评估工作已结束，并出具了资产评估报告书。

　　现将资产评估结果摘要如下：

　　一、委托方：双鸭山北方升平煤矿有限责任公司。

　　二、资产占用方：双鸭山北方升平煤矿有限责任公司。

　　三、评估目的：双鸭山北方升平煤矿有限责任公司股东拟对外转让股权，为此需对此目的涉及的双鸭山北方升平煤矿有限责任公司的资产及负债进行评估，为双鸭山北方升平煤矿有限责任公司的股权转让工作提供价值参考依据。

　　四、纳入评估范围的资产：双鸭山北方升平煤矿有限责任公司的全部资产和负债（包括账外负债）。

　　五、评估基准日：2008 年 2 月 29 日（2 月末）。

　　六、评估方法：成本法。

其中房屋建筑物类及机器设备类均采用重置成本法：即在资产评估时按被评估资产的现实重置成本扣减各项损耗价值来确定被评估资产价值的方法。

采矿权的评估采用成本法：参考内蒙古煤炭矿业权有偿出让最低价和黑龙江省双鸭山市（集贤矿区）佳木斯市矿务局升平煤矿 2006 年矿产资源储量动态监测报告的资源量确定采矿权的评估价值。

七、评估结论

对委托方和资产占用方共同认证纳入本次评估范围的资产和负债，在评估基准日的评估结果为净资产评估价值 14 040.93 万元。具体结果如下：

资产账面价值 21 798.24 万元、调整后账面价值 29 440.08 万元、评估价值 47 216.73 万元、增值额 17 776.65 万元、增值率 60.38%。

负债账面值 15 537.38 万元、调整后账面值 33 175.80 万元、评估值 33 175.80 万元、增值额 0.00 万元、增值率 0。

净资产账面价值 6 260.86 万元、调整后账面价值 –3 735.72 万元、评估价值 14 040.93 万元、增值额 17 776.65 万元、增值率 475.86%。

本次评估的有效期限为一年，自评估基准日 2008 年 2 月 29 日起至 2009 年 2 月 28 日止，超过一年需要重新进行资产评估。

本报告仅供委托方为本报告所列明目的以及报送有关主管机关审查而作，未经本所同意不得用于其他目的之依据。

黑龙江华鹏会计师事务所有限公司　　　　中国注册资产评估师：

授权签发人：　　　　　　　　　　　　　中国注册资产评估师：

报告提出日期：二○○八年三月二十五日

【案例评析】

一般来说，中外评估机构的评估程序和过程大致相同，但根据评估目的所采取的评估方法不尽相同。境内外估值师进行资产评估时都应当深入研究和探讨资产评估方法的适用性。在不同的目的下以及对不同的使用者来说，所采用的评估方法不同，评估过程中的侧重点不同，评估结果可能会有重大差异。这种差异是交易双方谈判乃至博弈的核心问题，将直接影响交易决策。作为被评估企业的相关人员应当掌握资产评估方法，对评估结果的公允性及合理性作出准确判断。

一、评估基准日不同

本案例中，戴维斯的评估基准日较早，此时目标公司还没有完成改制，但这并不影响其评估结果，因为戴维斯采用的是计算期较长的收入法，企业改制与否对收入盈利能力基本没有影响。而华鹏的评估基准日确定在目标公司改制完成前的最后一个月，这使得在该评估方法下评估结果更接近交易签字日的资产价值。

二、评估方法及侧重特点不同

境内外评估师所采用的评估方法不同，戴维斯采用收入法，使评估结果更接近盈利能力所形成的企业整体市场价值；而华鹏采用成本法，使评估结果更接近于考虑全部资产负债后的重置成本价值（净资产价值）。

长期以来，由于国企改制转让的评估习惯，国内的评估师通常按照国资委要求以审计和资产成本为基础，避免采用其他方法估值而造成国有资产流失。所以，国内中介机构更善于应用审计报告和实地查验，并按照市场价格重建扣除损失后评估计算资产价值；而国外估值师更适应市场机制，善于应用其他中介机构的调查成果报告，如法律意见书、会计师报告、独立技术审查报告和市场分析报告，估算企业在资本市场的公允市值。

国内评估师侧重于企业的资产负债详细情况，结合成本重置而得出净资产价值；境外估值师则更侧重于资产的运营状况和盈利能力，结合收入折现并扣除债务计算出企业的市场价值。

三、评估依据不同

戴维斯根据收入法限定了若干假设，评估结果以此为前提条件，并采用了行业专家MMC的技术报告、煤矿管理层提供之经营成本及资本开支预测、咨询公司编制之《2007—2010年焦煤市场研究及预测》及《黑龙江双鸭山市1/3焦煤研究》。而华鹏根据重置成本法只限定委托方和资产拥有方提供的资料和文件真实、全面，依据固定资产清单，并参考了内蒙古煤炭矿业权有偿出让最低价和升平煤矿的资源量来确定采矿权的评估价值。

四、评估结果不同才能实现境外买壳上市

戴维斯评估价值为68 000万港元，华鹏评估价值为1.4亿元人民币（15 600万港元），两者评估价值相差巨大。

在本案例中，巧妙利用境内外两家评估机构的不同评估方法及假设前提，产生评估价值差价，双方依此确定境内外不同的收购价格及不同的支付方式。

1. 在境内。离岸公司富盈环球收购境内企业升平煤矿的对价为1.4亿元，用建发国际增发新股所得现金支付，外汇入境。

2. 在境外。壳公司建发国际收购离岸公司富盈环球对价为7亿港元（比估值略高），支付给富盈环球现金15 600港元（1.4亿元人民币），用于后者收购境内公司升平煤矿，剩余5.44亿港元以发行新股的方式向富盈环球的股东支付。

如此操作，产生了境内外交易差价5.44亿港元，而正是这个差价既解决了10号文件规定必须用现金收购境内企业的问题，又解决了境外买壳上市的股份支付方式和换

股并购问题。如果没有这种差价，通过反向收购实现买壳上市将无法进行。而且，国内较低的交易价格也降低了国内股权转让所得税，可谓一举两得。

五、怎样审核判断国际评估机构评估结果的合理性

根据戴维斯的估值报告，升平煤矿估值为 6.8 亿港元，建发国际与富盈环球签订协议的交易价为 7 亿港元，二者非常接近，就是说估值已被买卖双方所接受。那么，作为被评估企业的股东、董事和管理层，应该怎样去判断国际评估机构所给出的评估结果是否合理呢？根据笔者经验，应从下面三个方面去分析判断。

（一）估值方法与估值计算结果本身

1. 关于所采用的估值方法。戴维斯采用了收益法，利用现金流量贴现法来评估升平煤矿的商业价值，并采用资本资产定价模型计算折现率，将经营期内预测的一系列收入及成本的未来现金流贴现至现值。

作为升平煤矿的董事，笔者审阅了相关计算过程和结果，并与中介机构讨论了相关的预测及假设，审核后认为，收益法是对已投产且有稳定收入的公司进行价值评估的适当方法，因为：（1）充分考虑了公司业务的有关风险，并采用资本资产的定价模型测算了未来现金流折现所使用的预期回报率；（2）审核确信公司的生产能力和市场需求以及公司的未来增长潜力，能够实现预测的现金流量。

2. 关于主要假设条件。笔者注意到，戴维斯确定升平煤矿的估值时采纳并考虑了以下几个因素：

（1）17.5% 的折现率。在确定折现率时，戴维斯采用了笔者所著《企业融资与投资（第二版）》第六章所述的资本资产定价模式（CAPM）。戴维斯参考香港外汇基金票据的现行利率、香港政府当时 10 年期债券利率，选取市场风险利率为 4.5%、市场无风险回报率 R_f 为 7.5%，选取煤矿本身特定风险因素 3%，并根据 2007 年 6 月 30 日于香港联交所上市且主要在中国从事煤矿开采业务的中国神华、兖州煤业、中煤能源等公司参数估计，升平煤矿的 β 值取 1.3。戴维斯选用市场平均风险收益率 R_m 为（7.5% +4.5% +3%）。

根据资本资产定价模型（CAPM）计算得出折现率 K_s 为每年 17.25%：

$$K_s = R_f + \beta \times (R_m - R_f)$$
$$= 7.5\% + 1.3 \times [(7.5\% + 4.5\% + 3\%) - 7.5\%]$$
$$= 7.5\% + 1.3 \times (15\% - 7.5\%) = 17.25\%$$

据此，采用现金流量折现法对升平煤矿企业实体估值结果为 6.8 亿港元。

（2）可靠的现金流量。估值中已计入来自生产及销售可采煤炭资源所产生的预期未来现金流量，对钻探可靠率较低的储量未计入储量及其价值；同时，回采率确定为 70% 比该煤矿历年实际回采率偏低，趋于保守可靠。

（3）未来产能增长 30 万吨。估值中考虑了外资收购后用一定资金偿还历史债务 1.4 亿元人民币，再投资增加生产能力，使煤矿产能从 2007 年的 60 万吨/年达到 2010

年的 90 万吨/年。

（4）煤价上涨 4% ~ 6%。估值是假设 2008 年煤炭价格上涨 6%，2009 年及之后每年增长 4%；2007 年至 2010 年成本构成则以煤矿管理层的预测为基准。该煤矿 2004 年至 2006 年煤炭销售价格实际增长率在 26% ~ 41% 之间，据《中国统计年鉴》和煤炭网披露的中国原料、燃料及电能价格指数信息资料，2003 年至 2006 年在 4.8% ~ 11.4% 之间。

3. 评估准则及指引。笔者注意到，目前香港并无任何标准及指引可供矿产资源估值和勘探分析之用。但澳大利亚、加拿大和中国均有相应的评估守则、标准、指引或指南，例如加拿大的 CIMVAL 标准和中国的《矿业权评估指南》。该等标准、指引均明确规定，收入法适用于所有探明矿产资源及证实可采资源的估值，而仅凭推断得出的资源则不应采用收入法。经考虑审核该煤矿资源分类和进入评估的资源，笔者认为戴维斯评估方法和计算范围均符合海内外市场所采纳的准则指引，而且是审慎的。

4. 敏感性分析。戴维斯在估值中已采用了 16.5%、17.5%、18.5% 的折现率进行敏感性分析，据此得出升平煤矿的估值中间值在 6.8 亿港元，区间为 6.2 亿至 7.4 亿港元之间。

（二）可供比较的交易

查找近年国内外上市公司实际交易事项，以及 2008 年初笔者实地考察内蒙古几家拟转让煤矿时洽谈的初步转让价格，作为可资比较的公司交易价值。比较结果可看出交易价在每吨储量 11.39 港元至 36.63 港元之间，平均每吨 22.76 港元。按照升平煤矿最新有效的采矿许可证及储量登记证的 3 200 万吨可采储量计算，每吨价值 21.25 港元；如果按照戴维斯确认的 3 790 万吨经济可行储量计算，则每吨价值 17.94 港元；两者均处在可资比较交易的价格范围内，接近平均交易价，如表 6 - 1 所示。

表 6 - 1   可资比较的煤矿资源交易项目

收购人名称	公布日期	代价（万港元）	资源储量（万吨）	价格（港元/吨）	备注
东方明珠创业有限公司（00632. HK）	2006. 7. 20	39 562	1 080	36.63	营运中
恒发能源控股公司（00578. HK）	2007. 8. 27	46 350	1 804	25.69	已开采营运，暂技改中
内蒙古官板乌素煤矿	2008. 2	39 000	3 423	11.39	地下开采，年 90 万吨
内蒙古大石圈煤矿	2008. 2	80 000	4 036	19.82	露天未开采，年 60 万吨
内蒙古李五兴煤矿	2008. 2	150 000	7 400	20.27	露天已开采，年 60 万吨
平均数（价）			3 549	22.76	

（三）可比上市公司

选择香港联交所、上海证交所、深圳证交所上市的同类公司，条件：（1）在中国拥有煤炭开采业务的采矿权；（2）主营业务收入 70% 来自于采煤及销售煤炭。共选出

9 家公司，其比较计算结果如表 6 - 2 所示。

表 6 - 2　　　　　　　　　　　　可资比较的公司股价和市盈率

上市地	公司名称	评估日收盘价	市盈率（倍）
香港联交所	中煤能源（1898. HK）	17. 46	41. 10
	中国神华（1088. HK）	39. 40	37. 60
	兖州煤业（1117. HK）	12. 78	24. 40
	香港平均市盈率		34. 37
上海证交所	恒源煤电（600971. SH）	54. 70	52. 50
	大同煤业（601001. SH）	39. 87	59. 70
	平煤股份（601666. SH）	51. 19	43. 60
	国阳新能（600348. SH）	55. 48	38. 20
	潞安环能（601699. SH）	66. 00	39. 90
深圳证交所	西山煤电（000983. SZ）	49. 18	61. 20
全部平均市盈率			44. 24
升平煤矿市盈率			31. 30

收购升平煤矿的公司在香港上市，应当选择联交所上市公司的市盈率。而从表 6 - 2 可看出，香港同类上市公司市盈率较内地公司低。

根据升平煤矿 2006 年经审计的财务报告净利润计算，代价 7 亿港元对应的市盈率为 31. 3 倍，比香港上市公司市盈率略低，是因为升平煤矿还未上市。

至此，对戴维斯评估结果合理性的分析判断已经完成。升平煤矿股东、董事和管理层应当阅读戴维斯的估值报告，以了解该估值之基准及假设的详情。股东和董事应知悉，任何人都无法完全准确地预测收益及盈利，并且估值结果也视其假设而有偏差。根据笔者审阅估值报告，并与中介机构及管理层讨论，以及上述三个方面的分析判断，并无任何确定性因素以致怀疑有关该估值的主要基础及假设的公平合理性。因此，笔者认为戴维斯对升平煤矿的企业价值估值乃属公平合理，可以接受其估值，因此建议升平煤矿董事会和股东采纳。

事实上，神州资源收购富盈环球股权签约转让价款是 7 亿港元，北方集团与富盈环球签订的升平煤矿股权转让价款是 1. 4 亿元人民币，两者相差 5. 44 亿港元。这就涉及收购后谁还债的问题。按照戴维斯评估结果和买卖协议价格，香港方面理所当然地确定 7 亿港元包括偿还升平煤矿的前述 1. 6915 亿元债务，考虑用 1. 4 亿元人民币（折合 1. 56 亿港元）还债后股权收购价格为 5. 44 亿港元。

$$还债后升平煤矿股权价值 = 企业实体价值 - 约定还债额度$$
$$= 70\ 000 - 15\ 600 = 54\ 400（万港元）$$
$$升平煤矿实际收购价硌 = 还债后股权购买价格 + 约定还债额度$$
$$= 54\ 400 + 15\ 600 = 70\ 000（万港元）$$

正是由于 1. 4 亿元人民币还债问题和 5. 44 亿港元差价的归属问题，以及财务顾问和上市代理人的20%股份报酬问题成为日后建发国际和富盈环球与北方集团交易各方矛盾的焦点和冲突爆发的导火索，导致一场非常富有惊险性和戏剧性的股权争夺战，详见本书第七章案例二和第八章案例一。

案例二　建发国际间接收购升平煤矿之对价股份及可换股债券的定价

【案例简介】

本案例简要介绍建发国际间接收购中国境内企业升平煤矿股权时，为支付煤矿股权转让对价筹资而增发新股的股票定价，以及为支付股权转让对价股份的定价和可换股债券换股价格的定价。

【案例回放】

一、案例背景

建发国际与富盈环球的股东北方集团签订了收购富盈环球全部股权，从而间接收购中国境内企业升平煤矿全部股权的买卖协议。

上述协议总的目的是：升平煤矿原股东北方集团反向收购离岸公司富盈环球，运作升平煤矿赴香港主板买壳上市。

二、收购代价的混合支付方式

经买卖双方商定，建发国际间接收购升平煤矿股权的价款如下：

1. 建发国际收购富盈环球全部股权，对价70 000万港元；

2. 股权转让价款采用混合支付方式：（1）32 000万港元以现金方式向卖方支付，其中1.4亿元人民币作为富盈环球收购境内企业升平煤矿全部股权的外汇，并由升平煤矿原股东负责用于偿还升平煤矿长期债务。（2）3 500万港元以发行价每股0.5港元向卖方发行对价股份之方式支付，即7 000万股建发国际的股票。（3）34 500万港元以换股价0.5港元/股向卖方发行对价可换股票据之方式支付。这里的对价是指建发国际买入煤矿股权时必须向对方支付的代价。

三、股权转让对价的来源

买方建发国际向卖方富盈环球支付股权转让对价的来源如下：

1. 现金来源。经港交所批准，建发国际以每股0.99港元向机构投资者发行25 000万股新股，募集资金24 750万港元，扣除发行费用后净融资额约为24 110万港元。对价余下不足资金通过建发国际公司内部解决（约 7 890 万港元）。

2. 对价股份来源。经港交所批准，建发国际以每股 0.5 港元向煤矿卖方发行 7 000 万股，用于收购煤矿的"对价股份"。

3. 可换股债券来源。经港交所批准，建发国际以每股 0.5 港元的换股价格向煤矿卖方发行金额为 34 500 万港元的 5 年期无息"对价可换股票据"，用于收购煤矿的"对价可换股债券"。

【案例分析】

一、发行融资新股定价的市盈率基准

1. 行业潜在前景（市场价格及趋势）。根据多家专业机构的行业研究报告，涉及煤炭、钢铁、焦化，即煤矿上下游产业链行业报告。

2. 目标公司经审计后的现时收入和净利润，预测盈利及利润。

3. 资源储量及资源价格。

4. 市盈率比较。分析市盈率水平：

按 2007 年盈利及收购总价 7 亿港元计算，市盈率为 25.7 倍。

假设可换股票据最多在建发国际经引进战略投资者进入后扩大已发行股本 29.9% 范围内获行使，市盈率为 32.05 倍。

假设可换股票据被全部换股，并以调整对价为计算基准，其中对价股份和换股票据以签订买卖协议前最后一个交易日收盘价 1.65 港元作调整，市盈率为 57.77 倍。

经笔者计算表 6－3 比较分析，0.99 港元的发行市盈率为 57.77 倍，虽然处于与香港联交所其他煤矿上市公司市盈率范围内，但属偏高水平。

表 6－3　　　　同行业上市公司市盈率（据 2007 年 9 月 24 日收盘价）　　　　单位：港元

公司名称（股份代码）	收盘价（元）	市盈率（%）
中国中煤能源股份有限公司（1898）	21.15	52.46
中国神华能源股份有限公司（1088）	46.15	46.38
兖州煤业股份有限公司（1171）	16.82	33.81
恒鼎实业国际发展有限公司（1393）	11.78	152.35

注：其中恒鼎实业的每股净收益较低，业绩较差，但盘子较小，相对股价偏高。

二、对价股份和可换股票据定价的市场折价基准

虽然建发国际每年经营亏损 4 000 多万港元，但由于不断地重组利好消息，致使建发国际的股价持续在 1 港元之上。因此按照 0.5 港元/股，折价不少。

按买卖协议签订前最后 5 个交易日平均股价 1.65 港元/股，折价约 69.7%；

按当年建发国际所有交易日的平均收盘价 1.31 港元/股，折价约 61.8%；

按最后可行日期收盘价 0.89 港元/股，折价约 43.8%。

建发国际与北方集团磋商确定对价股份的发行价及可换股票据的换股价均为 0.5 港元/股，表面看比投资者的 0.99 港元/股还是低了 49.49%，比市场实际股价也有较大折扣。但经作者详细计算，在 29.9% 的总股本比例控制下，当 34 500 万港元的可换股票据全部行权换股后，0.5 港元/股对应的股价正是现在机构投资者 0.99 港元/股的认购价，即各方同股同价。这对建发国际公众股东和机构投资者属于公平合理，符合建发国际公司及其股东的整体利益。

经过上述分析，虽然由于市场炒作，给煤矿卖方北方集团 0.5 港元/股的发行价和换股价依然偏高，但既然机构投资者和公众投资者认可现行价格，那说明市场看好公司的未来前景，再融资不难。

三、可换股票据的附加限制换股条款

根据《香港主板证券上市规则》和《香港上市公司收购与合并守则》规定，收购方不得超过上市公司总股本 29.9% 的股份，否则构成全面要约收购。上市公司须退市，需要重新申请上市。因此本案例中的买卖协议规定了支付可换股债券的限制换股条款为："倘若持有人及其一致行动人所持附有投票权之股份总数在紧随发行换股股份后将超过上市公司经扩大已发行股本 29.9%，或相当于低于收购守则规定触发强制全面收购建议水平 0.1% 的其他数额，则可换股票据所附的换股权不得行使，上市公司将不会就此发行任何换股股份。"

这意思是说，买壳方获得的 34 500 万港元可换股债券不可随意行权换股，只能随着上市公司分次发行新股，同比例的分次换股，每次换股后总持股比例不可超过 29.9%。但反过来也有一个好处：上市公司发行新股再融资扩大股本时，在 34 500 万港元可换股债券全部换成股票前，可始终保持 29.9% 的控制比例。

只要不是恶意收购，中国内地监管部门对收购方很宽松，没有上述限制，买壳方甚至可绝对控股，所以在中国内地买壳上市也就不必发行可换股债券了。

四、买壳的代价

以发行股份和可换股债券方式支付收购价款，境外公司不出一分钱，就可以收购境内企业了。这也等于说，境内公司的股东，不用出资就可以反向收购香港上市公司而实现买壳上市了。

但实际上并非如此，买壳上市是有代价的。买壳方得到的上市公司股份和可换股债券数量取决于发行股份的定价和可换股债券的换股价格。定价越高，买壳方得到的股份数量就越少，对买壳方上市后的股权稀释度就越大——买壳代价越大。按截至 2008 年 6 月 30 日建发国际股本情况计算买壳代价如下：

北方集团原来持有升平煤矿 100% 股权，买壳上市收到建发国际 7 000 万股的对价股份，将 34 500 万港元可换股票据中的 10 232 港元以 0.5 港元/股的价格换成 20 464 股股份，持股达到 27 464 万股，占建发国际总股本的 29.35%。

北方集团在上市公司的权益 = 持股 29.35% + 24 268 万港元剩余可换股票据

升平煤矿买壳代价 = 70 000 × (100% − 29.35%) − 24 268

= 70 000 × 70.65% − 24 268

= 24 687(万港元)

24 687 万港元的买壳代价占注入上市公司资产 70 000 港元的 35.27%，跟国轩高科买壳代价占注入上市公司资产的 34.16% 接近，略偏高。但上市后发行新股可获得巨额融资，迅速扩大产能或向其他高收益领域发展，两年就可以补回经营净利润的损失额，甚至得到更大收益，这就是资本市场的大蛋糕原理。

更诱人的是，上市后股价上涨，资产证券化使得持股市值大幅提高。这就好比把原来一套只有使用权房子的租金分给别人一部分，以此为代价拿到产权证，房子可以卖了，房价也成倍上涨，房价增值额远比房租减少额大得多，而且将来房子不是这一套，可能是两套、三套甚至更多，租金与房产价值比翼齐飞。

综上分析，笔者认为建发国际支付给北方集团的股份价格和可换股票据的换股价格尽管偏高，由此得到的上市公司股份偏少，但还是可以接受的。因此当时建议升平煤矿董事会和北方集团认可，同意在新的股权转让协议上签字。

参考文献

[1] 宋清主编：《资产评估》，北京，经济科学出版社，2010。

[2] 汪莉丽：《资本资产定价模型确定采矿权评估收益现值法折现率》，载中国地质大学 2006 年硕士学位论文。

[3] 赵邦宏、王哲、宗义湘：《资本资产定价模型（CAPM）在企业价值评估中的应用》，载《河北农业大学学报》，2005（3）。

[4] 汪伦：《尽职调查及其在资产评估中的运用》，中国会计视野论坛网，http://bbs.esnai.com/frame.php? frameon = yes&referer = http% 3A//bbs.esnai.com/thread – 3958163-1 – 1.html，2007 – 11 – 23。

[5] 建发国际（控股）有限公司：《非常重大收购通函》附件 5《双鸭山北方升平煤矿有限责任公司商业企业价值之估值报告》，香港联交所，2008 – 02 – 13。

[6] 建发国际（控股）有限公司：《非常重大收购通函》附件 6《关于富盈环球投资有限公司涉及收购双鸭山北方升平煤矿有限责任公司相关事宜之独立技术审查报告》，香港联交所，2008 – 02 – 13。

[7] 建发国际（控股）有限公司：《非常重大收购通函》附件 7《关于富盈环球投资有限公司涉及收购双鸭山北方升平煤矿有限责任公司相关事宜之独立合规顾问审查报告》，香港联交所，2008 – 02 – 13。

[8] 香港联交所：《香港主板证券上市规则》，2011。

[9] 香港联交所：《香港上市公司收购与合并守则》，2011。

[10] Denzil Watson, Antony Head：*Corporate Finance: Principles and Practice*，Financial Times Prentice Hall, 2009 (The fifth edition).

[11] Richard Pike, Bill Neale：*Corporate Finance and Investment: Decisions & Strategies*，Financial Times Prentice Hall, 2006.

第七章

并购协议签订、商务审批及工商登记

○并购谈判与协议签订

○收购国企改制基本程序及工商变更登记

○外国投资者并购境内企业商务审批及工商变更登记

第一节　并购谈判与协议签订

一、并购意向书及保密协议

并购方经过初步考察，基本确定目标公司，在双方接触洽谈形成并购意愿后，可以签订并购意向书或保密协议及独家谈判协议。意向书主要是为后面的并购活动提供一个合作框架协议，以保证并购调查和并购活动顺利开展。

（一）并购意向书的主要条款

并购意向书主要有以下条款：（1）并购标的条款；（2）保密条款；（3）提供资料与信息条款；（4）费用分摊条款；（5）转让对价的意向条款；（6）进度安排条款；（7）排他性协商条款；（8）预付保证金条款；（9）终止条款等。

（二）并购意向书主要条款的内容

1. 意向书法律约束力条款。意向书的条款是否具有法律约束力，通常按买卖双方的实际需要而定。因此，需要注意在意向书中规定意向书本身具有何种法律约束力。通常讲，意向书一般不具法律效力，违反意向书所承担的责任为缔约过失责任。但意向书保密条款具有法律效力，所有参与谈判的人员都要恪守商业机密，以保证即使并购不成功，并购方的意图也不会被外界知道，目标公司的利益也能得到维护。

2. 独家谈判协议条款。主要约定在没有取得对方同意的情况下，另一方不得与第三方公开或者私下进行并购谈判，否则视为该方违约，并要求承担违约责任。

3. 保密协议及其条款。为了保证并购当事人的信息安全，买卖双方最先签署的文件往往是保密协议，在买卖双方签订意向书时，往往再重申该条款。保密协议的主要内容有：（1）受约束对象：除了买方外，还包括买方聘请的中介机构及顾问；（2）例外情况：在法律要求披露的情况下，保密义务方不受保密义务约束；（3）返还或销毁：如并购交易终止，买方负有返还或销毁卖方所提供的各项资料的义务。

4. 预付保证金条款。出让方一般都会要求在签订意向书后，并购方及中介机构尽职调查前需要支付一笔并购保证金或预付款（大致为并购价款的5%～10%），并购方不支付该款项，出让方可能不让并购方进场开展尽职调查。并购方可以签订该条款，但应通过银行担保方式将上述款项汇到该银行的指定账户，未经并购方同意被并购方不得动用。在并购协议签订后由并购方委托银行向出让方正式支付转让对价；如果收购未成，由银行负责将上述款项退还给并购方。

二、制定策略、进行谈判

在尽职调查有了初步的结论之后，并购当事双方就可以进入谈判阶段，即并购当事人根据调查了解到的实际情况开始进行有针对性的谈判。这个阶段由一轮又一轮的谈判组成，在这个过程中并购方对被并购目标公司的了解进一步加深，双方的意愿和各自的相同观点与不同之处会逐步显现出来。

并购策略是买卖双方的谈判基础和路线图。买卖双方在尽职调查和谈判中形成的一致意见将逐步形成并购策略及协议条款谈判的组成部分，具体涉及实体和程序两个方面。实体性的内容主要包括并购目的、并购主体、并购标的、价款及其确定依据、支付方式和期限、债权债务的处置、职工的安置、权利义务的安排、利益风险的分配，等等；程序性的内容主要包括并购当事人的内部决策程序、外部报批和变更备案登记等法律程序，以及内部程序和外部程序之间的先后关系等。其中的许多内容在进一步具体化之后会正式成为并购合同的有机组成部分。

三、交易结构及其风险控制

交易结构（Deal Structure）是买卖双方以合同条款的形式所确定的、协调与实现交易双方最终利益关系的一系列安排。包括：（1）收购方式（资产还是股权）；（2）支付时间与方式（现金/发行股份/混合支付等）；（3）交易组织结构（离岸公司与境内公司设立、企业的组织形式、内部控制方式、股权结构等）；（4）融资结构及方式；（5）风险分配与控制；（6）退出机制。

交易结构设计是并购项目成功的关键。合同条款清单中包括了交易结构的基本内容，但并不是全部。达成交易结构的共识是买卖双方协商谈判中最重要、最费时的阶段之一。交易结构设计的原则包括：（1）风险、成本、支付方式与复杂程度之间的平衡；（2）各方权利、义务、责任与风险的平衡；（3）遵循目标企业所在国的税收、外汇、行业准入政策、国资转让、跨国并购反垄断等法规；（4）在交易双方之间平衡并降低交易成本和交易风险，并最终实现并购交易；（5）合法确定未来交易双方在被收购企业中的地位、权利和责任；（6）选择合理的评估方法及业绩补偿的对赌条款；（7）对非上市公司而言要提供灵活的退出方式。

并购交易结构设计应重点控制好如下风险点：（1）与并购交易过程本身有关的风险；（2）并购交易后与企业运营有关的风险；（3）对于私募股权投资基金（PE）或战略投资者来说，还存在并购交易后的退出风险。

四、并购协议的主要条款

并购协议是双方履行并购行为的法律文件，一经签订必须严格遵守，否则，一旦引起协议纠纷，会给双方带来很大的麻烦乃至造成法律风险和巨大经济损失。因此，并购协议必须经过双方充分协商，签订审慎与严密的条款，并经律师和相关中介机构全面审核后方可正式签订。

并购协议一般由三个部分构成：首部、主文和附件。首部主要用来写明并购当事人的各种基本情况，主要包括名称、地址、法定代表人姓名、国籍、名词释义等；附件主要包括财务审计报告、资产评估报告、土地转让协议、主管部门和政府批准文件、资产负债清单、职工安置方案等；主文是并购协议的核心部分，主要包括以下几个内容：陈述条款、保证条款、保密条款、先决条件条款、转让对价及支付方式条款、交割条款、补偿条款、争议解决条款、法律适用条款等。这些主要条款是并购协议的精髓之所在，下面择要述之。

（一）陈诉和保证条款

并购协议当事人在并购协议签订期间，都会聘任法律顾问、财务顾问等专业人士了解对方的相关情况以及相关的法律政策内容，但是鉴于并购协议的签订至并购行为的最终完成尚需一定的时间，在这期间仍有可能出现很多变数，并购的风险也因此而增加。所以，一般来说，在企业并购中，并购协议当事人都应订立陈述和保证条款来防范并购进程中未知的风险。

陈述条款主要要求并购协议当事人在缔结协议过程中本着诚实信用原则履行如实告知的义务，防止欺诈并购行为的出现。保证条款主要起到确保并购协议顺利进行，并购得以最终顺利完成的作用。保证条款的作用主要体现在并购协议签订后，具体并购活动实现的过程中。

1. 陈述。并购方要求目标公司（或出让方）陈述的主要内容如下：

（1）目标公司的主体合法，即目标公司合法成立，其成立文件、营业执照真实有效，年检手续已经合法办理等；

（2）转让的股权或资产合法和真实，以及目标公司对其所转让的股权或资产拥有的权利范围及限制；

（3）目标公司的资产情况；

（4）与目标公司有关的合同内容；

（5）目标公司的投保情况；

（6）与目标公司有关的环境保护问题；

（7）目标公司的负债情况；

（8）目标公司的生产经营现状；

（9）目标公司内部的劳资关系及人员情况，包括在职职工和退休职工的人数、社会保障基金的缴纳情况等；

（10）目标公司的纳税情况；

（11）与目标公司相关的重大诉讼、仲裁和行政处罚等。

目标公司一般也会要求并购方作出如下内容的陈述：

（1）并购方主体的合法；

（2）并购方并购动机；

（3）用于并购的资金数量和来源或陈述说明拥有支付能力；

（4）并购方目前具有的经营资质和技术水平；

（5）并购方的商业信誉和管理能力；

（6）并购方的财务状况和经济实力；

（7）并购方对目标公司治理结构和持续发展能力提高的方案和计划。

2. 保证。保证条款是指并购协议当事人相互承诺将尽力促成并购协议的签订以及促使并购活动顺利完成的一种信誉保证。

（1）并购方需作出的保证。

①保证积极促进董事会（股东会）作出顺利通过并购协议的决议；

②保证及时支付资金或其他约定可作为支付方式的财产；

③在并购过程中，保证及时通知对方任何将影响并购顺利进行之情事；

④并购完成后，保证依照并购协议约定安置职工、实行结构改革、完善管理制度等；

⑤保证积极正确履行并购协议约定的其他义务。

（2）出让方/及目标公司需作出的保证。

①保证积极促进董事会（股东会）作出顺利通过并购协议的决议；

②在并购过程中，保证及时通知对方任何将影响并购顺利进行之情事；

③保证尽力发挥本土优势，积极配合并促成并购协议审批通过；

④在对方支付对价后，及时完成目标公司的交割以及其他相关交付手续；

⑤保证及时正确履行并购协议约定的其他义务。

（3）交割前保证事项。由出让方/及目标公司作出交割前保证，其目的就是使目标公司的资产、运营状况基本与并购方在签订并购协议时所知悉的状况相符。其主要包括：

①保证妥善保管其占有和管理的财产、印章和账簿、文书等资料；

②保证不擅自签订对目标公司经营发展有重大影响的合同；

③保证不无偿转让、私自转移、藏匿、私分目标公司的资产；

④保证不以明显不合理的低价进行交易；

⑤对现有的债务，目标公司保证不提供额外担保，或提前清偿；对现有的债权，目标公司保证不擅自放弃；

⑥保证不作出任何有损目标公司形象，影响目标公司声誉和信誉的行为；

⑦其他并购方认为需要出让方和目标公司作出保证的事项。

（二）先决条件条款

先决条件是指只有当这些条件成就后，并购协议才能生效的特定条件。先决条件条款是并购合同能够实际履行的前提，只有在所有先决条件的条款都完备以后，目标公司才能进行资产或股权的转让，并购方才能支付对价，因而先决条件的成立是一切并购活动进行的基础，同时也是并购活动顺利进行的保证。先决条件一般包括以下内容：

（1）并购所需要的各种行政审批。包括行业准入审批、反垄断审批、国有资产管理部门同意转让的审批和其他的行政审批。

（2）并购双方董事会（股东会）通过并购协议。

（3）并购方融资过程中需要的各种审批。

（4）所有必要的生产许可、经营许可、销售许可、安全许可、税务许可。

（5）第三方许可。比如目标公司的债权人、合作人、供应商、特许权许可方等。

设立先决条件还需要考虑哪一方当事人有责任促使该条件的成就，如何判断该条件成就，未成就时会带来何种后果，以及放弃先决条件对其他相关合同的影响等诸多因素。

（三）交割条款

出让方与收购方通常在并购协议中约定交割的先决条件和交割条款，只有满足预定的先决条件，才能进行交割。否则，交易双方有权退出交易，即解除合同。

交割行为主要包括交付文件、支付对价、变更登记（所有权转移）。交割交付的文件包括目标公司的法定登记文件（如工商登记文件、公司章程、议事程序）、董事会决议、支付工具（如用银行汇票支付现金对价）、税务补偿保证、目标公司有能力开展业务的证明文件、出售方的原始董事会记录、账簿、存货簿、股权转让登记簿和公司印章等；交割时间可能选择交易主协议签署时同时交割，或在签署协议并付款后交割。前者较易避免并购方的交易风险，但因法律或实际情况的原因可能无法实现（如未能及时取得第三方同意，未获审批等）；后者存在过渡期间的交易风险。

为有效安排交割行为的进行，双方可以在交割之前制定交割时间表。交割时间表应包含：（1）交割前应完成的各项工作；（2）交割当时应提交的各种文书证照；（3）交割时应签署的所有交接手续文件；（4）交割后所有后续行为的安排。

（四）补偿条款

隐瞒、欺诈和违约行为大大增加了并购风险，签订并购补偿条款（实际上也是一种保证条款），目的是对收购兼并交易中存在的一些风险进行预防和保障。这些风险主要包括：卖方隐瞒公司信息而抬高并购目标公司的资产价格；卖方在签署并购协议后实施隐瞒、欺诈；买方或卖方在签约后违约；第三方针对并购目标公司提出索赔造成买方的损失等。例如，中国铝业公司海外收购力拓集团股份遭对方毁约，补偿条款规定力拓应赔偿中铝公司收购价款的1%即1.95亿美元。

（五）争议解决条款

并购双方应在协议中约定发生争议的解决方式和办法。在并购中，时有发生关于股权转让协议引起的纠纷和争端的事件，最后双方进入诉讼程序，对簿公堂。

五、协议的延期履行

需要注意的是，商务部2006年10号文件发布的《外国投资者并购境内企业的规定》（简称10号文件）第三十三条到第三十六条规定了在外商投资批准证书、外商营业执照、外汇登记证上如加注了"有效期"，或批准文件规定了有效期，则允许当事人先取得政府的许可，再将境外资金或股权"注"入境内。如果并购方在"有效期"内未能完成支付股权转让对价，则已批准证书及工商登记可能会自动失效，变更登记申请被视为未发生。另外，如果并购方在协议规定的时限内未支付股权转让对价，双方可以签订延期协议，并经原审批机关批准后延期履行协议。

六、并购保证补偿保险

在国外，保险公司早已开展"并购保证补偿保险"业务，美亚保险 2009 年 1 月 7 日宣布推出国内首款"并购保证补偿保险"，该款保险产品的保障对象是收购兼并交易中的收购方，通过该保险补偿其并购协议下的买方因卖方违反并购协议中的保证条款而遭受的实际损失。

收购方作为投保人和受益人，可直接先向保险公司索赔，而不需要向卖方索赔，避免进入旷日持久的诉讼谈判，从而使公司利益受损，降低并购中的不确定风险。如果投保方在并购中因卖方欺诈等不良行为遭受损失，那么保险公司将预先垫付赔偿保证条款中规定的金额给投保人，另外，保险公司则自动取得索偿权。

最后需要说的是，谈判与签约，不仅需要审慎的调查、丰富的专业经验、良好的道德水准和专业素质，谈判人员还应具备谈判艺术技巧和沟通能力。

第二节　收购国企改制基本程序及工商变更登记

一、国有企业改制的法规

非国有企业或自然人通过收购国有资产产权或股权实现国企改制，必须遵照国办发〔2005〕60 号文件《转发国资委〈关于进一步规范国有企业改制工作实施意见〉的通知》精神实施企业改制。在收购国有企业和国企改制的具体操作中必须按照以下六个方面中的规范意见及具体规定执行：

1. 严格制订和审批企业改制方案；
2. 认真做好清产核资工作；
3. 加强对改制企业的财务审计和资产评估；
4. 切实维护职工的合法权益；
5. 严格控制企业管理层通过增资扩股持股；
6. 加强对改制工作的领导和管理。

二、国有企业改制工作的基本程序

一般来说，向国企投资参股改制或直接收购国企并改制需履行如下基本程序：

（一）成立改制工作组

拟被并购改制的国有企业经上级主管部门批准成立由党委、经营管理人员、工会、职工代表组成的改制工作组，在改制工作组和企业主管部门的指导下，负责企业改制的具体操作工作。

（二）提出改制申请

由企业向其上级主管部门和发展改革委提出改制申请，发展改革委会同企业主管部门根据有关文件精神及企业实际情况，作出是否同意企业改制及改制方式的批复意见。

（三）改制预案的制订和初审

1. 选择改制方式，制订改制预案。企业根据有关政策规定，结合自身实际情况，选择具体的改制形式，制订改制预案。预案主要由三部分组成，即企业基本情况（包括企业资产和负债、人员情况、经营状况、经营效益等情况）、改制模式（包括改制的主要思路，改制形式，按照政策规定可采取的人员安置办法，资产和债权债务处理办法，以及对企业附属机构的处理办法）、实施步骤（包括从启动预案实施到报批各阶段的内容和日程安排）。

2. 企业改制工作组在征求其上级主管部门、行业主管部门、税务、工商等相关部门对改制预案意见的基础上，将改制预案、上一年度资产评估报告书及审计报告、职工名册、土地使用证原件、房屋所有权证原件报国有资产管理部门，由该国资部门对企业改制的基础条件、改制形式等方面的可行性进行初审，然后将预案回复企业。

（四）改制方案上报审批

1. 企业将国有资产管理部门回复的预案提交职工代表大会、股东会讨论通过，形成正式方案。

2. 企业将职工代表大会、股东会通过的改制方案、职工安置方案及职工代表大会、股东会的决议报主管部门，主管部门以正式文件报发展改革委和国有资产管理部门审查批复。

（五）清产核资及产权界定

1. 改制清产核资及审计。企业要根据资产评估要求，组织由法定代表人、财务负责人、财务人员和职工代表参加的清产核资工作组，负责对本企业的财产进行清查，并委托具有验证资格的中介机构对企业资产和财务状况进行全面审计，核实资产。

2. 专项审计报告。涉及核销不良资产和剥离非经营性的企业，应在全面审计的基础上出具企业改制专项审计报告。原产权归属不清的，需要进行产权界定。

（六）资产评估

根据企业和主管部门的申请，按照国办发〔2005〕60号文件规定在限定条件下聘请具有相应资质的独立中介机构对企业资产进行全面评估，评估结果在企业内进行公示，并将中介机构出具的评估报告按规定程序报国有资产管理部门核准。

涉及土地使用权或矿产资源采矿权的，由国土资源管理部门界定产权归属并出具国有土地及矿产资源处置方案或批文。

（七）签订产权或股权转让协议

国有资产管理部门与产权或股权受让方签订转让合同，经政府批准后生效，并经产权交易机构办理产权交易签证。

（八）按批复的方案组织实施

1. 向劳动和社会保障部门上报经职工代表大会通过的职工劳动关系调整、富余人员分流安置方案及安置费用使用方案等，并经省、市级劳动和社会保障部门核准。按照职代会通过的职工安置方案支付职工安置费，企业与职工办理解除国有企业职工身份手续，重新签订劳动合同。

2. 准备和办理工商、税务、土地、房屋、债权、债务等权证变更时需要的各种文件和资料。

3. 收付转让价款，办理资产交割手续（内资企业先付款验资，后办理工商登记变更，外资企业则先办理外商投资企业批准证书和营业执照，后付款）。

三、办理国企改制后新公司的工商变更登记

收购国有企业改制设立有限责任公司须到工商局变更工商营业执照，主要提交如下文件：

1. 企业改制登记申请书；

2. 企业名称预先核准通知书（须提前办理）；

3. 职工代表大会关于出售国有产权及转让合同条款的决议；

4. 职工安置及安置费落实方案、相关的职代会决议；

5. 国有资产产权售购合同书；

6. 国有企业改制清产核资报告和专项审计报告；

7. 国有资产评估报告；

8. 企业改制法律意见书；

9. 国有资产管理机关同意转让国有资产及划拨资产的批复；

10. 改制企业金融债权落实确认书；

11. 国有商业银行、城市和农村信用社金融债权落实确认书；

12. 资产债务抵押、抵债的证明；

13. 改制后的公司章程；

14. 高管人员任职文件；

15. 企业原法定代表人免职文件；

16. 有偿出让国有资源的资源处置方案、土地处置方案及批文、产权证照；

17. 改制后企业股东的营业执照及身份证明；

18. 改制后企业股东出资缴纳注册资本的验资报告、银行询证函及支付国有资产转让价款的银行付款证明文件。

第三节　外国投资者并购境内企业商务 审批及工商变更登记

一、转让额度的审批权限

外国投资者并购境内企业资产或股权转让价款在 1 亿美元以下的，需向省级外商

投资主管部门（商务厅）申请，商务厅对转让协议、合资合同和公司章程予以批复，并办理外商投资企业批准证书；超过 1 亿美元的报中国商务部批准。近年来，外资并购审批权限时有调整，在操作中要关注商务部门的新规定。

二、办理外商投资企业批准证书

外国投资者并购境内企业的商务审批、工商变更登记、股权对价的转股收汇及结汇程序远比内资企业复杂得多，许多申请文件需要境内企业和外国投资者在并购操作过程中完成。

被并购企业须到省级商务厅办理外商投资企业批准证书，主要提交如下文件：

1. 股权转让协议；

2. 并购前后公司章程；

3. 营业执照；

4. 上一年度审计报告；

5. 转让资产评估报告；

6. 发改委确认投资项目及投资额度的函件；

7. 地方政府同意利用外商投资的文件；

8. 境内企业股东大会决议；

9. 外国投资者主体资格证明；

10. 注册登记证明及资信证明文件；

11. 企业职工安置计划；

12. 并购后外商企业经营范围、规模、环保、采矿权、土地使用权的取得等说明；

13. 行业准入许可文件、国有资产转让审批文件等。

三、办理外资企业工商营业执照

在获得商务部门颁发的外国投资企业批准证书后，被并购企业须向省级工商局申请办理外商投资企业法人营业执照，主要提交下列文件：

1. 企业变更登记申请；

2. 股权变更登记表；

3. 法定代表人变更登记表；

4. 股东大会决议；

5. 被并购企业的营业执照；

6. 被并购企业股东的营业执照及股东名册；

7. 资产评估报告；

8. 商务部门对并购合同及公司章程的批复文件；

9. 批准后的公司章程；

10. 股权转让协议；

11. 外国投资者身份证明；

12. 外国投资企业批准证书。

四、办理外汇登记证及转股收汇手续

外国投资者收购境内企业须向省级外汇管理局申请办理外汇登记证及转股收汇手续，主要提交如下文件：

1. 外汇登记申请书；

2. 新的法人营业执照副本；

3. 商务厅批准设立外商投资企业的批复文件；

4. 外国投资企业批准证书；

5. 经批准生效的公司章程；

6. 并购合同；

7. 外汇开户申请书；

8. 转股收汇外资外汇登记申请书。

案例一　升平煤矿反向收购建发国际之股权转让协议签订

【案例简介】

本案例是第三至第六章案例的延续。升平煤矿的企业商业价值评估后，并购各方连续签订了富盈环球股权转让协议和升平煤矿股权转让协议。建发国际在收购富盈环球全部股权的协议中采用综合支付方式支付股票和可换股债券，以实现富盈环球原股东控股建发国际的目的，借以运作升平煤矿通过反向收购实现买壳上市。本案例介绍境内外公司股权转让协议的签订过程和主要内容，分析协议条款的风险控制作用，列举了协议主要条款差异，并提示引起后来争端和诉讼的起因。

【案例回放】

一、间接收购升平煤矿的框架协议

2007 年 7 月 18 日，建发国际与富盈环球签订了无约束力的框架协议，主要条款如下：

1. 煤矿卖方同意按照框架协议条款和建议的煤矿收购协议条款及条件向目标公司出售煤矿公司全部股权；

2. 目标公司将于框架协议签订日后 3 个月内完成煤矿公司尽职调查；

3. 煤矿转让代价将根据独立合资格的估值师提供的估值报告为基准。

这里的卖方系指北方集团，目标公司系指富盈环球。

二、带有先决条件的境外并购协议——建发国际收购富盈环球的协议

两个月后，富盈环球完成了对升平煤矿的一系列法律事务调查、审计、评估、独立技术专家审查。建发国际（00223.HK）于 2007 年 10 月 26 日通过香港联交所公开披露称，已与目标公司富盈环球的卖方（洪诚的全资公司）于 9 月 25 日签订买卖协议，协议的主要内容包括定义与解释释义，股权转让及债权债务处理，转让价款及支付方式、支付期限，生效条件，控制权移交，声明与保证，承诺事项，审计、评估及并购费用承担，违约责任，不可抗力，协议变更、解除或终止，适用法律及争议解决，其他，共 13 个部分。

收购协议的主要条款如下：

（一）收购代价

1. 建发国际收购富盈环球全部股权，代价共 70 000 万港元。

2. 股权转让价款采用混合支付方式：

（1）现金支付 32 000 万港元，其中：

2 000 万港元现金在与卖方签订协议后支付，作为可退回定金；

30 000 万港元现金将于完成三个月后之日向卖方或其书面指定之人士支付。卖方将指示建发国际向升平煤矿债权人支付部分款额，作为偿还升平煤矿应付债权人之责任，而余款则支付给卖方。

（2）3 500 万港元将于收购完成时以发行价每股 0.5 港元向卖方发行代价股份之方式支付（折合 7 000 万股建发国际的股票）。

（3）34 500 万港元将于收购完成时以向卖方发行可换股票据之方式支付，换股价为 0.5 港元/股。

（二）卖方收购煤矿的原则条款

1. 煤矿转让代价 1.4 亿元人民币；

2. 长期负债一次性拨付，转让后除采矿权价款和日常经营中产生的应付账款外，升平煤矿不再承担任何负债；

3. 无论 1.4 亿元人民币是否可以全额解决负债，均不再索偿或追缴。

（三）收购煤矿的先决条件

收购事项之完成须待下列先决条件获履行后，方可做实：

1. 完成对目标公司并经本公司酌情认可的尽职调查；

2. 本公司批准的中国律师出具本公司认可形式和内容的法律意见书；

3. 获取由合格技术顾问出具以本公司认可形式及内容的煤矿技术报告；

4. 香港联交所上市委员会批准换股股份及代价股份上市及买卖；

5. 中国合格独立估值师出具以本公司认可形式及内容的升平煤矿估值报告；

6. 本公司确信目标公司及升平煤矿并无任何重大不利变动（指财务状况、业务或经营产生重大不利影响的变动）；

7. 签订煤矿收购协议及提供本公司确认的证据，包括本公司批准的中国律师法律意见书，煤矿已办理的外商投资企业批准证书和外国法人独资企业营业执照及煤炭开采相关证照，以证明煤矿转让已经完成；

8. 独立股东通过决议批准买卖协议及据此授权董事会进行交易操作；

9. 香港交易所并无表明作如下处理：（1）根据买卖协议拟进行的交易作为香港上市规则第 14.06（6）条所述之"反收购"及/或（2）本公司作为上市规则第 14.54 条所述之新上市申请。

三、超前签约的外资并购协议——2007 年协议

为推进北方集团收购升平煤矿后完成企业改制，经佳木斯市国资委发文同意，双鸭山市工商局于 2007 年 10 月 16 日颁发了升平煤矿改制成为民营企业的《企业预核名通知书》；佳木斯市升平煤矿改制后名称为"双鸭山北方升平煤矿有限责任公司"。北方集团将在数月内彻底完成对升平煤矿的改制。

2007 年 10 月 30 日，富盈环球与北方集团在初步估值的基础上签订了《关于双鸭山北方升平矿业有限责任公司的股权转让协议》（下称 2007 年协议）。

（一）协议的核心内容

1. 富盈环球以 1.4 亿元人民币（折合 1.56 亿港元）收购北方集团持有的升平煤矿全部股权；

2. 上述股权转让价款支付到由境内双方设立的共管账号，该 1.4 亿元人民币由双方共管，全部用于偿还升平煤矿长期债务；

3. 收购完成时间约定为 2007 年 12 月 31 日。

（二）协议生效条件

1. 双方正式签署本协议；

2. 股权转让取得目标公司股东的同意或批准文件；

3. 本协议得到有权审批机构的批准；

4. 截至本协议签署之日，升平煤矿已完成国有企业改制，变更为由北方集团全资持有的一人有限责任公司，北方集团拥有其全部合法股权；

5. 升平煤矿已改制为有限责任公司，并已取得所有就改制为有限责任公司及其业务经营所需的批文、执照、许可、证明等证照及文件；

6. 已经取得了基准日之后在一年有效期内的、有评估资格证书的中介机构出具的《资产评估报告》；

7. 从双方签署本协议至本协议获得有权机构批准之日，未发生对目标公司造成重大不利影响的事件。

值得注意的是，在签订上述协议时，升平煤矿的企业改制尚未完成，双鸭山北方

升平矿业有限责任公司刚刚在10月16日取得双鸭山市工商局的预核名。此时，升平煤矿营业执照上的企业名称仍为佳木斯市升平煤矿，性质仍为国有企业，股东为佳木斯市建设局。就是说，北方集团在法律上还没有成为升平煤矿的股东。笔者并未参与2007年协议的签订，对其真正背景和内幕当时并不知晓。

而令人奇怪的是，香港创越融资公司人员于2008年1月进行独立顾问审查时给笔者看过一份企业改制后的营业执照复印件，上面标明企业名称为双鸭山北方升平矿业有限责任公司，企业性质为有限责任公司（股东为北方集团），签发机关为黑龙江省工商局，日期为2007年7月15日。创越融资和香港建勤的人员要求查验其原件，不知道去哪里找原件，也不知道是谁制作了复印件并交给了中介机构——此时升平煤矿尚未取得企业改制的有限责任公司营业执照。

四、境内生效的外资并购协议——2008 年协议

2008年2月末，汪先生和洪诚指示：香港那边并购相关的法律手续已齐全，境内要抓紧办理外资并购审批。经富盈环球和升平煤矿授权委托，笔者于2008年3月3日至25日间，以富盈环球中国区行政总裁的外商身份亲自向各级政府有关部门请求提前预审外资并购的申报文件。

由于2007年协议有失公允，北方集团内部审查修改了部分协议条款，并将修改后的文件报送预审。县、市两级政府部门对2007年协议补充了职工安置和安全责任条款。省商务厅审批处和欧洲处强调，1.4亿元转让价款由北方集团用于偿还债务等于零价格转让，且没有债权人的书面确认，不能审批；还质问富盈环球实际控制人到底是谁等关键问题。省工商局外资处则要求"外汇结汇证明"应作为外商出资的验资证明。经过内外部几轮审核讨论后，2007年协议共有25项修改（见表7-1）。同时，公司章程、协议及所有报批文件的对应条款均修改一致，最后形成了新的《升平煤矿股权转让协议》（简称2008年协议）。

2008年3月25日，在哈尔滨万达索菲特大酒店19层咖啡厅，笔者向汪先生和洪诚转达了各级政府的审查意见，汇报了协议修改情况。汪、洪二人认为只要政府审批就行。在汪先生同意签订补充协议由北方集团用1.4亿元还债的前提下，汪、洪签署了2008年协议，洪诚同时还签发了职工安置计划和安全承诺书。

2008年协议和公司章程最重要的条款修改如下：

1. 转让价款1.4亿元人民币支付给北方集团（取消了北方集团还债的条款）；

2. 由并购后的升平煤矿继续缴纳采矿权价款，并按国家和地方法规及北方集团对政府的承诺支付涉及职工的相关费用；

3. 富盈环球应在3个月内向北方集团支付全部转让价款作为外商出资；

4. 外商付款后，当地外汇管理局出具的"外资外汇转股收汇证明"作为外商出资的有效验资证明；

5. 以前签订的升平煤矿股权转让协议、备忘录等失效。

黑龙江省商务厅于 3 月 25 日以黑招外资〔2008〕29 号文批准了 2008 年协议和公司章程，为升平煤矿办理了外商投资企业批准证书。黑龙江省工商局于 4 月 16 日将 2008 年协议和公司章程核准并登记备案，并为升平煤矿办理了外国法人独资的营业执照。

五、未获签字的偿还债务协议——2008 年补充协议

办理外企批准证书和营业执照后，笔者按照签订 2008 年协议当时的双方约定，起草了由北方集团偿还升平煤矿债务并落实北方集团在境外上市公司权益的补充协议（下称 2008 年补充协议）。2008 年 5 月 8 日，笔者在集贤县阳霖大酒店 10 楼会议室参加了作为外资企业的升平煤矿第一次董事会，当晚在阳霖大酒店总统套房将 2008 年补充协议交给了洪诚和汪先生，请双方审查并督促双方签约。当时二人并未收下该补充协议，似乎并不在意，5 月 13 日 12 点 11 分笔者将该补充协议电子版发到洪诚的电子邮箱，并电话通知了洪诚在香港公司的秘书，请洪诚审查修改后签约。但双方最终并未签约。

这份未获归属用途签字的 1.4 亿元就成为悬念和矛盾焦点之一。

【案例评析】

一、股份支付方式使买壳上市成为可能

建发国际与富盈环球同属境外公司，且建发国际为香港主板上市公司。为了运作升平煤矿（通过富盈环球）反向收购建发国际从而实现买壳上市的目的，建发国际在收购富盈环球全部股权的协议中采用综合支付方式，其中：

现金 32 000 万港元，占转让价款的 45.71%；

股票和可换股债券 38 000 万港元，占转让价款的 54.29%。

这其中股票数量为 7 000 万股，仅占建发国际增发后总股本 93 576.84 万股的 7.48%，但 2008 年 10 月前富盈环球原股东将部分债券行权换股之后，买壳收购方持股量已达到 27 464 万股，占 29.35%。

通过上述运作，北方集团通过富盈环球原股东洪诚获得了建发国际的股票和可换股票据，相对控股建发国际，实现了买壳上市（见图 7-1），同时富盈环球获得 3.2 亿港元现金，除去 1.4 亿元用于收购煤矿股权外，还可以用于其他收购事项。今后经建发国际董事会和股东会批准，可分批行权换股，增加富盈环球卖方对建发国际的持股数量。

这里值得注意的是，根据香港上市规则，可换股票据只能在同比例扩大公司总股本时才可按照换股价格行权换股。因此，换股后只能增加煤矿卖方在上市公司的持股数，不能增加持股比例。

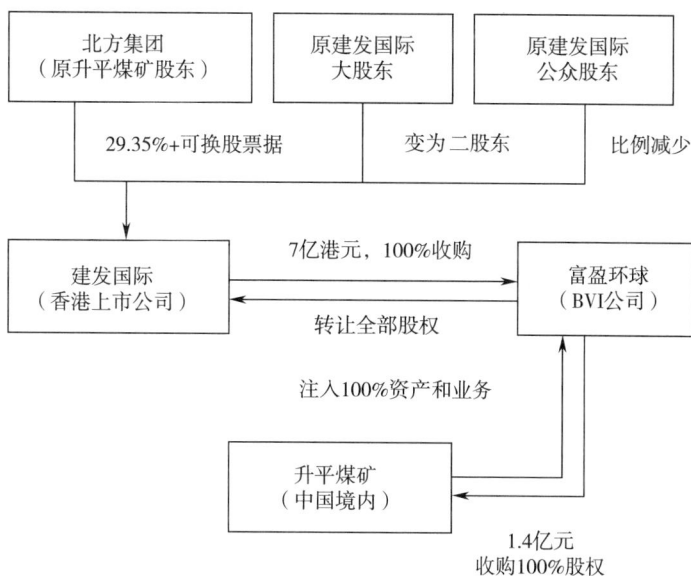

图7-1 升平煤矿反向收购建发国际的总体方案图

二、两份协议的主要条款差别

在对升平煤矿的企业商业价值进行评估之后，并购三方连续签订了富盈环球股权转让协议、升平煤矿股权转让协议。差别较大的是2007年协议和2008年协议，其主要条款差别详见表7-1。从表7-1可看出两个协议版本的关键条款的实质性差别以及协议条款的风险控制作用。

表7-1 升平煤矿2007年与2008年《股权转让协议》主要条款差异对比表

条款目录	2007年协议（10月30日）	2008年协议（3月25日）
签约方 关联方	甲方：北方集团；乙方：富盈环球 目标公司：升平煤矿	甲方：北方集团；乙方：富盈环球 目标公司：升平煤矿
释义：基准日	2007年6月30日	2008年3月31日
释义：财务报表	指目标公司编制并由黑龙江华鹏会计师事务所审计的目标公司2006年度截至2006年12月31日12个月的财务报表，以及2007年1月1日至2007年6月30日未经审计的资产负债表、损益表及其有关注释	指目标公司编制并由黑龙江华鹏会计师事务所审计的目标公司2007年度截至2007年12月31日12个月的财务报表，以及2008年3月25日目标公司《审计报告》的资产负债表、损益表及其有关注释
2.4条	双方同意，除甲方在本协议签署之日前已向乙方明确、充分、完整、准确并无遗漏或误导性陈述的书面披露并经乙方在本协议或本协议签署后的其他文件中书面明确确认和同意的事项外，甲方就标的股权在本协议签署生效之日前所作的其他任何承诺、所发生或存在的义务或者限制性条件乙方均无义务承担，不论该等承诺或者义务、条件的权利人是目标公司、其他出资者或其他任何人士或机构。上述甲方作出的未经乙方书面确认和同意的任何承诺、所发生或存在的义务或限制性条件，甲方应自行承担，并应及时、足额补偿乙方因此而产生的损失、费用和其他支出	无此表述 （已有香港审计报告、评估报告法律意见书和甲方陈述）

275

条款目录	2007 年协议（10 月 30 日）	2008 年协议（3 月 25 日）
2.6 条	本次股权转让于 2007 年 12 月 31 日之前或双方书面同意的其他时间完成	2.5 条　本次股权转让于本协议生效后 3 个月内或双方书面同意的其他时间完成
3.1 条	标的股权的转让价款为壹亿肆仟万（140 000 000）元人民币。双方同意，转让价款是《资产评估报告》对目标公司在 2007 年 6 月 30 日的净资产评估值的 100%	标的股权的转让价款为按照支付当日的外汇牌价计算相当于壹亿肆仟万（140 000 000）元人民币的外币。转让价款包括甲方已缴付的注册资本 2 000 万元人民币和职工安置费 3 232 万元人民币
3.2 条	乙方应在本次股权转让完成之日起三个月内，向甲方支付转让价款的 100%，共计相当于壹亿肆仟万（140 000 000）元人民币的外币，支付方式依据本协议 3.3 条执行	乙方应在本次股权转让得到政府有权机构批准之日起三个月内，向甲方支付转让价款的 100%，共计相当于壹亿肆仟万（140 000 000）元人民币的外币
3.3 条	甲方同意本次股权转让价款的总额将专款专用，全部用于偿还目标公司的长期负债及利息和 2007 年度应付的或然负债。双方将设立一个第三方共管账户，经双方同意，乙方将股权转让价款汇入共管账户。且此共管账户内的款项需经甲乙双方书面同意才可提取使用，用于扣除目标公司所欠债权人的负债。在乙方将股权转让价款总额汇入共管账户后，甲方同意及确定乙方已履行完毕其如 3.2 条所述的付款义务，甲方将不得再向乙方追讨或索要任何有关股权转让价款。甲方同意促使公司负债的债权人在收到支付公司负债的款项后，向目标公司递交书面收据，确认收到款项及对目标公司再无其他任何索偿	无此表述（因 3.1 条修改）
3.3 条	无此表述	乙方同意由并购后的目标公司继续缴纳采矿权价款，并按国家和地方法规及甲方对政府的承诺支付涉及职工的相关费用（如有）。如果本协议 6.1（24）条的保证不真实，甲方将：（a）承担及支付公司负债与股权转让价款的差额；和（b）向目标公司及乙方赔偿因 6.1（24）条保证不真实而蒙受的任何损失
3.4 条	甲方将会同意用股权转让价款全数支付公司负债，如股权转让价款不足够支付公司负债或导致本协议 6.1（24）条的保证不真实，甲方将：（a）承担及支付公司负债与股权转让价款的差额；和（b）向目标公司及乙方赔偿因 6.1（24）条保证不真实而蒙受的任何损失	无此表述（因 3.1 条修改）
3.5 条	如目标公司的债权人同意目标公司以低于实际债务的数额清偿债务，并提交了 3.3 条所述的书面收据，则甲方可以保留股权转让价款支付公司负债后的余额部分（如有）	无此表述（因 3.1 条修改）
4.1（2）条	股权转让取得目标公司内部权力机构批准	股权转让取得目标公司股东的同意或批准文件

续表

条款目录	2007 年协议（10 月 30 日）	2008 年协议（3 月 25 日）
4.1（3）条	乙方及/或其中国法律顾问完成对目标公司及其所拥有的煤矿及其土地使用权及房屋所有权及业务的法律尽职调查，乙方已经取得令乙方满意的对该尽职调查的中国法律意见书	无此表述（已完成）
4.1（4）条	乙方已经取得令乙方满意的国际合格技术顾问出具之技术报告，列明目标公司所属煤矿矿区之煤矿条件	无此表述（已完成）
4.1（5）条	本协议中所列的甲方作出的所有声明、保证与承诺都是真实和准确的	无此表述（重复）
4.1（8）条	已改制为有限责任公司的目标公司已取得所有就改制为有限责任公司及其业务经营所需的批文、执照、许可、证明等文件，包括：（a）营业执照包含煤炭开采和煤炭经营业务的内容；（b）有权机关核发的其所占用的全部土地和房屋相对应的国有土地使用权和房屋所有权证；（c）有权机关核发的煤炭经营资格证；（d）目标公司所拥有的煤矿已经取得了主管机关核发的采矿许可证、安全生产许可证、煤炭生产许可证及环境保护竣工验收批复或证明文件（该等文件是有权机关向已改制的目标公司颁发的）	已改制为有限责任公司的目标公司已取得所有就改制为有限责任公司及其业务经营所需的批文、执照、许可、证明等文件，包括：（a）营业执照（包含煤炭开采和煤炭经营业务的内容）；（b）目标公司所拥有的煤矿已经取得了主管机关核发的采矿许可证；（c）有权机关核发的安全生产许可证、煤炭生产许可证等证照
4.1（9）条	目标公司已经取得了有矿业权评估资格证书的中介机构出具的《资产评估报告》	目标公司已经取得了基准日之后在一年有效期内的、有评估资格证书的中介机构出具的《资产评估报告》
6.1（10）条	除列在附件的长期负债或或然负债外	除列在《审计报告》《资产评估报告》中的长期负债或或然负债外
6.1（13）条	包括鉴于条款 A、B 及附件 1－3 所述	包括鉴于条款 A、B 及《审计报告》《资产评估报告》所述
6.1（14）条	除法律或法规或《香港联合交易所上市条例》或香港联交所其他规定外	除法律或法规规定外
6.1（23）条	附件 1 和附件 2 中所列的是目标公司截至 2007 年 6 月 30 日的全部的长期负债、银行债务及其他应付的或然负债	附件 1 和附件 2 中所列的是目标公司截至 2007 年 12 月 31 日的全部的长期负债、银行债务及其他应付的或然负债
6.1（24）条	根据 3.3 条支付目标公司的债务后，目标公司将无其他负债［除了（a）77 134 120 元人民币的采矿权价款；及（b）日常经营业务运作的应付款］	除《审计报告》《资产评估报告》披露的债务外，目标公司将无其他长期负债［除了（a）按年度开采量计算的矿产资源税费；及（b）涉及职工的有关费用］

续表

条款目录	2007 年协议（10 月 30 日）	2008 年协议（3 月 25 日）
7.2 条	无此表述	乙方保证严格按《中华人民共和国劳动法》及目标公司所在地的地方政府有关规定继续聘用目标公司现有职工；对在目标公司已连续工作十年以上工龄的职工，目标公司与其签订无固定期限的劳动合同。目标公司遇到风险时，优先保证职工合法权益，包括补偿金、养老保险、欠发工资等
7.3 条	无此表述	在本协议签订前政府部门已颁发、签订的涉及目标公司职工安置的文件，以及甲方给政府部门作出的有关安置职工的承诺，由乙方按规定继续履行。涉及职工的费用和欠款等，均由乙方在收购目标公司后优先安排解决（如有）
7.4 条	无此表述	乙方承诺严格遵守政府部门有关安全生产管理规定；作为目标公司的投资人和主管部门，负责煤矿安全生产工作，在股权转让完成后承担目标公司的安全生产责任
8.1 条	甲、乙双方各自承担其实施本协议而产生的各项税费。双方同意，审批费用、工商变更登记费用、审计费用和资产评估费用等目标公司产生的费用应由目标公司承担，甲、乙任何一方均不承担	甲、乙双方各自承担其实施本协议而产生的各项税费。双方同意，证照办理和审批费用、工商变更登记费用、审计费用和资产评估费用等目标公司产生的费用应由目标公司承担，甲、乙任何一方均不承担

2008 年协议第 13.4 条规定：本协议构成双方之间就本协议的标的达成的正式协议，并取代双方于本协议签署前就本协议项下的标的所作的任何口头或者书面的陈述、保证、谅解、意向书、备忘录及协议。

三、收购价款的资金来源和对价股份来源及其定价方法

收购价款中的资金来源和对价股份通过香港联交所批准后发行新股解决，关于发行新股定价、发行代价股份定价及可换股债券的换股价格的定价方法等，已在本书第六章案例二详细介绍。

事实上，从资本市场上市规则和境内外法律程序看，本案例的买壳上市已经获得了运作上的成功。但是，由于买壳上市方决策者的独断行事而造成重大失误以及交易各方的价值观错乱和利益冲突，本次买壳上市后来演变成一场激烈的股权争夺战。2008 年协议和公司章程的条款也就自然成为北方集团与富盈环球及建发国际之间股权争夺或维权的诉讼要件，而关于 1.4 亿元人民币的归属问题则成为双方交战的导火索，详见《中国企业境外上市指引》第一章案例一、案例二。

案例二　升平煤矿买壳建发国际　上市费用世界第一

【案例简介】

本案例是前面相关案例的延续。前面案例专门介绍了升平煤矿买壳上市的尽职调查、审计、评估、独立技术审查、发行股价确定和股权转让协议签订等专业化操作细节和阶段成果。本案例和第八章案例将介绍曾轰动国际资本市场的升平煤矿上市案，讲述其在香港买壳上市的主要运作过程和初步结果，揭露一些鲜为人知的运作内幕与事实真相，分析其中的重大风险和潜在问题。

【案例故事】

一、启动香港上市工作，签订中介服务协议

在终止加拿大上市一年之后的 2007 年，北方集团按照市政府要求交纳了升平煤矿职工安置费 3 232 万元，矿产资源处置方案和资源价款评估报告获省国土资源厅初步批准，首批采矿权价款 2 000 万元已备齐，与国土资源厅签订采矿权合同并付价款后即可办理民企《采矿许可证》和《营业执照》。至此，北方集团对升平煤矿的企业改制即将完成，上市条件更加成熟。

2007 年 5 月 20 日，北方集团大股东汪先生（甲方）在未与北方集团上市主管和律师等人商议的情况下，与香港创盈投资管理有限公司总裁洪某（乙方）签订委托注册公司和收购上市公司《协议书》。主要内容：（1）甲方委托乙方在香港为甲方注册独资公司，乙方出任法定代表人；（2）公司注册后，乙方在香港为甲方收购一家上市公司，并出任上市公司董事局主席；（3）甲方支付乙方报酬协议另行确定；（4）公司注册、收购上市公司费用由甲方负责。

6 月 21 日，汪先生在未与北方集团上市主管和律师等任何人商议的情况下，私下代表北方集团与建勤国际顾问服务有限公司就升平煤矿赴海外上市一事签订了《委托海外财务顾问协议》，主要条款如下：

1. 建勤的职责。（1）为北方集团和升平煤矿制定股权构架、资产及业务重组方案；（2）为改制重组、融资、上市之资产评估、财务审计、尽职调查提供海外财务顾问意见，统筹并代为委任中介机构，如律师、会计师、估值师等；（3）为资产、业务注入海外上市公司提供建议及咨询意见；（4）协助引进海外投资者；（5）协助与海外投资者谈判及为相关重要事项提供咨询意见，并协助审阅重要合约或文件。

2. 服务期限。自签署协议之日起 1 年内。

3. 费用。包括：（1）前期工作费用：预先缴付 50 万港元；在提交海外上市可行性

报告及融资方案后，双方再商议确定后期的上市顾问费用。（2）融资佣金：总融资金额的 10%，该费用于收到融资款后 10 日内支付。（3）收取股权：除前述费用之外，北方集团应于将国内公司资产、业务或股权成功注入在香港或海外之上市公司，或拟上市之控股公司后 10 日内，将香港上市公司或拟上市公司之控股公司总股份的 10% 支付，作为海外财务顾问费用。

上述费用并不包括其他所需或牵涉之支出，如独立财务顾问、法律、核数、会计、审核资料、任何中介人费用、估值、印刷、广告、路演及公关费用等。

4. 统筹工作。建勤公司对其他专业顾问向贵司提供之任何顾问意见，概不负任何法律责任或作出赔偿。建勤集团有权安排集团其他子公司代替建勤国际顾问公司为北方集团提供前述全部或部分服务。

5. 北方集团承诺。包括：（1）对提供的所有数据及事实之准确性负完全责任；（2）北方集团委任建勤融资有限公司为其在海外上市的保荐人，有关协议另行签订；（3）北方集团董事、雇员及/或代理人因北方集团及其附属公司或其各自之董事或其各自之联系人士之任何行动或过失导致建勤及其董事、雇员及/或代理人士蒙受之所有损失、索赔、债项、成本或支出，由北方集团作出赔偿。

6. 计划排期和中介机构费用。中介服务费基本预算 633 万港元（另加上市公司总股份的 10% 作为建勤的财务顾问费），完成工作时间约为 18 周。

6 月 22 日，汪先生又私下与洪某签订《委托海外财务顾问（补充件）》，主要内容是汪先生承诺：在将国内公司资产、业务或股权成功注入在香港或海外的上市公司，或拟上市之控股公司后 10 日内，将该香港或海外上市公司、拟上市之控股公司总股份的 10% 支付给洪某，作为洪某担任海外上市之总顾问费用。

上述费用中均不包括北方集团自行支付的公司费用：境内外差旅费、中介机构住宿费、餐饮费、办公费、文件制作印刷费、路演费用、上市小组人员的其他费用等。建勤编报的预算和服务协议规定的中介费用见表 7-2。

表 7-2　　　　　　　　建勤编报的升平煤矿海外上市行动预算　　　　　单位：万港元

项　目	工作内容	金额
财务顾问方面	签订协议首付建勤（不含股份）	50.0
法律架构方面	与中国律师签署委任书 制定国内外的股权架构及预备法律文件	50.0
法律架构方面	成立国内/外公司及签署内部重组协议 中国法律意见书完成，取得各政府部门的批复	60.0
会计审计方面	与香港理账会计师签署委托书	45.0
会计审计方面	完成审计报告	200.0
技术专家报告	委任国际地质、采矿专家完成专业技术报告	93.0
估值	香港估值师完成物业估值报告	20.0
海外投资者	海外投资者到现场评估，与海外投资者商谈入股事宜， 与海外投资者落实认购股票事宜	15.0

续表

项　目	工作内容	金额
上市事宜	预备上市文件及取得港交所批复，上市成功	100.0
合　计		633.0
融资佣金	以总融资额为计算基数	10%
上市财务顾问费	建勤：上市公司总股本的 10%	10%
上市总代理费	洪某：上市公司总股本的 10%	10%

7月18日，在建勤的策划下，建发国际与富盈环球订立《框架协议》，内容是建发国际通过收购富盈环球，间接收购升平煤矿。

基于前述各项协议，才有了本书升平煤矿通过建发国际买壳上市的系列案例。

二、迷雾重重的沟通

建勤人员及香港会计师和中国律师于7月下旬进场，开始尽职调查和理账工作。经过十几天的工作，上市团队总觉得事情有些不对。怎么选定的中介机构？涉及上市的重大问题怎么由建勤的人来决定？听说境外上市公司收购离岸公司的协议已经签订了，怎么能在审计、评估和法律意见未完成前签订境外协议呢？上市公司是谁家？离岸公司又是谁家？

8月3日，笔者作为主管上市的现场总协调人，会同北方集团财务总监和投发部副总经理约见前来煤矿尽职调查的建勤集团相关人员。建勤提供了法律意见书初稿，北方集团介绍了企业改制的最新重大进展情况，双方交流了境内外两次反向并购涉及的法律程序和审批问题。笔者还重点询问有关香港已签订的协议情况、升平煤矿上市方案、反向收购上市公司的换股并购操作、北方集团在上市公司将获得多少股权及收购对价等问题。但对方只讲了是买壳上市，没有告诉我们壳公司和 BVI 公司都是哪家公司，说他们也不太清楚。

本次《与建勤公司的沟通问题纪要》第五项记载了上述内容：

"五、升平煤矿并入 BVI 公司后与壳公司的换股并购比例问题

北方集团提出应在 BVI 公司收购升平煤矿股权办理法律证照手续的同时，由 BVI 公司与香港上市公司通过香港律师审查，同步签订上市公司收购 BVI 公司股权的换股支付协议，具体比例应在企业估值后双方协商，并明确办理过户登记法律手续，将上市公司支付的对价股份支付给北方集团以使其拥有上市公司控制权，提请建勤考虑落实。但许永权只说明了两点，一是香港主板买壳很复杂，而且有收购股权比例的严格限制，有可能最终会采取现金、股票、可换股票据等混合支付方式；二是具体壳公司和离岸公司以及对价等要由双方最高层确定，他表示对此不完全知情。我方与会人员感到对方有意不透露信息，信息不对称将给我方操作上市带来不确定性风险。"

笔者亲自整理了上述纪要，连同《关于法律意见书初稿的补充修改意见》一并发

给了汪先生。没想到的是，第二天我们接到电话，被劈头责怪："做好你们自己的事，完成尽职调查和审计评估，完成煤矿的改制重组，办理外资并购审批和外商营业执照，香港的事儿你们就别管了！"

三、尽职调查和审计评估等工作

在上市团队的努力下，审计、评估、法律意见书、独立技术审查、独立顾问审核等工作紧张且正常进行，于9月中旬完成了中介机构报告的第一稿。上述专业运作及其各项报告的最后公布稿请见本书的相关案例。

这里让我们回顾一下审计、评估结果：2006年升平煤矿税后净利润2 172.4万元，境外用收益法评估值6.8亿港元，境内用成本法评估值1.4亿元人民币。

四、2007年富盈环球与建发国际的境外反向收购协议

前面案例一已介绍过，富盈环球的卖方洪某于2007年9月25日与建发国际签订买卖协议，建发国际通过发行股份和可换股票据等方式，实现富盈环球反向收购建发国际。该协议同时规定其生效条件是富盈环球完成煤矿收购，并购交易一旦完成，洪某将成为建发国际第一大股东，升平煤矿即可完成买壳上市。

五、升平煤矿买壳上市之前建发国际的股本结构

案例一已介绍过，升平煤矿卖方北方集团与富盈环球于2007年10月30日签订2007年协议，转让升平煤矿全部股权，转让价款1.4亿元人民币。协议规定该1.4亿元通过北方集团全部用于偿还升平煤矿的长期债务。

事实上，这些协议都是汪先生抛开北方集团的上市主管副总，与富盈环球私下签订盖章的，且未经律师审查同意、未经北方集团股东大会批准。尤其值得注意的是，此时汪先生也尚未取得富盈环球的实际控制权。

升平煤矿买壳上市之前建发国际于2007年10月30日的股本结构见图7-2。

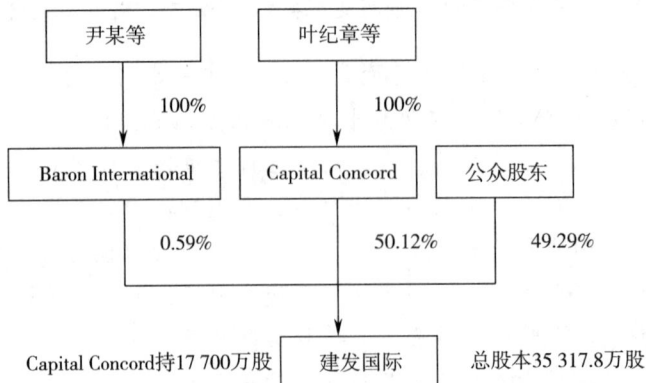

图7-2　建发国际于升平煤矿买壳上市前的股本结构图

六、建发国际增发配售及升平煤矿上市路演

2007 年 11 月 6 日，建发国际披露配售计划，以每股价格不低于 0.99 港元，配售最多 2.5 亿股新股，所得款将全部用于收购事项，先决条件是收购煤矿完成。要求完成截止日期为 2008 年 3 月 14 日。

2007 年 11 月 30 日，升平煤矿取得改制为民营企业的《采矿许可证》。

12 月 3 日，由建勤主持，在双鸭山市天力大酒店举行升平煤矿反向收购上市的项目路演。建发国际、北方集团、富盈环球和美国、加拿大、荷兰、德国、香港等十几家基金公司经理参加，笔者和建勤的尹某分别就不同专题进行演讲，尹某随后做了补充说明。路演后笔者陪同基金经理到煤矿实地考察并走访客户，组织回答投资者提出的各项问题。第二天，机构投资者初步认购了建发国际用于收购升平煤矿而定向增发的全部股票。

12 月 15 日，建发国际特别股东大会通过了上述配售增发议案。

12 月 20 日，建发国际与富盈环球签订购买补充协议，将买卖协议先决条件之最后截止日期延长至 2008 年 3 月 31 日。

12 月 31 日，富盈环球与北方集团签订煤矿收购补充协议，将收购最后截止日期延长至 2008 年 2 月 29 日，随后又进一步延长至 2008 年 3 月 31 日。

七、建发国际股东大会通过收购议案并报联交所批准

2008 年 2 月 13 日，建发国际按照联交所上市规则发布非常重大收购通函及拟在 2 月 29 日召开股东特别大会的公告，在此通函中全面披露了建发国际收购富盈环球协议、富盈环球收购升平煤矿全部股权的协议、香港会计师报告、物业评估报告、估值报告、中国法律意见书、采矿专家独立技术审查报告、合规顾问独立审核报告等全部文件。

2 月 29 日，建发国际如期召开股东特别大会，以 7 亿港元代价收购煤矿的协议、发行新股作为支付对价以及发行价格的相关决议案在股东特别大会上获得通过。

3 月 20 日，由于 2007 年 11 月配售协议的先决条件未能在 2008 年 3 月 14 日实现，配售新股的协议已经被终止，建发国际另行颁发新的配售协议。新协议规定，配售最多 2.5 亿股新股份，每股价格不低于 0.80 港元，计划将所得款 2 亿多港元用于收购事项。

随后不久，香港联交所上市委员会批准了配股和收购等换股股份及代价股份的上市及买卖。

八、升平煤矿完成国企改制变民营

与此同时，北方集团对升平煤矿的国企改制工作也进入最后冲刺阶段。2008 年 3 月 25 日，升平煤矿办理了改制后的工商登记变更手续，正式更名为双鸭山北方升平煤

矿有限责任公司，在省工商局取得了改制为民营企业的有限责任公司营业执照，注册资本 2 000 万元，北方集团持股 100%。

九、升平煤矿变更为外商独资企业

为加快外资并购审批进程，借力"招商引资"取得政府大力支持，笔者亲自办理各级商务厅、局和工商局对外商投资并购的提前预审。经过黑龙江省、双鸭山市、佳木斯市、集贤县、集贤镇共 18 个政府部门的一系列审批核准，2008 年 3 月 27 日，笔者亲自在省商务厅签收了富盈环球收购升平煤矿的批文，即黑招外商函〔2008〕29 号文《关于双鸭山北方升平矿业有限责任公司合同、章程的批复》，同时签收了外商投资批准证书。

2008 年 4 月 16 日，北方集团法人代表姜鸿斌与笔者亲自到省工商局拿到了升平煤矿外国法人独资的营业执照，注册资本 2 000 万元，富盈环球为唯一股东。至此，升平煤矿成为香港上市公司建发国际 100% 的控股孙公司。

人们都说，企业上市要扒三层皮，而北方集团和升平煤矿多年来的重大历史遗留问题，使上市工作变得更为艰难。从 2005 年初启动加拿大上市以来，已历经了三年时光，家乡远在外省市的上市团队成员已经三个中秋节、两个元宵节都在煤矿度过，经过企业内外部几十人连续几百个日夜的奋战和艰苦卓绝的努力，上市运作终于成功了。真是十月怀胎、一朝分娩，身为大股东的实际控制人应该为我们上市团队庆祝一下。然而，在北方集团董事局主席主办的宴席上，却不见大股东的身影，成功的喜悦让大家怎么也高兴不起来，一种莫名的担忧和失落感涌上我们心头。

十、资产注入上市公司——升平煤矿买壳成功

2008 年 4 月 18 日，建发国际增发配售股票议案在公司股东特别大会上获得通过：向不少于 6 家国际机构投资者配售 2.5 亿股，最低配售价 0.8 港元/股，融资额不少于 2 亿港元，连同公司部分现金一起，用于支付富盈环球 3 亿元的收购对价。

4 月 29 日，洪某被委任为建发国际执行董事。

5 月间，建发国际、建勤、荷兰 Toeca National Resoursces B. V. 和 Baron International Limited 签订配售协议，完成了上述融资。

从 2008 年 4 月末开始，建发国际向洪某分期支付转让对价。升平煤矿买壳上市后，建发国际股本结构如图 7-3 所示（其中虚线表示按照汪先生与洪某签订的委托代理协议由洪某代持股权）。

2008 年 6 月 6 日，建发国际在香港召开新闻发布会，宣布公司收购升平煤矿成功，公司名称更改为 "Sino Resources Group Limited"，中文名称更名为神州资源集团有限公司（简称神州资源），并公布将投资进入煤化工领域。双鸭山市、集贤县领导以及汪先生、姜洪斌和笔者都参加了这次新闻发布会。

10 月 10 日，洪某收到神州资源支付的收购富盈环球股权的部分转让对价共 27 464

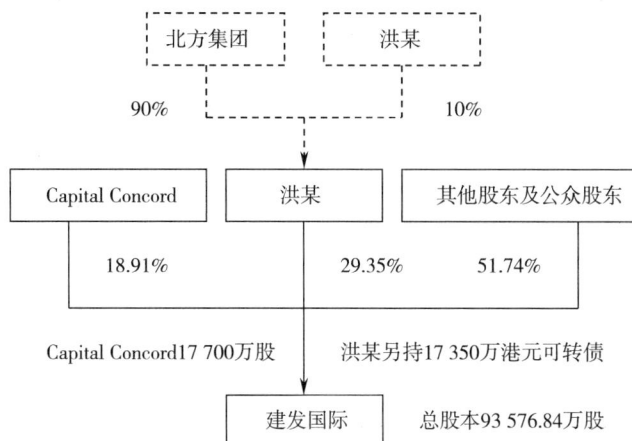

图 7 - 3　升平煤矿买壳后建发国际股本结构图

万股（代价股份 7 000 万股 + 17 350 万港元的可换股票据行权换股 34 700 万股 - 转给尹某的 1 亿股 - 洪某售出 3 836 万股），占神州资源已发行总股本 93 576.84 万股的 29.35%，洪某成为第一大股东。而叶纪章通过 Capital Concord 公司借机售出 13 100 万股，剩余 4 600 万股，占股 4.92%（详见表 7 - 3）。

表 7 - 3　　　　神州资源股东持股量及转让价值（截至 2008 年 10 月 10 日）　　单位：港元

持有人及股份变动	股数（万股）	比例	平均价	变现价值
一、反向收购完成时总股本				
1. 洪某（10 月 10 日行权后）	27 464.00	29.35%		
2. 其他股东及公众股东	48 412.84	51.74%		
3. Capital Concord	17 700.00	18.91%		
合　　计	93 576.84	100%		
二、叶纪章所持股份价值				
1. Capital Concord 陆续售出股份	13 100.00		0.80	10 480
2. Capital Concord 剩余股份	4 600.00	4.92%	0.37	1 702
合　　计	17 700.00		0.69	12 182

注：叶纪章已售出的 13 100 万股及其价格依据联交所公布的上市公司大股东股权变动记录数据，其剩余的 4 600 万股依据 2008 年 10 月 10 日收盘价计算；洪某尚持有 17 350 万港元的可换股票据未行权。

2008 年 12 月末，神州资源披露财报，升平煤矿全部资产和业绩已注入上市公司和合并会计报表中，洪某也于 2009 年 2 月 27 日获任神州资源董事会主席，并仍保持 29.35% 的持股比例。

截至 2008 年底，神州资源和升平煤矿股本结构和组织架构见表 7 - 4 和图 7 - 4。

表 7 – 4　　　　　神州资源股本结构实际变化表（截至 2008 年 12 月 31 日）　　　　单位：港元

实际持股人	收购前	当时比例	配售行权换股后	目前比例
Capital Concord	177 000 000	50.12%	46 000 000	4.92%
洪某	0		274 640 000	29.35%
尹某	2 075 503	0.59%	64 903 760	6.94%
Boekhoom	0		215 200 000	23.00%
四海国际	0		79 000 000	8.44%
其他公众股	174 102 497	49.30%	256 024 640	27.36%
总股本	353 178 000	100.00%	935 768 400	100.00%

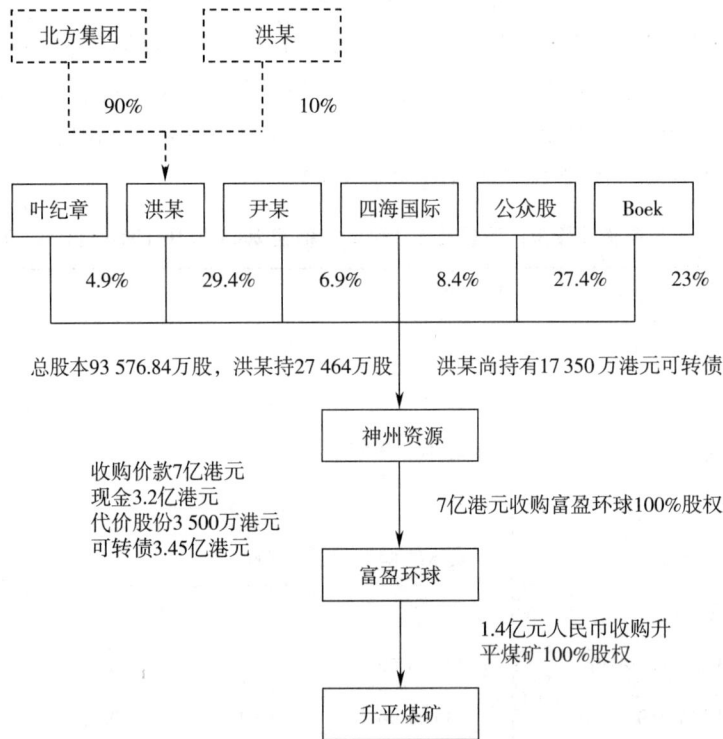

图 7 – 4　神州资源与升平煤矿架构图（截至 2008 年 12 月 31 日）

十一、升平煤矿买壳上市费用

升平煤矿赴香港买壳上市实际发生费用为 1.96 亿港元，包括现金支付费用和以市场价计算的股份支付费用（表 7 – 5）。

表7-5 升平煤矿赴港上市实际费用表

收款人	费用项目	金额（万港元）
一、通过建勤支付的中介费用 香港律师——Richards Butler	上市法律文件	100.0
香港审计师——均富会计师行	上市审计文件——会计师报告	160.0
香港会计师——郑郑	升平煤矿会计理账等工作	58.0
香港估值师——第一戴维斯	升平煤矿评估报告	28.0
国际矿业专家——MMC	升平煤矿独立技术报告	55.0
中国律师——竟天公诚	中国法律意见书	50.0
香港评估师——第一戴维斯	CB评估	2.0
香港物业评估——第一戴维斯	升平煤矿物业评估	5.0
独立合规顾问——创越融资公司	建发国际收购富盈环球独立审核报告	400.0
财务顾问——建勤集团	上市财务顾问	50.0
建勤集团——费用	第三者费用	8.2
建勤集团——路演费用	路演差旅费等	40.0
合计	已支付800多万元	956.2
二、境内公司直接发生费用	审计、评估、律师见证、住宿、招待、车辆费、差旅费、介绍费、工作费等	196.0
一～二两项合计		1 152.2
一～二两项费率		7.39%
三、建勤融资佣金	股权融资额1.56亿港元的10%	1 560.0
一～三项合计		2 712.2
一～三项费率		17.39%
四、额外承诺的顾问费用		
建勤顾问费（10%股份9 357万股）	7 900×0.67 + 1 457×0.93	6 648.0
洪某总代理费（10%股份9 357万股）	3 836×0.99 + 5 521×0.391	5 956.4
第四项合计	洪某的5 521万股尚未套现	16 876.7
第四项费率		108.18%
一～四上市费用总计		19 588.9
上市总费率	融资额1.56亿港元	125.57%

【案例评析】

一、上市费用世界第一

升平煤矿赴香港买壳上市费用竟然高达1.96亿港元（未计买壳代价），上市费率达到125.57%的天价，堪称"上市费用世界第一"，令全球业内人士瞠目结舌。如果去掉汪老板额外承诺支付的20%股份，表7-5中第一至第三项费用为2 712.2万港元，仍比正常费用水平略偏高。

（一）根据委托上市代理协议，洪某代理顾问费为建发国际总股本的 10% 即 9 357 万股。2008 年 4 月 29 日洪某已转让 3 836 万股，价格 0.99 元/股，套现 3 797.6 万港元。如按 2008 年 10 月平均股价 0.391 港元再转让 5 521 万股，代理费总共为 5 956.4 万港元。

（二）根据财务顾问协议，建勤的财务顾问费为建发国际总股本的 10% 即 9 357 万股。尹某的公司 2008 年 5 月 13 日获得洪某转给其的 1 亿股（据了解并未按披露价格付款给洪某）；8 月 13 日尹某的公司以 0.67 港元/股转让给四海国际 7 900 万股；5 月至 7 月售出 1 457 万股，股价为每股 0.93 港元。伊某的公司累计售出共 9 357 万股、共计套现 6 648 万港元（另外还有 50 万港元的前期费用）。

（三）新增独立合规财务顾问审核费用 400 万港元。由于升平煤矿企业改制完成时间延后，建发国际未能在 2007 年几次信息披露的时间内完成煤矿收购，香港联交所对建发国际收购富盈环球增加了独立审核程序。建发国际委托创越融资有限公司，于 2008 年 1 月 14 日到升平煤矿进行独立审核（由于时间紧迫费用偏高）。

创越融资乃独立合规顾问，是一间可在香港证券及期货条例下从事第 1 类（证券买卖）、第 4 类（证券顾问）及第 6 类（企业融资顾问）受证券监管部门规管活动之持牌法团。创越融资的实地考察和独立审核事项是：会见升平煤矿管理层、营销团队；查验法律证照原件；下井考察并拜访长期客户；核实历史和现实诸多情况及数据；对全部文件包括收购过程的全部审计报告、估值报告、评估报告、法律意见书、独立技术审查报告、境内外股权转让协议、企业估值及收购价格的公正性等进行全面的独立审核。创越融资的《建发国际收购富盈环球全部股权的独立审核报告》由建发国际于 2008 年 2 月 13 日在《非常重大收购的通函》中公布，其内容相当详尽且客观公正。

二、20%股权的佣金近乎"抢钱"

根据北方集团与洪某和建勤分别签订的《上市代理协议书》《委托海外财务顾问》及其补充件，北方集团应将升平煤矿买壳上市后的上市公司总股份的 10% 支付给建勤做财务顾问费；另将 10% 支付给洪某作为上市的总代理顾问费；另外，应再给建勤 10% 的融资佣金和 50 万港元前期费。香港的上市融资佣金根据融资规模大小一般为融资额的 2%~3%，中介机构上市服务费大约在 500 万~1 000 万港元，再收取 10% 的股份几近"抢钱"。但上述协议确实是白纸黑字大红章，汪老板同意将上市公司总股本 20% 的股份作为服务报酬。

对于中小企业而言，由于发行规模和融资规模小，香港上市总费用一般占总融资额的 10%~15%。笔者与中介机构合作多年，绝不否认中介机构的资本增值作用，资本市场离开他们将一事无成。但洪某只是一个代理人，建勤也只是个财务顾问，给他们如此高的代价在国内外资本市场绝无仅有。

业内人士分析，这似乎是一场骗局，是一场阴谋。但是，从对方角度看是你自己愿意，是"阳谋"。汪老板给别人 20% 的股权，再扣除已流通股，自己还能有多少股权，这样简单的算术能不会吗？是自己糊涂，还是另有如意算盘，实在是引人深思，耐人寻味。

三、谁是最大利益获得者

神州资源收购富盈环球的对价是 7 亿港元，富盈环球收购升平煤矿的价格是 1.4 亿人民币（1.56 亿港元），差价 5.44 亿港元，落在富盈环球手中。这 5.44 亿港元都应该归属谁？有多少该归属北方集团？谁是本次运作的利益获得者？

（一）建发国际原大股东获利 12 005 万港元，盈利 67.8 倍

建发国际原实际控制人叶纪章的公司卖出绝大部分建发国际原始股票获利约 1.2 亿港元。建发国际原大股东即叶纪章的公司 Capital Concord Profits Limited（简称 Capital Concord）于 2007 年 10 月 26 日持有 1.77 亿股，占当时总股本的 50.12 %。反向收购时仍保留了原有股数，严重稀释了反向收购者的股权。

叶纪章借升平煤矿买壳上市之机，通过 Capital Concord 公司陆续转让卖出 131 00 万股，截至 2008 年 12 月 31 日只剩 4 600 万股，只占神州资源总股本的 4.92%。按照此期间 Capital Concord 在二级市场转让平均价格 0.8 港元/股算，已减持获利超过 10 480 万港元，未套现的 4 600 万股按收盘价 0.37 港元/股计算其价值为 1 702 万港元，总价值共计 12 182 万港元。扣除其原始股的发行价格 0.01 港元/股共 177 万港元，净获利 12 005 万港元，盈利 67.8 倍。神州资源原大股东叶纪章的 Capital Concord 公司应是本次运作的最大赢家。

（二）财务顾问建勤获利亿万港元

1. 现金收入。据了解，建勤融资已得到超额的 5 600 万港元作为本次收购的财务顾问费用和融资佣金，可谓盈利丰厚。

2. 股票转让收入。洪某转让 1 亿股给尹某太太的公司 Capital Builder Investments Limited，公布转让价格为 0.99 港元，但据了解 Capital Builder 支付给洪某的价款仅为 1 万港元，转让给四海国际等的 9 357 万股所得 6 648 万港元。

3. 利用信息优势获利。在整个收购过程中，建勤融资作为财务顾问，Capital Builder 公司在 2007 年 8 月订立购股权协议，建发国际以 0.83 元对其定向增发 4 709 万股，通过减持的价格基本在 0.99 元以上甚至更高。

由此看出，建勤作为财务顾问获利巨大。不过，好景不长，在连锁诉讼的被告中也有尹某公司的名字，据了解，尹某已准备将数千万港元的收入退还。

（三）上市代理人洪某获得 4.16 亿港元纸上富贵

截至 2008 年底，洪某利用升平煤矿上市，已获得 7 亿港元对价中的 27 464 万股神州资源股份（已扣除无偿转给尹某的 1 亿股，以及转让 3 836 万股变现 3 797.6 万港元并借给私人用于偿还北方集团 3 000 万元人民币债务），手中还持有 17 350 万港元的可换股票据，另收到 16 140 万港元现金（据了解其中付给尹某 5 600 万港元），洪某实际

拥有股权转让对价的总价值为 41 622 万港元：

$$16\ 140 - 5\ 600 + 17\ 350 + 27\ 464 \times 0.5 = 41\ 622\text{（万港元）}$$

洪某收到的股权转让对价及去向如表 7 - 6 所示。另外，神州资源还差 15 860 万港元（折合约 1.4 亿元人民币）未支付给洪某。

表 7 - 6　　　　洪某收到的股权转让对价及去向表（截至 2008 年 12 月 31 日）

价款支付方式/项目	转让价款（万港元）	若全部行权的正股数量（万股）	目前支付及行权情况		
			支付并行权数量（万港元）	未支付/未行权数量（万港元）	持有正股数（万股）
一、协议代价					
代价股份	3 500	7 000	3 500	0	7 000
可换股票据	34 500	69 000	17 150	17 350	34 300
现金	32 000		16 140	15 860	
合计	70 000	76 000	36 790	33 210	41 300
二、转让减持					
转给尹某					10 000
减持变现					3 836
三、现持有债券				17 350	
四、现持有股份					27 464

事实上，在上述操作下，根据现有各方协议，洪某手里持有的剩余对价在法律上都归属于洪某，洪某利用了法律文件和协议的空隙，通过富盈环球的平台可以获得巨大利益，有机会将升平煤矿反向收购上市所获得的股份和现金乃至整个升平煤矿占为己有。洪某作为境内外两次收购的"交易中心"，其所拥有的富盈环球在支付给北方集团 1.4 亿元人民币后，将获得包括股票、债券和现金在内的巨额差价。洪某持股量及股比见表 7 - 7（不含尚未行权的可换股票据）。

表 7 - 7　　　　洪某持有神州资源的股份（截至 2008 年 12 月 31 日）

项　　目	代价（万港元）	全部行权后股份（万股）	目前股票数量（万股）
一、洪某所得股份			
代价股份	3 500	7 000	
可换股票据	34 500	69 000	
现金	32 000		
合计	70 000	76 000	27 4640
二、目前公司总股本			93 576.84
三、洪某股比			29.35%

但事实上，洪某除了将部分股票转让所得的 3 000 万元通过个人借给北方集团所属企业外，并没有套现成为亿万富翁。直到 2010 年 9 月，洪某一直仅仅是"纸上富贵"，10 540 万港元（16 140 - 5 600）留在上市公司使用，据说他自己还为上市公司花了几

百万元的开销。

四、1 000 万元上市费用几乎将北方集团化为乌有

如果按照本次上市方案及各项协议履约，北方集团即使不受换股比例控制，将可换股票据全部行权，也只能获得 5.66 亿股，占总股本 12.83 亿股的 44.16%（如表 7-8 所示），如果再将 20% 给尹某和洪某，北方集团就剩 24.16% 了。

北方集团不光花了 1 000 多万元的上市直接费用，还耗费了两年宝贵时光。而一旦洪某不划转股票和债券给北方集团，那 1.4 亿元再给农行还债，升平煤矿也将归属他人，北方集团就什么都没了。

表 7-8　洪某股份变化情况及北方集团能得的股份（截至 2008 年 12 月 31 日）

股份项目	数量（股）	占总股本	可换股票据项目	数量（股）
已发行代价股份	70 000 000		可换股票据总额	345 000 000
已行权换股股份	343 000 000		已行权换股票据	171 500 000
洪某已获股份合计	413 000 000		换股股份	343 000 000
减：转让给尹股份	100 000 000		剩余可换股票据	173 500 000
减：已转让佣金股份	38 360 000			
目前洪某持股数	**274 640 000**	**29.35**	目前总股本	**935 768 400**
全部行权后洪某持股	621 640 000			
减：再转让佣金股份	55 210 000			
北方集团能得股份	**566 430 000**	**44.16**	全部行权后总股本	**1 282 768 400**

注：本表根据各方协议及神州资源历次公告整理；按照委托代理协议，洪某的佣金股份总计为 93 576.84 万股的 10%，即 9 357 万股，减去已转让变现的 3 836 万股，还剩 5 521 万股佣金未支付变现。

五、壳公司及上市地选择错误

（一）壳公司选择错误

1. 建发国际是大盘股，买壳代价过高。壳公司盘子越大、股价越高，买壳代价就越高。

2. 建发国际并不符合选壳条件。建发国际是有资产、有业务，且资产较多、盘子较大、不良资产没有剥离、每年仍在亏蚀 4 000 多万港元的严重亏损公司，升平煤矿装入上市公司的净利润仍将被大量冲销。所以，选择建发国际买壳上市是一个目标公司的选择错误。但我们没办法，老板一个人说了算。

（二）持股比例受限制的香港不是买壳上市的最佳选择地

香港的《公司收购与合并守则》和《香港主板上市规则》，不允许通过反向收购使新入主的股东在完成反向收购后所持有的股份超过上市公司总股本的 29.9%，超过该额度需要全面收购或重新申请上市。

上述规则严格限制了买壳上市方在上市公司的控股权，即使可换股票据行权换股

也无法提高持股比例（必须同比例扩大股本才可换股）。所以，在香港买壳上市要想直接达到 51% 控股权存在法律障碍，而收购 30% 以下股权，则由于原股东持股比例较大，境内资产注入上市公司后，其净利润大半将被其他股东分走，买壳上市的股权稀释代价及今后利润分配损失都很大。

而在没有收购比例限制的其他国家，可用很少的现金低价收购无业务的壳公司，或通过换股并购买壳，收购方可以得到更多的上市公司持股比例。所以，香港不是买壳上市的最佳之地。但是，由于地缘、语言、文化及交流方面的优势，香港仍然不失为买壳上市的主要选择地之一，前提条件是壳公司较小且干净。

六、1.4 亿元究竟应该属于谁？

2007 年 9 月 25 日神州资源与富盈环球签订协议，以 7 亿港元收购富盈环球 100% 股权，间接收购升平煤矿全部股权。但 2007 年 10 月 30 日富盈环球与北方集团签订的升平煤矿《股权转让协议》，其股权转让价款是 1.4 亿元人民币（1.56 亿港元）。

2007 年协议条款约定，北方集团同意用 7 亿港元中的 1.4 亿元人民币解决煤矿长期债务。这 1.4 亿元是国内评估机构用成本重置法对升平煤矿的评估价值。

而 2008 年协议规定，1.4 亿元支付给北方集团，不还债。但这与神州资源股东大会通过的并购议案及 2007 年协议产生了严重偏差，实际情况与信息披露的矛盾出现了。

为解决上述矛盾，笔者按照签订 2008 年协议时的双方约定，起草了 2008 年协议的补充协议，约定 1.4 亿元由北方集团还债，并同时落实北方集团应得到的上市公司权益。2008 年 5 月 9 日，在升平煤矿第一届外资董事会期间，笔者向洪某和汪先生提交了该补充协议，但双方置之不理，一直都不签约。

事实上，1.4 亿元价款已经成为双方的争端焦点：神州资源担心北方集团不会用 1.4 亿元还债，所以在 3.2 亿港元的现金对价中仅支付 1.56 亿港元给富盈环球；而北方集团在未拿到神州资源的股票和可换股票据及控制其董事会的情况下，也不会用 1.4 亿元还债。煤矿股权转让协议有 2007、2008 两个版本，究竟以哪个为准？1.4 亿元的转让价款究竟该什么时候给、给谁、给了没有？双方争执结局如何？那些认购神州资源增发股票并押宝能源概念的投资者会否竹篮子打水一场空？请见第八章案例。

参考文献

[1] 唐清林：《企业并购律师实务——并购合同的制作》，法律图书馆论文资料库网，http://www. law - lib. com/lw/，2009 - 09 - 10。

[2] 浙江省律师协会涉外和 WTO 业务委员会：《外资并购律师实务操作指引》，2007 - 01。

[3] 中国商务部外资司：《外资并购境内企业办理〈外商投资企业批准证书〉申报材料》，2008。

[4] 国家工商管理总局：《外资并购境内企业登记变更程序和材料》，2007。

[5] 国家外汇管理局：《办理外汇登记证及转股收汇需提交的材料》，2008。

［6］建发国际（控股）有限公司：《非常重大收购——收购 Wealth Gain Global Investment Limited 全部股权涉及支付现金以及发行代价股份及可换股票据；及股东特别大会通告的董事会通函》，香港联交所，2008 - 02 - 13。

［7］建发国际（控股）有限公司：《非常重大收购通函》附件 1《收购 Wealth Gain Global Investment Limited 全部股权的买卖协议》，香港联交所，2008 - 02 - 13。

［8］建发国际（控股）有限公司：《非常重大收购通函》附件 2《升平煤矿股权转让协议》，香港联交所，2008 - 02 - 13。

［9］建发国际（控股）有限公司：《非常重大收购通函》附件 3《法律意见书》，香港联交所，2008 - 02 - 13。

［10］建发国际（控股）有限公司：《非常重大收购通函》附件 4《会计师报告》，香港联交所，2008 - 02 - 13。

［11］建发国际（控股）有限公司：《非常重大收购通函》附件 5《估值报告》，香港联交所，2008 - 02 - 13。

［12］建发国际（控股）有限公司：《非常重大收购通函》附件 6《独立合规顾问审查报告》，香港联交所，2008 - 02 - 13。

［13］黑龙江省商务厅外商投资审批处、欧洲处：外商投资企业审批档案——《升平煤矿股权转让协议》和《升平煤矿公司章程》及申报材料，2008 - 03 - 25。

［14］黑龙江省工商行政管理局外资处：外商投资企业工商注册登记档案——《升平煤矿股权转让协议》和《升平煤矿公司章程》及申报材料，2008 - 04 - 16。

MERGERS
AND ACQUISITIONS

第八章
并购的法规限制及
财税处理

○企业并购的法规限制

○企业并购转让的税收规定

○红筹公司及离岸公司的企业所得税

○企业并购的会计处理

第一节　企业并购的法规限制

一、转让的一般限制

在企业并购中需要特别注意目标公司的资产或股权本身存在的转让限制。转让限制可以分为两大类，即法律规定的转让限制与合同约定的转让限制。

法律规定的转让限制主要包括产业政策限制、反垄断政策限制、在资产转让方式下存在于资产上的抵押担保等限制、在股权转让方式下存在于股权上的质押限制和来自于其他股东的认可限制（须取得其他所有股东的书面同意），等等。一般来说，抵押担保、质押等事项在工商局或法院等会有权益方的备案或登记。

合同约定上的法律限制通常存在于出售方与第三方签订的经济合同中。比如合同中约定，出售方在一定条件下未经该第三方同意不得处分资产或转让股权。公司章程约定上的法律限制主要是对转让股权或出售资产的限制规定，如股东的优先购买权等。非上市公司之间的并购，由于较少受到证券管理当局的监管和缺乏信息披露，所以更应关注合同和章程约定的法律限制。

对于部分前述限制可以通过查阅法律法规以及规范性文件来了解，比如产业政策方面的限制；有些可通过尽职调查来发现，比如资产或股权上存在的第三方的权利；而对于合同约定方面的限制，若出售方没有披露，收购方律师是很难发现的，而这种未披露可能对交易产生一定的法律影响，甚至可能是决定性的影响。对于合约限制，一方面，并购律师应该要求出售方最大限度披露其与第三方签订的所有重大合同；另一方面应在并购合同中的承诺与保证条款、违约责任条款中作出相应规定，以防止收购方因转让限制而受到的损失。

二、政府的审批监管

在中国，并购监管主要体现在国有资产监督管理、行业准入和反垄断审查三方面。

（一）国有资产监督管理

在并购中涉及国有资产转让时，通常需要履行更多的申请与审批程序，尤其是国有资产的评估价值确认与合同审批。国有企业产权转让给外国投资者的程序在《利用外资改组国有企业暂行规定》中有具体规定。

在交易方式上，虽然《利用外资改组国有企业暂行规定》中已规定，改组方应当优先采用公开竞价方式确定外国投资者及转让价格，但在《企业国有产权转让管理暂行办法》《关于规范国有企业改制工作的意见》实施之前，外资并购国有企业一般通过协议转让方式进行，而通过公开征集、竞价转让方式的例子很少。

此外，国企改制的上述新规定还明确要求在国有产权转让审批中须提交律师事务所出具的法律意见书，这也是以往的国有产权转让法规中未曾明确规定的。收购国企改制或外资并购境内企业，还需要提交被并购企业的职工安置方案并经职代会讨论通过。

（二）行业准入

对于某些特殊行业或资源类行业，一般都有一定的行业壁垒，国家或行业主管部门对特种行业也都有准入条件的限制规定。

例如，企业转让资产时，刚取得一年之内的采矿权不得转让；不允许企业私自转让采矿权、特种行业经营权等。企业如将该等权利（无形资产）转让，必须经行业主管部门批准。而通过收购拥有采矿权公司的股权方式，则可避开某些审批程序，但如果采矿公司的采矿权人是公司投资人（股东），在并购该采矿公司股权时也要做采矿权人变更登记。

国家发改委 2016 版《外商投资产业指导目录》继续鼓励外资投向现代农业、先进制造、高新技术、节能环保、现代服务业等领域；鼓励传统产业转型升级，促进新技术、新工艺、新材料、新设备使用。服务业重点放开公路旅客运输、外轮理货、资信调查与评级服务等领域，制造业重点放开轨道交通设备、汽车电子和新能源汽车电池、摩托车、食用油脂、玉米深加工、燃料乙醇等生产制造领域准入限制，采矿业重点放开非常规油气、贵金属、锂矿等领域外资准入限制。

《外商投资产业指导目录》对外商投资项目规定了"限于合资、合作""中方控股"或者"中方相对控股"等若干情况。限于合资、合作，是指仅允许中外合资经营、中外合作经营；中方控股，是指中方投资者在外商投资项目中的投资比例之和为 51%及以上；中方相对控股，是指中方投资者在外商投资项目中的投资比例之和大于任何一方外国投资者的投资比例。

由于外资并购的结果将导致设立或者变更登记为外商投资企业，因此并购活动应当与新设外商投资企业一样符合中国利用外资产业政策的要求。对此，进行股权并购时要特别注意，不仅要看目标公司的产业性质，还要看目标公司所投资的子公司和控股公司的产业性质，并结合控股比例的要求进行并购操作。

（三）并购的反垄断审查

对于不同的并购方向和具体并购行业，各国都有不同程度的反垄断限制。由于横向并购直接减少了同行业独立企业的数量，增加了并购方的市场份额，增加了竞争或垄断势力，因此很容易破坏公平竞争，导致垄断，损害市场秩序和消费者利益。所以，各国对横向并购都有比较严格的限制。另外，纵向并购在保证了自己的原料供应和销售渠道的同时，也降低了对竞争者供应和销售的障碍，达到一定程度后也会对市场秩序造成威胁，从而也受到各国商务部门的关注和管制。由于混合并购是在提供的产品和服务彼此互相独立且无关联的企业之间的并购，所以，一般情况下国家对这种并购的限制相对宽松。

随着中国经济的快速发展，中国经济的格局和产业结构也发生了较大变化，在各个领域出现了一批足以左右行业发展的大公司、大企业。这些企业不仅有大型的国内企业，也有跨国公司。垄断本身并不违法，企业尽管做大，但不能以大欺小；尽管做强，但不能以强欺弱。因此，世界各国大多制定实施反垄断法以保护公平的竞争秩序，反垄断法把保护消费者权益放在了首位。

中国的《反垄断法》已由中华人民共和国第六十八号主席令发布，自 2008 年 8 月 1 日起施行。《反垄断法》的出台为反垄断审查机制提供了全面的法律支持。《反垄断法》旨在保护公平竞争，它涵盖了市场经济中几类主要的垄断行为，对经营者达成价格垄断协议，滥用市场支配地位，具有或者可能具有排除、限制竞争效果的经营者集中等都规定了界定方式和处罚措施。《反垄断法》为价格监管工作和全面的反垄断审查提供了新的执法依据。

作为反垄断法的两个配套规章，国家工商行政管理总局于 2009 年发布了《工商行政管理机关查处垄断协议、滥用市场支配地位案件程序规定》和《工商行政管理机关制止滥用行政权力排除、限制竞争行为程序规定》，自 2009 年 7 月 1 日起施行。上述文件还对反垄断执法程序作出了一些特殊规定，例如对于涉嫌垄断行为可向国家工商总局和省级工商局举报；对于行政机关滥用权力排除、限制竞争，工商行政管理机关可向其上级部门提出处理建议。这两个配套规章是确保反垄断法顺利实施的基础性法规，它将成为工商行政管理机关有效开展反垄断执法的前提条件，也是建立法治工商的重要内容。

目前，反垄断执法机构的设置已经明朗，国家工商总局的"反垄断与反不正当竞争执法局"成为第一个现身的反垄断执法机构。另外享有反垄断执法权的机构还包括中国商务部和国家发展改革委。商务部反垄断调查部门专司"经营者集中"的垄断审查，独掌内外资并购的审查权。而国家发展改革委的反垄断职能则在价格垄断范围之内。

例如，可口可乐并购汇源果汁（1886.HK）遭到中国商务部否决。2008 年 9 月 3 日，汇源果汁发布公告称可口可乐公司全资附属公司以约 179.2 亿港元收购汇源果汁，引发市场关于民族企业如何发展、民族品牌如何保护的争论，受到社会各界人士及专家的关注，有企业联名上书阻挠收购案进行。汇源集团董事长朱新礼随后发出"企业就该当孩子养、当猪卖，平常心看待出售"的言论更是受到市场争论甚至声讨。由于涉及反垄断的问题，商务部随后介入，并进行了 6 个月的审查。2009 年 3 月 18 日商务部表示，可口可乐并购汇源未通过反垄断审查。这是《反垄断法》出台后，商务部第一次对跨国公司并购国内品牌企业亮出红牌。商务部公开了审查未获通过的三个原因：第一，如果收购成功，可口可乐有能力把其在碳酸饮料行业的支配地位传导到果汁行业；第二，如果收购成功，可口可乐对果汁市场的控制力会明显增强，使其他企业没有能力再进入这个市场；第三，如果收购成功，会挤压国内中小企业的生存空间，抑制国内其他企业参与果汁市场的竞争。

在国外，许多国家都规定外国公司收购本土企业必须接受反垄断审查，中国企业如果收购这些国家的企业尤其是上市公司股份，将受到更严格的审查。例如中海油收购美国公司遇阻失败，中国铝业收购力拓澳大利亚公司和力拓英国公司的股份同样受到几个国家及几个月的反垄断审查，见本章案例。

三、涉及境内外上市公司的并购

涉及上市公司的收购程序要比收购非上市公司更加严格和复杂，因此，在并购中须引起高度的重视。实施并购首先要判断被收购的客体是否涉及上市公司，对于收购上市公司或上市公司控股子公司，或者上市公司及其子公司收购非上市公司，都涉及并购方式的选择、并购流程、信息的披露与公告、股东会的批准、证券监管机构核准等重大事项。

在中国，关于上市公司的收购应遵循中国证监会发布的《上市公司收购管理办法》（2014 年修订）和《上市公司重大资产重组管理办法》（2016 年修订）等有关规定。

这些法规中对收购方的条件、权益披露、要约收购、协议收购、间接收购、豁免申请、财务顾问职责、持续监管与法律责任、审批程序等均有详细规定。同时，对投资者及其一致行动人通过收购在上市公司中达到一定额度的股份（如 5%、20%、30% 股权）时的具体操作和信息披露均有具体规定；对上市公司重大购买、出售、置换资产（50% 以上、70% 以上额度）的行为所应该履行的法律程序都有明确的规定及限制条款。

在香港也有类似规定。香港《上市规则》第 14.06（6）"反收购"条款限制收购上市公司 30% 及以上的股权：倘若持有人及其一致行动人所持附有投票权之股份总数将超过上市公司经扩大已发行股本 29.9%，或相当于低于收购守则规定触发强制全面收购建议水平 0.1% 的其他数额，将触发重新上市核准规则。

一致行动人是指通过协议、合作、关联方关系等合法途径扩大其对某上市公司股份的控制比例，或者巩固其对上市公司的控制地位，在行使上市公司表决权时采取相同意思表示的两个以上的自然人、法人或者其他组织；相同意思表示的情形包括共同提案、共同推荐董事、委托行使未注明投票意向的表决权等情形，但是公开征集投票代理权的除外。

在上市公司股权分散情况下投资者及其一致行动人收购上市公司股权，或上市公司重大购买、出售、置换资产，或上市公司转让股份，尤其是上市公司收购其他资产（或其他公司股权）并以股份作为支付对价时，往往涉及反向收购并促成买壳上市或借壳上市。

另外，上市公司的股权转让通常都设有时间限制，无论境内和境外资本市场，上市公司发起人的股份、IPO 之前的战略投资人股份、定向增发及配股股份等都有上市流通和转让时间限制。

四、外国投资者并购境内企业的规定

按照中国目前的外资企业相关法规，外资并购交易的法律结果是设立一个外商投

资企业，需要完成颇多的审批手续，审批机关包括商务厅（局）、工商局、外汇管理局、行业主管部门等。

（一）外资并购关联交易及实际控制人的限制

根据商务部等六部委于 2006 年发布的 10 号文件即《关于外国投资者并购境内企业的规定》要求，外国投资者并购境内企业时，首先要明确以下几方面的情况：（1）买卖双方是谁；（2）双方在交易中所处的地位；（3）此前是否存在交易关系；（4）各方目标是什么；（5）交易实体的性质；（6）交易项目的性质；（7）其他因素。10 号文件对外国投资者的实际控制人、对境内企业在国外设立特殊目的公司后并购境内企业作了严格的限制。

10 号文件的发布实施，使得原来境内企业在境外设立离岸公司（如在英属开曼、维尔京群岛设立的离岸公司），并通过离岸公司并购境内企业，然后离岸公司反向收购境外上市公司实现红筹上市成为不可能。同时，10 号文件还限制了境内企业或自然人作为境外离岸公司的实际控制人用换股方式并购境内企业。

10 号文件第十五条规定，并购当事人应对并购各方是否存在关联关系进行说明，如果有两方属于同一个实际控制人，则当事人应向审批机关披露其实际控制人，并就并购目的和评估结果是否符合市场公允价值进行解释。当事人不得以信托、代持或其他方式规避前述要求。

（二）资产并购与股权并购需提交的内部审批文件

10 号文件根据股权并购和资产并购的不同特点，分别规定了向外资企业批准部门和工商登记部门报送的文件。对于股权并购，根据 10 号文件第二十一条第（一）款的规定，须提交"被并购境内有限责任公司股东一致同意外国投资者股权并购的决议，或被并购境内股份有限公司同意外国投资者股权并购的股东大会决议"。而对于资产并购，由于实际上是外商投资企业的新设，因此需要提交境内企业的产权持有人或者资产所有者的上级权力机构同意出售资产的决议或批文。

（三）外国投资者以股权并购境内公司的限制

10 号文件第二十九条规定，外国投资者以股权并购境内公司所涉及的境内外公司的股权，应符合以下条件：（1）股东合法持有并依法可以转让；（2）无所有权争议且没有设定质押及任何其他权利限制；（3）境外公司的股权应在境外公开合法证券交易市场（柜台交易市场除外）挂牌交易；（4）境外公司的股权最近一年交易价格稳定。前款第（3）、第（4）项不适用于特殊目的公司。

（四）特殊目的公司限制

10 号文件所指特殊目的公司系指中国境内公司或自然人为实现以其实际拥有的境内公司权益在境外上市而直接或间接控制的境外公司。特殊目的公司为实现在境外上市，其股东以其所持有的公司股权，或者特殊目的公司以其增发的股份，作为支付手段，购买境内公司股东的股权或者境内公司增发的股份的，适用于 10 号文件特殊目的公司限制规定；当事人以持有特殊目的公司权益的境外公司作为境外上市主体的，该境外公司应符合对于特殊目的公司的相关要求。

特殊目的公司境外上市所在国家或者地区应有完善的法律和监管制度，其证券监管机构已与中国国务院证券监督管理机构签订监管合作谅解备忘录，并保持着有效的监管合作关系。

10 号文件第四十条规定，特殊目的公司境外上市交易，应经国务院证券监督管理机构批准。

10 号文件第四十二条规定，境内公司在境外设立特殊目的公司，应向商务部申请办理核准手续。办理核准手续时，境内公司除向商务部报送《关于境外投资开办企业核准事项的规定》要求的文件外，另须报送特殊目的公司最终控制人的身份证明等文件。

（五）尽职调查和资产评估规定

10 号文件第三十条规定，外国投资者以股权并购境内公司，境内公司或其股东应当聘请在中国注册登记的中介机构担任顾问（以下称并购顾问）。并购顾问应就并购申请文件的真实性、境外公司的财务状况以及并购是否符合 10 号文件第十四条、第二十八条和第二十九条的要求作尽职调查，并出具并购顾问报告，就前述内容逐项发表明确的专业意见。

上述条款涉及资产评估及转让价格、变相向境外转移资本、国有资产管理等相关规定。例如，并购交易价格的确定应当以资产评估的结果为依据。也就是说交易之前应该对于要交易的股权或者资产按照国际通行的评估方法进行评估，然后以此价格为基础确定实际价格，而资产评估机构的选择则取决于并购当事人各方协商确定或认可。对于国有资产的价格确定问题，10 号文件指出，应当依据目前实行的国有资产管理的有关规定进行资产评估，并经国有资产管理机关审批以确定交易价格。

（六）转让价款支付期限和并购方取得被并购企业权益的条件

10 号文件第十六条规定："外国投资者并购境内企业设立外商投资企业，外国投资者应自外商投资企业营业执照颁发之日起 3 个月内向转让股权的股东，或出售资产的境内企业支付全部对价。对特殊情况需要延长者，经审批机关批准后，应自外商投资企业营业执照颁发之日起 6 个月内支付全部对价的 60% 以上，1 年内付清全部对价，并按实际缴付的出资比例分配收益。"

关于外资并购境内企业的支付价款时限和相关权限，对外贸易经济合作部和国家外汇管理局等四部门发布的《关于加强外商投资企业审批、登记、外汇及税收管理有关问题的通知》（外经贸法发〔2002〕575 号）第六条规定："外国投资者收购境内企业股权应自外商投资企业营业执照颁发之日起 3 个月内支付全部购买金。对特殊情况需延长支付者，经审批机关批准后，应自营业执照颁发之日起 6 个月内支付购买总金额的 60% 以上，在 1 年内付清全部购买金，并按实际已缴付出资额所占比例分配收益。控股投资者在付清全部购买金之前，不得取得企业决策权，不得将其在企业中的权益、资产以合并报表的方式纳入该投资者的财务报表。股权出让方所在地外汇管理部门出具的外资外汇登记证明是证明外国投资者购买金到位的有效文件。外国投资者收购境内企业股权，股权转让双方应在签订的股权转让协议中规定外国投资者支付股权购买金的期限。协议中未规定有关期限的，审批机关不予批准。"

《利用外资改组国有企业暂行规定》中对转让价款的支付时限也作了同样的规定。但后出台的两份国企改制新规定则对此有不同规定。《关于规范国有企业改制工作的意见》，特别是《企业国有产权转让管理暂行办法》规定，转让国有产权的价款原则上应当一次付清，如金额较大，一次性付清确有困难的，可以采取分期付款的方式，受让方首期付款不得低于总价款的30%，并在合同生效之日起5个工作日内支付；其余款项应当提供合法担保，并应当按同期银行贷款利率向转让方支付延期付款期间的利息，付款期限不得超过1年。

（七）外资并购的范围限制

外国投资者以股权并购或资产并购的形式，并购中国境内的目标企业一般需符合以下两个基本条件：

1. 目标企业必须具有中国法人的资格，能够独立行使权利和承担义务的组织。因此，诸如合伙企业、公司的代表处或分公司等不具有法人资格的组织就不能成为外资并购的目标企业。

2. 目标企业必须是非外商投资企业。外商投资企业是指经中国政府批准的外国投资者在中国境内投资举办的企业，主要包括中外合资经营企业、中外合作经营企业、外商独资经营企业和中外合资股份有限公司，以及更广泛意义上的外国跨国公司等。关于此类企业之间或者此类企业与外国公司之间的并购则应适用诸如《民法通则》《合同法》以及《公司法》等其他相关法律的规定。

五、并购贷款新政策

中国银监会于2008年12月9日发布了《商业银行并购贷款风险管理指引》，明确规定银行贷款可以用于支付并购交易价款。但在并购贷款比例上，发放并购贷款的金额原则上占并购股权对价款项的比例不得高于50%。一般来说，并购贷款风险的大小主要应评估借贷者的综合实力和并购项目的预期收益前景，同时作出风险分析与防范，在此基础上，如果以借款额占借款者净资产比例或占抵押物的价值的比例及资产负债率作为辅助判断原则，银行据此决定给予借贷者的并购贷款比例会更合理和安全一些。不管怎样，银监会放宽贷款用于并购的规定是一项重大的并购利好，商业银行信贷资金进入企业并购领域将增加并购资金的来源渠道，而以前的银行贷款通则禁止将银行贷款资金用于股本权益性投资。

综上，企业并购运作总体上应遵循如下方面的最新法规：（1）并购行为涉及的国有资产管理和职工安置法规；（2）国家宏观经济政策、产业技术经济政策及外商投资产业指导目录；（3）涉及境内、境外上市公司的并购法规；（4）并购过程中可能涉及的地方法规；（5）并购涉及的政府监管与审批规定及程序；（6）并购涉及的税收政策等。同时，在运作中还要适当选择和注意采取资产收购还是股权收购方式、协议收购还是要约收购或竞价收购方式、对价支付方式。另外，在收购协议中应当设定收购方对目标企业权益取得的前提条件，以免日后发生争议。

第二节　企业并购转让的税收规定

为了规范并购重组业务的税收征管，国家税务总局近年来又相继颁布实行了一系列的税务管理的规定、通知和办法，从这些税务法规内容看，资产并购与股权并购两种并购方式下所涉及的税务政策有所不同。

在资产并购方式下，对于出售方，有形动产交易涉及增值税、消费税；不动产、无形资产交易涉及营业税和土地增值税（费）。对于收购方来讲，在选择以在华外商投资企业为并购主体的情况下，主要涉及并购资产计价纳税；外国机构投资者再转让并购资产的流转税纳税义务和预提所得税纳税义务；外国个人投资者再转让并购资产的流转税纳税义务和个人所得税纳税义务；以及并购过程中产生的相关印花税。

在股权并购方式下，对于出售方来讲，转让各类所有者权益，均不发生流转税纳税义务。自 2003 年起，对不动产资本化后的股权转让不再征收营业税。依中国税法具有企业所得税纳税主体地位的出售方，应就转让所有者权益所得和债转股所得缴纳企业所得税。个人转让所有者权益所得应按照"财产转让所得"税目缴纳个人所得税。并购过程中产生的相关印花税应税凭证应缴纳印花税。

一、企业合并、兼并的税务处理

合并、兼并，一般不须经清算程序。企业合并、兼并时，合并或兼并各方的债权、债务由合并、兼并后的企业或者新设的企业承继。企业依法合并、兼并后，有关税务事项按以下规定处理。

（一）纳税人的处理

1. 被吸收或兼并的企业和存续企业，符合企业所得税纳税人条件的，分别以被吸收或兼并的企业和存续企业为纳税人；被吸收或兼并的企业已不符合企业所得税纳税人条件的，应以存续企业为纳税人，被吸收或兼并企业的未了税务事宜，应由存续企业承继。

2. 企业以新设合并方式合并后，新设企业符合企业所得税纳税人条件的，以新设企业为纳税人。合并前企业的未了税务事宜，应由新设企业承继。

（二）资产计价的税务处理

企业合并、兼并后的各项资产，在缴纳企业所得税时，不能以企业为了实现合并或兼并而对有关资产进行评估的价值计价并计提折旧，应按合并或兼并前企业资产的账面历史成本计价，并在剩余折旧期内按该资产的净值计提折旧。凡合并或兼并后的企业在会计损益核算中，按评估价调整了有关资产账面价值并据此计提折旧的，应在计算应纳税所得额时进行调整，多计部分不得在税前扣除。

（三）减免税优惠的处理

1. 企业无论采取何种方式合并、兼并，都不是新办企业，不应享受新办企业的税收优惠照顾。

2. 合并、兼并前各企业应享受的定期减免税优惠，且已享受期满的，合并或兼并后的企业不再享受优惠。

3. 合并、兼并前各企业应享受的定期减免税优惠，未享受期满的，且剩余期限一致的，经主管税务机关审核批准，合并或兼并后的企业可继续享受优惠至期满。

4. 合并、兼并前各企业应享受的定期减免税优惠，未享受期满的，且剩余期限不一致的，应分别计算相应的应纳税所得额，分别按税收法规规定继续享受优惠至期满，合并、兼并后不符合减免税优惠的，应照章纳税。

（四）亏损弥补的处理

1. 企业以吸收合并或兼并方式改组，被吸收或兼并的企业和存续企业符合纳税人条件的，应分别进行亏损弥补。合并、兼并前尚未弥补的亏损，分别用其以后年度的经营所得弥补，但被吸收或兼并的企业不得用存续企业的所得进行亏损弥补，存续企业也不得用被吸收或兼并企业的所得进行亏损弥补。

2. 企业以新设合并方式以及以吸收合并或兼并方式合并，且被吸收或兼并企业不具备独立纳税人资格的，各企业合并或兼并前尚未弥补的经营亏损，可在税收法规规定的弥补期限的剩余期限内，由合并或兼并后的企业逐年延续弥补。

二、企业分立的税务处理

分立可以采取存续分立和新设分立两种形式。存续分立（亦称派生分立）是指原企业存续，而其中一部分分出设立为一个或数个新的企业。新设分立（亦称解散分立）是指原企业解散，分立出的各方分别设立为新的企业。企业无论采取何种方式分立，一般不须经清算程序。分立前企业的债权和债务，按法律规定程序和分立协议的约定，由分立后的企业承继。

企业分立后，有关税务事项按以下规定处理：

（一）纳税人的处理

分立后各企业符合企业所得税纳税人条件的，以各企业为纳税人。分立前企业的未了税务事宜，由分立后的企业承继。

（二）资产计价的税务处理

企业分立后的各项资产，在缴纳企业所得税时，不能以企业为实现分立而对有关资产进行评估的价值计价并计提折旧，应按分立前企业资产的账面历史成本计价，并在剩余折旧期内按该资产的净值计提折旧。凡分立后的企业在会计损益核算中，按评估价调整了有关资产账面价值并据此计提折旧的，应在计算应纳税所得额时进行调整，多计部分不得在税前扣除。

（三）减免税优惠的处理

1. 企业分立不能视为新办企业，不得享受新办企业的税收优惠照顾。

2. 分立前享受有关税收优惠尚未期满，分立后的企业符合减免税条件的，可继续享受减免税至期满。

3. 分立前的企业符合税法规定的减免税条件，分立后已不再符合的，不得继续享受有关税收优惠。

（四）亏损弥补的处理

分立前企业尚未弥补的经营亏损，由分立后各企业分担的数额，经主管税务机关审核认定后，可在税法规定的亏损弥补年限的剩余期限内，由分立后的各企业弥补。

三、股权转让和增资扩股的税务处理

股权转让和增资扩股统称为股权重组。股权转让是指企业的股东将其拥有的股权或股份，部分或全部转让给他人。增资扩股是指企业私募新股东投资入股、向社会募集股份、发行股票或原股东增加投资扩大股权，从而增加企业的资本金。股权重组一般不须经清算程序，其债权、债务关系，在股权重组后继续有效。

企业股权重组后，有关税务事项按以下规定处理：

（一）股票发行溢价的税务处理

股票发行溢价是企业的股东权益，不作为营业利润征收企业所得税，企业清算时，亦不计入清算所得。

（二）资产计价的税务处理

企业股权重组后的各项资产，在缴纳企业所得税时，不能以企业为实现股权重组而对有关资产等进行评估的价值计价并计提折旧，应按股权重组前企业资产的账面历史成本计价和计提折旧。凡股权重组后的企业在会计损益核算中，按评估价调整了有关资产账面价值并据此计提折旧的，应在计算应纳税所得额时进行调整，多计部分不得在税前扣除。

（三）减免税优惠的处理

企业享受的税收优惠待遇，不因股权重组而改变。

（四）亏损弥补的处理

企业在股权重组前尚未弥补的经营亏损，可在税法规定的亏损弥补年限的剩余期限内，在股权重组后延续弥补。

（五）股权转让收益或损失的税务处理

企业转让股权或股份的收益，应缴纳企业所得税；转让股权或股份的损失，可在当期应纳税所得额中扣除。

$$股权转让收益或损失 = 股权转让价 - 股权成本价$$

股权转让价是指股权转让人就转让的股权所收取的包括现金、非货币资产或者权益等形式的金额；如被持股企业有未分配利润或税后提存的各项基金等股东留存收益的，股权转让人随转让股权一并转让该股东留存收益权的金额（以不超过被持股企业账面分属为股权转让人的实有金额为限），属于该股权转让人的投资收益额，不计为股权转让价。

股权成本价包括股权出让方当初收购该股权的价款、向企业注资或增加注册资本金、企业改制职工安置费以及审计、评估等中介费用。

股权成本价 = 原收购价款 + 新增实收资本 + 职工安置费 + 收购中介费用

四、资产转让、受让的税务处理

资产转让是指企业有偿转让本企业的部分或全部资产。资产受让是指企业有偿接受另一企业的部分或全部资产。

对企业资产转让、受让所涉及的有关税务事项，按以下规定处理：

（一）资产转让损益的税务处理

企业取得资产转让收益，应计算缴纳企业所得税；资产转让所发生的损失，可在当期应纳税所得额中扣除。国有资产转让净收益凡按国家有关规定全额上缴财政的，不计入应纳税所得额。

（二）受让资产计价的税务处理

企业受让的各项资产，可按照取得该项资产时的实际成本计价。

（三）减免税优惠的处理

资产转让和受让双方在资产转让、受让后，其生产经营业务范围仍符合税收优惠政策规定的，可承继其原税收待遇。但其中享受定期减免税优惠的，不得因资产转让而重新计算减免税期限。

（四）亏损弥补的处理

资产转让和受让双方在资产转让前后发生的经营亏损，应各自按税法规定的亏损弥补。不论企业转让部分还是全部资产，企业经营亏损均不得因资产转让和受让在双方间相互结转。

五、并购重组业务的企业所得税优惠政策

2009 年 4 月 30 日国家财政部、税务总局以财税〔2009〕59 号文件发布《关于企业重组业务企业所得税处理若干问题的通知》，就企业重组所涉及的企业所得税具体处理作出了最新规定，该通知所称企业重组，是指企业在日常经营活动以外发生的法律结构或经济结构重大改变的交易，包括企业法律形式改变、债务重组、股权收购、资产收购、合并、分立等。文件规定对符合以下条件的企业重组，在税务处理上有一定程度的减免或分年缴纳的优惠：

1. 具有合理商业目的，且不以减少、免除或者推迟缴纳税款为主要目的；
2. 被收购、合并或分立部分的资产或股权比例符合本通知规定的比例；

3. 企业重组后的连续 12 个月内不改变重组资产原来的实质性经营活动；

4. 重组交易对价中涉及股权支付金额符合本通知规定比例；

5. 企业重组中取得股权支付的原主要股东，在重组后连续 12 个月内，不得转让所取得的股权。

根据国家税务总局发布的《关于外国投资者并购境内企业股权有关税收问题的通知》规定，外国投资者通过股权并购而变更设立的外商投资企业，可享受税法及其有关规定所制定的各项企业所得税优惠政策。

另外，在各国税法中，换股并购重组属于"免税交易"，即交易过程中目标公司的股东不负有纳税义务，而现金并购重组则为"应税交易"。这对企业在境外设立离岸公司，然后通过换股并购向境外注入资产，进而运作上市非常有利。

第三节　红筹公司及离岸公司的企业所得税

一、双边税收协定与法定纳税人分类

（一）新税法及双边税收协定

中国自 2008 年 1 月 1 日起实施的《中华人民共和国企业所得税法》（以下简称《企业所得税法》）取代了原有的《中华人民共和国外商投资企业和外国企业所得税法》和《中华人民共和国企业所得税暂行条例》，旧有的内外资企业所得税法因之得以合并。同年实施的还有新修订的《中华人民共和国企业所得税法实施条例》。

按照新的《企业所得税法》关于居民纳税人的原则，实际管理地在中国的上市红筹公司和在开曼、维尔京和百慕大群岛等地成立的离岸公司有可能被认定为中国居民纳税人企业。因此，无论因商业目的设立离岸公司还是通过离岸公司反向收购境外公司上市或 IPO 上市，都涉及所得税征收分配问题。

为了施行《企业所得税法》，截至 2017 年 4 月底，国家税务总局国际税务司已与106 个国家和地区（包括香港）签订双边税收协定、安排和协议，其中包括 54 个"一带一路"沿线国家。双边税收协定是两个主权国家为协调相互间的税收分配和解决重复征税问题而缔结的书面协议或条约。税收协定被形容为企业"走出去"的"护身符"。2016 年，仅税收协定的利息条款就为中国金融机构减免境外税收 278 亿元，税收协定也为境外纳税人在中国实现税收减免 280 亿元。

国家税务总局根据"共享共赢"理念发布了中英文版的《国别投资税收指南》，该指南围绕境外投资目的地整体营商环境、主体税种、征管制度、双边税收协定等内容，进行较为详细的介绍，帮助通过跨国投资、跨国并购或境外上市而"走出去"的中国企业快速熟悉投资目的地的税收政策及商务信息。

（二）企业所得税的法定纳税人分类

《企业所得税法》第二条将企业所得税的法定纳税人（企业和其他取得收入的组

织）划分为居民企业和非居民企业两类。

居民企业，是指依法在中国境内成立，或者依照外国（地区）法律成立但实际管理机构在中国境内的企业。

非居民企业，是指依照外国（地区）法律成立且实际管理机构不在中国境内，但在中国境内设立机构、场所的，或者在中国境内未设立机构、场所，但有来源于中国境内所得的企业。

《中华人民共和国企业所得税法实施条例》（以下简称《实施条例》）进一步明确，实际管理机构是指对企业的生产经营、人员、账务、财产等实施实质性全面管理和控制的机构。而在旧有的企业所得税法相关规定当中，注册地是确定居民企业的唯一标准。

符合上述表述的机构需要同时满足三个条件。其一，是对企业要有实质性的管理和控制；其二，要对企业进行全面的管理；其三，控制的范围明确包括了企业的生产经营、人员、账务、财产等内容。

这也意味着，如果满足了上述条件，按照新的规定，某一企业不一定是在中国注册，但仍可能是中国的企业所得税纳税人。

（三）征税范围和税率

《企业所得税法》第三条、第四条以及《实施条例》第九十一条规定了如下三种情况下的适用税率：

1. 居民企业应当就其来源于中国境内、境外的所得缴纳企业所得税，适用税率为25%。就是说，如果一家企业被认定为居民企业，那么该企业全球的收入都要缴纳企业所得税。

2. 非居民企业在中国境内设立机构、场所的，应当就其所设机构、场所取得的来源于中国境内的所得，以及发生在中国境外但与其所设机构、场所有实际联系的所得，缴纳企业所得税，适用税率为25%。

3. 非居民企业在中国境内未设立机构、场所的，或者虽设立机构、场所但取得的所得与其所设机构、场所没有实际联系的，应当就其来源于中国境内的所得缴纳企业所得税。此项非居民企业的所得适用税率为20%，但可减按10%征收。

也就是说，如果一家企业被认定为非居民企业并属于第二种情况，则该企业将只就其来源于中国国内的收入和与境内机构和场所有实际联系的境外收入按25%缴纳企业所得税。而如果一家企业被认定为非居民企业并属于第三种情况，离岸公司，例如英属维尔京群岛（BVI）公司虽然在境内没有机构或虽有机构但所得与机构无实际联系，然而BVI公司通过持有境内公司股权，有来源于中国境内的所得，则将可能被增收20%的所得税；按照《实施条例》第九十一条规定，第三种情况的非居民企业所得可以减按10%的税率征收企业所得税。

二、香港成为离岸公司构架的最后一环

实施《企业所得税法》和《实施条例》直接导致对外资企业征收股息预提所得

税，一般税率为 10% ~ 25%，而对于香港、澳门、新加坡、塞舌尔等与中国签订税收协定或有特殊税务安排的国家和地区实行优惠暂扣税税率，低至 5%。

因此，一些在境内设立外资企业的 BVI 公司，担心中国开始对股息征收 20% 的所得税，进行架构重组，把注册地从 BVI 转移到香港。

这里所说的股息，也可以称作税后利润。对股息征税，是很多国家的普遍做法。而中国在 2008 年之前对外资企业的股息是免征所得税的。这实际上是对外资企业的股息免税，中国不对股息征税，就等于把这部分税收让给了其他国家。

由于中国对外商投资企业实施税收优惠政策，2008 年新所得税法实施之前，内资与外资所得税实际税负相差 15% 左右，越来越多的内资公司会先在 BVI 等低税区注册，它们采取将资金转到境外再投资境内的"返程投资"方式，享受外资企业所得税优惠。据商务部统计，对华投资的十大资金来源地中，来自 BVI 的公司排名第二。BVI 是指 The British Virgin Islands，即英属维尔京群岛。

在实际操作中，由于各国间双边税收协定和本国税法不同规定的影响，《企业所得税法》关于派出股息征税的规定，对不同国家和地区的外资企业的影响也是不同的。

在《企业所得税法》实施以后，对于美国和欧洲、日本等对股息需要在本国扣缴税，并且与中国签有双边税收协定的国家和地区的公司不会有太大的影响。

例如，一家美国公司在中国派出股息时缴纳了 20% 的税，这笔股息到了美国之后，按照美国的税法还需要纳税，但根据美国税法的规定，在中国扣缴的这部分税款可以作为本国税收抵扣的额度。所以中国对派出利润征税 20%，基本不会改变这家公司的实际缴税额。不同之处在于，之前是把对股息的所得税交给了美国政府，而《企业所得税法》实施以后，会有一部分税款缴给中国政府。

而对股息免税的国家和地区，比如很多东南亚国家和 BVI，中国对派出利润征税 20%，对这些国家的公司会有比较大的影响。在《企业所得税法》实施之前，中国和企业注册地所在国家和地区对派出利润都不征税。《企业所得税法》实施后，这些国家的公司从中国派出利润时，需要在中国缴纳 20% 的税款。而在其本国由于不需要对派进来的利润缴税，也就得不到税收抵扣，所以这些公司实际上会减少 20% 的税后利润。国内的一些假外资企业大多是在 BVI 注册，因此它们在利润上会受到比较明显的冲击。

因而，一些来自没有与中国签订双边税收协定，或是低税区的国家或地区的公司，包括国内的假外资，都开始调整和重组，最直接的方式是把 BVI 公司变成香港公司，也就是把公司注册地改成香港。香港对公司派出的股息一直免税。《企业所得税法》实施后，按照中央政府和香港特别行政区签署的税收优惠协议，注册地为香港的公司从内地派出股息时，只需向内地税务部门缴纳 5% 的所得税。

而对于来自那些与中国没有签订双边税收协定的国家和地区的 BVI 公司，假如它们在中国内地赚了 100 万元，按照《企业所得税法》的规定，要缴纳 25% 的企业所得税。如果这个公司想把剩余的 75 万元利润派转到国外 BVI 公司总部，还要对这 75 万元再交 20%（或减按 10%）的税才能派息，最后只拿到 60 万元利润。但如果它们把注册地变成香港，对派出利润只需征税 5%，派到国外的利润就会有 71.25 万元。可见，香港和 BVI 公司纳税额有较大的差异。

综上原因，利用 BVI 等公司对中国投资的企业，正逐步对其公司构架进行重组，香港作为其离岸构架最后一环，以香港公司投资中国。然而，这种重组不能仅仅是在香港注册，而是要满足中国内地和香港税务当局对于香港税务居民身份的认证要求。不过，如果不需要向境外分红派息，则离岸公司在哪注册都无影响。

但值得特别注意的是，如果境内企业为了赴境外上市，在境外设立离岸公司并购境内企业，并通过该离岸公司私募融资（或公开发行股票，或反向收购上市公司），则境内企业势必向境外分配利润，此时则应优先选择香港注册离岸公司。

三、离岸公司预提所得税案例说明

新税法实施后，对那些利润来源于境内的离岸公司产生影响是正面的还是负面的，需要具体情况具体分析。这是因为，按照《实施条例》，如果外国投资者在中国境内获得股息、红利，需要缴纳 10% 的预提所得税。而如果该公司被认定为居民企业，这部分收入则可以免征所得税。

举例说明如下：

如果有三家企业 A、B、C 分别在中国、中国香港和美国注册，其中 A 是 B 的子公司，B 是 C 的子公司。

第一种情况，如果在中国香港设立的 B 公司因实际管理地在中国内地而被认定为中国居民企业纳税人。那么按照新税法的规定：

（1）当 A 公司向 B 公司进行分红时，可按居民企业之间分红免征税。

（2）当 B 公司向 C 公司分红时，由于 B 公司是中国内地居民企业纳税人，须按照中美税收双边协定（而不是中国香港的税法）缴纳 10% 的预提所得税，如图 8 - 1 所示。

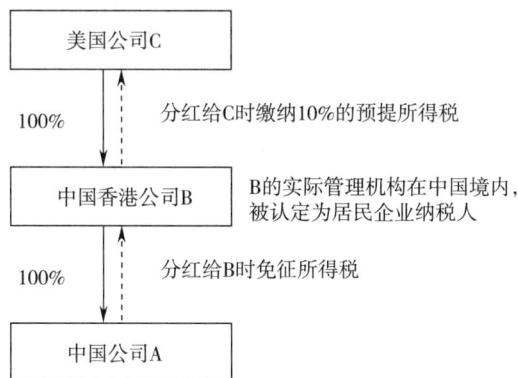

图 8 - 1 居民企业纳税人征收所得税示意图

第二种情况，如果 B 公司因实际管理地在境外而被认定为中国非居民企业纳税人。那么按照新税法的规定：

（1）A公司向B公司进行分红时，需要根据内地和香港双边税收规定安排，缴纳5%的预提所得税。

（2）B公司向C公司分红时，由于中国香港和美国没有税收双边协定，因此不需要缴纳所得税。如图8-2所示。

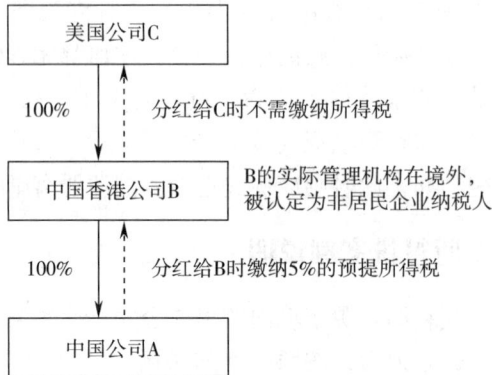

图8-2　非居民企业纳税人征收所得税示意图

两相对比，B公司被认定为中国居民企业纳税人后，对C公司分红时则多征收了5%的所得税，这部分为中国税收收入。从这个案例可以看出，巧妙的公司构架设计能够合理避税。所以，新税法实施后，近两年一些企业为了赴境外上市，优先选择在中国香港设立离岸公司，放弃所得税税率可能达到10%~20%的BVI公司。

随着新税法的实施条例和相关配套措施逐渐到位，上述两类企业的纳税问题还将有进一步的具体落实。

一般来说，如果一个企业向其海外关联企业分红的话，必须通过国内银行的企业账户进行资金汇出，银行则会按照相关外汇管理规定要求企业提供纳税凭证。国税总局将制定出对在中国香港和海外注册的公司成为居民纳税人之后的税收征管措施，通常会让这些公司在中国内地登记注册和开设一个专门的纳税账号，并对其实施征税管理。

第四节　企业并购的会计处理

一、企业并购涉及的会计准则

企业并购完成交割后，首先涉及的事项之一就是并购会计处理问题。《公司法》规定：公司合并时，合并各方的债权、债务，应当由合并后存续的公司或者新设的公司承继。公司分立，其财产作相应的分割。公司分立，应当编制资产负债表及财产清单。公司分立前的债务由分立后的公司承担连带责任，但公司在分立前与债权人就债务清偿达成的书面协议另有约定的除外。企业并购在具体财务会计处理时应按国家财政部

2006 年 2 月 15 日颁布的《企业会计准则第 20 号——企业合并》的有关规定执行。

作为并购双方的股东、董事和高管人员应当了解，而财务人员应当熟知企业并购涉及的会计处理问题。下面简要介绍企业合并的会计处理方法和被并购企业的会计处理方法。

二、企业合并的会计处理方法

（一）企业合并的范围和要素

构成企业合并至少包括如下两个要素：

1. 所合并的企业必须构成业务。业务是指企业内部某些生产经营活动或资产负债的组合，该组合具有投入、加工处理和产出能力，能够独立计算其成本费用或所产生的收入。

2. 一方取得对另一方或多个企业（或业务）的控制权。此时，财务报告主体随着控制权的变化而变化。即在并购交易事项发生后，并购方与被并购方形成母子公司关系，从合并财务报告的角度形成了报告主体的变化；或形成了企业合并，被合并的企业在合并后失去其法人资格，控制权及报告主体随之变化。

（二）企业合并的类型

1. 同一控制下的企业合并。同一控制下的企业合并，是指参与合并的企业在合并前后均受同一方或相同的多方最终控制且该控制并非暂时性的。同一方是指对参与合并的企业在合并前后均实施最终控制的投资者，能够对参与合并各方在合并前后均实施最终控制的一方通常指企业集团的母公司，同一控制下的企业合并一般发生于企业集团内部，如集团内母子公司之间、子公司与子公司之间等。相同的多方，通常是指根据投资者之间的协议约定，拥有最终决定参与合并企业的财务和经营政策，并从中获取利益的投资者群体。控制并非暂时性，是指参与合并的各方在合并前后一年及以上受同一方或相同的多方最终控制。

2. 非同一控制下的企业合并。非同一控制下的企业合并，是指参与合并各方在合并前后不受同一方或相同的多方最终控制的合并交易。实质上非同一控制下的企业合并属于非关联企业之间所进行的合并。

（三）企业合并会计处理的前提条件

企业合并会计处理的前提条件是收购合并已获成功，并以所有权、控制权的转移为标志，包括：（1）收购或合并已获得双方股东或股东大会批准；（2）收购、合并行为已获国家相关管理部门审批；（3）收购方有能力支付收购价款且已支付 50% 以上的收购合并对价；（4）被收购的资产或股权已办理转让过户的法律手续；（5）收购方对被收购方已有实质控制权。

（四）企业的合并处理

1. 同一控制下企业合并的处理方法。同一控制下的企业合并采用权益法的会计处理方法。权益法是将企业合并看做是两个或多个参与合并企业权益的重新整合，由于最终控制方的存在，从最终控制方的角度，该类企业合并在一定程度上并不影响企业集团整体的经济利益流入和流出，最终控制方在合并前后实际控制的经济资源并没有发生变化，有关交易事项不作为出售或购买。

2. 非同一控制下企业合并的处理方法。非同一控制下的企业合并采用购买法的会计处理方法。购买法是从购买方的角度出发，该项交易中购买方取得了卖方的净资产或对净资产的控制权，应确认所取得的资产以及应当承担的债务，包括卖方原来未予确认的资产和负债。就购买方自身而言，其原持有的资产及负债的计量不受该交易事项的影响。

非同一控制下和非同一控制下企业合并的具体会计处理均按照《企业会计准则第20号——企业合并》有关会计准则执行。

（五）反向收购的会计处理

非同一控制下的企业合并，以发行权益性证券交换股权的方式进行的，通常发行权益性证券的一方为收购方。但某些企业收购中，发行权益性证券的一方因其生产经营决策又被收购的另一方所控制的，发行权益性证券的一方虽然为法律上的母公司，但其为会计上的被收购方，该类企业收购通常称为反向收购。

例如，A 公司为一家规模较小的上市公司，B 公司为一家规模较大的非上市公司。B 公司拟通过收购 A 公司的方式达到上市目的，但该交易是通过 A 公司向 B 公司原股东发行普通股用以交换 B 公司原股东持有的对 B 公司股权方式实现。该项交易后，B 公司原股东持有 A 公司 50% 以上股权，A 公司持有 B 公司 50% 以上股权，A 公司为法律上的母公司、B 公司为法律上的子公司，但从会计角度，A 公司为被购买方，B 公司为购买方。

三、被并购企业的会计处理方法

非同一控制下的企业并购中，购买方通过企业合并取得被购买方 100% 股权的，被购买方可以按照并购中确定的可辨认资产、负债的公允价值，调整被并购企业资产负债的账面价值，并编制被收购后的资产负债表。在其他情况下被购买企业不应因企业并购改记有关资产、负债的账面价值。

（一）账面资产负债的调整时间

账面资产负债的调整时间应是购买方获得控制权的合同约定日期，即购买日，国家有关部门的并购法规有权益取得条件规定的应从其规定。在具体操作中，应当注意并购协议规定的股权转让价款支付时间和实际支付到位的时间；外资并购则还应考虑《关于加强外商投资企业审批、登记、外汇及税收管理有关问题的通知》（外经贸发〔2002〕575 号）和外汇管理局限定的转让价款支付时间及外汇登记结汇支付时间。

（二）资产负债调整原则

购买方通过并购取得被购买方 100% 股权的，资产负债调整总的原则是：按照并购双方确定的可辨认资产、负债的公允价值调整其账面价值。具体来讲就是根据并购协议相关条款、政府部门审查通过《审计报告》和《资产评估报告》以及有关部门的审批文件进行账面的资产负债调整。在具体处理中涉及以下事项：

1. 流动资产和流动负债处理。

（1）原股东财务往来处理。被并购企业的原有股东从被并购企业的借款与过往未分配利润应该在并购前互相冲抵，这在并购的审计和评估前就应处理完毕。

未处理完毕的往来款项应当在审计和评估中界定，并应结合双方确定的转让价款一并写入协议条款，一次性了断原股东与被并购企业的财务往来。在这种情况下，会计处理时应事先核清原股东的借款或欠款并应记入往来科目，一并进入审计和评估，以避免在收购后留下财务纠纷和隐患。

经过上述往来处理后，原股东占用被并购企业资金或被并购企业欠原股东的款项已在《审计报告》和《资产评估报告》中体现，且固定资产和流动资产评估值已有变化，所以，被并购企业可以根据转让协议规定并按上述处理后的结果调整资产负债。

（2）对三年以上应收、应付账款的撤账款项处理。在外资并购中需要注意的是，被购买企业可以按照并购中确定的可辨认资产、负债的公允价值调整其账面价值，但是由于在外资并购前的理账、审计和评估中对三年以上应收账款的撤账项目很多，调整账面资产负债时虽然按照转让审计报告、评估报告及协议规定以公允价值将三年以上应收账款调到账外，但企业应当将这些账款单独记账，由清欠部门继续追索债务，尽量争取企业的权益。

2. 非流动资产和非流动负债。

（1）固定资产：被并购企业可以按照有权部门批准的股权转让《资产评估报告》结果的公允价值调整固定资产的账面价值。但按照税法规定，并购发生的资产评估增值不得计提折旧在税前进入成本。

（2）无形资产：由于采矿许可证等范围内的矿产资源以及其他无形资产已进入评估，应当按照《资产评估报告》评估结果的公允价值调整无形资产的账面价值；相应欠缴的采矿权价款等可以记入流动负债的应付账款类科目。

（3）长期负债：按照《审计报告》和《资产评估报告》已经确认的账内外的全部负债本金和确定的全部账外利息调整被并购企业的账面长期负债。

3. 所有者权益。

被购买100%股权的企业，所有者权益一般按照如下原则处理：

（1）实收资本。对于并购方收购国企改制，收购方将股权转让价款支付给被并购企业的原国有股股东后，经过验资证明新股东出资到位，被并购企业将实收资本科目的"国家资本""国有法人资本"改为普通"法人资本"；其数额按照验资报告的实际出资额调整。

外国投资者并购境内企业。由于公司原注册资本已在并购前缴付完毕，外国投资者向境内企业原股东支付股权转让价款，该价款作为外国投资者对被并购企业的注册资本出资。外资收购境内公司股权的协议经审批机关批准后，股权出让方所在地外汇管理机关为其办理转股收汇外资外汇登记，并出具相关证明，"转股收汇外资外汇登记证明"是证明外国投资者缴付的股权收购对价已到位的有效文件。新注册资本与原注册资本相同的，被并购企业依据"转股收汇外资外汇登记证明"将实收资本科目"国有法人资本"或"法人资本"改为"外商资本"，其实收资本数额不变。

（2）资本公积。并购后被并购企业注册资本大于原实收资本的，一般应当由新股东将大于原实收资本的差额向被并购企业注资并经验资后计入并增加实收资本，使其与新注册资本一致。

并购后注册资本小于原注册资本的，应将原实收资本减去新注册资本后的差额计入资本公积，调整实收资本与新注册资本一致。

（3）未分配利润。以前年度未分配利润按照约定基准日（最新审计、评估截止日，报批外商投资企业的协议基准日等），进入审计评估后在转让协议中通过转让价款一并处理权益归属；该收购日以后的利润均可以计入新公司利润，新股东出资到位后权益可以归新股东所有。但如果新股东出资或股权转让价款长期不能到位，根据《公司法》和《关于加强外商投资企业审批、登记、外汇及税收管理有关问题的通知》，该基准日以后的利润仍应归原股东所有，新股东权益从资本金到位日始计。

（4）所有者权益。经上述调整后，所有者权益（净资产）也就自然确定了。

上述各项具体数据应当以最后审批定稿的《审计报告》和《资产评估报告》以及双方签订的股权转让协议规定为准。

并购后的会计处理（几乎相当于重新立账）属于较重大的事项之一，从法律程序上还需按照公司章程履行必要的审批程序，公司财务部门和经营班子要讨论研究后报送董事会，并按公司法和企业会计准则等有关规定执行。

案例 上市成功为何诉诸公堂——震惊中外的股权争夺战

【案例简介】

已经完成买壳上市程序并将资产及业绩装入上市公司，但由于双方矛盾，撕毁并购协议并诉诸公堂，一次买壳上市的资本运作，完全演变成一场资本市场的闹剧。省高级法院一纸判决，北方集团胜诉，升平煤矿买壳上市后又从上市公司退出。上市公司由此陷入极度困境，境外投资机构和公众投资者蒙受巨损；壳公司原大股东套现获利67倍而退，财务顾问牟取暴利；上市代理人枉费心机，"为伊消得人憔悴，换来一枕梦黄粱"。

本案例在第七章案例基础上，进一步披露了升平煤矿买壳上市股权争夺战的爆发和演变过程，分析和诠释了造成最终结果的内在根源。升平煤矿买壳上市的股权争夺战成为资本市场的反面教材和经典案例。

【案例故事】

一、香港新闻发布会

21 世纪经济报道驻香港记者于晓娜于 2009 年 3 月 25 日发布了一则资本市场的爆炸性新闻：《1.4 亿元引发的恩怨：升平煤矿股权转让真假幻象》。香港和内地许多媒体也发布和转载消息：北方集团于 3 月 24 日在香港召开新闻发布会，北方集团董事局主席姜鸿斌宣布，香港上市公司神州资源（00223.HK）在 2008 年向北方集团收购升平煤矿的交易中未如期付款，构成违约，北方集团认为不应将煤矿资产和业绩并入上市公司，但神州资源事后仍声称拥有该煤矿的所有权并公布了煤矿经营业绩。北方集团发言人称，富盈环球伪造了北方集团大股东汪先生签署的升平煤矿收购《备忘录》及假冒姜鸿斌签署了煤矿《收购延期协议》。北方集团指控对方的行为误导了投资者，已向联交所申诉，要求介入调查。发言人还宣布已经收回升平煤矿控制权，并向黑龙江省高级人民法院提起诉讼，请求解除升平煤矿 2008 年《股权转让协议》。同日，神州资源在上午开盘后不到一小时就宣布股票停牌，资本市场和境内外媒体一片哗然。

二、到底发生了什么

升平煤矿股权已全部转让给神州资源，煤矿资产和业务也注入了上市公司，北方集团还支付了上市费用 1 000 多万元，却拿不到上市公司的股票、可换股票据和 1.4 亿元价款。如此看，若打不赢官司夺回煤矿，北方集团将输得很惨。

事实上，升平煤矿在 2008 年 4 月 16 日就已从法律上变成神州资源下属的外商独资企业。但在此后的几个月内，神州资源控股公司富盈环球一直未向北方集团支付 1.4 亿元股权转让价款。北方集团与对方几经交涉无果，又没有充分的协议证据和法律文件在香港提起诉讼，出于无奈，北方集团只有通过国内诉讼解除外资并购的 2008 年协议，从而把升平煤矿从香港上市公司手中夺回来。如果北方胜诉，洪某和尹某则有可能因欺诈在香港遭到神州资源和公众投资者的诉讼。

情节一，买壳上市之后汪先生与洪某和尹某首先就两个 10% 股份的顾问费在计算问题上发生了严重的分歧，汪认为应当按照股权转让对价 7 亿港元中北方集团所得到股份中的 10% 计算，而洪和尹则坚称应按照神州资源已增发配售后的总股本计算。两种算法核算到每个人的差异高达几千万港元，双方争持不下，而洪某已按总股本的 10% 向尹某支付了 9 357 万股。争端由此产生，矛盾不断升级。

情节二，神州资源通过富盈环球于 2008 年 5 月将 1 亿港元打入升平煤矿新开立的资本项下临时账户，该账户由富盈环球控制。由于双方为 1.4 亿元的归属和用途问题各执己见，因此 1 亿港元没有结汇支付给北方集团，剩余的 5 600 万港元也一直没有汇进境内。按 2008 年协议，这 1.56 亿港元应该结汇支付给北方集团的指定账户，北方集团也曾多次催促对方结汇付款。然而，到了 2008 年 10 月 16 日，这归去来兮的 1 亿港元在内地转了一个圈之后，又汇回了香港。

可是，收回去容易再进来难，北方集团大股东因对方未按期付款已决定不再与之合作，并启动向香港联交所投诉和内地法律诉讼程序。富盈环球再想支付这 1.4 亿元人民币的价款，没有北方集团的同意就很难实现了。

三、"子系中山狼，得志便猖狂"

2008 年 5 月 9 日，升平煤矿召开第一届外资董事会，洪某宣布将在下届董事会更换刚刚为企业改制和买壳上市立下汗马功劳的两名升平煤矿董事。从此，洪某似乎已成为升平煤矿的实际控制人，大有"卸磨杀驴"之势。随后的几个月里，洪某不断从香港委派董事，逐步控制神州资源董事会，并对升平煤矿的经营和财务实施控制。

由于转让价款没到位涉及升平煤矿的主权问题，港方人员与北方集团及升平煤矿高管人员之间的摩擦步步升级。但不久后，神州资源的高管逐渐了解了事实真相，对煤矿的控制开始放缓。洪某认为神州资源部分执行董事和高管办事不力，于是横加训斥和指责。不久后，洪某召集来的几名神州资源执行董事、财务总监、董事会秘书都先后辞职。从此，内地与香港高管人员之间的摩擦逐渐演变成北方集团与神州资源之间的股权争夺战。

四、谁是主人，老天为"主人"流泪的日子

2008 年 6 月 6 日，建发国际召开有记者参加的机构投资者招待会，宣布收购升平煤矿成功及上市公司翻牌为神州资源。十分巧合的是，召开新闻发布会的酒店正是紧靠金紫荆广场和香港国际会展中心的君悦大酒店，1997 年中国政府收回香港主权的交接仪式就在会展中心举行，当时国家领导人就下榻在这家酒店。

在国内出发前，汪先生兴奋地告诉我们，这次到了香港，我们就可以当主人了。6 月 5 日中午，笔者入住君悦大酒店，如约来到楼上露天游泳池边的休闲餐桌与汪老板商谈上市后收购事项。过后在为饮料买单时，汪老板的房间签单竟然无效。而洪某到哈尔滨和大连时，住在索菲特和富丽华大酒店，每次都是汪老板交几万元乃至十几万元的押金，消费一律由洪某签单，怎么这次主人来香港反而待遇改变了？这使汪老板十分尴尬和恼火。

招待会晚宴在君悦大酒店宴会厅举行，神州资源给汪先生安排了一个很不显眼的靠边桌位，全天也没有得到唱主角的机会，一切听从神州资源摆布。我和姜鸿斌问汪老板：到底谁是主人？你拿到转让对价了吗，持有神州资源多少股份？

神州资源的高管与到场嘉宾频频举杯庆贺，我们却被冷落一旁，不开心的酒宴结束了。在君悦大酒店的房间里，我背靠写字台，望着窗外风雨中维多利亚港湾模糊的香港夜景，心中充满担忧和迷茫。在这里入住和召开新闻发布会隐喻着什么？是上市成功，还是预示主权终将回归？难道香港回归的历史会在升平煤矿重演吗？

6月7日，香港，大暴雨，一小时下了全年6%的降雨。早上，汪老板回答了我们的问题：别着急，8月份一切都会解决。我们问，有什么法律文件吗，8月份怎样解决？汪无话可答。汪已经感到事情不妙，好像被骗了。于是，他这才在香港找律师和会计师寻求帮助，分析研究解决办法。此后不久，汪老板的北方集团与神州资源"宣战"。

五、北方集团启动控告和诉讼程序

2008年11月28日，交战升级。北方集团认为神州资源隐瞒2008年协议、伪造延期协议和备件、非法合并财务报表、虚报中期业绩等，损害北方集团利益、欺骗神州资源股东和公众投资者。因此，北方集团聘请香港律师向神州资源董事会发出了律师函，要求其澄清事实、纠正错误。

12月9日，北方集团向香港联交所发出律师信，控告神州资源欺诈投资者，请求联交所就前述问题对神州资源立案调查。

12月18日及19日，北方集团书面通知神州资源，解除与富盈环球签订的升平煤矿2008年协议，并宣布收回升平煤矿的决策权及控制权。

12月29日，神州资源依然我行我素，公布截至当年9月30日的季报，在没有支付给北方集团1.4亿元转让价款的情况下，把升平煤矿的资产和业绩全部并入神州资源的财务报表中：神州资源截至2008年9月30日经营业务税前溢利10 877.8万港元，税后溢利7 019.3万港元全部来源于升平煤矿；而其他业务则全部亏损，其中贸易展览会业亏损4 068.7万港元，其他业务亏损638.3万港元。

12月31日，北方集团正式授权香港联交所对神州资源进行调查，香港联交所上市科随即立案调查。

2009年1月20日，北方集团对富盈环球未向其支付1.4亿元人民币的股权转让价款而违约提起诉讼，请求黑龙江省高级人民法院判令解除升平煤矿股权转让协议，归还升平煤矿全部股权，法院随即受理此案。

2009年4月22日，法院将起诉状副本、应诉通知书和传票送达洪某，北方集团于4月27日报告联交所。7月22日，黑龙江省高级法院委派三名资深法官组成合议庭，正式开庭审理北方集团状告神州资源全资子公司富盈环球违约案。随后，合议庭对相关各方展开法庭调查取证、法庭辩论和法庭审理。

一旦法院判决解除"2008年协议"，神州资源不仅将面临巨大的信息披露不实诉讼，更重要的是，由于升平煤矿给神州资源贡献了接近90%的营业额和100%的盈利，北方集团一旦胜诉，升平煤矿就会得而复失。这无疑会将神州资源推上长期停牌乃至退市的悬崖，神州资源的董事个人也可能被公众投资者起诉。洪某和尹某等人已经没有退路，只能拼命一搏了。

六、股权争夺战的白热化

神州资源和北方集团从口水战转入白热化的实质性股权争夺战，双方人员你进我出、文件你来我往，都在寻求省、市、县政府和司法机关的支持，甚至通过地方政府动用警力配合，进驻升平煤矿，争夺控制权。

不过，根据国家对外贸易经济合作部、国家税务总局、国家工商行政管理总局、国家外汇管理局联合发布的《关于加强外商投资企业审批、登记、外汇及税收管理有关问题的通知》（外经贸法〔2002〕575 号）第六条规定，"外国投资者收购境内企业股权应自外商投资企业营业执照颁发之日起 3 个月内支付全部购买金。对特殊情况需延长支付者，经审批机关批准后，应自营业执照颁发之日起 6 个月内支付购买总金额的 60% 以上，在 1 年内付清全部购买金，并按实际已缴付出资额所占比例分配收益。控股投资者在付清全部购买金之前，不得取得企业决策权，不得将其在企业中的权益、资产以合并报表的方式纳入该投资者的财务报表"。据此，北方集团恢复行使控制权应当是合理合法的。

然而，事情远没那么简单。洪某曾将出售对价股份（神州资源股票）的 3 000 万元给了北方集团控股的鸡西热电，他认为这是股权转让付款的一部分，否则北方集团的经办人员就是经济诈骗。同时，神州资源也展开强大攻势。

2009 年 5 月 18 日，神州资源在停牌近 2 个月之久后突然宣布复牌，并发布澄清公告，反击北方集团 3 月 24 日新闻发布会的绝大部分内容。神州资源称：（1）有关"富盈环球伪造了北方集团大股东汪先生签署的有关升平煤矿收购备忘录及假冒姜鸿斌签署煤矿收购延期协议"的说法完全是无中生有；（2）双方绝对没有签署"2008 年协议"；（3）2008 年 6 月 20 日之前，富盈环球及董事对北方集团已擅自用"2008 年协议"取代"2007 年协议"，并向当地政府机关进行了审批、备案并不知情，这是导致交易至今无法交割的根本原因；（4）2008 年 7 月，汪先生与洪某签订了将继续按照"2007 年协议"执行的一份备忘录，另外，2008 年 10 月 30 日，双方还签订了煤矿收购延期协议并送交有关内地政府机关登记备案，双方约定在 2009 年 7 月 16 日延期截止日前此协议诚属有效；（5）目前在黑龙江当地政府及有关部门的支持下，神州资源已取得升平煤矿的经营管理权，神州资源将升平煤矿纳入公司报表的做法并无不妥。公告还称，公司得悉 2008 年协议已经在中国政府机关有效登记。根据 2008 年协议支付转让价款一事正是在内地进行诉讼争辩的重点，故本公司不宜就此再作评论，静待富盈环球与北方集团在中国进行之法律诉讼案件裁决结果。

2009 年 6 月 15 日，北方集团致函港交所，要求对神州资源 5 月 18 日公告中虚假和不准确的内容进行全面彻查。该函件指出，神州资源的公告有以下几点不真实：（1）2008 年协议完全是在富盈环球实际控制人洪某知情并确认的情况下签订的；（2）姜鸿斌绝没有在所谓的收购延期协议上签字；（3）神州资源多次以执行 2007 年协议的备忘录为由，掩盖其误导及欺诈公众投资者的行为，而北方集团及汪先生已多次声明从未签订过该备忘录。

七、庭审前的最后备战

神州资源继续增发新股，筹集股权转让价款。2009 年 5 月 20 日，神州资源发布公告称，公司于 2009 年 5 月 19 日与认购人高峰订立认购协议，高峰同意按每股 0.338 港元认购 1.78 亿股。公司将利用认购事项之所得款项净额约 6 000 港元作一般营运资金用途，包括但不限于支付转让代价。发布公告当日神州资源收盘价 0.58 港元，成交量 2 911 万股，成交金额 1 762.63 万港元。看来，神州资源准备了足够的粮草和弹药，准备最后的决战。可惜的是，未经深入调查了解详情的高峰在不经意中，将巨额投资深度套牢在神州资源。

八、业内人士对真相的猜测

升平煤矿股权争夺战愈演愈烈，而在资本市场却没人知道神州资源收购升平煤矿的内幕。不过，一些媒体和业内人士已经密切关注事态的发展和本来面目，上市公司是收购还是买壳上市也已初露端倪。

21 世纪经济报道记者华观发在 2009 年 6 月 20 日和 29 日分别采访了北方集团大股东和神州资源董事会秘书，并于 7 月 1 日发表了一篇题为《一次反向收购的意外夭折？升平煤矿"争夺战"庭审前最后角力》的报道，其中引用国内一家大型券商投行部高层人士的分析说："纵观北方集团与神州资源亮出的各自认可的 2007 年协议及 2008 年协议，行内的人应该很容易发现，这背后应该有不一般的故事。"该报道还提出分析和质疑："为什么 2007 年协议中，卖方北方集团会同意以 1.4 亿元人民币价格将价值 7 亿港元的升平煤矿转给富盈环球？这仍然是个未解之谜。换句话说，富盈环球用了 1.4 亿元买了升平煤矿，转手又以 7 亿港元的价格，卖给了上市公司建发国际。一倒手就赚了 5.4 亿元。如果不出意外，从现有信息看，1.4 亿元升平煤矿股权转让背后，是北方集团原本想采用投行界常用的反向收购办法，实现境外买壳上市的一段惊险资本运作。现在看，只是因为某个外界并不知情的环节，最终失败了而已"。对于上述评论，汪先生在接受记者采访时告诉记者，"庭审之后，北方集团会将交易背后的故事给公众一个明确交代，目前时机还并不成熟"。

九、半路杀出程咬金

2009 年 7 月 21 日，神州资源突然发布公告称，该公司收到三份由哈尔滨市中级人民法院于 7 月 14 日发出的民事裁定书及一份要求第三人履行偿付债务责任的通知书，要求升平煤矿的买方神州资源不得直接向卖方北方集团支付 1.4 亿元的转让款，而是由中级法院代收，以备北方集团日后偿还债权人农业银行黑龙江分行的 2.9 亿元债务。神州资源已将第一笔款项 6 000 万元付给了哈尔滨中级法院。7 月 22 日，神州资源董事会秘书周志辉告诉 21 世纪经济报道记者："不管北方集团怎么说，这表明，我们现在是付了交易款了，升平煤矿属于神州资源公司这个事实应该不会改变了。"随后，神州资源将 1.4 亿元的转让款全部支付给哈尔滨市中级人民法院并被该法院"代收冻结"。

半路牵出追债银行，对于这场已进入白热化阶段的股权争夺战来说，农行的突然杀出将会给案情带来更多、更复杂的戏剧性因素。黑龙江省高级法院是否会认定神州资源已经支付了价款呢？

十、香港阵营内部开战——洪某指控建勤和其主席尹某

2009 年 8 月，神州资源前主席洪某指控遭建勤融资公司和其主席尹某等人误导欺骗，令他蒙受损失，又指多间公司拖欠他 1.52 亿港元，提请香港高等法院要求赔偿。原告人为洪某，被告依次为荷兰公司 Toeca National Resoursces B. V.、建勤融资有限公司、建勤主席尹某和 Baron International Limited。洪某要求法院判决 2008 年 5 月订立的配售协议等协议无效，具体向尹某追讨 9 900 万港元的神州资源股份的转让款或归还洪某已转给尹氏的 1 亿股神州资源股票，还向尹某追讨 3 300 万港元及向建勤融资和 Baron International 追款 2 000 万港元。

十一、升平煤矿发生流血事件

为控制升平煤矿和披露财务报表，自 2009 年 6 月起，神州资源派人多次到升平煤矿要求审计，但遭拒绝。2009 年 7 月，富盈环球解除了升平煤矿董事长王连武及部分董事和高管人员的职务，另作委任，但因矿工阻拦无法进入煤矿。据升平煤矿人员讲，洪某安排人员在矿区到处印发和张贴升平煤矿高管人员任免公告，扰乱升平煤矿的安全生产秩序和地方的社会稳定。

令人难以置信的是，2009 年 12 月 10 日上午 9 点 30 分许，洪某竟然亲自带领 20 多人强行冲进升平煤矿办公楼，使用催泪瓦斯和镐把，造成升平煤矿 8 名员工受伤、数人骨折、一人耳朵被撕开、6 人住院、3 人伤势严重。由于发生暴力流血事件，当天上午 10 点 40 分升平煤矿被迫停产。10 时许，集贤县警方赶到现场制止了暴力行为。当天下午，洪某等 24 人被双鸭山市警方刑拘。12 月 30 日，洪某等 8 人被正式批准逮捕。

十二、洪某被免职并遭神州资源起诉

流血事件发生的次日，神州资源发布通告称，公司董事会决议通过了即时停止洪某于神州资源的所有职务及解除洪某于富盈环球的董事职务，同时禁止洪某进入公司位于香港湾仔中环广场的办公室。12 月 16 日，神州资源再次发出公告称，公司根据香港上市规则，于 12 月 15 日在香港高等法院对前执行董事兼主要股东洪某展开诉讼，内容有关洪某违反合约，而有关合约则是公司与洪某于 2007 年 9 月 25 日签订之买卖协议，有关重大诉讼详情另行公布。

神州资源于 12 月 31 日发布公告并披露了截至 2009 年 3 月 31 日财务报告。鉴于境内诉讼案件未了结，香港核数师对财务报告未发表意见。截至 2009 年 9 月 30 日中期业绩未披露，股票继续停牌。

2010 年 1 月 22 日，神州资源通过香港高等法院对洪某及其持股公司颁布禁制令，其内容主要为冻结洪某持有的神州资源股份和可换股票据，禁止股权转让等行为，禁止洪某参与上市公司管理。到 2011 年，神州资源仍通过法院诉讼追索和冻结洪某持有

的股票和可换股票据，并拒绝洪某参加股东大会。

这位上市总代理，手中的亿万股票和可换股票据已被香港法院冻结，分售给境内人士 3 836 万股所得的 3 000 万元人民币也通过私人理财借款方式流入北方集团控股的鸡西热电，用于偿还北方集团拖欠信达资产公司的债务。这位短暂的上市公司主宰者"曾经豪情万丈，现在却空空的行囊"。

十三、法院判北方集团胜诉

经过长达一年的审理，黑龙江省高院对北方集团状告富盈环球及神州资源解除升平煤矿股权转让案一审结案。经哈尔滨市香坊公安分局书面确认，收购延期协议中北方集团的印章系伪造；公安机关不认为进入鸡西热电的 3 000 万元是诈骗，法院也不认为这笔钱属于转让价款，只是个人之间的理财借款；法院认定 2008 年股权转让协议合法有效；关于双方曾签订收购延期协议的主张证据不足，不予支持；认定富盈环球未在规定时间内支付股权转让价款，构成违约。

2010 年 2 月 5 日，一审判决如下："一、解除北方集团与富盈环球于 2008 年 3 月 25 日签订的《股权转让协议》。二、富盈环球将持有的升平煤矿全部股份返还北方集团。案件受理费 74.18 万元由富盈环球承担。"黑龙江省高级法院作出一审判决后，败诉方富盈环球在上诉期内没有上诉。至此，一审判决生效，富盈环球冻结在哈尔滨市中级法院的 1.4 亿元也从境内转回神州资源，升平煤矿又回归北方集团，而升平煤矿赴香港买壳上市也退回到原点。

十四、机构和公众投资者损失大半

神州资源股价从 2008 年 4 月 16 日购入煤矿时的 1.37 港元跌到 11 月 21 日的 0.17 港元，2009 年 3 月 24 日停牌在 0.215 港元。由于高峰入股的利好刺激，5 月 18 日复牌，5 月 20 日股价报收 0.58 港元。2009 年 7 月 27 日至 2010 年 9 月 27 日一年多时间里一路下跌，最终停牌到 0.435 港元，下跌总幅度达 68.25%，神州资源的机构投资者和境内外公众股民已经损失大半。更让人担忧的是神州资源要继续面对公司停牌、股价下跌乃至退市的巨大风险。神州资源与洪某及尹某之间的纠纷仍在继续进行，双方就冻结和追索洪某所持股份和可换股票据的诉讼已在香港高等法院立案审理，其结果如何，还有什么意外事件可能发生，被套入其中的高峰能否注入优质资产使神州资源起死回生，公众投资者仍在翘首以待。

【案例评析】

一、单枪匹马"华山论剑"

由于汪先生独自与对方签订显失公平的上市代理和顾问协议，甚至在涉及富盈环球控制权的法律文件中出现重大失误，导致自身权益没有法律保障。

事实上，除了前述 2008 年协议外，签订 2007 年的各项协议时，汪先生不让北方集团任何人参与，全是由汪先生私下委托建勤包办的，北方集团董事会、上市团队和管理层对具体协议条款无人知晓。两年后的 2009 年，由于股权纠纷引起诉讼，为了寻找对方的违约责任，才允许我们少数人看到 2007 年的各项协议。汪先生在这次上市中完全相信了尹某和洪某，自己委托建勤选定了所有的中介机构、上市地点和上市方式，企业内部上市团队则具体负责协调和配合中介机构全面完成上市的具体业务工作并办理外资并购。

二、引狼入室埋下祸根

委托建勤作为财务顾问乃大错特错。（1）尽管建勤属于香港联交所认可的上市保荐人，但是建勤本来就是神州资源的财务顾问，升平煤矿反向收购神州资源上市，怎么能用神州资源的财务顾问呢。汪先生一开始就为自己找来了"对手"的军师来当自己的顾问。（2）赴香港买壳上市最好是找中国内地证券公司或金融公司在香港设立的分支机构，这些买壳上市财务顾问对两地的相关法规都非常熟悉。如果汪先生请公司内部专业人士参与，公司根本就不会同意聘请建勤担任上市财务顾问。正像 21 世纪经济报道记者华观发采访北方集团高管人员时说的那样："建勤这个中介机构并不是北方集团自己的桥梁，它是对方的，而洪某是汪先生刚认识但并不可靠的合作伙伴，这可能就是本次资本运作失败的缘由之一"。

严酷的事实证明，建勤并没有在反向收购的关键环节为北方集团把关审查重要合约，尤其是在富盈环球实际控制权和神州资源支付给洪某对价的归属问题上根本没有维护北方集团的合法权益，也没有严格履行作为升平煤矿买壳上市财务顾问的职责，而建勤却在本次交易中获取了亿万财富。因此，财务顾问委托协议签订之时，已经为升平煤矿赴香港上市埋下了最大的祸根。

三、离岸公司法律风险

在海外注册离岸公司存在很多问题和风险。在海外注册离岸公司的目的往往是为了海外上市等资本运作，过去在红筹上市方式中广泛采用这种方法。在开曼群岛和维尔京群岛注册这种公司，费用只有 1 万港元左右。这种离岸公司注册有两种形式，各有不同利弊和风险。

（一）真实股东实际注册方式

这种方式是将境内公司的注册股东完全 Copy 到境外离岸公司，即离岸公司的股东与境内公司的股东及其持股比例完全一致。如果把国内资产和业务注入离岸公司，在境外买壳上市或 IPO 上市时，股东权益没有发生任何实质变化，在法律上不会发生侵权或欺诈风险。但是，国家商务部 2006 年发布 10 号文件，限制境内企业的实际控制人在境外注册离岸公司并以股权支付方式并购境内企业而实现海外上市（红筹上市）。

（二）实际控制人委托持股注册方式

由于种种原因境内公司股东不想或不便直接用自己的身份在境外注册离岸公司，

而通过相关机构或人士代为持股在海外注册离岸公司。具体操作是在香港请律师和会计师作咨询并代之审查相关配套协议，之后实际控制人和被委托持股人双方在律师见证下签订股份托管声明书（委托持股协议），该声明书中严格规定受益人和受托人的权利和义务。

例如，受托人股份托管声明书中声明：其所持有的股份、所有累积红利及利息为受益人和其继承人所有。受托人同意根据受益人随时发出之书面指示转让和处理上述股份、红利和应付利息；受托人将在受益人或者其继承人的要求下才有权出席所有股东会议或其他会议；受托人将按照受益人或者其继承人事先书面指示在每个会议行使投票；受益人有权随时撤销委托持股。

在委托持股方式下，受托人的诚信与守法履约程度会给受益人带来巨大风险。规避的办法是：在香港律师楼签订股份托管声明书的同时，由受益人和受托人预先签订"股权转让协议"，将签订日期和受让人名称空白不填，受益人有权根据受托人是否执行受益人意愿等情况以及运作需要，随时填上日期和受让人姓名，让委托持股协议解除，而"预先转让协议"立即生效，从而解除委托持股并将离岸公司股权转让给受益人指定的受让人，以此规避受托人越权、侵权甚至欺诈的风险。

四、缺乏配套法律文件，上市存在巨大漏洞

在本案例中，北方集团与洪某签订的委托注册离岸公司和收购上市公司的协议书及补充件没有形成前述的完整配套法律文件，由此产生巨大的侵权风险。汪先生根本没有在香港请律师和会计师制作和审查相关配套协议，汪老板是一面倒的承诺，没有规定自身权利和约束洪某履行任何义务的条款；洪某也没有做出任何义务承诺。汪老板没有利用北方集团在两年前设立的BVI公司，而是利用洪某持股并在维尔京群岛设立的富盈环球。汪与洪并未签订北方集团收购富盈环球的协议，或委托洪某在富盈环球代持股份的协议，以及股份托管声明书或者富盈环球股权的"预先转让协议"。在神州资源支付给富盈环球股权转让对价的归属权问题上，双方也没有签订关于将神州资源支付的股票、债券、现金等在规定时间内过户给北方集团或北方集团指定人员的任何协议条款。

由于没有上述配套法律文件，其结果是反向收购完成后，境内公司资产和业务注入上市公司的同时，北方集团却并未取得上市公司控股权，而洪某作为富盈环球的持股人，在法律意义上却成为整个买壳上市的主体：左手通过富盈环球从北方集团手中买入升平煤矿，右手将富盈环球股权转让给神州资源并获得其控股股份，实现反向收购上市。

洪某在法律上完全可以继续如下运作：将升平煤矿股权转让价款1.4亿元支付给北方集团后，随时把北方集团抛在一边，自己控制上市公司和升平煤矿。汪先生的重大遗漏和失误，完全演变成了自己布下的资本运作陷阱，这个风险实在是太大了。幸运的是，洪某没有及时把1.4亿元或手中的部分股票债券付给北方集团，否则，神州

资源和升平煤矿都将属于洪某麾下。

五、夺回煤矿的利剑

汪老板自觉受骗后，从 2008 年 6 月开始与洪某和尹某多次交涉，年底前向神州资源和香港联交所连续提交律师函等投诉文件，但神州资源根本不理。北方集团的中小股东赴香港咨询了香港律师和证券业的专业人士。律师说，从洪某、尹某、汪先生三人的运作过程以及建勤、富盈环球、神州资源、北方集团之间签订的一些协议和上市公司公告看，依照香港法律和上市规则，找不到洪某和尹某在运作中的法律责任，也没有充分的证据链来证明洪某和尹某是欺诈，因为整个运作汪老板是知情的，协议都是他自己亲自签订的，是其本人的自愿表达。

北方集团连在香港诉讼尹或洪的充分证据和理由都找不到，在香港通过法律途径解决双方的争端基本无望。

无奈之下，只有在内地通过法律诉讼夺回升平煤矿了。2009 年初，北方集团启动境内诉讼程序，请求法院解除 2008 年协议，理由是神州资源未及时支付升平煤矿的股权转让价款。由此，2008 年协议条款的严密性与否就成为北方集团能否胜诉的关键。

事实上，要不是 2008 年协议规定 1.4 亿元归属北方集团所有（2007 年协议规定替升平煤矿还债），以及违约处置的严密条款，则富盈环球已经汇到国内的 1 亿港元就不会返回香港，1.4 亿元也就早已支付给北方集团；北方集团拿到了 1.4 亿元之后交易完成，价值 7 亿港元的升平煤矿及神州资源股票、债券及现金就合理合法地属于洪某了。更雪上加霜的是，北方集团拿到的 1.4 亿元也仍将被法院划给农业银行还债。因此，没有 2008 年协议则北方集团就没有了一切，其结局悲惨至极。2008 年协议由此成为北方集团反败为胜、夺回升平煤矿的唯一武器。

六、什么是魔鬼，谁是魔鬼

让洪某和尹某始料不及的是，富盈环球只是一个用于间接并购的离岸公司——空壳平台，怎么能轻易空手套白狼获得亿万财富？拿不到建发国际支付的对价股份和可换股票据，无法实现上市的汪先生总会清醒过来，矛盾冲突终将爆发。

香港以及大陆的律师和投行专家对升平煤矿上市失败曾有多种分析猜测：到底是什么思维理念让汪老板如此行事？是汪老板不懂资本市场规则导致重大失误，落入别人的陷阱？还是汪老板心怀其他目的，贪图私利与洪某之间另有私下协议拟或汪老板在事成之后根本不想兑现给洪某 10% 的股份，而没想到股份先支付给洪某，主动权在人家手里，最后双方矛盾激化，功败垂成？

有律师猜测，也许是尹某为总导演，策划了一场"阳谋"：用巨大的利益诱惑和香港资本市场规则设计了漏洞和陷阱，制造了 5.44 亿港元背后隐藏的资本运作玄机，耍弄了单枪匹马、自以为是的汪老板，引诱其签字画押，一步步落入陷阱。而洪某则是眼看到手的亿万财富岂能放手，所以不惜一切手段，巧取豪夺；拟或由于 1.4 亿元的归属变化，汪老板又不签还债的补充协议，致使洪某无法面对香港投资者及联交所的追责，在不得已情况下使用极端措施争夺煤矿所有权而造成流血事件？

事实上，巨大的利益诱惑产生了资本运作的魔鬼。中介大鳄建勤向汪老板索要了巨额的财务顾问费用和佣金，也许是获利效应传导给了洪某，洪某又利用了汪老板的信任。由此，买壳上市演变成资本运作的陷阱。如果洪某留下自己应得的 10% 股份，而将其余的股票和可换股票据早一点儿过户给汪先生，或向其支付 1.4 亿元价款，煤矿将无法退回境内，北方集团也不能胜诉。那样的话，汪老板可就彻底亏大了。总之，私利产生贪婪，贪婪就是真正的魔鬼。

七、上市失败的根源——贪婪的魔鬼导致一场闹剧

升平煤矿上市的结局到底怪谁？汪说：洪不给我股票和 1.4 亿，我就不把煤矿给上市公司；洪说：汪不给我总股本的 10%，我就不给汪股票和 1.4 亿；尹说：你们之间给谁多少、怎么给，都跟我无关，我只帮你们上市和融资；叶纪章说：我是老股东，你们上市我退出，挣了多少跟你们没关系——说的都很有道理！

纵观升平煤矿赴香港买壳上市的全过程，上市失败的根本原因到底是什么？

香港专业人士和记者帮助分析总结了各种根源：（1）不相信自己手下的上市团队而单枪匹马上阵，属孤家寡人，胡乱猜疑；（2）选择建勤为财务顾问，是引狼入室、毫无道理；（3）委任代理人不签订代持股协议（或托管声明），是大权旁落，暗藏杀机；（4）签订丧权条约，给建勤和洪某 20% 股份纯属受骗、不是大气；（5）已经具备 IPO 条件的煤矿选择建发国际和香港买壳上市是看错了公司、走错了路径、选错了上市地；（6）洪某 10% 的股份和 1.4 亿元的归去来兮，使矛盾激化、萧墙祸起。

作为代理人，洪某拿到手中的股票、债券已是烫手山芋，拿着担心，扔掉可惜。神州资源前任董事孙威曾问洪某："你到底想要什么？现金、股票、煤矿还是上市公司？你不能什么都要！"

作为财务顾问，建勤在煤矿上市和建发国际增发新股融资方面确实做出了很多努力，运作是成功的。但是如果建勤再少谋算一点私利、再替北方集团把一把关，事情也不会发展到如此地步。

如果洪某少要一些、汪老板认可一些（既然代理顾问协议签了，北方集团拿 44.16% 算了），后来的一切就不会发生。

追根寻源，升平煤矿买壳上市又退回国内的根本原因就是尹、洪、汪三人之间价值观的严重冲突打破了各方多赢的格局，导致各方丧失诚信、运作投机。尹某、洪某和汪先生三人自编、自导并主演了一出资本市场的闹剧！

八、"谢主隆恩!"

升平煤矿买壳上市的失败，让不知内情的资本市场业内人士对神州资源的部分高管和北方集团上市团队提出质疑，有业内朋友半玩笑半讽刺地指责说："做了这么多年

资本运作，你们什么也不懂吗，买壳上市怎么搞成这个样子？别说你认识我啊，免得替你丢人！"

如果企业具备上市条件，也有资深专业人士辅佐运作，但仍然无法获得结果，那一定是企业理念、机制、决策或者价值观有问题，或者上述各方面都出了问题。

北方集团上市团队和神州资源的高管尽了很大努力，无奈关键环节无法介入。在本次上市过程中，无论企业上市团队还是中介机构大家都完成了全部运作，但是，却替尹某、洪某和汪先生三人背了一个"无能"的黑锅，真是窝囊憋气。2008 年底，无奈辞任的神州资源执行董事马立山先生从香港给我们发来短信，精彩地描述了内心的感受："升平煤矿上市本来是各方多赢的好事儿，不幸的是被几个聪明人把事情搞砸了。现在，升平不平了、富盈不盈了、神州不神了、北方也找不着北了，而我们这些人却被贬成无能鼠辈，真应该谢主隆恩呐！"

九、偶然往往存在于必然之中

机不可失，时不再来。富盈环球未履约付款这样一个简单的案情，却隐藏着不为人知的内幕，导致案件审理非常复杂和曲折，长达两年的诉讼纠纷，终于让北方集团打赢官司收回了升平煤矿。诉讼赢了，但北方集团输了——永远失去了 2007—2008 年境外上市的最好时机。

看似偶然的失败，却往往是必然的结局。我们左右不了汪老板的个人决策，有再多的专家为他效力，恐怕也是江郎才尽。因为其思维理念、价值观使然，偶然的失败存在于必然之中。

十、结语

升平煤矿赴香港买壳上市无论作为资本市场的经典案例，还是成为被人遗忘的故事，案例中的人物特点及其个性都体现得淋漓尽致，各种事件及其结果也值得回味。整个上市运作有很多成功之处，例如尽调、审计、评估、独立技术审查、合规顾问独立审查、法律事务调查、境外反向收购运作、外资并购境内企业、境内报批外资企业、上市公司为收购煤矿完成新股增发融资等，都是规范运作的，也获得了香港联交所和中国境内各级政府部门的批准。然而，上市成功后又退回国内的教训是惨痛的，值得国内民营企业家、高管人员和中介机构借鉴。

【案例链接】——苏州大方买壳上市是欺诈还是被欺诈

无独有偶。2009 年 10 月 12 日晚间，苏州大方特种车股份有限公司（以下简称苏州大方）董事长李荣生因涉嫌诈骗罪在广州被警方抓捕。据称，李荣生涉嫌挪用资金，通过自己控制的两家公司对苏州市及香港多家投资机构进行系列巨额金融诈骗，涉案金额高达 2 亿元人民币，被香港买壳上市的中介代理人和投资人起诉。李荣生对媒体说："似乎陷入一场早已布置好的陷阱中。"

到底是欺诈还是被骗？究竟孰是孰非？分析事件的前因后果，这完全是一场商业利益纠纷和人性的贪婪所引发的灾难。

此前，李荣生运作苏州大方赴香港买壳上市，在换股并购将资产注入境外公司过程中，为规避商务部 10 号文件的关联并购审核，他采取了境外第三方代持股份的方式。然而，由于未签订正式代持协议，代持人反客为主将企业据为己有。

李荣生自己拿两家公司到香港买壳上市，最后路演时发现自己所占股份还不到 2%（其他为票据），原先帮忙买壳的中介代理人汪晓峰却成为潜在的最大股东。

企业创始人上市不成，反成欺诈被告，从此陷入到巨大的法律纠纷中。一场买壳未果的资本交易，令苏州大方及郑州大方的创始人李荣生陷入长达三年的刑事官司，不仅失去人身自由，而且自己一手创立起来的苏州大方也被别人控股。

2012 年 7 月 18 日，在郑州市第一看守所身陷囹圄两年多的李荣生重获自由，他因借壳上市纠纷而招致的合同诈骗案，以检察院的撤诉而告终。期间，由于宝钢出手向苏州大方注资，并借给李荣生 8 000 多万元资金用以购回汪晓峰、余秋池等人所持股份，才使得李荣生重见天日。但苏州大方的大股东也已变为宝钢股份，苏州大方成为国企绝对控股企业。傍国企求生存的结局，或是李荣生的唯一出路。

李荣生是否无过受灾？资深业内人士与律师分析，其亦非完全无咎。一方面，李荣生虽然不懂资本市场游戏规则，但在整个买壳事件中或也并非全被"蒙在鼓里"；另一方面，在香港上市利益受损之后，其轻率转移苏州大方的资产，不仅授人以柄，更有违法之嫌。苏州大方李荣生的教训值得其他企业家吸取。

参考文献

［1］中国注册会计师协会：《2010 年注册会计师全国统一考试辅导教材——经济法》，北京，中国财政经济出版社，2010。

［2］中国注册会计师协会：《2010 年注册会计师全国统一考试辅导教材——税法》，北京，经济科学出版社，2010。

［3］中国注册会计师协会：《2009 年注册会计师全国统一考试辅导教材——会计》，北京，中国财政经济出版社，2009。

［4］财政部会计司编写组：《企业会计准则讲解（2008）》，北京，人民出版社，2008。

［5］东方：《红筹及离岸公司或将征收企业所得税》，载《证券日报——创业周刊》，2008 - 01 - 18。

［6］香港易代通国际商务咨询有限公司：《Paul. 5% 预提所得税率——香港成为离岸构架最后一环》，易代通网，http：//www. hkbvicorp. com/zlzx/liangongsi/421. Htm，2010 - 01 - 15。

［7］于晓娜：《1. 4 亿元引发的恩怨：升平煤矿股权转让真假幻象》，21 世纪经济报道（香港），2009 - 03 - 25。

［8］华观发：《一次反向收购的意外夭折？升平煤矿"争夺战"庭审前最后角力》，21 世纪经济报道，2009 - 07 - 01。

企业并购涉及的重要法律法规目录

1. 《中华人民共和国公司法》。
2. 《中华人民共和国证券法》。
3. 《中华人民共和国外资企业法》。
4. 《中华人民共和国外资企业法实施细则》。
5. 《中华人民共和国企业所得税法》。
6. 《中华人民共和国企业所得税法实施条例》。
7. 《中华人民共和国反垄断法》。
8. 《中华人民共和国合同法》。

9. 国务院办公厅：《转发国资委关于进一步规范国有企业改制工作实施意见的通知》，国办发〔2005〕60号文件。

10. 国务院办公厅：《关于规范国有企业改制工作意见》，国办发〔2003〕96号文件，2003年12月30日。

11. 国家发展改革委：《外商投资产业指导目录（2007年修订）》。

12. 中国商务部、国有资产监督管理委员会、国家税务总局、国家工商行政管理总局、中国证监会、国家外汇管理局：《外国投资者并购境内企业的规定》，2006年第10号文件，2009年修订。

13. 对外贸易经济合作部、国家税务总局、国家工商行政管理总局、国家外汇管理局：《关于加强外商投资企业审批、登记、外汇及税收管理有关问题的通知》，经贸法发〔2002〕575号文件。

14. 《利用外资改组国有企业暂行规定》，中国经济贸易委员会、财政部、国家工商行政管理总局、国家外汇管理局第42号令，2002年11月8日。

15. 国务院国有资产监督管理委员会、财政部：《企业国有产权转让管理暂行办法》，2003年12月31日。

16. 《上市公司收购管理办法》，中国证监会令第108号，2014年修订。

17. 《上市公司重大资产重组管理办法》，中国证监会令第127号，2016年修订。

18. 香港特别行政区税务局：《利得税及豁免离岸基金缴付利得税的有关规定》，税务条例释义及执行指引第43号（修订本，2010年2月）。

19. 香港联交所：《香港联交所上市规则》，香港交易所有限公司，2010-05。

20. 国家税务总局：《关于印发〈企业改组改制中若干所得税业务问题的暂行规定〉的通知》，国税发〔1998〕97号文件。

21. 国家税务总局：《关于企业股权投资业务若干所得税问题的通知》，国税发〔2000〕118号文件。

22. 财政部、国家税务总局：《关于股权转让有关营业税问题的通知》，财税〔2002〕191 号文件。

23. 国家税务总局：《关于执行〈企业会计制度〉需要明确的有关所得税问题的通知》，国税发〔2003〕45 号文件。

24. 国家税务总局：《关于企业股权转让有关所得税问题的补充通知》，国税函〔2004〕390 号文件。

25. 财政部、国家税务总局：《关于企业重组业务企业所得税处理若干问题的通知》，财税〔2009〕59 号文件。

26. 中国证监会：《保荐人尽职调查工作准则》，证监发行字〔2006〕15 号。

27. 中国证券业协会：《主办券商尽职调查工作指引》，2009。

28. 中国证监会：《公开发行证券的公司信息披露编报规则第 12 号——公开发行证券的法律意见书和律师工作报告》，2001。

29. 中国证监会：《公开发行证券的公司信息披露规范问答第 5 号——分别按国内外会计准则编制的财务报告差异及披露》，2001。

30. 财政部：《企业会计准则——基本准则》，2006 年第 33 号部长令签发。

31. 财政部：《企业会计准则解释》，2007 年第 1 号和 2008 第 2 号解释。

32. 财政部：《中国注册会计师执业准则》（共 22 项），财政部财会〔2006〕4 号文件。

33. 财政部：《中国注册会计师审计准则》（共 26 项），财政部财会〔2006〕4 号文件。

34. 中国资产评估协会：《以财务报告为目的的评估指南（试行）》，中评协〔2007〕169 号文件。

35. 《资产评估准则——企业价值》，中国资产评估协会中评协（2011）227 号文件。

36. 中国资产评估协会：《资产评估准则》（共 7 项），中评协〔2007〕189 号文件。

37. 国土资源部：《探矿权采矿权评估管理暂行办法》《探矿权采矿权评估资格管理暂行办法》，国土资发〔1999〕75 号文件。

38. 国土资源部：《矿业权出让转让管理暂行规定》，国土资发〔2000〕309 号文件。

企业并购常用网站

1. 中华人民共和国国家发展和改革委员会：www. sdpc. gov. cn
2. 中华人民共和国财政部：www. mof. gov. cn
3. 中华人民共和国商务部：www. mofcom. gov. cn
4. 中国证券监督管理委员会：www. csrc. gov. cn
5. 中国注册会计师协会：www. cicpa. org. cn
6. 中国资产评估协会：www. cas. org. cn
7. 香港联合交易所：www. hkex. com. hk
8. 上海证券交易所：www. sse. com. cn
9. 深圳证券交易所：www. szse. cn
10. 中国律师网：www. chineselawyer. com. cn
11. 上海律师网：www. shanghailawyer. net
12. 中国并购交易网：www. mergers – china. com
13. 并购天下：www. mergerworld. net
14. 公司并购网：www. gongsibinggou. com
15. 投资界：www. pedaily. cn

后　记

　　笔者从事资本运营工作已二十多年，看到企业取得融资并成功上市、股权投资获得巨大成果时，深感欣慰；当看到运作失败甚至上当受骗，便为之惋惜和痛心。早有意利用这些年积累的大量资料，把多年来掌握的资本运营知识、成功经验、失败教训，连同自己的感受和体会总结一下，与大家分享和探讨。怎奈业务琐事缠身，写作一直未能如愿。2009 年至 2010 年，由于偶然的机会有时间静下心来，并有幸邀请到两位外籍同行共同编写本丛书第一版，上述愿望才得以实现。

　　现在，本书第二版付梓了。首先感谢东方集团、锦州港、北方集团、大连信融控股投资公司以及其他我曾服务过的企业，是这些企业给了我施展的平台以及与资本市场深度接触的机会，正是多年的实战经验和工作成果，才使本丛书的写作得以完成；感谢国际金融公司给我研修的机会，感谢那些金融专家和导师们，是他们把我领进金融理论与实践知识的殿堂；感谢投行界和学术界的前辈和专家学者，他们的理论著作、研究成果为本丛书奠定了理论基础并提供了大量的信息资料；感谢与我们合作的中介机构和投融资者，他们的业务功底、丰富经验乃至"老谋深算"都让我受益匪浅；感谢我工作过的企业经营班子的同事们，我从你们身上学到了很多业务知识，这才实现了我专业上的成功跨越和行业上的完美转身；感谢在中国境内企业和投资机构工作的同事孙世强、马春华、范伟利、王雪松以及所有投融资操作人员，他们在工作中给予了我极大支持，为我提供了很多有价值的资料；感谢我的家人多年的支持；最后感谢中国金融出版社的王效端主任、刘小平主任多位责任编辑，她（他）们为本丛书提出了很好的建议，并为本书的出版付出了很多辛劳和努力。

　　一位资本运作大师曾经说过，把专业做到极致才能达到成功的境界。我希望每一个跻身于资本市场的人都获得成功。我们来自五洲四海，都是职场中的匆匆过客，能为企业和社会做出一点贡献，并在一生的职业生涯中积累经验和获得成果，给世人留下经典与永恒，这是作者最感欣慰的。

　　由于水平有限，书中缺点错误在所难免，敬请读者批评指正。

马瑞清

二〇一七年十月